Inhalt

Armin Nassehi

MUSTER

\\\ THEORIE ///
DER DIGITALEN
GESELLSCHAFT

C.H.BECK

Dieses Buch erschien zuerst 2019 in gebundener Form im Verlag C.H.Beck.
1.–3. Auflage. 2019

1. Auflage in C.H.Beck Paperback. 2021
© Verlag C.H.Beck oHG, München 2019

www.chbeck.de
Umschlaggestaltung: nach einem Entwurf von geviert.com, Christian Otto
Satz: Janß GmbH, Pfungstadt
Druck und Bindung: Druckerei C.H.Beck, Nördlingen
Gedruckt auf säurefreiem, alterungsbeständigem Papier
Printed in Germany
ISBN 978 3 406 76786 9

klimaneutral produziert
www.chbeck.de/nachhaltig

Vorwort

Dieses Buch habe ich im Winter 2018/19 geschrieben. Abgeschlossen wurde das Manuskript im April 2019. Es verfolgt den nicht unbescheidenen Versuch, eine Leerstelle auszufüllen, nämlich nicht nur über die Folgen der Digitalisierung im Allgemeinen und über Folgen konkreter Technologien oder durch sie induzierter Praktiken nachzudenken. Über diese Fragestellungen wird sehr viel gearbeitet, und obwohl manche Diagnose Disruptionen, Transformationen und geradezu katastrophische Veränderungen in Aussicht stellt, lassen sich die akademischen Reaktionen aufs Thema nicht wirklich aus der Ruhe bringen. Man nimmt die Digitalisierung zunächst als existent hin, um dann an diesem Topos all die Feuerwerke abzubrennen, die die Sozial- und Kulturwissenschaften sonst auch im Angebot haben, also weniger Disruptionen und Transformationen, eher Routinen und die Entdeckung eines neuen Feldes für Kritik, nicht zuletzt oft die unkritische Übernahme von Begriffen – von der künstlichen Intelligenz bis hin zu Datenselbstbestimmung oder zu schützender Privatheit.

Hier wird anders angesetzt. Dieses Buch setzt Digitalität und Digitalisierung nicht voraus, sondern fragt sich, warum sie entstehen konnte, warum sie offensichtlich für diese Gesellschaft plausibel ist, also nicht nur als Störung wahrgenommen wird, und warum sie persistiert. Wenn sie nicht zu dieser Gesellschaft passen würde, wäre sie nie entstanden oder längst wieder verschwunden. Da sie aber – wer oder was immer «sie» hier ist – keine Anstalten macht, wieder zu verschwinden, lohnt es sich, die Frage systematisch zu stellen, welches Problem durch die Digitalisierung gelöst wird. Ich habe also nicht versucht, alles, was ich über Digitalisierung weiß oder was man darüber noch wissen könnte, zwischen zwei Buchdeckel zu packen. Es sollte aber alles enthalten sein, was man wissen muss, um die Frage danach zu beantworten, welches Problem die Digitalisierung löst.

Der Text wird durch zwei Bilder eingerahmt, Bilder von Vera Molnar, einer aus Ungarn stammenden französischen Künstlerin, die schon in den späten 1950er Jahren Kunst mit Hilfe des Computers geschaffen hat. Diese inzwischen 95 Jahre alte Pionierin der Computerkunst hat schon früh damit experimentiert, ihre Handzeichnungen, etwa von Quadraten, zu digitalisieren und daraus andere Formen zu berechnen oder sie mit Hilfe von computergesteuerten Zufallsgeneratoren zu erweitern. Ihre gesamte Kunst ist davon geprägt, dass sie das Faszinosum von Mustern darstellt und gerade durch die Verfremdung oder Veränderung, die Variation von Mustern und ihre Brechung gerade auf die Muster verweist. Hier kommen zwei Bilder zum Einsatz: vor dem Text «Hypertransformation», eine Plotterzeichnung von 1974. Am Ende des Buches ist eine «Aleatorische Verteilung von 4 Elementen» von 1959 zu sehen, geradezu eine Parabel darauf, wie aus sehr einfachen, gewissermaßen strikt gekoppelten Elementen durch lose gekoppelte Rekombination Muster entstehen können. Genau das wird eine der Thesen dieses Buches sein: wie einfache Medien komplexe Formen hervorbringen. Ich danke Vera Molnar für die Freigabe dieser Bilder, in denen es um das geht, wovon dieses Buch handelt: um Muster und ihre Variationsbreite.

Das Buch schließt an Arbeiten der letzten Jahre an. Auch wenn diese sich kaum mit Digitalisierungsfragen beschäftigt haben, sind sie in vielerlei Hinsicht doch Vorarbeiten zu diesem Buch. Zu danken habe ich vielen Teilnehmerinnen und Teilnehmern an Vortragsveranstaltungen und Tagungen, bei denen ich Teile der hier vorgestellten Argumente mehrfach getestet habe. Manche kritische Nachfrage hat geholfen, die Dinge zu präzisieren. Das gilt auch für Teilnehmerinnen und Teilnehmer verschiedentlicher Lehrveranstaltungen.

Besonders profitiert habe ich wie stets von den sehr lebendigen Diskussionen an meinem Münchner Lehrstuhl. Vor allem das Mitlesen und die kritischen Kommentare von Gina Atzeni, Niklas Barth, Magdalena Göbl und Julian Müller haben mir sehr weitergeholfen. Till Ernstsohn und Christina Behler danke ich für die Hilfe bei

Recherchen, Christina Behler hat darüber hinaus bei der finalen Korrektur mitgewirkt sowie an der Erstellung des Sachregisters mitgearbeitet.

Irmhild Saake kann ich ohnehin nicht genug danken für das permanente gemeinsame Nachdenken am Thema und für die langjährige Zusammenarbeit, die auch bei diesem Projekt mehr Spuren hinterlassen hat, als letztlich sichtbar werden können.

Dem Verlag C.H.Beck danke ich für die verlegerische Betreuung, insbesondere Matthias Hansl für das Lektorat.

München, Ostermontag 2019
Armin Nassehi

Einleitung

Dieses Buch will eine soziologische Theorie der digitalen Gesellschaft präsentieren. Würde ich ein Buch eines solchen Titels sehen, wäre ich vermutlich skeptisch – wenn ich es nicht selbst geschrieben hätte. Es gibt eine lange Tradition, Gesellschaftsdiagnosen an *einem* Merkmal festzumachen. Dabei kann man wissen, dass es in einer *Risikogesellschaft* nicht nur Risiken gibt, dass in einer *Erlebnisgesellschaft* auch gehandelt wird (wenn man an die Unterscheidung von Handeln und Erleben denkt), dass selbst in einer *Autogesellschaft* bisweilen geflogen oder mit der U-Bahn gefahren wird, dass man auch in einer *beschleunigten Gesellschaft* manchmal warten muss und dass es auch in der *Multioptionsgesellschaft* oft keine Wahl gibt. Es hat noch nie recht geholfen, Gesellschaft an nur einem Merkmal festzumachen. Meistens sind das Verlegenheitslösungen oder Aufmerksamkeitsgeneratoren. Es macht die Dinge auf den ersten Blick jedenfalls einfacher, eine Diagnose auf tatsächlich ein Merkmal hin zu trimmen – oft sind es auch nicht die Autorinnen und Autoren selbst, die auf solche plakativen Titel kommen, sondern diejenigen, die etwas von der Aufmerksamkeitsökonomie auf dem Buchmarkt verstehen.

Hier ist es etwas anders. Natürlich ist die Gesellschaft, in der wir leben, keine digitale Gesellschaft in dem Sinne, dass alles, was darin geschieht, sich über die Digitalität einer Technik erschließen ließe, die mit diesem Begriff belegt ist. Und dennoch: Ich werde im Verlaufe des Buches behaupten, dass die moderne Gesellschaft bereits ohne die digitale Technik in einer bestimmten Weise *digital* ist bzw. nur mit digitalen Mitteln verstanden werden kann. Ich gehe sogar noch weiter: Ich werde behaupten, dass die gesellschaftliche Moderne immer schon digital war, dass die Digitaltechnik also letztlich nur die logische Konsequenz einer in ihrer Grundstruktur *digital* gebauten Gesellschaft ist.

Diese These habe ich das erste Mal in der *Hegel Lecture* vom 7. Dezember 2017 an der Freien Universität Berlin ausprobiert.[1] Um die Digitalisierung zu verstehen – jene Kulturerscheinung, die vielleicht nur mit den beiden großen Erfindungen des Buchdrucks und der Dampfmaschine vergleichbar ist –, darf man die Digitalisierung nicht einfach voraussetzen. Die meisten Diskurse über die Digitalisierung wissen immer schon, was es damit auf sich hat. Ich möchte dieses Wissen in diesem Buch zunächst einklammern, um die zentrale Frage zu beantworten:

> Für welches Problem ist die Digitalisierung eine Lösung?

Diese Frage ist methodisch genau formuliert. Sie ist eine Frage nach der Funktion der Digitalisierung. Sie definiert nicht, was Digitalität und Digitalisierung ist, sondern nähert sich dem Phänomen, indem sie fragt, für welches Problem die Digitalisierung eine *gesellschaftliche* Lösung ist. Es geht also um die *gesellschaftliche* Funktion, nach deren Klärung sich dann auch die technischen Dimensionen der Digitalisierung erschließen werden. Will man nicht einfach über etwas reden, was man letztlich nur anhand seiner Benutzeroberflächen kennt, muss man mit einer solchen methodisch kontrollierten Frage einsteigen.

Wie über Digitalisierung nachdenken?

Sieht man sich die Diskurse über das Digitale an, fällt an ihnen auf, dass sie das Digitale bereits ziemlich kenntnisreich voraussetzen. Entweder handelt es sich um technische Diskurse, die darüber aufklären, was die digitale Welt alles kann. Sie erklären dann *Search Engine Optimizing*, *Big Data*, *Augmented Reality* oder das *Internet of Things* als technische Phänomene. Oder sie arbeiten sich an den Folgen der Digitalisierung für Arbeits-, Produkt-, Produktions- und Aufmerksamkeitsmärkte ab, diagnostizieren Verschiebungen in der kapitalistischen (Re-)Produktion von Wertschöpfung und in der Konzentration von ökonomischer Macht und stellen mehr oder weniger starke Disruptionsprognosen.[2] Oder sie konzentrieren sich auf die alltagspraktischen Folgen dessen, was die Digitalisierung mit ihren Nutzern macht.

Neben einem generellen kapitalismuskritischen Motiv gegenüber der digitalisierten Ökonomie scheint für die sozial- und kulturwissenschaftliche Intelligenz am Digitalisierungsthema insbesondere eine Mischung aus kritischer Attitüde und alltagsnaher Beschreibung interessant zu sein – was gerade für die Soziologie ohnehin zu den anschlussfähigsten Formen der Entfaltung und Stabilisierung von Themen gehört. Nicht dass man exklusiv behaupten könnte, dass hier überall dasselbe Motiv vorherrscht, ganz zu schweigen von einem inhaltlichen Konsens, so fällt doch auf, dass ein speziell soziologischer Zugriff auf Digitalisierung unter den Stichworten «Subjektivierung», «Selbsttechniken», «Optimierung» und «Selbstkontrolle» erfolgt. Der Ansatzpunkt ist dann etwa, dass Praktiken des Self-Tracking oder der bildlichen und textlichen Darstellung des eigenen Selbst oder der Selbstkontrolle sich dem Diktat einer Selbstinszenierung unterwerfen, die durchaus an die Datenverarbeitung jener Spuren gekoppelt sind, die man durch die eigenen Praktiken hinterlässt und die uns dazu führen, uns selbst im Sinne zahlenförmiger, meist metrischer und vergleichender Praktiken zu inszenieren. Besonders attraktiv ist es, darin ein neoliberales Regime von Selbsttechniken zur Optimierung der Selbst-Welt-Schnittstelle sowie die Transformation öffentlicher Kontrolle in Selbstkontrolle bei gleichzeitiger Beobachtbarkeit durch staatlich-öffentliche und privat-marktförmige Akteure zu diagnostizieren.

Ich will diese beliebte sozial- bzw. kulturwissenschaftliche Reflexion der Digitalisierung an einigen Beispielen erläutern. Sherry Turkle hat schon vor über 20 Jahren angesichts neuer Kommunikationsformen im Netz die Identitätsfrage gestellt.[3] Heute lotet Deborah Luptons *Digital Sociology* die Bedeutung der Digitalisierung für die Soziologie aus und nimmt die Herausforderung eines völlig neuen Zugriffs auf Daten für die Soziologie an, landet am Ende aber doch wieder nur bei den Folgen für die Lebensführung und bei der Gefahrenabwehr.[4] *Data Revolution* von Rob Kitchin kapriziert sich vor allem auf die Dateninfrastruktur und deren politische, organisatorische und technische Formierung.[5] Die materialreiche Untersuchung von Shoshana Zuboff *The Age of Surveillance Capitalism. The Fight for a Human Future at the New Frontier of Power* reflektiert vor allem auf den Kontrollüberschuss, der mit digitalen Medien verbunden ist.[6] Und auch *Digital Sociologies*, herausgegeben von Jessie Daniels, Karen Gregory und Tressie McMillan Cottom, kapriziert sich auf die Folgen der Digitalisierung für konkrete Handlungsaspekte.[7] Deutschsprachige Pendants wie Steffen Maus materialreiche und sehr informative Arbeit *Das metrische Wir*[8] stoßen in das gleiche Horn. Digitalisierung taucht dann als ein Verhaltensaspekt auf, der sich letztlich auch am Kontrollüberschuss abarbeitet. Das gilt auch für die technisch hervorragend informierten Arbeiten von Dirk Helbing.[9] Auch medientheoretische Arbeiten wie das schon zum Klassiker avancierte *Es gibt keine Software* von Friedrich Kittler[10], die medientheoretische Studie von Sybille Krämer *Symbolische Maschinen*[11] oder die kulturwissenschaftlichen Verfremdungen der technischen Infrastruktur und ihrer Praktiken als Formen des Modellierens, des Sammelns, der Bildlichkeit und des Bezifferns[12] nehmen die gesellschaftsstrukturelle Radikalität des Digitalen gar nicht wahr, wonach in der Komplexität der Gesellschaft das Bezugsproblem solcher kulturverändernder Praktiken zu entdecken wäre. In diese Reihe gehört auch die sehr lesenswerte Arbeit *Kultur der Digitalität* von Felix Stalder, die eine medientheoretische Perspektive einnimmt.[13]

Solche Perspektiven sollen gar nicht in Abrede gestellt werden – zumindest noch nicht (sic!) in diesem Stadium des Nachdenkens und nicht prinzipiell. Es sind aber Perspektiven, die sich letztlich für die Frage der Digitalisierung selbst überhaupt nicht interessieren, sondern diese als technische, gesellschaftliche und kulturelle Infrastruktur bereits voraussetzen. Wenigstens andeutungsweise sei hier schon daran erinnert, dass westlich-bürgerliche Lebensformen bereits in der prädigitalen Welt von Formen des Selbsttrackings, der Selbstkontrolle und der Disziplinierung geprägt waren. Es hat den Anschein, als würden sich viele sozialwissenschaftliche Perspektiven auf die Digitalisierung gar nicht recht durch die Digitalisierung selbst aus der Ruhe bringen lassen. Sie finden vielmehr alle sonstigen gesellschaftlichen Aspekte auch als Digitalisierungsphänomene – von Genderfragen[14] über Ungleichheitsfragen[15] bis zur besagten Kritik an Selbstoptimierungsstrategien.

Anders verhält es sich in den *Science & Technology Studies* (STS). Der französische Soziologe Dominique Cardon nennt die Kritik an interesse-, vor allem wirtschaftsgeleiteten Kritiken an der Macht der Algorithmen simpel, weil diese letztlich nicht sehen, dass sich mit der Produktion von Algorithmen eine neue Denkungsart etabliert. Mit Rekurs auf Gilbert Simondon betont Cardon, dass man die Technik als solche ernst nehmen muss, um die Algorithmisierung gesellschaftlicher Prozesse verstehen zu können. Die zumeist kritisierten Praktiken entpuppen sich dann als eher sekundäre Folgen denn als Ausgangspunkt des Problems.[16] Dieser Einschätzung folge ich – aber nicht der Begrenzung der Fragestellung auf Praktiken, wie sie in den meisten STS-Arbeiten in zumeist ethnografischer Absicht erfolgen. Mein Impetus ist geprägt von der Frage nach der *gesellschaftlichen Funktion* dessen, was mit dem Begriff der Digitalisierung belegt ist.

Eine techniksoziologische Intuition

An dieser Stelle ist zunächst festzuhalten, dass man über Digitalisierungsfragen nachdenken kann, ohne über Digitalisierung nachzudenken, also ohne die Frage zu stellen, wovon wir reden, wenn wir von Digitalisierung reden. Es sei hier schon angekündigt, dass sich etwas Ähnliches auch auf einem anderen Feld zeigt, nämlich über Gesellschaft nachzudenken, ohne die Frage zu stellen, wovon wir reden, wenn wir von Gesellschaft reden. Ich nehme an, dass es einen systematischen Zusammenhang zwischen diesen beiden Diagnosen gibt. *Die Gesellschaftsvergessenheit des Redens über Gesellschaft läuft parallel zu einer Digitalisierungsvergessenheit des Redens über die Digitalisierung.*

Genau diesen Zusammenhang möchte ich hier systematisch entfalten, und zwar explizit soziologisch, was insofern nicht erstaunt, als die Rede über die Gesellschaft als Maß zu verwenden, bereits eine soziologische Perspektive ist. Jedenfalls möchte ich in einer ersten Annäherung betonen, dass ich die soziologische Frage nach der Digitalisierung gerade nicht in dem Stile stellen will, die «Digitalisierung» als unabhängige Variable vorauszusetzen, um dann die Frage zu beantworten, auf welche anderen Variablen sie sich auswirkt.

Es geht nicht um einen weiteren Debattenbeitrag über die Störungen der Digitalisierung und die Praktiken, die die digitale Infrastruktur befördert. Ich möchte vielmehr das Bezugsproblem, das gesellschaftliche Bezugsproblem des Digitalen auf den Begriff bringen. Es geht mir um die Frage, warum eine Technik, die ganz offenkundig nicht dafür entwickelt worden ist, was sie derzeit tut, in so radikal kurzer Zeit so erfolgreich werden und letztlich in fast alle gesellschaftlichen Bereiche eindringen konnte. Es wird sich erweisen, dass einer der Erfolgsfaktoren dieser Technik gerade ihre Technizität ist.

Die Fragestellung so aufzubauen, welche Auswirkungen die Digitalisierung auf die Gesellschaft hatte, hat und haben wird, machte Digitalisierung tatsächlich zu einer unabhängigen Variablen. Ich lasse mich stattdessen von einer techniksoziologischen Intuition leiten, nach der Technik und Gesellschaft nicht unterschiedliche Größen sind, sondern Technologien und Techniken nur dann erfolgreich sein können, wenn sie anschlussfähig genug für die Struktur einer Gesellschaft sind. Oder anders formuliert: Dass die Digitalisierung (wie zuvor der Buchdruck oder die Eisenbahn oder das Automobil oder der Rundfunk oder die Atombombe oder die Technisierung des Medizinischen usw.) so erfolgreich sein konnte, kann man letztlich nur an der Erwartungsstruktur bzw. an der Verarbeitungskapazität der Gesellschaft erklären, in der sie stattfindet. Nur um ein Beispiel zu nennen: Die Etablierung des Rundfunks und der Rundfunktechnik setzt bereits Gesellschaften voraus, in denen es potentielle Hörerinnen und Hörer gibt, sie setzt eine Idee der Erreichbarkeit ebenso voraus wie dazu passende zentralistische Herrschaftsstrukturen moderner Staatlichkeit. Rundfunk und Rundfunktechnik setzen ein Reservoir von Sagbarem voraus und bearbeiten die Heterogenität eines pluralistischen Publikums mit der Unterstellung einer Homogenität von Adressen bzw. Adressaten. Sie rechnen damit, dass das im Radio Verbreitete einen Unterschied macht, der genug Aufmerksamkeit bindet und nicht zuletzt Millionen Menschen motiviert, sich einen Radioempfänger anzuschaffen. Wohlgemerkt: Nicht das Publikum ist schon da, sondern es muss eine Gemengelage vorhanden sein, deren innere Komplexität so etwas wie ein erreichbares Publikum nicht völlig unwahrscheinlich erscheinen lässt. So hat sich die Dampfmaschine nicht erst durchgesetzt, als es ihre industriellen Bedingungen schon gab, aber entgegenkommende Bedingungen gab es sehr wohl. Und welche Rolle die Eisenbahn bei der Erschließung Nordamerikas spielte, ist ein beredter Hinweis darauf, dass Technik auf einen Bedarf stoßen kann, den sie selbst erzeugt, dafür aber Voraussetzungen braucht.

Etwas Ähnliches müsste sich auch im Falle der Digitalisierung nachweisen lassen. Die Frage würde dann lauten: *Welche Disposition der Moderne sensibilisiert sie für eine Technik, die so ist wie die der Digitalisierung (wenn sich überhaupt so etwas wie Digitalisierung als belastbarer Begriff finden lässt)? Was war an der Moderne, an der gesellschaftlichen Moderne womöglich vorher schon «digital», damit die Digitaltechnik darin jenen Siegeszug antreten konnte, den man tatsächlich nicht auf die Intentionen der Macher dieser Technik zurückführen kann (wie auch der Siegeszug früherer Techniken niemals intentional erklärt werden kann)?* Die Kausalkette «Idee $\longrightarrow$ Verwirklichung» ist zu kurz gedacht, selbst wenn man lange Kausalketten aufstellt.

Es ist hier nicht der Ort, über die Geschichte und die Untiefen des Funktionalismus zu informieren.[17] Nur so viel sei gesagt: Es geht hier nicht darum, irgendein Set von feststehenden Problemen abzuarbeiten, für die dann Lösungen gesucht werden müssen. Es geht vielmehr darum, sowohl *Problem* als auch *Lösung* genauer zu verstehen und zu bestimmen. Konkret: Für welches Problem die Digitalisierung eine Lösung ist, kann ich nur bestimmen, wenn ich sowohl sensibel für die Lösungen als auch für die Probleme bin – und vor allem für die Frage, wie diese beiden Seiten aufeinander bezogen sind.

Noch einmal: Man muss die funktionalistische Denkungsart also erheblich erweitern, um jene Frage zu beantworten, die ich schon angedeutet habe: *Für welches Problem ist die Digitalisierung eine Lösung?* Und die Frage muss dann so gestellt werden, dass weder das Problem noch die Lösung vorausgesetzt werden darf – also dass es weder eine bestehende Liste von Problemen noch eine allzu eindeutige Liste von Lösungen gibt, um dann die *items* aneinander abzugleichen. Ein angemessenes funktionalistisches Verfahren muss beide Seiten kontingent setzen, sie muss sich für die Konstellation selbst interessieren. Formal gesehen, geht es beim Funktionalismus darum: Wenn y eine Funktion von x ist ($y = f(x)$), dann ist sowohl y als auch x kontingent zu setzen – und das verbietet es, eine der beiden Seiten absolut zu setzen. Exakt dieses Problem wird in der Funktionalismus-Kritik bearbeitet.

Auf unser Thema bezogen: Wenn das Bezugsproblem, also die Problem-Lösung-Konstellation des Digitalen bestimmt werden soll, muss man tatsächlich an beiden Seiten beginnen. Wenn meine Ausgangsintuition stimmt, dass Techniken sich nur dann durchsetzen, wenn sie in ihrem sozialen Kontext anschlussfähig sind, heißt das, dass sie ein Problem lösen. Man muss also beide Seiten unbestimmt setzen – *welches Problem und welche Lösung?* Lösung heißt übrigens nur: dass weiter prozessiert werden kann, dass Anschlussfähigkeit hergestellt wird, es geht also nicht darum, was die Digitalisierung *ist*, sondern was sie tut und wie sie darin Problem und Lösung in Beziehung setzt.

Genau damit wird auch das erste Kapitel beginnen, das die vielleicht wichtigste These des Buches enthält: *dass die Digitalisierung unmittelbar verwandt ist mit der gesellschaftlichen Struktur.* Das macht nämlich die Digitalisierung zu einer merkwürdigen Störung: Sie ist fremd, weil sie in einer Radikalität auf das Vertraute verweist, wie man es zuvor nicht kannte. Ich werde sogar behaupten, dass die Digitalisierung nicht nur eine soziale Erscheinung ist, sondern sogar *ein soziologisches Projekt.* Vieles von dem, was die Digitalisierung betreibt, ist von geradezu soziologischer Denkungsart: Sie nutzt soziale Strukturen, sie macht soziale Dynamiken sichtbar und sie erzeugt aus diesen Formen der Mustererkennung ihren Mehrwert. Die Akteure sind natürlich keine soziologischen Akteure – es sind Unternehmen und

Staaten, Strafverfolgungsbehörden und Medienanbieter, Kommunikationsagenturen und das Militär, die Stadt- und Sozialplanung ebenso wie die Wissenschaft. Das Soziologische daran ist jedenfalls, latente Ordnungsmuster zu erkennen oder zu generieren und damit etwas zu tun.

Frühe Technologieschübe

Ich werde zeigen, dass die moderne Gesellschaft bereits vor dem Einsatz digitaler Computertechnologien eine digitale Struktur hatte. Was das bedeutet, werde ich noch erläutern. Aber der Einsatz unmittelbarer Digitaltechnik ist dennoch eine relativ junge Erscheinung. Auch wenn es wenig zum Erkenntnisgewinn beiträgt: Ich selbst bin 1960 geboren und gehöre wahrscheinlich zu einem der letzten Geburtsjahrgänge, die ein Hochschulstudium ohne jede Digitaltechnik absolviert haben. Ich habe 1979 in Gelsenkirchen meine Abiturprüfung abgelegt und danach in Münster studiert – Erziehungswissenschaften, parallel auch Philosophie, jeweils mit dem Nebenfach Soziologie. Ich musste im Studium viel schreiben, wie es sich für ein Studium gehörte und gehört. Zunächst hatte ich eine mechanische Schreibmaschine von meinen Eltern, die sehr mühsam zu bedienen war. Ich weiß nicht mehr, wann es genau war, ich glaube im dritten Semester, da hat mein Studium einen ersten Technologieschub erfahren. Ich kaufte mir eine gebrauchte *Robotron 202*, eine elektrische Schreibmaschine aus DDR-Produktion, aus dem VEB Robotron Buchungsmaschinenwerk in Karl-Marx-Stadt. Diese Maschine robust zu nennen, wäre eine eklatante Untertreibung. Sie war sehr schwer, das Gehäuse geradezu verschwenderisch aus bestimmt zwei Millimeter dickem Metall. Der Motor der Maschine wurde sicher nicht für Schreibmaschinen entwickelt – man hätte damit auch feststofflichere Kulturgüter mobilisieren können als philosophische, pädagogische, psychologische und soziologische Hausarbeiten, Exzerpte usw. Die Maschine war – sicher keine Überraschung – sehr laut. Das galt für den Motor ebenso wie für die Typenhebel, die mit einer enormen Kraft auf Papier und Walze trafen. Ich erinnere mich noch genau, wie der Wagenrücklauf den Beistelltisch neben meinem Schreibtisch in wankende Bewegungen versetzte. Und noch genauer erinnere ich mich daran, dass sich jeder Fehler bei der Benutzung der Tastatur unmittelbar auf das Geschriebene auswirkte – und zwar so gut wie nicht rückholbar. Es ist genau das, was man eine Analogtechnik nennt, also eine Technik, die so etwas wie eine Eins-zu-eins-Übertragung von Ursache und Wirkung, Signal und Reaktion, Steuerung und Umsetzung vorsieht. Selbst die Fehlerkorrektur mit Tipp-Ex-Streifen war im Nachhinein sichtbar – das beschriebene Papier hatte zwar einen geheilten Text, aber die Narben konnte jeder sehen.

Im Jahre 1985 habe ich eine Diplomprüfung in Erziehungswissenschaften abgelegt. Dafür musste ich im Fach Soziologie eine Diplomarbeit schreiben. Diese umfasste – so viel Zeit war damals noch für die erste Qualifikationsarbeit – um die 350 Schreibmaschinenseiten, die ich zunächst handschriftlich verfasst und dann auf meiner Robotron-Maschine ins Reine geschrieben habe. Ins Reine hieß: in eine Form, die als Vorlage für ein professionelles Schreibbüro dienen konnte, das daraus eine Arbeit gemacht hat, die man abgeben konnte. Die Vorlage war schon gar nicht schlecht, enthielt aber in analoger Weise all die Unregelmäßigkeiten, Fehler und Korrekturen, die ich beim Schreiben gemacht hatte, Narben eben, die von dem mühsamen Prozess des Zusammenfuckelns von Gedanken zu einem linear lesbaren Text zeugten. Interessant war das Schreibbüro, dessen Dienste ich damals in Anspruch nahm – es warb damit, dass man vor dem endgültigen Ausdruck einen Vorabzug bekam, auf dem man Fehler noch beseitigen konnte, soweit diese Korrektur den Seitenumbruch nicht tangierte. Technisch wurde dieser Korrekturgang auf einer sehr modernen Schreibmaschine bewerkstelligt, und er war sehr teuer und nur durch einen Zuschuss meiner Eltern für mich bezahlbar. Auf einmal wurde ein ausgedruckter Text, also ein analoges Protokoll eines Eins-zu-eins-Verhältnisses von Produktion und Produkt, nicht nur wiederholbar, sondern konnte sogar verändert werden. Und die Veränderung blieb unsichtbar! Keine Narben! Das wirkte sich auf den Realitätsstatus des Textes aus, der auf einmal etwas Anderes war als vorher. Analog war nur noch das Ergebnis, nicht mehr der Prozess der Produktion.

Nach dem Studienabschluss bemühte ich mich um ein Promotionsstipendium und hatte die Fantasie, in der Zukunft genau das zu tun, was ich die nunmehr drei Jahrzehnte danach tatsächlich getan habe: als Sozialwissenschaftler zu arbeiten und die Ergebnisse dieser Tätigkeit insbesondere in Textform zu bringen. Mein gesamtes Studium ließ sich (zumindest auf der technischen Seite seiner Produktionsmittel) mit ausschließlich analogen Techniken betreiben. Selbst die Literatursuche erfolgte noch ohne Datenbanken, und zwar mit Hilfe eines Katalogsystems, das in seiner Materialität meiner Robotron-Maschine sehr ähnlich war. Ich erinnere mich noch an das Geräusch in der Münsteraner Universitätsbibliothek, wenn der Kasten mit den Karteikarten zurück in das Register geschoben wurde und veritabel knallte. Es lohnte sich übrigens, trotz eher schlechter Bahnverbindung, während des Studiums die ca. 100 Kilometer nach Bielefeld zu fahren, wo es nicht nur eine viel besser sortierte sozialwissenschaftliche Bibliothek gab, sondern sogar ein Microfiche-System, das die Recherche erleichtert hat. Aber auch das war radikal analog – blieb aber wenigstens ohne einen Apparat, der Strom verbrauchte, unsichtbar.

Ich machte mich unmittelbar nach dem Studienabschluss, den Berufswunsch im Kopf, auf die Suche nach einem bezahlbaren Computer, der anders als die sehr erfolgreichen C64-Rechner von Commodore nicht für Freizeit-Anwendungen gebraucht werden sollte, sondern tatsächlich ein Arbeitsmittel war. Es musste also das her, was schon damals als Industriestandard bezeichnet wurde, also ein mit dem *Microsoft Disc Operating System* (MS-DOS) kompatibles Gerät, das technisch etwa dem klassischen IBM-PC entsprach. In Münster gab es damals freilich nur eine IBM-Niederlassung – und ein Original-PC von IBM, wie er seit 1981 auf dem Markt war, wäre völlig unbezahlbar gewesen. Auch dafür musste man damals nach Bielefeld, wo es einen Laden von Computerschraubern gab, die preisgünstige Komponenten zu einem IBM-kompatiblen, dem ersten IBM-PC entsprechenden

Rechner mit 8088-Prozessor, mit 4,77 MHz getaktet, anboten. Meine erste Anlage hatte keine Festplatte, sondern nur zwei Floppy-Disk-Laufwerke, von denen man eines stets mit Disketten für das Betriebssystem und Anwendungsprogramme verwenden musste. Während die erste Diskette das DOS lud, steckte man eine Diskette mit einem Textverarbeitungssystem rein – ich verwendete damals *Word-Perfect*. Sobald man das erste Mal eine Sonderfunktion in Anspruch nahm, etwa Kursivschrift, musste eine andere Diskette eingesetzt werden, die dieses Tool enthielt. Und wenn der Text fertig war, kam eine weitere Diskette zum Einsatz, auf der dieser dann abgespeichert wurde.

Zur Anlage gehörte ein Nadeldrucker, der bezüglich der Dezibel-Zahl der Robotron-Maschine in nichts nachstand. Die ganze Anlage war teuer – aber letztlich immer noch billiger als eine IBM-Kugelkopf-Schreibmaschine, die damals den Weltstandard darstellte – und so etwas wie ein Cadillac im Vergleich zu jenem Wartburg war, den meine Robotron symbolisierte. Diese Kugelkopf-Schreibmaschinen waren zwar kein Industriestandard mehr, aber sie standen in jedem universitären Institutssekretariat, um einer Generation von Professoren zu dienen, die fast nur handschriftlich geschrieben haben, weil ihr Schreibprogramm vor der IBM-Schreibmaschine saß und nicht mit irgendwelcher Software, dafür aber mit den idiosynkratischen Handschriften der Herren Professoren (das ist ausnahmsweise mal kein generisches Maskulinum!) kompatibel war.

Nach einem Jahr habe ich mir eine Festplatte gekauft – das ging dann sogar in Münster, und ich stand vor der schwierigen Entscheidung, ob ich eine mit 1 MB oder mit 5 MB Kapazität kaufen sollte. Ich entschied mich für 1 MB, weil es kaum vorstellbar schien, einen Speicherplatz von 5 MB in einem einzigen Leben vollschreiben zu können. Danach habe ich dann eine ganz normale digitale Biografie durchlebt: Es kam Windows, und es kamen stärkere Rechner, leistungsfähigere Peripheriegeräte, das Internet, die permanente Erreichbarkeit meiner Daten, unabhängig davon, wo ich mich aufhielt. Der Übergang vom Download- zum Upload-Internet spielte eine große

Rolle, dann der Übergang vom stationären zum mobilen Internet. Mit dem Netz kamen Recherchemöglichkeiten, die die Bielefelder Microfiche-Phase als graue Vorzeit erscheinen ließen. Und so weiter und so weiter. Dieses Buch habe ich (wie schon frühere) an Dateien geschrieben und weitergeschrieben, die in einer kommerziellen Cloud eines Textverarbeitungsanbieters gespeichert waren und die ich auf allen meinen und fremden Geräten vom stationären Computer bis zum Smartphone stets in der aktuellen Form bearbeiten und konsultieren konnte.

Ich habe in meinen ersten drei Semestern, also von 1979 bis 1981 (als der IBM-PC auf den Markt kam), gutes Geld mit der Reparatur von Autos verdient – VW-Käfer und VW-Bully, Citroën 2CV und GX, Renault 4 und 5, Opel Kadett, VW Polo und Golf I, auch den alten /8-Mercedes-Diesel. Das war ebenso illegal (wenn auch mittlerweile verjährt) wie machbar, weil Autos damals tatsächlich analoge Maschinen waren, an denen man rumschrauben konnte. Kurz darauf waren Autos zwar immer noch Apparate, die fossile in kinetische Energie umgewandelt haben; gesteuert wurden die Prozesse aber immer mehr zunächst durch elektronische Regelkreise und dann durch Computertechnik. Heute kann ich an meinem Automobil (ein ziemlich digitalisierter Nachfolger des alten /8) allenfalls die Reifen und die Wischerblätter wechseln. Der Beruf des KFZ-Mechanikers – der wohl begehrteste Lehrberuf zumindest für Jungs – wurde folgerichtig im Jahre 2001 umbenannt in KFZ-Mechatroniker, das Ausbildungsprofil hatte sich schon vorher geändert.

Original und Kopie

Worauf ich hinaus will, sollte deutlich geworden sein: Man kann mich und die in den 1960er Jahren Geborenen vielleicht als die erste digitale Generation beschreiben.[18] Dabei war der erste PC eben mehr als bloß eine bessere Schreibmaschine. Er war ein Medium, das den Realitätsstatus von Arbeitsergebnissen tatsächlich verändert hat. Walter Benjamin hat in seinem berühmten Essay über *Das Kunstwerk*

im Zeitalter seiner technischen Reproduzierbarkeit von 1936 die These vertreten, dass sich das Kunsterleben durch die mögliche Vervielfältigung
von künstlerischen Exponaten radikal verändert hat, und zwar in
die Richtung, dass das Kunstwerk nun vor einem ganz anderen Publikum sich bewähren müsse – auch vor einem Publikum, das eben
nicht mehr eingebettet war in die bürgerlichen Praktiken des Kunst-
genusses.[19] Es entstand so etwas wie Kunstgenuss en passant – was
man freilich nur beklagen kann, wenn man an der Kunst nur die
Distinktionsfunktion schätzt. Worauf es Benjamin aber ankam, war
das, was er den «Verlust der Aura» nannte, also den Verlust jener
kairologischen Einmaligkeit, die nun ins Chronologische verlängert
werden konnte – eben durch die Wiederholbarkeit des Erlebens. Wer
Benjamin zitiert, hat sicher Theodor W. Adornos ätzenden Vorwurf
im Ohr, Benjamin mache das Kunstwerk zum Fetisch. Aber das
scheint mir doch eine typische Reaktion auf neue Medienformen zu
sein, die vergangenen Formen semantisch zu veredeln, um das Ungeheure der modernen Technik und seiner Folgen in den Blick zu
bekommen, ob es nun die Sokratische Preisung des Gesprächs im
Gegensatz zur distanzierenden Schrift ist oder die Kritik des Fern-
sehens als einer Nivellierung im Vergleich zu echten Erfahrungen
mit der Welt.

Etwas ganz Ähnliches hat der Alltagsgebrauch digitaler Techniken hervorgebracht – und ich spreche jetzt ausdrücklich nicht
von den großen kulturellen Veränderungen des digitalen Zeitalters,
sondern von den kleinen Veränderungen bei der Textproduktion
eines jungen Wissenschaftlers bzw. eines Jungen, der einer werden
wollte. Der Computer als Schreibgerät hat das Schreiben nicht einfach vereinfacht oder beschleunigt – es geht also nicht um Fragen
der Skalierbarkeit. Der Computer als Schreibgerät hat das Schreiben
entstofflicht. Bevor Text auf analoge Weise aufs Papier kommt, lebt
er in einem virtuellen Zustand. Seine Virtualität besteht darin,
dass er permanent veränderbar bleibt, ohne als Ganzes verändert
werden zu müssen. Einschübe, Umformulierungen, Revisionen
hinterlassen keine Spuren mehr – der Text hat seine *Aura* verloren,
würde man wohl mit Benjamin sagen. Bis zum Ende ist alles revi-

sionsfähig – und zugleich sehen bereits vorläufige Versionen ästhetisch fertig aus. Völlig unfertige Texte konnten mit Hilfe von Funktionen einer Textverarbeitungssoftware auf einmal so präsentiert werden, als wäre der Text schon ein Text – was man zuvor, auf einer *Robotron 202* zumal, unterlassen hätte, weil damit der erhebliche Mehraufwand verbunden gewesen wäre, alles stets neu fassen zu müssen. Nun geht es mir im vorliegenden Buch nicht darum, auch nur eine der populären Geschichten über die Auswirkungen der Digitalisierung auf Alltagspraktiken zu erzählen, die den Großteil der soziologischen Literatur zum Thema ausmachen. Das Beispiel soll nur zeigen, wie kleinteilig und wie alltagstauglich, wie fast unbesehen und doch wirksam, wie unspektakulär und doch radikal die Digitaltechnik in die Gesellschaft hineindiffundiert ist – und wie schnell die Umstellung von der analogen auf die digitale Gesellschaft vonstattenging.

Produktive Fehlanzeige und Sollbruchstelle

Dieses Buch ist selbst keine Immunreaktion auf die Digitalisierung – auch wenn die Digitalisierung zweifellos zu Störungen von gesellschaftlichen Routinen führt, die bearbeitet werden müssen. Was die sozialwissenschaftliche Intelligenz daran interessiert, habe ich schon angedeutet. Der vielleicht wichtigste Diskurs ist der über die Zukunft der Arbeit. Mit hoher Wahrscheinlichkeit wird die Digitalisierung sowohl der Produktion als auch der Produkte Auswirkungen auf Beschäftigung und auf die Kontinuität von Arbeitsbiografien haben. Aber wie sich die Digitalisierung auf diese Fragen auswirken wird, darüber herrscht eklatante Uneinigkeit. Vieles ist schlicht noch unbekannt. Wenig Zweifel bestehen auch daran, dass sich die Verfügbarkeit über große Datensätze auf wissenschaftliche Erkenntnisse auswirken wird. Allenthalben wird die theorielose Wissenschaft befürchtet, die einfach nach Spuren in Datensätzen sucht,[20] außerdem stellt sich die Frage, wem Erkenntnisse zugerechnet werden, wenn intelligente Algorithmen Erkenntnisprozesse anleiten.[21]

Erwartbar ist durchaus, dass es zu Anpassungsproblemen individueller Lebensführung an Fremd- und Selbstkontrollmechanismen kommt, die durch die Verfügbarkeit von wachsenden Datenmassen entstehen. Ebenso wenig Zweifel gibt es darüber, dass sich das Preisgefüge in vielen Branchen aufgrund ganz neuer, digital ermöglichter Transparenz- und Vergleichsmodelle verändern wird. Ebenso unbestritten ist eine Tendenz zur Kapitalkonzentration, die sich parallel zur Datenkonzentration verhält.[22] Dafür gibt es sowohl ökonomische als auch genuin technische Gründe. Sicher ist auch, dass die Diskussion um die künstliche Intelligenz auch das Selbstverständnis der menschlichen, natürlich genannten Intelligenz beeinflussen wird.[23] Und dass mit der Digitalisierung neue Machtkonzentrationen und -konstellationen entstehen, kann niemandem verborgen bleiben.[24] All das wird seit langem in derselben Weise diskutiert, wie sich die Gesellschaft auf solche (Selbst-)Störungen einstellt. In dieser Hinsicht ist die Digitalisierung kein wirklich aufregendes Thema.

Wiewohl viele der genannten Themen im vorliegenden Buch durchaus explizit vorkommen, bilden sie nicht dessen inhaltlichen Kern. Oder anders formuliert: Sie sind nicht Ausgangspunkt der Überlegungen, sondern kommen ‹nur› als Epiphänomene des eigentlichen Untersuchungsgegenstands vor. Denn all diese Diskussionen über Störungen gesellschaftlicher Routinen durch die ausgreifende Digitaltechnik kommen letztlich ohne eine fundierte Theorie der Digitalisierung aus – sie setzen die Digitalisierung als Phänomen letztlich voraus. Diese Lücke versucht dieses Buch zu schließen.

Es ist womöglich keine Übertreibung zu behaupten, dass hier eine Leerstelle gefüllt wird. Nichts weniger ist das Programm, als die erste Gesellschaftstheorie der digitalen Gesellschaft vorzulegen. Es ist ein wissenschaftliches Unterfangen, kein vordergründig diagnostisches, noch weniger ein meinungsstarkes und schon gar keines, das Handlungsanweisungen generiert. Es ist der Versuch, die Digitalisierung als eine gesellschaftliche Kulturerscheinung zu verstehen.

Hier wird die Digitalisierung also nicht einfach als ein Thema unter anderen auch noch auf die moderne Gesellschaft appliziert. Der theoretische Anspruch ist weit größer. Denn nach meiner technik-soziologischen Intuition müsste eine angemessene Theorie der Digitalisierung eben keine Kolonial- oder Störungsgeschichte der Digitalisierung präsentieren, sondern das Bezugsproblem der Digitalisierung in der Gesellschaft und ihrer Struktur selbst auffinden können. Insofern ist der Untertitel durchaus präzise gewählt. Es geht gar nicht um eine *Theorie der Digitalisierung*, sondern um eine *Theorie der digitalen Gesellschaft*.

1

Das Bezugsproblem der Digitalisierung

Wenn ich es recht sehe, ist diese Frage nach dem Bezugsproblem der Digitalisierung noch nicht gestellt worden: *Für welches Problem ist die Digitalisierung die Lösung?* Es macht einen Unterschied, wie man fragt. Ich frage nicht: *Was ist Digitalisierung?* Ich frage auch nicht: *Was ist das Problem an der Digitalisierung?* Oder: *Was für Probleme bereitet die Digitalisierung?* Gerade über Letzteres wissen wir bisweilen mehr als über meine Leitfrage nach dem Bezugsproblem: etwa dass sie eine Gefährdung für die Privatheit darstellt, dass sie aufgrund ihrer Leistungsfähigkeit vor allem in repetitiven Tätigkeiten Arbeitsplätze vernichten wird, dass sie auch eine ökonomische Chance sein kann, dass sie Kontrollmöglichkeiten eröffnet, die es zuvor nicht gab, usw. In solchen Sätzen wird die Digitalisierung gewissermaßen als unabhängige Variable vorausgesetzt, um nach ihren Folgen zu fragen. Meine Frage beginnt ganz anders: *Für welches Problem ist sie die Lösung?*

Meine Antwort wird so lauten: *Das Bezugsproblem der Digitalisierung ist die Komplexität und vor allem die Regelmäßigkeit der Gesellschaft selbst.* Das Argument lautet, dass die moderne Gesellschaft vor allem mit ihrer digitalen Form der Selbstbeobachtung auf jene *Regelmäßigkeiten* erst stößt, auf jenen *Eigensinn* und jene *Widerständigkeit*, die gesellschaftliche Verhältnisse ausmachen. Gesellschaft ist ein zwar fluider, ein operativer, ein echtzeitlicher, ein auf Ereignissen basierender, ein schneller, ein beschleunigter Gegenstand, und doch enorm stabil, regelmäßig, in vielen Hinsichten auch berechenbar. Dieser Gegenstand enthält Muster, die man auf den ersten Blick nicht erkennt. Der zweite Blick, dem sie freilich ansichtig werden, ist zunehmend ein digitaler Blick.

Sollte sich diese These als tragfähig erweisen, hätte das erhebliche Konsequenzen für eine soziologische Theorie der Digitalisierung, die nicht einfach Digitalisierungsfolgen und den Modus der Störung durch eine bestimmte Technologie und Technik untersucht, sondern an den Grundfesten der modernen Gesellschaft selbst ansetzt. Und das würde heißen: Wir sehen nicht Digitalisierung, sondern zentrale Bereiche der Gesellschaft sehen bereits digital. Digitalität ist einer der entscheidenden Selbstbezüge der Gesellschaft. Vorsichtshalber sei hier schon erwähnt, dass mir das Digitale hier nicht als *Metapher* erscheint. Aber dazu später mehr.

Es wird schon deutlich: Bei der Ausarbeitung einer Theorie der digitalen Gesellschaft stellen sich zunächst methodische Fragen, also Fragen der Theoriekonstruktion. Wenn diese nicht beantwortet werden, bleiben die wenigen vorstehenden Sätze schlicht Behauptungen. Die Frage nach dem Bezugsproblem ist eine funktionalistische Frage. Funktionalistische Fragen sind keine Kausalfragen, sondern Fragen nach der Relation zwischen Problem und Lösung.

Funktionalistische Fragen

Die vielleicht wichtigste Grundlegung einer funktionalistischen Denkungsart stammt von Ernst Cassirer. Er hat in seinem frühen Buch *Substanzbegriff und Funktionsbegriff* einen Übergang von Substanz- zu Relationsbegriffen postuliert und damit nicht nur eine Kritik der ontologischen Weltauffassung vorgelegt, sondern auch eine Kritik der nachträglichen Ontologisierung des Erkenntnisprozesses. Für Cassirer konstituieren sich Erkenntnisobjekte im und durch den Erkenntnisprozess selbst, der damit zu einer unbestimmten (bzw. zu bestimmenden) Stelle im Netz der Relationen wird: «Wir erkennen somit nicht ‹die Gegenstände› – als wären sie schon zuvor und unabhängig *als Gegenstände bestimmt* und gegeben –, sondern wir erkennen *gegenständlich*, indem wir innerhalb des gleichförmigen Ablaufs der Erfahrungsinhalte bestimmte Abgrenzungen schaffen und bestimmte dauernde Elemente und Verknüpfungszusammenhänge fixieren.»[1]

Dass dem Erkennen «Dinge» erscheinen, nennt Cassirer eine «Bestätigungsformel» – und die erkannten Gegenstände sind somit nicht «‹Zeichen von etwas Objektivem›, sondern vielmehr objektive Zeichen»[2], deren Objektivität allein darin liegt, dass sie sich empirisch bewähren.[3]

Mathematisch gesprochen, ist die Beobachtung von etwas dann stets eine Funktion dieser Beobachtung – und diese Idee des Funktionalismus bricht mit der Vorstellung, dass die Unbestimmtheit der Welt durch eindeutige Bestimmtheit sich aufbrechen oder auflösen ließe. Diese Relationierung ist nicht nur ein Charakteristikum der wissenschaftlichen Erkenntnis, sondern von Praxis überhaupt. Durch sie wird sichtbar, wie sich konkrete Erscheinungen zu etwas verhalten und wie etwas aufgrund der jeweiligen Praxis so erscheint. Der *Funktionalismus* hat es also stets mit Unbestimmtheit zu tun, oder besser: mit der praktischen Herstellung von Bestimmtheit – und zwar sowohl auf der Seite der Erkenntnis als auch auf der Gegenstandsseite.

Nun soll es hier nicht um epistemologische Fragen des Funktionalismus gehen, sondern tatsächlich um die Frage der Problem-Lösung-Konstellation dessen, was wir Digitalität/Digitalisierung nennen. Die These könnte dann etwa lauten, dass wir nicht Digitales sehen, sondern dass wir digital sehen, damit so etwas wie Digitales erscheinen/entstehen/erfolgreich sein kann. Einer der Pioniere, die nicht nur das Digitale beschreiben, sondern demonstrieren, wie wir *digital sehen* bzw. digital sehen *sollten*, um die moderne Welt zu beschreiben, ist Dirk Helbing. Der gelernte Physiker beschreibt etwa die Automatisierung gesellschaftlicher Bereiche nicht nur als eine gewissermaßen von außen kommende Störung, sondern im Gegenteil als einen Teil der sozialen Struktur, was die Beschreibung von Störungen, etwa Kaskadeneffekte in komplexen Systemen (z. B. Stromversorgung), erst möglich macht.[4] Helbing beschreibt die digitale Revolution folglich als eine Revolution der gesellschaftlichen Komplexität selbst.

Connecting Data – *offline*

Wenn eine funktionalistische Denkungsart sich dadurch auszeichnet, dass man sowohl die Erkenntnis- als auch die Gegenstandsseite kontingent halten muss, lohnt sich zunächst eine phänomenologische Beschreibung digitaler Techniken. Es gilt, mit anderen Worten, zunächst eine *offline*-Perspektive einzunehmen und völlig auf eine Beschreibung der Sache selbst, also der digitalen Technik, zu verzichten, um die grundlegende Struktur der Gesellschaft in den Blick zu bekommen. Wenn es etwas gibt, das alles Digitale verbindet, dann ist es die Verknüpfungsfähigkeit von Daten mit Daten, also die Fähigkeit von Apparaten, Datenpunkte miteinander zu verbinden. Das Rohmaterial sind Daten, die in gezählter/zählbarer Form vorliegen und deren Form so niedrigschwellig ist, dass man diese tatsächlich miteinander kombinieren und rekombinieren kann.

Mit die früheste Form der digitalen, also zählbaren Form der Verarbeitung von Daten war sicher die öffentliche Sozialstatistik, die mit der Etablierung moderner Staatlichkeit entstand. So war etwa der «Sozialphysiker» Adolphe Quetelet (1796–1874) einer der Ersten, die statistische Verfahren auf die Gesellschaft und die Sozialplanung angewandt haben. Er hat sich zum Beispiel darüber gewundert, wie regelmäßig sich die Menschen verhalten, etwa wenn es ums Heiratsverhalten geht. Das Heiratsverhalten ist ein je individuelles Verhalten. Man sieht konkret zwei Menschen, die sich dafür entscheiden, zu heiraten. In der gezählten Form freilich sieht man etwas anderes: Man rekombiniert die Information «Heirat» mit anderen Merkmalen und macht dann sichtbar, was zuvor nicht wirklich sichtbar gewesen ist. Nun muss man konzedieren, dass auch unser Alltagsverständnis durchaus bereits mit Wahrscheinlichkeitsunterstellungen darüber arbeitet, welche Ehe erwartbar ist und welche nicht. Wir haben die Idee der Schichtung der Gesellschaft, der kulturellen/konfessionellen Passung, der Altersverteilung bei Paaren, der ökonomischen und biografischen Voraussetzungen etc. bereits in unseren Wahrnehmungsschemata/Typisierungen verankert und sehen letztlich nur im Falle der Abweichung die Regelmäßigkeitsunterstellungen unserer Wahrnehmungen. Die Sozialstatistik ist aber in der Lage, solche Regelmäßigkeiten auf den Begriff zu bringen und sie letztlich handhabbar zu machen, und sie ist aufgrund ihrer quantitativen Kapazität in der Lage, relativ unsichtbare Regelmäßigkeiten zu entdecken, die dem Alltagsverstand als Zufall oder Ergebnis der Kontingenz individueller Entscheidungslagen erscheint.[5]

Die Voraussetzung für all das ist die durch Umcodierung von typischen Merkmalen zählbar gewordene Form von Daten, von digitalen Daten, die miteinander rekombiniert werden können. Das Material von Datenverarbeitung/Digitalität sind also prinzipiell miteinander kombinierbare *items*, deren Informationswert gerade in der Begrenztheit möglicher Kombinationen liegt. Konkreter: Wenn jedes mögliche Element mit jedem anderen möglichen Element verknüpft wäre, könnten Daten keinerlei Information hergeben, also keinen Unterschied machen. Quetelet hat Abweichungen von der Normalverteilung übrigens als Störung aufgefasst und war letztlich fasziniert von einem *homme moyen*, einem Mittelwertmenschen, den man entsprechend berechnen kann und der zugleich die Grundlage für all jene Praktiken bildet, in denen die Menschen als selbstverantwortliche Individuen geformt werden.

Das Rohmaterial des Digitalen sind also Listen von codierten Zahlenwerten, die *Lösung* sind Informationen über alles Mögliche auf der Grundlage der Daten. Konkret sind das Wahrscheinlichkeitsaussagen über die Kombinatorik, über die Relation einzelner *items*, noch genauer: über die Grenzen der Kombinatorik, weil nur Daten, in denen nicht alles mit allem kombinierbar ist, auch Informationen enthalten bzw. erzeugen können. Das können Informationen ganz unterschiedlicher Natur sein:

— die intelligente Steuerung einer Maschine, die in der Lage ist, sich selbst auf veränderte Umweltbedingungen einzustellen und Daten in der Weise zu verarbeiten, dass sie durch eigene Festlegungen darauf reagieren kann;

— die intelligente Selbstbeobachtung mechanischer Maschinen mittels sensorischer Daten, die auf Unregelmäßigkeiten hinweisen;

— prädiktive Möglichkeiten, aus historischen Daten über Kaufentscheidungen, abweichendes Verhalten oder Suchmaschinenab-
fragen Informationen über Verkaufschancen, die Eingrenzung
von Verdächtigen oder die Konjunktur von Themen in einem bestimmten Raum zu erhalten;

— Optimierungen logistischer Abarbeitungsregeln;

— Wettervorhersagen und Klimamodelle;

— Marktbeobachtung und Marktbearbeitung;

— intelligente Verkehrssteuerung;

— Beeinflussung von Wahlverhalten in bestimmten abgrenzbaren
Gruppen bzw. Identifikation von unsicheren Entscheidungslagen
beim Wahlverhalten, denn nur dort lohnt sich der Einsatz besonderer Werbemaßnahmen;

— Objekterkennung als Element selbstfahrender Fahrzeuge;

— Diagnoseprogramme in der bildgebenden Diagnostik in der Medizin;

— Auswertungen elektrokardiographischer, elektroenzephalographi-
scher und ähnlicher Datensätze;

— forensische und literaturwissenschaftliche Bestimmung von Au-
torenschaften von Texten;

— inzwischen sogar die Herstellung redaktioneller Texte durch Verarbeitung von Agenturmeldungen;

— Übersetzungs- und Spracherkennungsprogramme;

— Stimmerkennung;

— Messungen des emotionalen Status;

— Detektieren von Bewegungsprofilen jeglicher Art.

All diesen Beispielen ist gemein, dass die Wechselwirkung unterschiedlicher Parameter daraufhin beobachtet wird, wie sich die Relation unterschiedlicher Einflussgrößen durch die Veränderung solcher
Relationen verändert, wie hoch die Wahrscheinlichkeit für bestimmte
erwünschte oder auch unerwünschte Zustände ist bzw. welche Einflussgrößen die Wahrscheinlichkeit in eine bestimmte Richtung verändern können. Wenn man das Digitale irgendwie auf den Begriff
bringen will, dann ist es letztlich nichts anderes als die *Verdoppelung*

der Welt in Datenform mit der technischen Möglichkeit, Daten miteinander in Beziehung zu setzen, um dies auf bestimmte Fragestellungen
rückzuübersetzen. Die Vergleichbarkeit ergibt sich dadurch, dass es
sich um Übersetzungen von Signalen in ein einheitliches Medium
handelt, das Inkommensurables zumindest relationierbar macht.

Letztlich handelt es sich dabei schon um eine genaue Bestimmung
dessen, was ein Computer macht. Ein Computer ist ein Rechengerät,
das Daten mittels eigenen Datenmanagements, also per Metadaten,
miteinander verknüpfen und gerade aufgrund der diskreten, also
binär-zahlenförmigen Form der Repräsentation der «Welt» sehr hohe
Datenmengen verarbeiten kann. Dadurch wird nicht nur die quantitative Kapazität der natürlichen Form bewusstseinsbasierter Intelligenz überschritten, sondern es erfolgt auch ein qualitativer Umschlag,
weil aus den Ergebnissen von Berechnungen wieder Voraussetzungen
für neue Berechnungen werden können.

Der Zusammenhang von Quantität und Qualität ist in diesem Zusammenhang durchaus komplex, weil es gerade die quantitative Form
der Rückkopplung ist, die dem Computer eine besondere Qualität verleiht. Jedenfalls ist Digitalität als eine Kombination von Vereinfachung und Komplexitätssteigerung anzusehen. Man bringt analoge
Formen in eine digitale Gestalt, rekombiniert diese digitale Gestalt im
Hinblick auf Strukturen und wendet diese dann wieder auf die analoge Welt an, aus der die Daten stammen, oder besser: von der her die
Welt in Datenform verdoppelt wurde. Ich komme auf die Verdoppelungsfunktion noch ausführlich zurück. Jedenfalls setzt die Anwendung von Computern nicht einfach auf die interne Bearbeitung von
Daten, sondern auf deren Rückübersetzung in analoge Formen. Com-
puter haben deshalb stets mindestens zwei Schnittstellen: *zum einen*
den *input* von datenförmigem Material (welcher Art auch immer), *zum
anderen* den *output* von datenförmigem Material, das durch eine
Schnittstelle in sinnförmige Informationen (rück-)übersetzt wird.
Solche Schnittstellen können Bildschirme, 2-D- und 3-D-Drucker,
Plotter, Maschinensteuerungssignale, Rechenergebnisse, statistische
Ladungen oder auch Text sein. Dabei erfolgt eine Rückübersetzung
des Datenförmigen in andere Medien.

Zunächst ist festzuhalten: Schon diese kurze und knappe Bestimmung des Digitalen verweist auf die Form der Lösung, die diese Technik anzubieten in der Lage ist. Denn exakt darin besteht die *Lösung*: Wahrscheinlichkeitsbeziehungen in Datensätzen freizulegen, welcher Art auch immer. Dass es sich um eine gesellschaftlich relevante Lösung handelt, wird schon daran deutlich, dass man keinen Sonderbereich fürs Digitale in der Gesellschaft finden kann. Das Digitale ist geradezu indifferent für fast alles zu gebrauchen. Es steuert Toaster ebenso wie die gesamte Energieversorgung eines Landes, intelligente elektrische Zahnbürsten ebenso wie die Selbstbeobachtung von Börsen, Kinderspielzeug oder die Modelleisenbahn des ehemaligen bayerischen Ministerpräsidenten ebenso wie Raumstationen, programmierbare Waffen oder Beatmungsgeräte von Anästhesisten, es wertet ein Elektrokardiogramm ebenso aus, wie es Bildschirmspiele steuert. *Das Spezifische dieser Technik ist ihr unspezifischer Charakter.* Es ist eine geradezu ubiquitäre Form – bis dato nur der Präsenz Gottes und dem Einsatz von Schrift vorbehalten.

Was ist das Problem?

Was ist aber das *Problem*? Für welches Bezugsproblem ist Digitalisierung die *Lösung*? Es soll hier wirklich ernst genommen werden, was ich zuvor methodologisch betont habe: Die Relation von Problem und Lösung soll beide Seiten in Betracht ziehen und ihr Verhältnis zueinander bestimmen. Aus der Struktur der Lösungsangebote müsste sich dann das Bezugsproblem der Digitalisierung erschließen lassen. Ich habe an anderer Stelle ausführlich erläutert, dass die funktionale Methode ein interpretatives Verfahren sei.[6] Das Verfahren muss verstehen, warum so etwas wie Datenverarbeitung mit digitalen Mitteln eine solche Problemlösungskapazität hat. Es geht also nicht nur darum, was Datenverarbeitung oder Digitalität *ist*, sondern was sie *tut* und welches Problem sie dabei löst. Schon zu sehen, was sie *tut*, kann nur interpretativ verstanden werden. Was sie tut, ist tatsächlich Rekombination von diskreten Formen, die eine Repräsentation von etwas Anderem anbieten und durch die radikale Vereinfachung Dinge miteinander vergleichbar machen, die in ihren prallen analogen Formen allzu unterschiedlich sind.

Die Lösung ist also die Frage nach der begrenzten Rekombinationsfähigkeit von *items* in Datensätzen, das Problem kann also nur der Bedarf nach solcher Rekombinatorik sein. Das Problem muss in Merkmalen/Bedarfen/funktionalen Erfordernissen jener Gesellschaft aufgefunden werden, in der sich diese Form der Technik etablieren kann. Das Problem muss ebenso interpretativ erschlossen werden, denn es liegt nicht positiv vor und muss letztlich sehr abstrakt sein, um den vielfältigen Gebrauch dieser Technik angemessen würdigen zu können.

Ich schlage, wie oben schon angekündigt, folgende Diagnose vor: *Das Bezugsproblem für die Digitaltechnik liegt in der Komplexität der Gesellschaft selbst.* Wie jedes andere soziale System ist die Gesellschaft selbstverständlich dadurch geprägt, dass sie nicht alle ihre Elemente zugleich mit allen anderen verknüpfen kann. Deshalb sind Gesellschaften (wie alle Systeme) durch interne Stoppregeln, Interdependenzunterbrechungen und Grenzen der Verknüpfungsfähigkeit geprägt. Systeme können nur deshalb eine Struktur haben, weil sie solche internen Verarbeitungsregeln haben, die mehr ausschließen, als sie ermöglichen. Je höher die Zahl der Elemente und je weitreichender die Handlungs- und Verknüpfungsketten sind, umso komplexer stellen sich deshalb auch diese Verarbeitungsregeln dar.

Letztlich ist das ein soziologisches Grundgesetz. Ordnung ist nur möglich, wenn Verhaltensmöglichkeiten eingeschränkt werden. Strukturen sind letztlich nichts anderes als die Einschränkung von Erwartungen in bestimmten Situationen. Um es auf besonders banale Weise zu sagen: Gehe ich in eine Bäckerei, sollte ich nicht nach gelben Rüben fragen. Schon das ist eine ziemlich wirksame interne Komplexitätsverarbeitungsregel, die Anschlüsse dadurch ermöglicht, dass sie andere ausschließt. Nun sind nicht alle Strukturen so einfach und vor allem nicht so explizit sichtbar wie diese Backwaren/Rüben-Relation. Aber die Form der Verstehbarkeit der Welt und die Möglichkeit, Informationen im Lichte anderer Möglichkeiten zu gewinnen, setzt die Begrenztheit der Verknüpfungsfähigkeit eigener Elemente voraus. Da nun nicht alles gleichzeitig mit allem verknüpft werden kann, besteht die Struktur einer Gesellschaft exakt in dieser Begrenzungsform selbst, um sich selbst anschlussfähig zu halten. Die Betonung liegt nun auf der Begrenzungs*form*, also darauf, nach welchen internen Regeln, Regelmäßigkeiten, Gewohnheiten, Traditionen, Entscheidungen usw. solche Formen etabliert werden können, wie sie sich verändern und wie sie womöglich sogar intentional, also planvoll verändert werden können oder wo sie so widerständig sind, dass sie sich auch durch Veränderungsintentionen nicht beeindrucken lassen.

Um Gesellschaften (und andere soziale Systeme) verstehen zu können, muss man also die Regelmäßigkeit von Verknüpfungsformen einzelner Elemente genau in den Blick nehmen. Man wird feststellen, dass sich diese Regelmäßigkeit mit steigender Komplexität als immer unsichtbarer, wenigstens nicht eindeutig positiv bestimmbar darstellen wird. Es gehört zu den Grunderfahrungen der gesellschaftlichen Moderne, nicht mehr auf die Perpetuierung von Traditionen und langen Linien vertrauen zu können. Wenn man es auf eine Formel bringen will: *Die Selbsterfahrung, dass die Gesellschaft nicht mehr aus einem Guss erscheint, verweist darauf, dass unterschiedliche, gleichzeitig wirkende Kräfte am Werk sind, die auf die Gegenwart einwirken und die damit konfrontiert werden, dass sich das Selbe sehr unterschiedlich beschreiben lässt.* Das hört sich sehr abstrakt an, gibt aber genau das wieder, was man als grundlegende Erfahrung der gesellschaftlichen Moderne beschreiben kann: ein Wechselspiel von Transparenz und Intransparenz.

Die Gesellschaft fängt an, immer mehr von sich zu wissen – ökonomisch, wissenschaftlich, kulturell, technisch usw. –, und sie ist immer stärker darauf angewiesen, diese Sphären voneinander zu trennen und wechselseitige Formen der Intransparenz herzustellen. Wenn es stimmt, dass das, was politisch angezeigt ist, ökonomisch unkontrollierbare Folgen hat – oder umgekehrt –, wenn es stimmt, dass die wissenschaftliche Formierung von Problemen sich von ihrer technischen, sozialen oder kulturellen Umsetzung unterscheidet, wenn es stimmt, dass immer mehr Entscheidungen in diesen unter-

schiedlichen Bereichen der Gesellschaft, aber auch biografische Entscheidungen, Konsumentscheidungen oder Bekenntnisfragen weniger kollektiv als individuell getroffen werden, verweist das auf sehr
komplexe Muster der Ordnungsbildung, bei denen man immer weniger von einem konkreten Merkmal auf alle anderen schließen kann.
Um es wieder formelhaft auszudrücken: Konnte man in der alten
Welt womöglich aus sehr wenigen Informationen über eine Person –
Geburtsort/-familie, Position in der Geschwisterreihe, Geschlecht –
fast alle anderen Parameter des Lebens ableiten, gilt das für moderne
Gesellschaften nicht mehr so leicht. Was uns als Freiheit und Indi-
vidualisierung von Entscheidungslagen erscheint, ist vor allem die
Unübersichtlichkeit der Wirkkräfte, die zusammenspielen, damit
Strukturen und Ordnung entstehen.

Viele halten die Moderne und Modernisierungsprozesse für einen
Ordnungsverlust. Dabei handelt es sich um ein eklatantes Missverständnis. *Modernisierung ist keineswegs der Verlust von Ordnung, sondern der*
explizite Hinweis auf Ordnung bzw. auf Ordnungsbildung. Ordnung wird nun
zum expliziten Thema![7] Politische und rechtsförmige Institutionen in
Nationalstaaten, Umstellung auf Geldverkehr, Etablierung von Nor-
mallebensläufen, Verstaatlichung des Steuersystems, Etablierung
von Geschlechterrollen und milieubestimmten Lebensformen – all
das, um nur wenige Parameter zu nennen, verweist nicht auf einen
Verlust von Ordnung, sondern auf Ordnungsbildung, also darauf, wie
kontingent und intern divers Ordnungen sich nun darstellen. Man
unterschätzt frühere Ordnungen womöglich, wenn man so tut, als
habe man es dort nicht mit Ordnungsbildung zu tun. Denkt man
etwa an die sehr komplexen hierarchischen Beziehungen zwischen
Personen und zwischen Ständen in früheren Gesellschaften oder
anderen sehr komplizierten Ungleichheitszeichen, so unterscheiden
sich diese sehr wohl von modernen Sozialformen dadurch, dass sie
letztlich eine ziemlich transparente Form der Ordnung repräsentierten, die aus allen Positionen der Gesellschaft gleich aussah. Niklas
Luhmann hat das auf die sehr treffende Formel gebracht, dass in vormodernen Gesellschaften mit stratifizierter Differenzierung sich die
«Gesamtselektivität der Welt» tatsächlich von allen Positionen des

Gesellschaftssystems aus identisch dargestellt hat.[8] Nochmals eine
vereinfachte Formel: Wenn alles nach Oben und Unten codiert wird,
erscheint die Gesamtordnung der Welt für alle gleich. Oben ist oben,
und unten ist unten, gleichviel, ob man von oben oder von unten
schaut. Ordnungsprobleme bestanden dann vor allem darin, wie man
die Ordnung durchsetzt und Loyalitäten pflegt, aber es gab keine Probleme der Beschreibung und des Verstehens dieser Ordnung – diese
erscheinen erst dort, wo sich andere Ordnungsformen durchzusetzen
beginnen, etwa die Verselbständigung ökonomischer Kalküle oder
wissenschaftlichen Wissens oder die Emanzipation weltlicher von
kirchlicher Herrschaft. Ordnung wird nun selbst zum Problem, weil
ihre Beobachtung nicht mehr trivial ist. Dies ist die strukturelle Antezedenzbedingung für die Entstehung des Digitalen.

Es hat vor allem etwas mit Sichtbarkeiten zu tun. Wieder ideal-
typisch überzeichnet: In früheren Gesellschaften waren etwa die gesellschaftliche Position und der soziale Status einer anderen Person
immer schon transparent. Es gab sogar mehr oder weniger ausgefeilte
Zeichen, vor allem Rang- und Funktionszeichen, etwa durch Kleidung
codiert, so dass die soziale Struktur relativ einfach analog sichtbar
werden konnte. Analog meint: in konkreter praller Empirie mit All-
tagsmitteln beobachtbar. Relevantes Wissen über die Gesellschaft er-
hielt man anhand der bloßen Kenntnis dessen, was man sehen konnte,
kombiniert mit den Bewertungsformen über die entsprechenden kulturellen Zeichen. Diese Welt war nicht einfach, sondern zum Teil sehr
kompliziert, aber nicht wirklich komplex, weil sich das Meiste ziemlich eindeutig beschreiben ließ.

Genau das ist in der Moderne verloren gegangen. Um zum Beispiel
zu verstehen, wer heute mein Konkurrent auf Arbeits-, Heirats-,
Wohnungs- oder Versorgungsmärkten ist, kann ich immer weniger
auf sichtbare Zeichen setzen, sondern muss unterschiedliche Merkmale kombinieren, um die potentiellen Konkurrenten einzugrenzen.
Im vormodernen Fall werden soziale Gruppen im wahrsten Sinne des
Wortes sichtbar, während wir heute solche Konkurrenzbeziehungen
genau genommen nur noch als statistische Gruppen sichtbar machen
können. Schon die seit dem 19. Jahrhundert beliebte Klassentheorie

zur Beschreibung sozialer Ungleichheit hatte mit diesem Problem zu kämpfen. Man konnte mit Hilfe sozialwissenschaftlicher Methoden und politischer Ökonomie Risiko-, Ausbeutungs- und Ungleichheitslagen bestimmen, aber es haperte am Ende daran, dass aus der objektiven Klassenlage keine subjektive Klassenlage wurde. Die Klasse *an sich* und die Klasse *für sich* blieben geradezu systematisch voneinander getrennt, weil Ersteres eine statistische Gruppe *war* bzw. *ist* und Letzteres eine soziale Gruppe *sein sollte*.

Drastischer ausgedrückt: Auch wenn in vormodernen Zeiten die Kategorisierungen von Menschen und ihre soziale Positionierung geradezu alternativlos erschienen, waren sie für den sozialen Verkehr ziemlich transparent – Positionierungen in Schichten, Familien, Regionen, Berufen, Funktionen, Rangfolgen usw. waren prinzipiell verstehbar und bei jedem sozialen Kontakt verfügbar. In jeder sozialen Kommunikation war die Rangfolge der Personen eine wichtigere Codierung als der Inhalt der Kommunikation. Es kam dem Unteren gar nicht zu, etwa ein besseres Argument oder eine weiter reichende Information oder gar einen besonderen Zugang zu Ressourcen zu haben. Sozialer Ausschluss verhinderte dies.

Sehr allgemein gesprochen, war die stratifizierte Welt der Vormoderne alles andere als einfach gebaut. Das grundlegende Differenzierungsprinzip allerdings war sehr wohl einfach. Das Oben/Unten-Schema ist an Einfachheit kaum zu überbieten, womöglich kann man es sogar digital nennen, weil es über eine binäre Medialität verfügt, gepaart mit fein ziselierbaren konkreten Formen. Diese Formen waren freilich auch der Grund für eine starke Limitierung von Beobachtungen und Formen, die sich dem eindeutigen Schema entziehen könnten.

Doch die Häufigkeit der zum Differenzierungsschema querliegenden Geltungsansprüche nimmt mit der Emanzipation von neuen Beobachtungsformen zu.[9] Im Laufe der gesellschaftlichen Modernisierung gerät damit vieles durcheinander. Wahrheitsfragen begannen sich von Rangfragen vorsichtig zu emanzipieren, politische Macht und religiöses Heil wurden wenigstens unterscheidbar, und der Buchdruck und die Literalität der Bevölkerung ermöglichten es, Wahrheiten voneinander zu unterscheiden. Daraus entwickelte sich eine moderne Gesellschaft, in der das primäre Differenzierungsschema nicht mehr alles nach einem einfachen Oben/Unten-Schema ordnen kann, sondern sich an gesellschaftlichen Funktionen orientiert. Die Grundunterscheidungen auf der Ebene der Gesamtgesellschaft sind nicht mehr hierarchisch geordnete Schichten, sondern sachorientierte Funktionen wie Politik, Ökonomie, Recht, Wissenschaft, Medien, Medizin, Erziehung/Bildung und andere. Damit wird nicht nur die Gesellschaft im Ganzen unübersichtlicher, sondern auch die Platzierung von Personen folgt keinem eindeutigen Prinzip mehr, auch wenn relativ stabile Schichtungs- und Ungleichheitsstrukturen entstehen.

Trotz dieser eher unübersichtlichen Verhältnisse, in denen die individuelle Lebensführung aufgewertet wird, werden Entscheidungen im Lebensverlauf geradezu pausenlos erzwungen. Mit anderen Worten: Das Anstrengende an der Moderne ist der Zwang zur Lebensführung, die partielle Freiheit in einer Welt, die so ist, wie sie ist, die Notwendigkeit, unter riskanten und unsicheren Bedingungen und Entscheidungsspielräumen Zurechnungspunkte für Entscheidungen zu finden. Gefordert ist eine Transparenz der individuellen Wünsche und Motive bei gleichzeitiger Unkalkulierbarkeit der Folgen. Eine der vielleicht merkwürdigsten Widersprüchlichkeiten besteht wohl darin, dass das Personal moderner Gesellschaften wie niemals zuvor daran gewöhnt ist, über sich Auskunft zu geben und sich dadurch selbst von anderen unterscheiden zu können.

Das Unbehagen an der digitalen Kultur

Das Selbstverhältnis ist das Verhältnis zur Welt – aber in keiner Gesellschaft wissen wir zugleich so wenig von uns selbst wie in dieser. Die digitale Form der Informationsverarbeitung weiß mehr über uns als wir selbst – und das bereits, bevor es die elektronische Mediatisierung von Information in der heutigen Form gegeben hat. Schon die Sozialstatistik, wie sie im 19. Jahrhundert begonnen hatte, ermöglichte das, was mit Michel Foucault später die «Bio-Politik der Bevöl-

kerung»[10] heißen sollte, gewissermaßen eine Professionalisierung der
Beobachtung der Individuen, die vordergründig ausführlich über sich
Auskunft geben konnten, über die man aber sozialstatistisch, im Hinblick auf Konsumgewohnheiten, medizinisch, psychologisch, foren-
sisch mehr wissen konnte als sie selbst. Die Sozialwissenschaften
selbst sind im Kontext dieser Entwicklung entstanden. Sie interessieren sich für Regelmäßigkeiten und Erwartbarkeiten, die die Akteure
aus ihrer eigenen Perspektive für das Ergebnis eigener Entscheidungen, eigenen Charakters, zur Not eigener Schrullen halten. Deswegen
wollen sie ja in der Moderne so gerne Subjekte sein – eine theoretische
und moralische Zumutung, die im Moment ihrer Verunmöglichung
entstand.

*Das Unbehagen an der digitalen Kultur speist sich aus dem Sichtbarwerden
dieser modernen Erfahrung.* Es wird nun erst recht offensichtlich, dass
die digitalen Möglichkeiten der flächendeckenden Beobachtung, die
Rekombination von Daten und die Möglichkeiten des *Kalkulierens* die
Akteure darauf stoßen, was sie zuvor latent halten konnten: *wie regelmäßig und berechenbar ihr Verhalten ist.* Das Unbehagen an der digitalen
Kultur ist womöglich der Spiegel, den diese Technologie der Gesellschaft vorhält: Sie überfordert die Gesellschaft und ihre Strukturen
so sehr, dass sichtbar wird, was zuvor unter Latenzschutz stand.

Die theorieleitende These dieses Buches ist, noch einmal: Digitale
Praktiken und Routinen, Detektorfunktionen und Anwendungsgebiete werden zwar als disruptive, geradezu verflüssigende Erscheinungen diskutiert, aber sie verweisen exakt auf das Gegenteil, auf die
merkwürdige Stabilität des gesellschaftlichen Gegenstandes, seine
Musterhaftigkeit und seine Struktur.

Ist die digitalisierte überhaupt noch eine moderne Gesellschaft?
Der Soziologe und Kulturtheoretiker Dirk Baecker hat in den letzten
Jahren die These vertreten, dass durch den Siegeszug der Digitaltechnik eine ähnliche Katastrophe mit der Gesellschaft passiert wie in-
folge der Durchsetzung des Buchdrucks. Katastrophe versteht Baecker
im wortwörtlichen Sinne, als Wechsel der grundlegenden Struktur
nämlich, als *Umwendung.* Die «nächste Gesellschaft»[11] sei eine Gesellschaft, in der die Grundstrukturen der klassischen Moderne ange-

sichts der Herausforderungen des Computers nicht mehr gälten: Das Projekt der Moderne sei die Gesamtinklusion der Bevölkerung in ihre Funktionssysteme gewesen. Auf dieses Projekt folge das «Projekt der digitalen Gesellschaft, die Transformation analoger in diskret abzählbare, binär codierte, statistisch auswertbare, maschinell berechenbare Prozesse.»[12] Das ist vorsichtiger formuliert, als es auf den ersten Blick den Anschein hat. Baecker lässt zunächst offen, ob damit die Moderne, die funktional differenzierte Gesellschaft an ihr Ende komme oder nicht, aber der Tenor geht schon in Richtung einer Affirmation des Projekthaften, das mit den Digitalisierungsmechanismen einhergeht.

Vielleicht ist das Projekthafte zu stark an den Selbstbeschreibungen der Gesellschaft orientiert. Es stimmt: Die Moderne hat in ihren Programmen der Subjektivität und der Individuierung, der Verrechtlichung von Zugängen zu den Zentralinstanzen der Gesellschaft, durch ihre abstrakten Gleichheitsversprechen bei konkreten Ungleichheitsfolgen und nicht zuletzt durch die Etablierung von Lesepublika durch allgemeine Schulpflicht und die Ausdifferenzierung eines Systems der Massenmedien sich als Projekt der Inklusion aller in alle Leistungsbereiche der Gesellschaft beschrieben und daraus vor allem ihre normative Kraft bezogen. Das «Projekt der Moderne», wie Habermas es in den 1980er Jahren inzwischen klassisch beschrieben hatte,[13] war in der Tat ein großer Gleichheitsgenerator bei gleichzeitigem Versuch, Individualität als soziales Programm wie als individuelles Vermögen zu etablieren. Das Projekt der Moderne habe einen Kritiküberschuss hervorgebracht, Kritik wurde überall geradezu erwartet, um die Dinge besser machen zu können, um Wachstum zu ermöglichen, um Alternativen ins System zu bringen, um Variation zu ermöglichen und nicht zuletzt, um die Individuen wie Individuen aussehen zu lassen, die ein kritisches Verhältnis zu sich selbst aufbauen.

Das Projekt der Digitalisierung dagegen sei ein Projekt der Kontrolle, eines Kontrollüberschusses,[14] mit dem die Gesellschaft nun zurande kommen müsse – hier folge ich Baecker. In der Tat: Kontrolle wird zur bestimmenden Produktivkraft, technisch und sozial. Deshalb haben die Sozialwissenschaften sich auch besonders auf die Kritik dieser Kontrolle und vor allem ihrer Transformation in Selbstkontrolle kapriziert. Die Zählbarkeit des Verhaltens ermögliche vor allem die Kontrolle von außen und transformiere diese Außenlenkung in disziplinierende Praktiken des Selbsttrackings.[15] Vor allem ist es aber das Sichtbarwerden der Unsichtbarkeit der gesellschaftlichen Antezedenzbedingungen des individuellen Lebens, das Unbehagen erzeugt.

Es bietet sich die Metapher der Benutzeroberfläche und der Maschine dahinter an – eine durchaus passende Metapher. Die Selbstbeschreibungen, die Semantisierungen, die bewussten Vollzüge des Lebens, die Programme der Lebensführung, sogar Einstellungen und Überzeugungen – all das ist eine Benutzeroberfläche, mit der wir so etwas wie ökologische Umwelten erzeugen, in denen wir uns bewegen. Die Sozialwissenschaften wussten freilich schon länger, dass hinter dieser Benutzeroberfläche eine «Maschine» ihren Dienst tut, die den Akteuren selbst kaum transparent sein kann. Sie haben das individuelle und entscheidungsbasierte Verhalten der Menschen auf ihre Klassenlage, ihren kulturellen Hintergrund, ihre sozialstrukturellen Interessen, ihre soziale Lagerung, ihre lebensweltlichen Limitationen, ihre Tradition und deren Konvention rückgerechnet und Strukturen im Hintergrund entdeckt, die man an der Benutzeroberfläche eben nur als erwartbares Verhalten erkennen kann.

Die digitale Entdeckung der «Gesellschaft»

Die Digitalisierung macht diese Regelmäßigkeiten nur sichtbar, ohne sie erfunden zu haben. Letztlich setzt alle Digitaltechnik an der musterhaften Regelmäßigkeit bzw. an der Abweichung von stabilen Strukturen an. Wo der Gegenstand der digitalen Erfassung soziale Praktiken und Regelmäßigkeiten sind, wozu natürlich auch die Materialität sozialer Prozesse zählt, deckt Digitaltechnik Regelmäßigkeiten auf bzw. kann Abweichungswahrscheinlichkeiten nur deshalb auffinden, weil sie mit relativ stabilen Strukturen rechnen kann.

Man kann das statistisch rekonstruieren. Wären in einem Datensatz alle Punkte mit allen in gleicher Weise verbunden, könnte man mit diesem Datensatz nichts erklären. Diesem Datensatz könnte man keine Informationen entlocken, denn eine statistische Analyse – welchen Typs auch immer – ist darauf angewiesen, dass es eine selektive, also begrenzte und strukturierte Relation zwischen den Elementen gibt, die man dann auf unterschiedlichen Ebenen und mit unterschiedlichen Mitteln nach Zusammenhängen berechnen kann. Für eine digitale Beobachtung taugt nur ein Gegenstand von einiger Regelmäßigkeit. Das hört sich kontraintuitiv an, weil das Wortfeld «Digitalisierung» nahe an dem Bedeutungsfeld «fluide Strukturen» oder «Auflösung des Erwartbaren» liegt – aber das ist nur ein Vorurteil. Digitale Technik, schon die digitale Technik der im 19. Jahrhundert entstehenden amtlichen, wirtschaftlichen und wissenschaftlichen Statistiken, verweist auf eine Strukturiertheit des Gegenstands, die dem natürlichen Bewusstsein und dem bloßen Auge verborgen bleibt. Ansonsten wären digitale Erkenntnisweisen überflüssig.

Ich möchte den Gedanken noch verschärfen: Letztlich ist die Digitalisierung sogar die *dritte*, vielleicht sogar endgültige Entdeckung der Gesellschaft. Ihr gehen naturgemäß zwei andere voraus:

Das *erste* Mal ist die Gesellschaft als Gesellschaft im 18. und 19. Jahrhundert auf sich aufmerksam geworden, und zwar dort, wo Weltgestaltung sich nicht einfach in der Perpetuierung der Tradition erschöpfte, sondern in der Gestaltung des Neuen. Das galt etwa für die Entstehung der Nationalstaaten in den Jahrzehnten nach der Französischen Revolution, die ein neues Institutionenarrangement etablieren mussten, neue Rechte für alle etablierten, auf den Widerspruch rechtlicher und politischer Gleichheitsversprechen sowie ökonomischer und milieuspezifischer Ungleichheitseffekte stießen und damit aktiv umzugehen hatten. Die revolutionären Gestalter der Gesellschaft waren eher an der Hervorbringung als an der Entdeckung der Gesellschaft orientiert, weil sie das Bestehende mit aller Macht verflüssigen wollten. Am drastischsten wurde die Gesellschaft deshalb wohl von den Reaktionären erlebt und entdeckt. In der Geschichtsschreibung der Gesellschaftswissenschaft beginnt man allzu schnell mit der Selbstbeschreibung derer, die das Neue feiern – so etwa mit dem Erfinder des Labels «Soziologie», Auguste Comte, der ein «wissenschaftliches» Zeitalter anbrechen sah, in dem übrigens schon die quantitative Berechnung der gesellschaftlichen Dynamik mit ihren transparent anmutenden Formen eine besondere Rolle spielte.[16] Vielleicht ist die Konterrevolution aber viel aufschlussreicher.

Wenn man etwa an die französische Gegenaufklärung eines Joseph de Maistre denkt, der gegen die Gleichheitsforderungen der Aufklärung und der Revolution die Persistenz und Stabilität einer gewachsenen Gesellschaft verteidigen wollte, setzte er die Widerständigkeit einer gesellschaftlichen Struktur gegen den Veränderungswillen der Revolutionäre.[17] Und die Geschichte gibt nicht nur den Revolutionären Recht, die tatsächlich neue Institutionen, neue Herrschaftsformen und neue Institutionenarrangements etablierten. Vielmehr spielte die erhebliche Persistenz «natürlicher» Unterschiede, Typisierungen, Routinen und Erfahrungen einer trägen gesellschaftlichen Struktur letztlich auch den Reaktionären in die Karten, mehr als es die Revolutionäre und die Egalitären erwarten konnten. Diese Spannung existiert bis heute fort.

«Gesellschaft» war seit der Französischen Revolution das Symbol für die widersprüchliche Erfahrung zwischen Gestaltungswunsch und struktureller Trägheit. Selbst wer die Gleichheit und das Neue durchsetzen wollte, stieß auf die Trägheit der Traditionen und der Welt. Wie kann man Freiheit in einer Welt etablieren, die bereits so ist, wie sie ist? Wie kann der Widerstand der Strukturen innerhalb der Strukturen gebrochen werden? Wie viel Veränderung halten die Strukturen, und wie viel Veränderung halten die Leute aus? Diese Fragen haben das gesamte 19. Jahrhundert begleitet und gaben der Idee der Gesellschaft eine zugleich fortschrittliche (Gestaltung, Reformen, Revolution) und konservative (gewachsene Strukturen, Traditionen) Bedeutung, weswegen Revolution und Restauration bzw. Revolution und Ordnung immer wieder in Konflikt miteinander gerieten. Ziemlich unbeobachtet für das öffentlichkeitswirksame Selbstverständnis der modernen Welt blieb dabei übrigens die Etablierung einer bereits zählenden, also digitalen Selbstbeobachtung der Gesellschaft. Die Gesellschaft versorgte sich mit Informationen über sich selbst, mit Statistiken und quantitativen Erhebungen, mit der Errechnung von Bedarfen und nicht zuletzt: in Form von Geld. Geld kommt immer nur in gezählter Form vor. Es ist per se ein digitales Medium, schon weil man Geldtransfers immer nur in abgezählter Form vornehmen kann. Ich kann niemandem einfach Geld geben. Geld nimmt immer diskrete Formen an. Zwanzig Euro kann ich jemandem geben, einfach nur Geld aber nicht – und gerade die ökonomische Beschreibung der Gesellschaft in ihren Regelmäßigkeiten stößt auf einen Blick, der Prozesse zahlenförmig an der emergenten Herstellung von Mustern beobachtet.

Die *zweite* Entdeckung erfolgte spätestens mit den Liberalisierungen und Pluralisierungen in der Mitte des 20. Jahrhunderts, als der Begriff der Gesellschaft auch eine besondere semantische Karriere zu machen begann. Diese Entdeckung der Gesellschaft verlief parallel zu den Inklusionsschüben und sozialen Aufstiegsmöglichkeiten, indem man den Widerspruch zwischen dem politischen Willen zur Inklusion von vormals kaum berücksichtigten Gruppen, wie zunächst Arbeitern und unteren sozialen Schichten, dann Frauen, sexuellen Minderheiten und schließlich ethnisch Fremden einerseits und den Realisierungsmöglichkeiten einer egalitären Gesellschaft andererseits, entdeckte. Diese Aufbruchszeit nach dem Zweiten Weltkrieg, gemeinhin als Erfahrung der 68er-Generation bezeichnet, war das Ergebnis radikaler Komplexitätssteigerungen der Industriegesellschaft, die von großem Planungs-, Gestaltungs-, Fortschritts- und Wachstumsoptimismus geprägt war.[18] Das Selbstbewusstsein des «Westens» erreichte zu dieser Zeit einen Höhepunkt, der sich in ökonomischen, wissenschaftlichen und technischen Neuerungen niedergeschlagen hat, vor allem aber in der Liberalisierung und Pluralisierung von Lebensformen. Die Gesellschaft zu entdecken, bedeutete damals vor allem, die kulturellen Elemente der bestehenden Welt neu zu kombinieren – durch plurale Lebensformen, mehr Kommunikationsanlässe in Partnerschaften, in der Sexualität, der Kunst und Kultur, der demokratischen Öffentlichkeit und nicht zuletzt der privaten Konsumtion.

Doch auch diese zweite Entdeckung der «Gesellschaft» machte dieselbe Doppelerfahrung wie die erste. Bei aller revolutionären Aufbruchstimmung, bei allen semantischen Überschüssen der Gestaltbarkeit und bei allem Optimismus der Reformierbarkeit bestehender Strukturen und Routinen musste man die Erfahrung machen, wie widerständig sich die gesellschaftliche Struktur darstellte. Eines der besonderen Veränderungsmedien der damaligen Zeit war der Glaube an die egalitären Folgen von Bildung – es war die Zeit der Bildungsexpansion, der Neugründung von Universitäten und Fachhochschulen, der Akademisierung der Berufe und der Ermöglichung sozialen Aufstiegs durch Bildungsförderung. Bei aller Reformeuphorie musste man aber feststellen, dass gesellschaftliche Strukturen nicht so leicht zu verändern waren, wie man es erwartet hatte.

Einen geradezu klassischen Status haben in diesem Zusammenhang die bildungssoziologischen Untersuchungen von Pierre Bourdieu und Claude Passeron in Frankreich. Ihre These von der «Illusion der Chancengleichheit» von 1970 hat drastisch gezeigt, dass das Egalitätsversprechen des Zugangs zu Bildungsinstitutionen die Macht der Herkunft nicht nur nicht außer Kraft setzen konnte, sondern am Ende sogar noch sichtbarer gemacht hat.[19] Die These lautete: Auch wenn man noch so viel Energie in die Überwindung sozialer Ungleichheit etwa durch Bildungsanstrengungen steckt, sind die strukturellen Trägheiten der gesellschaftlichen Masse größer. In den Worten der gerade vorgeschlagenen Metapher: Die Benutzeroberfläche legt kausale Einwirkungsmöglichkeiten nahe, die man vor allem politisch und kulturell repräsentieren kann, aber die gesellschaftliche Maschinerie im Hintergrund ist nicht so leicht zu verändern. Die Entdeckung der Gesellschaft ist also zugleich die Entdeckung ihrer Veränderbarkeit wie die Entdeckung ihrer geradezu veränderungsresistenten Trägheit. Titel und These der «Illusion der Chancengleichheit» waren geradezu stilbildend für diese beiden Seiten der Entdeckung der Gesellschaft, und wo sich Soziologie in der öffentlichen Wahrnehmung nicht mit der Promotion der Benutzeroberfläche zufriedengibt (was sie bisweilen und leider allzu oft tut), stößt sie auf die Zugzwänge von Regelmäßigkeiten, die so gar nicht zum Selbstbild einer fluiden, sich auflösenden, beschleunigten und formbaren Moderne passen wollen.

Das wusste schon die klassische Klassentheorie marxistischer Provenienz, die den Umschlag von der Theorie in die «Praxis» vor allem wegen der Differenz von «Klasse an sich» und «Klasse für sich» nie geschafft hat. Es gelang nie, die *subjektive Klassenlage* (Benutzeroberfläche) mit der *objektiven Klassenlage* (Maschinerie) in Deckung zu bringen.[20] Die Klassentheorie hat stets darunter gelitten, dass die Menschen sich nicht als «gesellschaftliche» Subjekte begreifen wollten, sondern von der «bürgerlichen» Benutzeroberfläche korrumpiert wurden.

Ich führe dieses einfache Beispiel an, um zu zeigen, welcher Mittel es bedarf, um die Gesellschaft verstehen zu können. Dabei geht es mir nicht um Klassentheorie, die ich in ihrer theoretischen Struktur für eher ungeeignet halte, um soziale, insbesondere ökonomische Ungleichheit erklären zu können. Aber hilfreich dürfte das Beispiel sein, wenn es darum geht, die Frage der Selbstbeschreibung und der Selbstsichtbarkeit moderner Gesellschaften beschreiben zu können. An dem Beispiel wird deutlich, dass mit der Komplexität der modernen Gesellschaft diese ihrer selbst kaum mehr mit analogen, sondern nur noch mit digitalen Mitteln ansichtig werden kann. Es müssen Abstraktionen, und zwar Abstraktionen von analoger Sichtbarkeit erzeugt werden. Diese werden dann in Datenform gebracht, damit die wechselseitigen Relationen miteinander relationiert werden können, um am Ende statistische Gruppen, statistische Cluster und Datenmuster zu finden, die dem Alltag der Akteure selbst nicht ansichtig sind.

Mein Beispiel ist nur ein mögliches unter vielen. In allen Funktionssystemen der Gesellschaft entstehen Fragen der Selbstbeobachtung, die man nicht mehr einfach mit dem Vertrauen in sichtbare Strukturen und Merkmale bearbeiten kann. Marktbeobachtung und Währungsveränderungen in der Wirtschaft, Wahlverhalten, Zustimmungschancen und Interessenlagen in der Politik, Steuerungskapazitäten in der Verwaltung, all diese Fragen sind immer stärker darauf angewiesen, nicht-analog beobachtet zu werden.

Die *dritte* Entdeckung der Gesellschaft ist folgerichtig ihre *digitale Entdeckung*. Der Siegeszug der digitalen, also zählenden, Daten rekombinierenden Selbstbeobachtung von auf den ersten Blick unsichtbaren Regelmäßigkeiten, Mustern und Clustern ist womöglich der stärkste empirische Beweis dafür, dass es so etwas wie eine Gesellschaft, eine soziale Ordnung *gibt*, die dem Verhalten der Individuen vorgeordnet ist. Daten, die Individuen durch ihre Zahlungen, durch das Bewegungsprofil ihrer mobilen Datengeräte, durch ihr Kaufverhalten, durch die Suchroutinen im Internet, durch Verbindungen in sozialen Netzwerken, durch die Aufzeichnung ihrer Autonummern usw. hinterlassen, sind für Unternehmen, Strafverfolgungsbehörden, für Marktbeobachtung, Verhaltenssteuerung, Verkehrssteuerung usw. nur deshalb interessant, weil die Kumulation des je individuellen Verhaltens sich zu «gesellschaftlichen» Mustern aufrunden lässt, mit denen man digital sieht, was analog verborgen bleibt.

Wenn ich es auf mein eigenes Verhalten herunterbreche und allein beobachte, was an mir selbst analog sichtbar wird, dann ist mein durchaus individuelles Verhalten erwartbarer, als es dem Selbstbewusstsein gut tut: Mein Lebensstil, meine alltagsästhetischen Vorlieben, mein Einrichtungs- und Musikgeschmack, meine Konsumgewohnheiten, die Marken meiner Kleidung, meiner Schreibgeräte, meiner elektronischen Geräte, die ich besitze, meine Mediennutzung, meine politischen Überzeugungen, selbst das Automobil, das ich fahre – nichts davon ist irgendwie überraschend. Für all das hätte es auch Alternativen gegeben, aber selbst diese wären im Rahmen dessen gewesen, was zu einem bestimmten Muster passt. Die digitale Marktbeobachtung ist ja gerade an den Variationswahrscheinlichkeiten interessiert, um sich Märkte zu erweitern, wie die digitale Beobachtung von Verkehrsströmen oder räumlichem Verhalten an der Varianzwahrscheinlichkeit von Strukturen gerade darin die Dynamik von Prozessen beobachten und steuern kann.[21]

Meine große Passion ist Musik. Es ist zugleich großartig und demütigend, dass Musik-Streaming-Dienste und digitale Musikportale, die ich in Anspruch nehme, aus meinen früheren Käufen (und wer weiß, welchen sonstigen Konsuminformationen) genau wissen, was ich als Nächstes gekauft hätte, hätte ich es selbst gefunden – großartig, weil es meinen Horizont erweitert hat, demütigend, weil es zeigt, wie begrenzt und erwartbar mein Horizont ist. Die Muster, in denen wir leben, sind letztlich jene gesellschaftliche Struktur, die uns nur in der Regelhaftigkeit unseres Verhaltens bzw. in der Regelhaftigkeit gesellschaftlicher Prozesse ansichtig wird. Mit Peter Felixberger habe ich dies einmal als «Drehbuch» rekonstruiert: Sieht man sich öffentliche Debatten an, erkennt man relativ schnell, wie erwartbar und typisch das Verhalten der Beteiligten ist.[22] Selbstverständlich gibt es das Drehbuch nicht in expliziter Form, und das, was geschieht, wird auch nicht geprobt oder von jemandem inszeniert. Es folgt aber unsichtbaren Skripten und Regelmäßigkeiten, die letztlich erst in den ereignishaften Prozessen als Struktur sichtbar werden. Die Muster solchen Verhaltens und auch abstrakterer Prozesse wie Marktdynamiken, politischer Semantikkonjunkturen oder medizinischer Infektionsraten sind wirksamer, als es den beteiligten Akteuren bewusst ist.

Wir sind im Alltag durchaus daran gewöhnt, zumindest Verhaltensmuster zu dechiffrieren – zum Beispiel haben Mitglieder einer bestimmten Gesellschaft stets ein Sensorium dafür, Ähnliche von Unähnlichen zu unterscheiden, bestimmte Symbole und Zeichen im Hinblick auf lebensweltliche Nähe zu unterscheiden oder Bewertungen abzugeben – zumeist eher implizit als explizit. Aber die Muster des Verhaltens gehen noch weiter. Sie nutzen diskrete Daten zur Berechnung von analogem Verhalten. Sie müssen sich, um es in der alten Sprache der Klassentheorie auszudrücken, nicht auf die subjektive soziale Lage verlassen, also nicht darauf, was ich konkret von mir weiß. Sie kennen sogar die objektive soziale Lage, also das, was ich letztlich nicht so genau von mir weiß.

Man kann daran erkennen, wie träge, wie stabil, wie geformt und strukturiert, wie erwartbar und berechenbar das soziale Substrat unserer Gesellschaftlichkeit ist. Das ist womöglich eine unerwartete Diagnose, schlagen wir uns doch mit Diagnosen der Beschleunigung und des disruptiven Wandels herum. Besonders plausibel sind Diagnosen, die behaupten, dass kaum ein Stein auf dem anderen bleibt.

Sozialer Wandel habe seine Geschwindigkeit erhöht und Ambivalenzen hätten zugenommen. Wir müssten viel mehr Kontingenz aushalten und mit ständig neuen Versionen von Lösungen und Strategien umgehen. Gewissermaßen sieht es so aus, als hätten wir es, wie bei der Verwendung von Software, mit ständigen Updates zu tun, nichts sei stabil.

Es sind gerade die Sozial- und Kulturwissenschaften, die diesen Eindruck verstärken. Man wähnt sich in einer Postmoderne, die alle Bedeutungen auflöst – und Studierenden an Universitäten wird von einem in vergleichsweise stabilen Mittelschichtsverhältnissen lebenden Lehrkörper die Technik der Auflösung von Bedeutungen beigebracht. Die Dekonstruktion von Identitätszumutungen hat Konjunktur. Die Bezeichnung Frau sei zu eng für das, was es empirisch an Weiblichem gebe; Kulturen seien nichts anderes als kontingente Konstruktionen, die zwar eine historische Wirkmächtigkeit haben, aber «eigentlich» nicht legitim als Abgrenzungskriterium verwendbar sind; Milieu- und Habitusungleichheiten werden zwar differenziert, zugleich aber als allzu akademische Klassifikationssysteme und -praktiken gebrandmarkt; sexuelle Stile und Formen des Begehrens geraten unter den Verdacht, allzu viel Identität mitzuführen, sobald sie einen Namen haben usw. Für Teile der sozialwissenschaftlichen Intelligenz ist es inzwischen völlig unplausibel geworden, die *Wirkmächtigkeit* sozialer und kultureller Konstruktionen anzuerkennen.

Die Bedeutung der Dekonstruktion von Bedeutungen wird oftmals verkannt. Diese zumeist eher aus den Textwissenschaften stammenden Theoriefiguren, man denke an Jacques Derrida[23], Gilles Deleuze[24] oder Jean-François Lyotard,[25] hatten nicht die Auflösung von Bedeutungen ins Beliebige zum Ziel. So wird das, was man unter dem allzu allgemeinen Label «Postmoderne» diskutiert, oftmals naiverweise zusammengefasst, wobei manche akademische Praxis diesem Vorurteil durchaus entgegenkommt. Die Fluidisierung und Auflösung meint gerade nicht, dass Bedeutungen beliebig sind, sondern dass sie praktisch, operativ, *in actu* kontingent erzeugt, stabilisiert und persistiert werden. Genau genommen erklären dieser Art Differenztheorien[26] nicht die Beliebigkeit jeglicher Praxis, sondern die Musterhaftigkeit jeglicher Praxis. Sie wundern sich darüber, wie stabil Praktiken sind, die doch immer wieder neu praktisch bestätigt werden müssen. Sie beobachten eine prinzipiell fluide Praxis und erkennen stabile Muster, aus denen kaum auszubrechen ist.

Das ist gerade das, was für die Anschlussfähigkeit der Digitalität an die moderne Gesellschaft bedeutsam ist: Die Verbindungen, Vernetzungen, Strukturen und Musterbildungen sind weder eindeutig festgelegt noch beliebig – gerade deshalb müssen sie detektiert werden. Die dritte Entdeckung der Gesellschaft durch die Digitalisierung ist also das Ergebnis jener Erfahrung, dass es zu einem wechselseitigen Steigerungsverhältnis von Ordnung und Variationsmöglichkeiten, von Bestimmtheit und Unbestimmtheit, von Festlegungen und Rekombinationsmöglichkeiten kommt. Die Moderne ist nicht das Ende einer Ordnung, sie generiert Ordnungen in nie dagewesener Form und entdeckt deshalb das Problem der Selbstkontrolle gesellschaftlicher Praxis, die sich zuvor in erheblich einfacheren, hierarchischen, direkteren und sanktionsnäheren Formen strukturierte. Strukturierungen, Typisierungen usw. sind in der Moderne erheblich subtiler als zuvor.

Wenn es ein Theoriestück gibt, das ich derzeit in der Lehre Studierenden am wenigsten plausibel machen kann, dann ist es der Mechanismus der Typisierung. Wir können uns im Alltag kaum ohne stereotypisierende Ordnungsvorstellungen bewegen. Um von Teilaspekten des Verhaltens von Menschen auf Rollenerwartungen zu schließen, müssen wir Typologien und Taxonomien im Kopf haben, die uns überhaupt handlungsfähig machen. Wir können nur einschätzen, was der andere tut und was wir von ihm erwarten können, wenn wir auch in der Lage sind, auf gesellschaftliche Strukturen in Form von Typen zurückzugreifen. Letztlich ist das die grundlegende Geschäftsbedingung der Sozialwissenschaften: Unser Handeln ist in erster Linie Ausdruck sozialer Lagerungen und Möglichkeiten. Studierenden ist das inzwischen höchst unplausibel – oft bin ich als erste Reaktion auf diese grundlegende Erkenntnis gefragt worden, wie man solche Typologien, Stereotype und vorgeordnete Kategorisierungen denn vermeiden bzw. überwinden könne. Es geht mir nicht darum, Vorurteile zu rechtfertigen oder die Individualität des Individuums in Zweifel zu ziehen. Dennoch offenbart sich die Gesellschaftlichkeit der Gesellschaft vielleicht gerade in dem Moment am deutlichsten, wenn man gar nicht mehr mit dem *Sozialen* rechnet – selbst dort, wo es explizit Thema der eigenen Disziplin ist.

Empirische Sozialforschung als Mustererkennung

Die empirische Sozialforschung ist selbst ein Teil der Digitalisierungsgeschichte der modernen Gesellschaft. Wenn es stimmt, dass «Gesellschaft» als Chiffre für Regelmäßigkeiten, vor allem für dem direkten Blick nicht unmittelbar ansichtige Regelmäßigkeiten und Muster steht, dann ist die Entstehung der empirischen Sozialforschung selbst eine Reaktion auf diese Erfahrung der musterhaften Strukturiertheit der Gesellschaft. Andreas Diekmann beschreibt in seinem Lehrbuch über die empirische Sozialforschung, wie sich die Methoden der Sozialforschung gerade aus der Erfahrung entwickelt haben, wie die Muster gesellschaftlicher Praxis erkannt werden können. Es war vor allem die «Politische Arithmetik», die Sozialplanern in Form von Sterberegistern, von Statistiken über generatives Verhalten etc. die Möglichkeit einer methodisch kontrollierten Beobachtung der Gesellschaft ermöglichten. Über einen der Begründer der politischen Arithmetik im 17. Jahrhundert, nämlich über den Demographen John Graunt, schreibt Diekmann: «Graunts Innovationen in seinem demographischen Klassiker ‹Observations› waren vielfältig: Sein Interesse richtete sich auf die Messung und quantitative Untersuchung sozialer Vorgänge. Er benutzte dazu statistische Daten, die zu anderen Zwecken gesammelt wurden, unternahm also, modern ausgedrückt, *Sekundäranalysen*. Wo dies nicht möglich war, stellte er eigene *Primärerhebungen* an, um so die Größe der Bevölkerung Londons zu schätzen. Dabei wendete er wohl als erster Bevölkerungswissenschaftler eine Methode *repräsentativer Stichprobenziehung* an, deren Ergebnis zur Schätzung der Bevölkerungsgröße hochgerechnet wurde. Schließlich galt seine Aufmerksamkeit den *Regelmäßigkeiten* der

Bevölkerungsdynamik, d. h. nicht nur der Beschreibung von Einzel-fällen.»[27]

Das ist exakt das Bezugsproblem der Digitalisierung, wie ich es dargestellt habe: die komplexe Regelmäßigkeit der Gesellschaft selbst und die Nicht-Zufälligkeit des individuellen Verhaltens. Es ist die gewissermaßen kontraintuitive Erfahrung, dass die Selbstbeschreibungen konkreten individuellen Verhaltens zwar mehr oder weniger abstrakten Mustern und Regelmäßigkeiten gesellschaftlicher Natur entsprechen, dies aber den Akteuren selbst nicht transparent sein muss. So ist etwa die Entdeckung der statistischen Normalverteilung oder das Interesse an Durchschnittswerten, am oben bereits erwähnten *homme moyen* von Quetelet etwa, als Durchbruch einer *digitalen* Beobachtung der Gesellschaft durch die empirische Sozialforschung anzusehen.[28]

Die empirische Sozialforschung deckt Muster auf, die latent sein können, die ohne solche Forschung unsichtbar bleiben, die aber methodisch kontrolliert sichtbar gemacht werden können. Die Digitalität der modernen Gesellschaft erfordert geradezu eine sozialwissenschaftliche Perspektive auf sich selbst und war deshalb letztlich an allen drei Entdeckungen der Gesellschaft beteiligt: an der ersten in Form der Entdeckung von Regelmäßigkeiten; an der zweiten in Form einer wissenschaftlichen Beschreibung der Widerständigkeit, aber auch der Gestaltbarkeit der Gesellschaft; und an der dritten insofern, als sie selbst digitalisierte Methoden verwendet, mit Datensätzen umgeht und an sich selbst entdecken könnte, dass sich außerhalb der Sozialwissenschaften gewissermaßen wissenschaftsähnliche Formen etablieren, die aber selbst keine wissenschaftlichen, sondern eher ökonomische, politische, forensische oder technische Ziele verfolgen.

Bereits in der Frühphase der im weitesten Sinne sozialwissenschaftlichen Mustererkennung der Gesellschaft gab es Auseinandersetzungen um eine eher quantitative und eher qualitative Sozialforschung. Diekmann beschreibt dies als einen Konflikt zwischen der quantitativen politischen Arithmetik und einer «Universitätsstatistik», die gerade nicht statistisch, sondern idiografisch gear-

beitet hat und die politische Arithmetik als Technik von «Tabellen-
knechten» und «Zahlenmännern» herabgewürdigt hat. Diekmann
schreibt: «‹Qualitative› Universitätsstatistik und ‹quantitative› politische Arithmetik sind ein Gegensatz, der in der Geschichte der
Sozialforschung wiederholt in unterschiedlichen Formen neu auf-
gebrochen ist. Im Hinblick auf die teilweise hitzige Debatte über
quantitative und qualitative Forschungsmethoden sollte man sich
bewusstmachen, dass der Kern der Kontroverse ganz und gar nicht
neuen Datums ist.»[29] Diese Kontroverse schwelt zwischen einer Sozialforschung, die mit quantitativen Ausgangsdaten arbeitet und
ihre Ergebnisse mit Hilfe von quantitativen Datenauswertungsver-
fahren erzielt, und einer Sozialforschung, deren Daten entweder
aus natürlicher Sprache in Texten oder aus Interviewmaterial besteht oder aus der Beobachtung von Praktiken, die dann methodisch kontrolliert ausgewertet werden.

Es wäre freilich ein Missverständnis – und nur deshalb referiere
ich das hier –, nur die quantitative Sozialforschung mit der Digitalität der Gesellschaft in Verbindung zu bringen. Denn beide Formen
zehren von dem Bezugsproblem der Digitalisierung: der komplexen
Regelmäßigkeit des Sozialen. Auch wenn qualitative Daten selten
metrische Daten sind und selbst wenn sie verstehende und hermeneutische Verfahren anwenden, so sind sie als Sozialforschung nicht
an Einzelfällen interessiert, sondern daran, Muster zu entdecken
und sinnhafte Äußerungen zu rekombinieren, darin Regelmäßigkeiten, Wiederholungen, Typen, Pfadabhängigkeiten usw. zu finden.[30]
Genau genommen ist auch die qualitative Sozialforschung eine Mus-
tererkennungsmethode, die sich für Ordnungsbildung, also für eine
rekonstruierbare Form des Ausschlusses anderer Möglichkeiten interessiert.[31] Wer qualitative Sozialforschung aufgrund der «Natürlich-
keit» und der Alltagsnähe der Daten für eine Forschung hält, die das
Subjekt zum Sprechen bringt oder für eine realitätsnähere Forschung
als die quantitative Forschung, betreibt schlicht schlechte Soziologie,
weil es eben auch hier um überindividuelle Muster geht und um die
methodisch kontrollierte Rekombination von Sinn. Und wer in der
quantitativen Sozialforschung schlichte Variablensoziologie betreibt,

indem Variablen beliebig miteinander statistisch abgeglichen werden, ohne dass eine Fragestellung dahinter steht, betreibt ebenfalls schlechte Soziologie. Denn beide sehen nicht, dass das Bezugsproblem nicht die Kompliziertheit der Gesellschaft ist, sondern ihre Komplexität, nämlich die Musterhaftigkeit des Verhältnisses von Merkmalen zueinander. Schon deshalb lässt sich das Verhältnis von quantitativen Daten und qualitativer Forschung nicht mit der Unterscheidung von «Fakten» und «Deutungen» abbilden, wie das manchmal in sträflicher Vereinfachung und Unkenntnis der epistemologischen Grundlagen geschieht.[32]

Im Übrigen stand das methodenübergreifende Verständnis von empirischer Sozialforschung als Mustererkennung bereits am Beginn der universitären deutschsprachigen Soziologie. Max Webers berühmte Bestimmung der Soziologie als einer Disziplin, die soziales Handeln *deutend verstehen* und *ursächlich erklären* solle, hat bereits die zwei Grundformen der Mustererkennung vereint: Ursächliches Erklären meint die quantitativ-statistische Beobachtung von Regelmäßigkeiten und Kausalbeziehungen, das deutende Verstehen meint die Möglichkeit, den unterstellten subjektiv gemeinten Sinn von Handelnden dadurch zu verstehen, dass man darin bestimmte kulturelle Muster bzw. ihre Derivate wiedererkennt. Es geht bei beidem nicht um beliebige individuelle Korrelationen, sondern darum, Muster zu entdecken, die das konkrete Handeln erst sozialwissenschaftlich bestimmbar machen. In meinem Sprachgebrauch: Die Soziologie setzt an der Digitalität der Gesellschaft, am Bezugsproblem komplexer Regelmäßigkeiten an – und eine Soziologie der Digitalisierung kann dies deshalb nicht nur in ihrem Gegenstandsbereich entdecken, sondern auch an sich selbst.

«Gesellschaft» als Digitalisierungsmaterial

Das digitale Zeitalter, besser: der Siegeszug der Digitalisierung nimmt dagegen gerade die Gesellschaftlichkeit der Gesellschaft in Anspruch. Mit anderen Worten: Die Gesellschaftlichkeit der Gesellschaft ist das

Material der Digitalisierung. Digitale Technik rechnet mit exakt den Regelmäßigkeiten und exakt den internen Differenzierungen und Abweichungen, die das ausmachen, was seit dem 18./19. Jahrhundert mit dem Begriff der Gesellschaft und des Sozialen belegt wurde. Die digitale Beobachtung der Welt ist nicht in erster Linie am konkreten Individuum interessiert, sondern an bestimmten Typen: an der Entbergung von Typologien für das Aufspüren von Kunden, für statistische Gruppen und Cluster zur Messung von Verhaltensdispositionen im Straßenverkehr, bei der Energienutzung, bei der Partnerwahl oder der politischen Präferenz, bei der Strafverfolgung oder fürs Marketing. Die elektronische, digitale, also zählbare Form der Beobachtung kollektiver Aktivitäten rechnet mit einer relativ stabilen Gesellschaft, also mit Regelmäßigkeiten, die ganz offensichtlich stabiler und berechenbarer sind, als es die analogen Selbstbeschreibungen der Akteure und ihrer Gesellschaft vorsehen.

Um einem Missverständnis vorzubeugen: Die digitale, statistische *Entdeckung der Gesellschaft* findet die quantifizierbare Form der Gesellschaft nicht einfach vor, sondern muss diese Quantifizierungen durch Kategorien erst zählbar machen. Wie sich die Gesellschaft mit dem Buchdruck, auf den ich später noch zu sprechen komme, mit Beobachtungskategorien versorgt hat, indem so etwas wie ein Diskurs über Beobachtungsformen und Klassifikationssysteme entstanden ist, kann die digitale Entdeckung der Gesellschaft nicht einfach Regelmäßigkeiten an sich wahrnehmen. Sie ist darauf angewiesen, selbst Klassifikationssysteme zu entwickeln, mit denen es erst möglich ist, eine digitale Information zu erfassen. Wie eine Studie von Rebecca Jean Emigh, Dylan Riley und Patricia Ahmed zeigt, waren es in den USA nicht allein staatliche Instanzen, die für zählbare Klassifikationssysteme gesorgt haben, sondern öffentliche Diskurse, die auf veränderte gesellschaftliche Praktiken reagierten und damit die Muster der Gesellschaft neu bestimmt haben.[33]

Epistemologisch gesehen, kann man Muster nicht einfach darstellen – man braucht Kategorien, um sie sichtbar zu machen –, was wie eine widersprüchliche Formulierung aussieht. Solche Kategorien entstehen durch die Selbstbeobachtung der Gesellschaft in ihren eigenen Diskursen, und es waren eben nicht nur die staatlichen Instanzen selbst, sondern auch private statistische Vereinigungen, die sich im 19. Jahrhundert der Frage verschrieben haben, wie sich gesellschaftliche Entwicklungen statistisch darstellen lassen. Es entstand damit fast so etwas wie eine neue Literalität im Hinblick auf digitale Formen der Mustererkennung – strukturell durchaus vergleichbar mit jenen literarischen Salons in der bürgerlichen Gesellschaft, in denen sich bürgerliche Eliten darin geübt haben, diskursive Muster zu testen und damit Argumentationsfiguren zu entwickeln. Nun sind es digitalisierbare Kategorien, mit denen man die gesellschaftliche Selbstbeschreibung beförderte: demografische und ökonomische Kategorien etwa. In diesem Zusammenspiel wissenschaftlicher, staatlicher, aber auch privater Kategorisierungsleistungen entstand der digitale Blick auf die Gesellschaft.[34] Dieser Blick richtete sich insbesondere auf Muster, abstrakte Regelmäßigkeiten und die Möglichkeit des strukturellen Vergleichs. Seitdem ist die digitale Selbstbeobachtung der Gesellschaft eine permanent mitlaufende Routine. Die Gesellschaft entdeckt sich mit Hilfe eines digitalen Blicks.

Die Techniken der digitalen Mustererkennung im Bereich des Sozialen sorgen tatsächlich für das, was ich die *dritte* Entdeckung der Gesellschaft nenne. *Vielleicht ist es die radikalste Entdeckung der Gesellschaft im Moment ihres Verschwindens.* Es sieht so aus, als habe das soziologisch imprägnierte Denken seine beste Zeit längst hinter sich. *Doch es sind gerade die digitalen Mustererkennungstechniken, die wirklich ernst machen mit der alten gesellschaftswissenschaftlichen Grundüberzeugung, dass sich hinter dem Rücken der Akteure Strukturen und Regelmäßigkeiten finden ließen, die diesen weder bewusst seien noch sich in Selbstbeschreibungen niederschlügen.*

Ich habe oben bereits darauf hingewiesen, dass in der modernen Gesellschaft schon vor der ubiquitären Nutzung von Rechnern ein Unterschied zwischen sozialen und statistischen Gruppen aufzufallen beginnt. Sobald man mit intelligenten Formen der Kombination und Rekombination von Merkmalen arbeitet und statistische Zusammenhänge jenseits zufälliger Häufungen entdeckt, stößt man auf mit analogen Mitteln unsichtbare Zusammenhänge, die sich dem

diskreten, also zahlenförmigen Material sehr wohl entnehmen lassen. Man kann dann zum Beispiel feststellen, dass sich Gruppen in
der Gesellschaft, die sich kulturell, sozialmoralisch oder sogar ökonomisch stark unterscheiden und unterschiedlichen sozialen Gruppen
angehören, in einem oder mehreren Merkmalen ähneln und damit
eine statistische Gruppe bilden. Das sind Regelmäßigkeiten des Gesellschaftlichen, die der Gesellschaft in ihren Selbstbeschreibungen
selbst nicht wirklich auffallen – es ist aber exakt das Material, für
das es sich lohnt, diskrete Formen der Beobachtung anzuwenden, um
auf Regelmäßigkeiten zu stoßen, die sich dann ökonomisch, politisch, polizeilich, wissenschaftlich, medizinisch oder sogar medial
nutzen lassen. All diese Techniken, die ich hier zunächst nur an-
deute, rechnen mit der Gesellschaft. Sie sind jene *dritte* Entdeckung
der Gesellschaft, die freilich eher mit einem nicht-soziologischen
Vokabular auftreten. Es geht dann semantisch gar nicht mehr um
das, was man mit dem Gesellschaftsbegriff belegt hatte, aber funktional geht es darum, was der Gesellschaftsbegriff zuvor an sich selbst
verdeckt hatte.

　Noch einmal genauer formuliert: Die Entdeckung der Gesellschaft
in ihren ersten beiden Varianten hat die Gestaltbarkeit der Welt entdeckt, letztlich auch die Politisierung des Gesellschaftlichen durch
die Erfahrung der Veränderbarkeit der Welt. Sie hat dann aber in
ihrer wissenschaftlichen Form als Soziologie und Sozialwissenschaft
einen Ausdruck für die Enttäuschung darüber gefunden, dass sich
die Gesellschaft eben nicht so leicht verändern lässt, wie es politische Programme suggerieren. Der merkwürdige Begriff der «Gesell-
schaftspolitik», der zumeist von denjenigen gebraucht wird, die die
Gesellschaft für eine eher politische Veranstaltung halten, macht
darauf aufmerksam, während die soziologische, methodisch kontrollierte Beobachtung, ob sie will oder nicht, eben jener Enttäuschung
Ausdruck verleiht, dass die Regelmäßigkeiten stabiler sind als die
politisch formulierten Erwartungen.

　Ihre wirksamste Zeit hatte die sozialwissenschaftlich imprägnierte Sprechweise ohne Zweifel in den 1970er Jahren, als sozialwissenschaftliche Begriffe in den Alltagsdiskurs ausgewandert sind:

dass wir von unserer Umwelt sozialisiert werden, dass Traditionen nur Konventionen sind, dass wir unsere lebensweltlichen Sicherheiten transzendieren müssen, dass alle nur ihre Rollen spielen, dass wir uns über unsere Klassenlage aufklären müssen, dass Kritik möglich ist, dass Interessen Ausdruck gesellschaftlicher Verhältnisse sind und Herrschaft der Legitimation bedarf – all das hat gesellschaftliche Debatten und Selbstbeschreibungen begleitet. Es hat zu einer optimistischen Grundhaltung geführt, dass man die Verhältnisse ändern kann, wenn man nur wollte.[35] Gleichzeitig stellte sich aber auch die Erfahrung von Enttäuschung ein, dass die Gesellschaft in der Persistenz ihrer Strukturen, in der Stabilität ihrer Traditionen und in ihrer Unbeeindruckbarkeit für politische Interventionen nur bedingt den Verflüssigungsbemühungen der damaligen Semantiken folgte. Auch wenn sich gerade in den 1970er Jahren tatsächlich sehr viel geändert hat und etwa die Bildungsexpansion, der soziale Aufstieg vorher unterprivilegierter Gruppen und nicht zuletzt die Konsum- und Popkultur starke Spuren im Selbstbewusstsein der öffentlichen Rede hinterlassen haben, so ist etwa die Schichtung der Gesellschaft stabiler geblieben als beabsichtigt.[36]

Die dritte, die digitale Entdeckung der Gesellschaft zeigt sich von solchen Regelmäßigkeiten und Stabilitäten freilich alles andere als enttäuscht. Diese sind vielmehr ihr Material. Sie sind der Stoff, aus dem sich Kapital schlagen lässt – ökonomisches ebenso wie politisches, medizinisches ebenso wie forensisches. Ist in den kulturellen Selbstbeschreibungen der beobachteten Akteure die Typisierung und die stereotype Form der Informationsverarbeitung eher unplausibel bis verpönt, besteht hierin genau die Antezedenzbedingung, unter der sich die digitale Informationsverarbeitung der Gesellschaft lohnt. Im Moment des Verschwindens des Diskurses als *gesellschaftlichem* Diskurs tritt womöglich erst das ganze Potential der Digitalisierung auf den Plan. In den Sozialwissenschaften wird dieses Verschwinden des Gesellschaftlichen heute gerne mit Identitäts- und Kulturdiskursen kompensiert. Es geht dann nur noch um die symmetrisierende Kritik von Mustern, die man eher mit dem moralischen Impetus ihrer Dekonstruktion loswerden will. Damit überlässt man die Bearbeitung des Gesellschaftlichen anderen Instanzen, etwa der Digitaltechnik, die mit nicht-wissenschaftlichen Interessen inzwischen womöglich die bessere Soziologie betreibt als Teile der eher an der Fluidität ihres Gegenstands interessierten professionellen Sozialwissenschaftler. Aber diesen Strang will ich hier nicht weiterverfolgen.

Um den ersten Gedankenschritt zusammenzufassen: Ich bin in diesem ersten Kapitel auf der Suche nach dem Bezugsproblem des Digitalen, genauer: der Bedingung, unter der das Digitale sich als Technik etablieren konnte. Die Antwort muss gewissermaßen *offline* bestimmt werden, um nicht eine petitio principii zu begehen. *Offline* meint, nicht die Digitaltechnik selbst als Erklärung heranzuziehen, sondern vielmehr die Form der Lösung. Es deutet sich schon an: Wenn die Form der Lösung, die die Digitaltechnik anbietet, darin besteht, dass man Daten miteinander verknüpft und sich Ordnungsstrukturen erst darin sichtbar machen lassen, dann ist die Antwort auf die Frage nach dem Bezugsproblem nicht die Digitaltechnik, sondern die Digitalität der Gesellschaft selbst. Moderne Gesellschaften sind nur digital zu verstehen, deshalb können Digitaltechniken an sie andocken. Die Digitaltechnik verändert zunächst nicht die Gesellschaft, sondern die Digitalität der Gesellschaft erfordert es geradezu, dass sich zumindest einige ihrer vor allem planenden und verwaltenden Instanzen mit der Verarbeitung ihrer digitalen Muster beschäftigen.

Sieht man sich die historische Ausgangsbedingung für die Entstehung des Digitalen an, so ist es tatsächlich die gesellschaftliche Selbsterfahrung gewesen, dass bei der Steuerung und Bewältigung von Prozessen immer mehr unterschiedliche Informationen und Wirkkräfte gleichzeitig verarbeitet werden mussten. Der Ursprung dieser Art von Digitalisierung von Problemlagen liegt übrigens ein ganzes Jahrhundert vor der Erfindung des Computers. Nicht der Computer hat die Datenverarbeitung hervorgebracht, sondern die Zentralisierung von Herrschaft in Nationalstaaten, die Stadtplanung und der Betrieb von Städten, der Bedarf für die schnelle Bereitstellung von Waren für eine abstrakte Anzahl von Betrieben, Verbrauchern und Städten/Regionen. Ich habe bereits auf die Symbolfigur Adolphe Quetelet hingewiesen – ein Pionier der Digitalisierung von realen Problemen. Wenn man zum Beispiel wissen will, wie viel Weizen eine Stadt angebbarer Größe braucht, welche Verkehrswege man aus dem Umland braucht, um die Versorgung sicherzustellen, wie man diese Infrastruktur durch Kredite oder öffentliche Ausgaben finanziert, wie die Aufnahmekapazität einer unterirdischen Kanalisation in einer Stadt sein muss oder auch für welche Berufe man Ausbildungsplätze vorhalten muss, reicht nicht mehr die vormoderne Form der lokal begrenzten Anschauung konkreter Probleme aus. Vielmehr bedarf es eines Verständnisses der Gleichzeitigkeit unterschiedlichster Wirkkräfte, um Lösungen in den Horizont von Problemen zu stellen. Ich verorte also den Beginn der Digitalisierung der Gesellschaft auf die Frühzeit der Moderne – ein Argument, das sich auch bei dem Kulturwissenschaftler Felix Stalder findet. Anders als Stalder sehe ich das Bezugsproblem für die Entstehung einer digitaltechnischen Verarbeitung von Informationen aber weniger in dem *quantitativen* Aspekt einer Erhöhung von Berechnungsbedarf.[37] Ich sehe die Erhöhung von Berechnungsbedarf eher in der *qualitativen* Veränderung gesellschaftlicher Komplexitätslagen.

Es ist kein Zufall, dass Idee und Praxis der Datenverarbeitung mit digitalen Mitteln exakt in die historische Zeit fallen, in der sich Gesellschaften selbst als Gesellschaften zu beschreiben begannen, zugleich aber immer unsichtbarer, weil unübersichtlicher für sich selbst wurden. Soziologisch betrachtet, war auch die antike Gesellschaft eine Gesellschaft, ebenso die südamerikanischen Hochkulturen oder das alte Ägypten. Aber man kam dort gar nicht auf die Idee, sich als Gesellschaft zu beschreiben. Als Gesellschaft haben sich Gesellschaften erst beschrieben, als man auf ganz neue Probleme stieß, die etwas mit überindividuellen Problemlösungen im Hinblick auf die Veränderung von Strukturen zu tun hatten. Man könnte also sagen: *Das Bezugsproblem der Digitalisierung ist die Gesellschaftlichkeit der Gesellschaft selbst, und (moderne) Gesellschaft ist selbst ein digitales Phänomen.* Müsste das nicht eigentlich die größte Stunde der Sozialwissenschaften, der Soziologie einläuten?

Der/die/das Cyborg als Überwindung der Gesellschaft?

Einer der vielleicht interessantesten Texte über die dritte Entdeckung der Gesellschaft durch die Digitalisierung dürfte das *A Cyborg Manifesto: Science, Technology, and Socialist-Feminism in the Late Twentieth Century*[38] der feministischen Philosophin und Wissenschaftshistorikerin Donna Haraway sein. Haraway geht als Feministin von der Frage der Bezeichenbarkeit von Frauen aus und stößt auf die gleichzeitige Kontingenz und Stabilität dessen, was sie «‹die Erfahrung der Frauen›»[39] nennt. Sie beschreibt, dass man im Sinne der Emanzipation diese Erfahrung zugleich anerkennen und konstruieren muss, sie aber auch gleichzeitig loswerden sollte. Ihre Utopie ist eine «Welt ohne Gender»,[40] also eine Welt, in der diese Kategorie letztlich nicht wirksam ist und dethematisiert werden kann. Es ist dies die alte Frage nach jener Paradoxie, dass durch Betonung der Irrelevanz einer Unterscheidung das Unterschiedene erst recht sichtbar gemacht werden muss – ein *Undoing Gender* muss mit Gender rechnen. Daraus scheint es kein Entrinnen zu geben.[41]

Gerade die Geschlechterfrage ist insofern interessant, als sich poststrukturalistische und postmoderne Theorieformen daran gemacht haben, die Rede von «der» Frau zu dekonstruieren, um dann doch festzustellen, wie wirkmächtig die Zurechnung aufs Geschlecht ist. Donna Haraway setzt hier mit ihrem ironischen Vorschlag an und plädiert für eine Cyborg, die gerade durch Rekombination von Elementen eine Entität erzeugt, die sich den klassischen Kategorisierungen entzieht. «Die Cyborg ist eine überzeugte AnhängerIn von Partialität, Ironie, Intimität und Perversität.»[42] Sie (sic!) kommt dadurch zustande, dass die Grenzen der Kategorisierungen durchbrochen werden und also durch Rekombination neue Zurechnungspunkte entstehen.

Haraway digitalisiert die Realität, indem sie die einzelnen Größen anders miteinander rekombiniert. Zu Unterscheidungen im Hinblick auf Rasse und Geschlecht schreibt sie etwa: «Ideologien menschlicher Verschiedenheit lassen sich nur in Begriffen der Häufigkeit von Parametern wie Blutgruppen oder Intelligenzfaktoren formulieren. Mit Konzepten wie primitiv oder zivilisiert zu operieren, kann nur noch als ‹irrational› betrachtet werden.»[43]

Haraway rekombiniert neu, und zwar aus dem Geist jener programmierbaren Maschinen, die Cyborgs sind, deren Programmierung kontingent ist, nicht festgelegt, sondern Freiheitsgrade freilegt. Es ist kein Zufall, dass sie die Kritik der Geschlechtskategorie ausgerechnet an einer programmierbaren digitalisierten Maschine, an einer Cyborg, festmacht, deren Weiblichkeit ein ironisches Element ist, weil diese Zurechnung zugleich aufgehoben wird – ähnlich der Figur der «liberalen Ironikerin» bei Richard Rorty.[44] Der Diskurs ist 30 Jahre alt – im heutigen identitätspolitischen Kulturkampf sind die Liberalen schon längst keine Ironiker/innen mehr.[45]

Mit ihrer technologischen Dekonstruktion des Geschlechts – und das Geschlecht kann hier als Platzhalter ganz unterschiedlicher Merkmals- und Humankategorien genommen werden – weist Haraway sehr genau auf die Doppelbedeutung der digitalen Entdeckung der Gesellschaft hin. Sie zeichnet einerseits das hohe Auflösungspotential einer Gesellschaft nach, in der sich das Bild der Welt ändert, wenn einzelne Parameter neu geordnet, anders kombiniert und ungewohnt verbunden werden, andererseits beschreibt sie das vor dem Hintergrund der Erfahrung, dass sich die Verhältnisse und Praktiken stabiler darstellen, als es aus einer ironisch-dekonstruktivistischen Warte heraus auch nur denkbar ist. Sie schreibt: «Die [programmierbaren – A. N.] Maschinen des späten 20. Jahrhunderts haben die Differenz von natürlich und künstlich, Körper und Geist, selbstgelenkter und außengesteuerter Entwicklung sowie viele andere Unterscheidungen, die Organismen und Maschinen zu trennen vermochten, höchst zweideutig werden lassen. Unsere Maschinen erscheinen auf verwirrende Weise quicklebendig – wir selbst dagegen aber beängstigend träge.»[46] Sie stößt auf die Trägheit der Gesellschaft, auf ihre Muster und ihre Persistenz, auf ihre Strukturen und ihre Praktiken – und zwar mit den Mitteln eines digitalisierten Blicks, der erst in der Lage ist, die Wirkmächtigkeit dieser Muster *als Muster* wahrzunehmen. Ihre Ironie ist eine Ironie des Blicks. Der/die/das Cyborg ist eine halb reale, halb fiktionale

Figur, die darauf verweist, dass die Struktur der Gesellschaft selbst unter logischen Gesichtspunkten zwar überwindbar erscheint – aber unter soziologischen Gesichtspunkten träger und persistierender ist, als es für die Akteure selbst den Anschein hat. Haraways Cyborgs sind diejenigen Figuren, deren Digitalität erst sehen kann, was möglich ist und was nicht. Und der Wunsch der Überwindung der Gesellschaft, also etwa der Kategorie «Gender», stößt exakt an die Grenze dessen, was als Struktur stabiler ist, als die Rekombinationsfähigkeit von Kategorien es nahelegt. Genau damit entdeckt die Digitalisierung die Gesellschaft als träge Struktur – aber eben auch als Material ihrer Gestaltung.

2

Der Eigensinn des Digitalen

Man wird also, wenn man die Digitalisierung und die sie flankierende Technik verstehen will, tatsächlich an den Strukturen der Gesellschaft selbst ansetzen müssen. Man kann diesen Satz geradezu übersetzen in: Man muss die Digitalisierung als ein *soziologisches* Phänomen betrachten – nicht nur als ein *soziales* Phänomen (also eines, das man im Hinblick auf seine sozialen Voraussetzungen und Folgen hin betrachtet). Die Umstellung von analogen auf digitale Fragen an die Gesellschaft bzw. die Registrierung der Digitalität der Gesellschaft ist selbst eine genuin soziologische Fragestellung. Eine Soziologie der Digitalisierung ist also genau genommen fast eine Soziologie der Soziologie, denn die Fragen, die sich als digitale Fragen stellen, sind soziologischen Fragen unmittelbar verwandt.

Die funktionale Erklärung für den Siegeszug der Digitaltechnik liegt also in der Gesellschaftsstruktur selbst begründet, die einen Bedarf für die Verwendung von nicht unmittelbar sichtbaren, in diesem Sinne datenförmigen und damit zählbaren Formen der Informationsverarbeitung erzeugt und auffindet. Insofern ist der Versuch, eine Soziologie der Digitalisierung zu schreiben, schon deshalb ein anspruchsvolles Unterfangen, weil sich hier Gegenstand und Denkungsart gar nicht recht voneinander trennen lassen. Wagt man einen ersten Blick auf die *Praxis* des Digitalen, wird schon deutlich, dass es Praktiken sind, die dem Soziologischen sehr ähnlich sind. Die Lösung des Digitalen, so habe ich es herausgearbeitet, ist die Visibilisierung von auf den ersten Blick unsichtbaren Strukturen in Datensätzen – und das ist auch die Lösung, die soziologische Praktiken anbieten. Der besondere Überraschungswert der Soziologie liegt darin, dem Offensichtlichen Überraschungen abzutrotzen und Kontraintuitives anzubieten.

Beobachten wir die Praktiken selbst: Wer Datensätze dazu verwendet, von seiner Kundenstruktur zu profitieren, etwa durch gezieltes Marketing, oder wer Datenmaterial im Hinblick auf kriminelle oder terroristische Gefährdungslagen bearbeitet, tut konkret etwas, das den Praktiken eines Sozialwissenschaftlers sehr ähnlich ist. Er oder sie wird sich zunächst um die Daten kümmern, diese ordnen und nach bestimmten Kriterien auswerten, wird spezifische Fragestellungen entwickeln, methodisch darüber nachdenken, wie man zu validen Ergebnissen kommt usw. Die Arbeit mit Daten ist keine wissenschaftliche Arbeit im engeren Sinne, denn es geht zumeist nur sehr vermittelt um Wahrheitsfragen, wenn neue Kundenbeziehungen erschlossen werden, ein Kreis von Verdächtigen bestimmt oder die Verkehrsströme einer Großstadt gelenkt werden sollen. Aber die Praktiken unterscheiden sich nicht wesentlich, wenn auch die außerwissenschaftlichen Formen der Bearbeitung von digitalisierten Informationen keine wissenschaftliche Form der Hypothesentestung sind. Wer etwas verkaufen will, will keine Hypothesen testen, und wer etwas überwachen will, auch nicht unbedingt. Es geht schlicht darum, die durch die hohe Zahl von Daten ermöglichte Form der Mustererkennung zu kultivieren, um damit etwas zu machen.

Diese Praktiken sind wissenschaftsähnlich, szientoid. Sie analysieren die Welt in Form von selbst erzeugten Daten, die nicht die Welt selbst sind. Dabei sollte man sich freilich nicht an die offizielle Form der Selbstbeschreibung der Wissenschaft halten, sondern an ihre selbstreferentiellen Praktiken. Niklas Luhmann beschreibt in seiner Wissenschaftssoziologie, dass auch die Wissenschaft selbst nur wissenschaftsähnlich sei. Lapidar heißt es: «In gewisser Weise gleicht dieses Verfahren einem Spiel mit dem Zufall, und mit einem Gemisch von Geschick und Glück führt die Forschung dann zu Resultaten, die weitere Forschung anregen oder entmutigen können. Die Komplexität der Welt erscheint in dem Überraschungswert selbstproduzierter Daten.»[1] Dieser Überraschungswert selbst erzeugter Daten ist es, der die Informationslage der Wissenschaft darstellt, und so ähnlich muss man sich auch den Umgang mit digitalisierten Informationen vorstellen, die in der Rekombination von Elementen Überraschungswerte produzieren, mit denen sich dann etwas anfangen lässt. Über die Wissenschaft schreibt Luhmann weiter: «Die entsprechende Methodologie lehrt also zunächst, die Komplexitätsunterlegenheit des Systems durch selbsterzeugte Komplexität zu kompensieren und dann in der Welt der selbstgemachten Daten unter Ausscheiden zahlloser kombinatorischer Möglichkeiten nach Ergebnissen zu suchen.»[2]

Das Szientoide dieser Praktiken hat Dominique Cardon sehr gut auf den Begriff gebracht, indem er die Praktiken von Datenanalysen in sozialen Netzwerken und Suchmaschinen systematisiert und unterschiedliche Beobachterpositionen ebenso differenziert wie das Prinzip, mit dem Nutzer durch die Ergebnisse angesprochen werden. So zeigt er etwa, dass unterschiedliche Berechnungsformen, etwa Klassifizierungen, Benchmarks oder maschinenlernende Formen der Prognose je unterschiedlichen Prinzipien unterliegen und nicht zuletzt auf unterschiedliche Datentypen zurückgreifen. Hier stehen keinerlei epistemologische Fragen im Hintergrund, sondern solche, die über die Praktiken der Anbieter selbst vermittelt sind.[3] Die Technik besteht darin – ganz in dem Sinne, wie Luhmann es für die Wissenschaft beschreibt –, selbsterzeugte Rekombinationsmöglichkeiten zu nutzen, um zu selektiven Aussagen zu kommen.

Dies ist kein Defätismus gegenüber der Wissenschaft, sondern die Einsicht, dass die Repräsentation der Welt in Daten in methodisch kontrollierten Verfahren zu einem Eigenwert der Daten führt, die für jene Überraschung sorgen, die es ohne sie nicht gäbe. Man kann die Digitalisierung in ihrer gesellschaftlichen Bedeutung nur verstehen, wenn man zugleich genauer versteht, was daran letztlich das Wissenschaftsähnliche ist. Und das kann man nur verstehen, wenn man genauer bestimmt, was einen wissenschaftlichen von anderen Zugängen zur Welt unterscheidet. Das Ergebnis des ersten Kapitels war, dass das Bezugsproblem der Digitalisierung die Gesellschaftsstruktur selbst sei und dass damit eine dritte «Entdeckung der Gesellschaft» stattgefunden habe. Nun wäre es eine eklatante Unterschätzung der Digitalisierung, darin bereits eine erschöpfende Analyse zu sehen, denn bis jetzt bin ich noch gar nicht darauf eingegangen, was das Besondere der datenförmigen Digitalisierung der Gesellschaft ist. Im nächsten Schritt will ich deshalb zunächst den Faden der Wissenschaftsförmigkeit von Digitalpraktiken aufnehmen, um daran dann ein gesellschaftstheoretisches Argument anzuschließen, das die Form der Digitalität bereits in der Struktur der modernen Gesellschaft entdeckt, um danach wiederum meine These vom Bezugsproblem des Digitalen genauer bestimmen zu können.

Die ungenaue Exaktheit der Welt

Ein Schlüsseltext zum Verständnis der digitalen Revolution ist sicher die Krisisschrift von Edmund Husserl von 1935/36. In *Die Krisis der Europäischen Wissenschaften und die transzendentale Phänomenologie* hat Husserl, sehr vereinfacht zusammengefasst, die moderne Wissenschaft dahingehend kritisiert, dass sie einerseits von einer stupenden Genauigkeit und Präzision sei, andererseits aber diese Genauigkeit sich einer Form selbsterzeugter Idealisierung verdanke. Er schreibt: «Was macht die ‹Exaktheit›? Offenbar nichts anderes, als was wir [...] bloßgelegt haben: empirische Messung in Steigerung der Genauigkeit, aber unter der Leitung einer schon im Voraus durch Idealisation und Konstruktion objektivierten Welt von Idealitäten bzw. gewissen, den jeweiligen Maßskalen zuzuordnenden besonderen Idealgebilden.»[4] Das ist nicht einfach eine Kritik an quantitativen Daten, quantifizierbaren Messgrößen und ihrer Mathematisierung, sondern vor allem eine Kritik daran, dass die modernen Wissenschaften den Kontakt zur «Lebenswelt», also den gewissermaßen vorwissenschaftlichen Fundierungen von Sinn verloren hätten.

Das ist durchaus eine phänotypische Kritik an der Verselbständigung der Wissenschaften, deren Erfolg auch etwas damit zu tun hat, dass sie angeblich das Maß im Hinblick auf ihre Fundierung in der vorwissenschaftlichen Welt verloren habe. Nochmals Husserl: «Diese Arithmetisierung der Geometrie führt wie von selbst in gewisser Weise zur *Entleerung ihres Sinnes*. Die wirklich raumzeitlichen

Idealitäten, so wie sie sich unter dem üblichen Titel ‹reine Anschauungen› im geometrischen Denken originär darstellen, verwandeln sich sozusagen in pure Zahlgestalten, in algebraische Gebilde.»[5] Husserl beschreibt hier die Übersetzung «originärer», in phänomenaler Anschauung gegebener Gebilde nicht einfach nur in eine abstraktere oder allgemeinere oder schlicht unverständlichere Form, sondern in ein ganz anderes Medium, das nicht mehr die Gestalt der Anschauung selbst hat. Konkret gesprochen: Aus einer geometrischen Form wird eine codierte Form von Zahlen und Größen. Sie wird – so würde man heute sagen – *digitalisiert*.

Das Entscheidende folgt dann an einer anderen Stelle: «Man läßt im algebraischen Rechnen von selbst die geometrische Bedeutung zurücktreten, ja ganz fallen; man rechnet, sich erst am Schluß erinnernd, daß die Zahlen Größen bedeuten sollten.»[6] Um es noch einmal zu wiederholen: Husserl formuliert hier keine antiszientistische Wissenschaftskritik, auch keine Philosophie kultureller oder gesellschaftlicher Ursprünglichkeit. Er stößt eher darauf, wie der Eigensinn moderner Wissenschaft tatsächlich ein Eigensinn ist, der sich von der Ursprünglichkeit der sinnlichen Anschauung entfernt hat. Ihm ist es darum zu tun, angesichts des «Objektivismus» der wissenschaftlichen Wahrheitsansprüche hier nicht stehenzubleiben, sondern ein «Zurückfragen auf *die* Subjektivität, und zwar auf die *letztlich* alle Weltgeltung mit ihrem Inhalt in allen vorwissenschaftlichen und wissenschaftlichen Weisen zustandebringende Subjektivität»[7]. Damit ist nicht die subjektive Authentizität des Einzelnen gemeint, also nicht eine Wissenschaftskritik im Hinblick auf bloße Lebensbedeutsamkeit für das lebensweltlich gebundene Individuum – das wäre schlichte und schlechte Kulturkritik. Gemeint ist mit Subjektivität die Frage, wie die objektiven Wahrheiten der Wissenschaft sich konstitutionslogisch selbst erzeugen. Subjektiv meint: durch die phänomenologisch ausweisbaren Akte der Erkenntnis oder des Erkennens. Weniger philosophisch formuliert: Husserl geht es um die Frage, wie denn jene Objektivitäten, jene so bezugslos anmutenden Wahrheiten *erzeugt* werden. Er fragt nicht nach dem *Was ist?*, sondern danach, *wie* etwas *erzeugt* wird. Das ist mit lebensweltlicher Fundierung gemeint.

Wechseln wir kurz das Anschauungsterrain und springen in die 1980er Jahre in das EMI-Projekt von David Cope. EMI steht für *Experiments in Musical Intelligence*. Cope, Musiker und Komponist, inzwischen emeritierter Professor für Musikwissenschaft in Kalifornien (Santa Cruz), hat Musik so algorithmisiert, dass der Computer selbst z. B. Bach-Kompositionen erzeugen kann, die zumindest für Alltagshörer nicht vom Original zu unterscheiden waren.[8] Die Hörbeispiele sind frappierend, wenn man etwa Stücke von den CD-Alben *Bach by Design* oder *Virtual Bach*[9] hört, die tatsächlich Bach-Musik erzeugen, die nicht von Bach ist, sondern die auf ein Computerprogramm zurückgeht, das die Muster der Bachschen Musik so isolieren, im Sinne von Husserl: *objektivieren* kann, dass der Datensatz letztlich mit der Musik selbst nichts mehr zu tun hat. Der Datensatz ist von anderer Realität. Er besteht nur aus diskreten Zuständen und kann dann technisch übersetzt werden in eine analog hörbare Musik. Interessant daran ist nicht nur die technische Möglichkeit. Damit haben wir alltäglich zu tun, da Datenträger für Musik nach dem Verschwinden der analogen Schallplatte längst und stets in digitaler Form vorliegen. Der Unterschied liegt darin, dass die übliche CD oder der Datensatz, der als Stream aus dem Internet geladen wird, das Ergebnis einer zwar elektronisch bearbeiteten Form ist, aber eine durchaus analoge Quelle hat: gespielte oder gesungene Musik nämlich. Das Hören von Musik ist dann letztlich eine Rückübersetzung eines analogen Signals aus einem Datensatz mit diskreten Zuständen. Im Falle von *Bach by Design* handelt es sich nicht um eine Rückübersetzung aus analogen Signalen, sondern um eine Analogie (sic!) im Hinblick auf diskrete, damit also berechenbare Zustände. Bruce L. Jacob spricht in diesem Zusammenhang sogar von einem algorithmischen Modell für Kreativität.[10]

Bachs Cembalo-Konzerte, die zwischen 1713 und 1715 entstanden sind, sind stark beeinflusst von Antonio Vivaldi. Dies lässt sich einerseits der Musik selbst entnehmen; andererseits konnte aber auch analog rekonstruiert werden, dass Bach in dieser Zeit eine Druckfassung des *L'Estro Armonico* von Vivaldi zur Hand gehabt haben muss. Das wäre etwas, was Husserl als eine phänomenologische, konstitutionslogische

Rekonstruktion verstehen würde: Da hört jemand eine Musik, die er subjektiv verarbeitet und die sich in seinem Bewusstseinsstrom so andockt, dass der eigene Kompositionsstil davon beeinflusst wird. Man muss dabei nicht nur an Musik denken. Die Art und Weise, wie wir Sprachen oder das Sprechen lernen, wie unsere Sehgewohnheiten Strukturen entwickeln, wie sich die Welt uns zeigt, was wir für relevant halten und was nicht, wie wir bewerten und typisieren, was wir übersehen und wo wir einen verzerrten Blick haben, ist das Ergebnis von Mustern. Man kann das ganz lebensnah daran erkennen, dass wir selbst in unseren Sprech- und anderen Handlungsformen Muster unserer Umwelt übernehmen. Wir sprechen ebenso milieu- und schichtenspezifisch, wie unsere Handlungen, aber auch unsere Weltauffassung vom ausgeübten oder erlernten Beruf abhängig sein können. Es gibt familienspezifische Muster des Sprechens und nicht zuletzt kulturabhängige Assoziationsräume, die in Form eines probabilistischen Musters bei den einen mehr, bei den anderen weniger wahrscheinlich auftreten können. Interessant sind etwa Sprechmuster von Menschen mit anderer Muttersprache. Wer etwa arabischer Muttersprachler ist, neigt dazu, das Subjekt dem Prädikat nachzuordnen oder Vokale anders zu differenzieren als im Deutschen, französische Muttersprachler kann man selbst bei nur geringem Akzent oft daran erkennen, dass sie auch im Deutschen die letzte Silbe betonen, und britische oder amerikanische Muttersprachler tun sich selbst bei perfekter Verwendung der deutschen Sprache mit den deutschen Artikeln schwer.[11] All das sind recht einfache Hinweise darauf, dass die Wahrnehmung der Welt und die Verarbeitung von Informationen vor allem Musterverarbeitung ist, wobei die Muster weniger im Gegenstand liegen, sondern in der durch die Wahrnehmung erzeugten Gegenständlichkeit.

Wir testen mit unserer Wahrnehmung letztlich Hypothesen über die Welt – das ist es, was der Husserlsche Begriff der Lebenswelt meint. Es ist immer schon eine selbst (sic!) ausgelegte Welt, in der wir die Welt auslegen. Und unser Bewusstsein muss schon in etwa kennen, was es sehen kann, sonst kann es die Dinge nicht identifizieren. Die Phänomenologie beschäftigt sich mit diesen konstitutionslogischen Fragen der Erschließung der Welt durch je eigene Akte in einer bereits erschlossenen Welt. Das meint die lebensweltliche Fundierung allen Wissens, die sogar eine wahrnehmungsphysiologisch bedingte Fundierung in einer immer schon bekannten Welt ist, die den Maßstab für die Verarbeitung von Abweichungen abgibt.

Der Datensatz von *Bach by Design* kennt dieses Vorverständnis der Welt nicht in den konstitutionslogischen Akten eines Bewusstseins, sondern nur als Regelmäßigkeit, als Muster, als Struktur eines Datensatzes. Wenn Bach über einer Partitur von Vivaldi brütet oder ich etwas in der Welt mit meinem eigenen Vorverständnis in meinem Bewusstsein konstituiere, dann werden diese Formen gewissermaßen analog verarbeitet und übersetzt. Der Kompositions-Algorithmus vergleicht aber eben nicht Musik, sondern die digitalen Spuren der Musik. Er kennt gar keinen Bach-Stil. Er kennt Muster, die für ihn selbst gar keine Musik sind, sondern Zeichen, die zwar für etwas stehen, aber nicht so behandelt werden. Genau genommen verarbeitet der Algorithmus nur das Verhältnis von Zeichen, ohne dass es eine Rolle spielt, wofür die Zeichen stehen. Der Algorithmus kann lernen, und er kann Entscheidungen treffen, will heißen: er kann im Rahmen möglicher Wahrscheinlichkeiten so oder so im Bach-Stil komponieren. Er kann sogar Formen der Abweichung verwenden, weil die ja auch in Bachs Musik vorkommen, zumal Bachs Musik kein monolithischer Block ist, sondern ein bestimmter Wahrscheinlichkeitsraum für gepflegte Unbestimmtheiten. Das soll bedeuten: Der Datensatz mit den Informationen für den Algorithmus ist ein Datensatz, der vom Computerprogramm nach typischen Anschlusswahrscheinlichkeiten durchsucht und auf Muster hin getestet wird. Diese Muster sind es dann, mit denen sich Variationen und Selektionen erzeugen lassen, gewissermaßen ein evolutionäres Modell, das aus bereits Errechnetem weitere Berechnungen anstellen kann. Der Computer wird dann so programmiert, dass er eine bestimmte Form der Ähnlichkeit zum Ausgangsmaterial erzeugen soll, die eben nicht identisch ist. Der Apparat scannt eigentlich nur Wahrscheinlichkeit gegen Wahrscheinlichkeit ab.

Um es noch deutlicher zu machen: *Das Material ist keine Bachsche Musik, sondern die innere Struktur eines Datensatzes, aus dem sich Signale er-*

zeugen lassen, die jemand, der Bach-Musik kennt, wieder Bach-Musik erkennen lässt. Er oder sie darf Bach nicht zu gut kennen, sonst wäre womöglich bekannt, dass es das Stück noch nicht gegeben hat, aber selbst wenn man die Musik recht gut kennt, scheint die Qualität der Musik dem hörenden Bewusstsein ausreichend Wahrscheinlichkeit anzubieten, das Hörerlebnis entsprechend zu typisieren.

In diesem Wahrscheinlichkeitsraum arbeitet der Algorithmus – so ähnlich wie ein Algorithmus, der auf einem Smartphone oder in einem Textverarbeitungsprogramm die Wahrscheinlichkeit von Wortfolgen kennt oder die Wahrscheinlichkeit, was statt des zunächst falsch geschriebenen Wortes sonst dort zu stehen habe. So hat der Algorithmus meines Korrekturprogramms auf dem iPhone mir lange Zeit den Vorschlag gemacht, das Wort «PEGIDA» durch «Pepita» zu ersetzen. Das wäre eine schöne Lösung für ein hässliches Problem, allerdings weiß der Algorithmus nichts von der Bedeutung des vorgeschlagenen Wortes, er kann nur die Erfahrungswerte bewerten, ob man dem Vorschlag folgt oder nicht. Er kann über eine ihm bekannte Struktur der Sprache und durch die Ablehnungs- und Annahmepraxis des Anwenders seine Entscheidungen darüber verfeinern, die Annahmewahrscheinlichkeit für vorgeschlagene Worte zu erhöhen. Das heißt dann übrigens auch, dass sich der Algorithmus an PEGIDA gewöhnt, wenn man ihm lange genug beibringt, dass es sich um eine erwünschte Zeichenfolge handelt.

Dass die Zahlen, also die repräsentierenden Zeichen, Größen bedeuten sollen, ist im Algorithmus selbst nicht nur eingeklammert, sondern für ihn sogar widersinnig, weil er nicht nach der Sinnstruktur fragen kann, sondern nur nach der Verteilungsstruktur, in diesem Falle gespeist aus einem sich in praxi permanent erweiternden Wörterbuch, das nicht dem Algorithmus selbst entstammt, sondern sein Material ist. Alles, was der Algorithmus bearbeitet, ist ihm letztlich äußerlich und stammt aus der Sinnstruktur der Gesellschaft in seiner Umwelt. Der Algorithmus berechnet nur ein Muster, unabhängig vom Sinn, unabhängig von der Bedeutung, unabhängig von dem, was da repräsentiert wird. Das ist es, was Husserl an den modernen Wissenschaften kritisiert – und ihm standen Mitte der 1930er Jahre

Algorithmen wie die aus den *Experiments in Musical Intelligence* noch nicht zur Verfügung. Aber er hatte einen Sinn dafür, dass die Wissenschaft tatsächlich eine Welt selbstgemachter Daten erzeugt, und ihr Material ist dann gar nicht die Materialität ihres Gegenstandes, sondern jene Daten, in denen sich die Welt materialisieren soll.

Freilich hätte Husserl sich an diesem Beispiel dann womöglich auch noch für die Rematerialisierung der digitalen Daten interessiert. In der *Phänomenologie des inneren Zeitbewusstseins* hat Husserl das Hören einer Melodie phänomenologisch beschrieben. «Die Sache scheint zunächst sehr einfach: wir hören die Melodie, d. h. wir nehmen sie wahr, denn Hören ist ja Wahrnehmen. Indessen, der erste Ton erklingt, dann kommt der zweite, dann der dritte usw. Müssen wir nicht sagen: wenn der zweite Ton erklingt, so höre ich ihn, aber ich höre den ersten nicht mehr usw.? Ich höre also in Wahrheit nicht die Melodie, sondern nur den einzelnen gegenwärtigen Ton. Daß das abgelaufene Stück der Melodie für mich gegenständlich ist, verdanke ich – so wird man geneigt sein zu sagen – der Erinnerung; und daß ich, bei dem jeweiligen Ton angekommen, nicht voraussetze, daß das alles sei, verdanke ich der vor-blickenden Erwartung. Bei dieser Erklärung können wir uns aber nicht beruhigen, denn alles Besagte überträgt sich auch auf den einzelnen Ton. Jeder Ton hat selbst eine zeitliche Extension, beim Anschlagen höre ich ihn als jetzt, beim Forttönen hat er aber ein immer neues Jetzt, und das jeweilig vorausgehende wandelt sich in ein Vergangen. Also höre ich jeweils nur die aktuelle Phase des Tones, und die Objektivität des ganzen dauernden Tones konstituiert sich in einem Aktkontinuum, das zu einem Teil Erinnerung, zu einem kleinsten, punktuellen Teil Wahrnehmung und zu einem weiteren Teil Erwartung ist.»[12]

Was Husserl hiermit beschreibt, ist die Tatsache, dass die Töne selbst, also das jeweilige Tonjetzt in seiner konkreten materialen/physikalischen Gestalt, weder Ton noch Melodie ist und letztlich keine Bedeutung hat. Diese wird ihm erst durch das wahrnehmende/erkennende/hörende Bewusstsein gegeben, und zwar *ursprünglich* in dem Sinne, dass die Melodie eben nicht als solche wahrgenommen, sondern durch die zeitfesten Fähigkeiten des auch stets nur in konkreten

Gegenwarten operierenden Bewusstseins konstituiert wird. Das gilt für Melodien ebenso wie für Sätze, aber auch für die Dingwahrnehmung, die aus einzelnen urimpressionalen Wahrnehmungen eine Gestalt erzeugt, die in besonderer Weise sowohl in der Welt ist, als auch durch das erkennende Bewusstsein erzeugt wird. Die Weltlichkeit der Welt ist in diesem Sinne ein Aktkorrelat des Bewusstseins.

Das hört sich auf den ersten Blick kompliziert an, ist aber für das Verständnis der Datenwelt und der Digitalisierung unerlässlich. Husserls Melodiebeispiel zeigt, dass auch die Sinneswahrnehmung und die Verarbeitung der äußeren Welt mit Hilfe von selbsterzeugten Daten funktioniert, wenn wir den Begriff wörtlich betrachten: Es geht darum, wie die Welt *gegeben* ist, nichts anderes bedeuten *Daten* – das *datum* ist das Gegebene –, deren Gegebenheit stets auf ihre Verarbeitung angewiesen ist. Was Husserl also für die Wissenschaft und ihre selbst erzeugte Objektivität zeigt, gilt für die Weltwahrnehmung schlechthin. Das Gehirn verarbeitet letztlich keine analogen Informationen, keine Abbildungen eines Außen, sondern selbst erzeugte innere Erregungszustände, die in ihrer intern selbst organisierten Interrelation jenes Bild erzeugen, das das zentrale Wahrnehmungsorgan dann als analoge Form verarbeiten kann.

Die in Husserls Krisisschrift diagnostizierte Entfernung der quantifizierten Form des wissenschaftlichen Wissens von seiner subjektiven Genese, moderner gesprochen: die Repräsentation von Daten in einer Form, die nicht mehr analog zum Repräsentierten steht, hat sich gewissermaßen in das Bild der Natur und in die Form des Repräsentierens selbst verwandelt.

Der Eigensinn der Daten

Was bedeutet das? Am Beispiel der Biologie lässt es sich vielleicht am besten ausdrücken. Der Gegenstand der biologischen Wissenschaft zeigt sich nicht mehr in der Beobachtung und Klassifikation praller analoger Formen und Taxonomien, deren Systematik an der unmittelbaren ästhetischen Anmutung der Forschungsobjekte orientiert ist. Eine der wichtigsten Methoden der biologischen Klassifikation war die Zeichnung, also die analoge Form der Repräsentation. Als molekularbiologische und genetische Disziplin verliert die Biologie diese Gestalthaftigkeit. Die Natur des Lebendigen wird seither in völlig neuen Bildern dargestellt – in Form von zahlenförmigen Codierungen, Molekularmodellen oder Messwerten. Husserl ist der Hinweis zu verdanken, dass die Wissenschaft nicht mehr unmittelbar auf die Natur zugreift – so etwas lässt sich seit Descartes und Kant und mit Husserl ohnehin nicht ernsthaft behaupten. Seine Diagnose einer Krisis der europäischen Wissenschaften ist letztlich noch von der Vorstellung eines deutlicheren Verhältnisses zwischen Signifikat und Signifikant, zwischen Zeichen und Bezeichnetem, zwischen beforschter Form und dem der Forschung zugänglichen Material geprägt. Husserl beschreibt folglich eine Verlusterfahrung, wobei er darin durchaus auch die Potenz des Wissenschaftlichen erkennt. Es geht ihm darum, zu zeigen, dass die Wissenschaft wenigstens reflektieren müsse, dass ihre Repräsentationen eben nur Repräsentationen sind und nicht die Sache selbst.

Husserls These der Entfernung der objektivierenden Daten von der subjektiven Praxis des Objektivierens ist deshalb so einschlägig, weil sie auf etwas hinweist, das mit den rasanten Erfolgen der Wissenschaften im 20. Jahrhundert besonders wirksam und bedeutsam wurde: nämlich auf das Verhältnis von Modell und Realität, von Begriff und Tatsache, von Repräsentation und Repräsentiertem. Dieses Verhältnis sollte das grundlegende Thema der Epistemologie des 20. Jahrhunderts werden – und ist gleichsam der Schlüssel für das Verständnis der digitalen Moderne und der Digitaltechnik.

Ich werde auf dieses Verhältnis von Repräsentation und Repräsentiertem zurückkommen, weil darin das aufscheint, was ich die Verdoppelung der Welt durch Daten nennen werde. In einer ersten, vorbereitenden Annäherung an Daten als Grundmaterial der Digitalisierung lässt sich aber hier schon sagen, dass die Datenförmigkeit des verarbeiteten Materials einen Eigensinn entwickelt, der stets die Schwelle zwischen bloßer interner Relationierung von Elementen in probabilistischen Modellen und sinnhafter Verarbeitung überwinden muss. Konkreter formuliert: Die Frage ist, ob man etwas mit den Relationierungen anfangen kann, ob sie sich in sinnhafte Verweisungen übersetzen lassen, ob sie einen Nutzen für die Anwender haben, ja ob es gelingt, aus ihnen Bedeutungen zu generieren. Letztlich stellt sich eine ähnliche Frage wie bei der Beschreibung der Arbeitsweise des Gehirns. Das Gehirn «weiß» nichts vom Wahrgenommenen, es hat keine eindeutige Repräsentation von Bedeutungen, es verschaltet seine Zustände nach internen Regeln, und es ist operativ geschlossen, kann also nicht direkt, sondern nur in der Form von Eigenzuständen auf die Außenwelt (also: die Welt außerhalb des Gehirns) reagieren. Und doch ist es die Basis für (zumindest psychisch repräsentierte) sinnhafte Verweisungen, dafür, dass aus den entsprechenden Mustern Bedeutungen werden usw. Ähnliches gilt auch für die Datenverarbeitung. Auch sie arbeitet nach internen Regeln, nach Maßgabe interner Verweisungen. Datensätze, die Verbindung von Datensätzen, die interne statisch-statistische und dynamisch-statistische Beschreibung von Regelmäßigkeiten und Mustern müssen dann in einem zweiten Schritt übersetzt werden in eine verarbeitbare Form, und zwar in eine sinnhaft verarbeitbare Form. Unter wahrnehmungsphänomenologischen Gesichtspunkten wäre das so etwas Ähnliches wie Husserls Melodiebeispiel, bei dem es erst durch eine Bewusstseinsleistung zu einer Melodie kommt, die aus der Relation von Tönen eine Gestalt macht. Das gilt auch für die Datenverarbeitung, deren Stärke darin besteht, in internen Relationen eine Struktur zu ermöglichen, die dann in sinnhafte Verweisungen gebracht werden muss.

Das Wissenschaftsähnliche, Szientoide der Datenverarbeitung habe ich an den Praktiken festgemacht – am Umgang mit Daten, der Visibilisierung von Mustern, die «dahinter» liegen, also mit bloßem Auge nicht sichtbar sind.[13] Die anwendungsorientierte Form der Datenverarbeitung ist freilich keine Wissenschaft, sondern eben Anwendung in den jeweiligen Bereichen. Dirk Baecker bringt das auf die griffige Formel: «Wo die Mathematik rechnet, um zu beweisen, programmiert die Informatik, um zu produzieren.»[14] Es ist also tatsächlich nur eine wissenschaftsähnliche Praxis, die aber auf ähnliche Fragen stößt wie der wissenschaftliche Umgang mit digitalen «Daten», die ja nicht einfach gegeben sind, sondern erzeugt werden müssen. Für die Wissenschaft hat Klaus Mainzer herausgearbeitet, dass gerade im Bereich der Sozial- und Wirtschaftswissenschaften die Exaktheit der Forschungsergebnisse mit großen Datenmengen nicht unbedingt steigt. «Auffallend sind in der Physik die Naturkonstanten, die den mathematischen Naturgesetzen zugrunde liegen: Einsteins Lichtgeschwindigkeit c, Plancks Wirkungsquantum h, Gravitationskonstante G, um nur einige Größen zu nennen.»[15] Solche Konstanten fehlen in den Sozialwissenschaften (zum Teil auch in komplexen biologischen Systemen), was laut Mainzer die Bedeutung von Theorien umso wichtiger macht. Sein Argument lautet: Wo man im Bereich der Naturkonstanten mit relativ exakten Zusammenhängen rechnen kann, kommt es in Wissenschaften ohne solche Konstanten, in Wissenschaften mit einem temporal dynamischen Gegenstand unter Bedingungen von Komplexität, umso mehr auf Theorien an, also darauf, mit Datensätzen intelligent umzugehen. Nicht jeder statistische Zusammenhang ist bedeutsam, und nicht jeder Zusammenhang ist von Gewicht. Insofern ändert sich auch der Theoriebegriff und nähert sich der von Baecker beschriebenen Produktorientierung an. Etwas zu beweisen, wird unter komplexen Bedingungen unwahrscheinlicher, weswegen sich der Theoriebegriff verändert. Mainzer schreibt: «Mit wachsender Komplexität der Anwendungsgebiete werden Differentialgleichungen mittlerweile hoch nichtlinear und stochastisch (z. B. in Klimamodellen oder in der Finanzmathematik). Dann sind bestenfalls nur noch Approximationen unter vereinfachten Bedingungen und numerische Lösungen denkbar.»[16]

Letztlich liegt die soziale Welt im Zuge von Big Data – also der Ubiquität von Datensätzen, die durch die Dauer-Sensorisierung der gesellschaftlichen Umwelt, durch die Erhebung von Daten aller Art, durch die Aufnahme von Spuren ökonomischer, politischer, wissenschaftlicher und technischer Praktiken zustande kommen – in einer Form vor, in der unbekannte, potentiell nützliche und brauchbare Muster entdeckt werden können, mit denen man etwas produzieren kann. Das Szientoide daran ist, dass dieselben Daten von wissenschaftlichen, etwa sozialwissenschaftlichen, aber eben auch von nichtwissenschaftlichen Akteuren genutzt werden können – von letzteren eben nicht primär im Hinblick auf Wahrheitsfragen.[17] Es geht in der Tat nicht darum, etwas zu «beweisen», sondern etwas zu «produzieren». Danah Boyd und Kate Crawford bringen diesen Sachverhalt auf eine einfache Formel: «Bei Big Data geht es insofern weniger um große Datensätze als vielmehr um die Fähigkeit, Daten zu analysieren, zu aggregieren und Querverbindungen herzustellen.»[18] Es geht also exakt um das, was ich nun schon mehrfach betont habe: um die interne Strukturbildung und die Rekonstruktion dieser eher geschlossenen Struktur in Datensätzen, deren Genese entweder explizit erfolgt oder ohnehin durch gesellschaftliche Praktiken der sensorischen oder sonstigen Form der Datenaufzeichnung anfällt. Das Material verdoppelt also die Welt datenförmig – ähnlich wie seit dem Buchdruck die entscheidenden Aggregationen und Querverbindungen schriftförmig erfolgten.

Zunächst aber bleibt festzuhalten: Offensichtlich ist die Datenwelt, die Informatisierung der Welt nicht wirklich wissenschaftsförmig; umgekehrt wirkt sich die neue Datenlage eher auf die Wissenschaft selbst aus. Klaus Mainzer bringt dies treffend auf den Begriff, wenn er in Big Data die Gefahr für ein «Ende der Theorie» sieht, also für ein theorieloses muddling through in dem Sinne, dass es schlicht darum geht, aus bestehenden Daten etwas zu erzeugen, was sich damit machen lässt. Das mag für wissenschaftliche Zwecke tatsächlich unverwertbar sein, wenn nicht hypothesengestützte Fragestellungen entstehen oder wenn nicht eine der Komplexität des Gegenstands angemessene Theorie zur Verfügung steht. Für alle anderen Anwendungen ist dieses muddling through aber womöglich die Methode der Wahl. Demnach sind Big-Data-Strategien nur in seltenen Fällen Forschungsstrategien.[19] In den meisten Fällen sind sie schlicht Technik – also eine vereinfachte Form der Zweck-Mittel-Relation. Die tautologische Funktion von Technik ist, dass sie funktioniert, nicht dass sie (wissenschaftlich) überzeugt. Deshalb ermöglicht die Datenförmigkeit der Welt eben auch andere als nur wissenschaftliche Funktio nen. Man kann das damit vergleichen, dass die Verbreitung der Schrift auch nicht ausschließlich die Verkündigung von Gottes Wort oder die schriftförmige Form des Argumentierens und Überzeugens größerer Leserkreise in die Welt gebracht hat, sondern auch andere Formen, die nichts mit diesen Funktionen zu tun haben. Wie die Schrift *verdoppelt* die Datenförmigkeit der Weltbeziehung die Welt in einer bestimmten Weise, die neue Formen der Verarbeitung ermöglicht. Ich werde die Frage der Verdoppelung noch ausführlich behandeln, denn in ihr steckt auch eine gesellschaftstheoretische Potenz zur genaueren Bestimmung der Funktion von Datentechnik und Digitalisierung. Zunächst nehme ich den Faden von Husserls Wissenschaftskritik wieder auf.

Kybernetik und die Rückkopplung von Informationen

Die Datentechnik erzeugt genau genommen eine zweifache Verselbständigung szientoider Formen, wie sie Husserl in der Krisisschrift beschrieben hat. Zum einen ist es jene Entfernung der Datenbasis von den konkreten Akten des Begreifens, Auffassens und Wahrnehmens, die sich in einer digitalisierten Welt letztlich auf die Struktur der Daten selbst bezieht. Es radikalisiert sich also hier, was Husserl etwa über die Physik sagt: dass die mathematisierte Form der Daten den Sinn dafür verliere, worauf sie sich ursprünglich bezogen habe. Zum anderen aber verselbständigen sich die Daten nicht nur von der ursprünglichen Genese dessen, wofür sie stehen, sondern werden zum eigentlichen Material, mit dem umgegangen wird. Es geht gar nicht mehr um die Repräsentation von etwas in Datenform, sondern die Daten sind selbst das Material, mit dem etwas erzeugt wird: Erkenntnisse, und darüber hinaus: Produkte, Dienstleistungen, politische Kontrolle, Strafverfolgung, Spionage, technische Steuerung etc.

Was Husserl an der wissenschaftlichen Praxis kritisiert, sollte kurz danach zum Prinzip wissenschaftlicher Theoriebildung selbst werden: die Differenz zwischen digitalen Daten und analoger Welt, die nicht mehr einfach als eine Störung oder eine Art unbedachte Seinsvergessenheit an der Theorie wahrgenommen wird, sondern ihr künftig auf die Sprünge helfen soll.

Martin Heidegger hat in seiner Technikkritik den Gedanken von Husserls Krisisschrift nochmals radikalisiert – und dann ins allgemein Kultur- und Modernitätskritische gewendet. Aber wie kaum ein anderer hat Heidegger die Bedeutung der Kybernetik als philosophische Herausforderung begriffen, indem alles sich auf gleichförmige Information reduziert. In seinem Athener Vortrag *Die Herkunft der Kunst und die Bestimmung des Menschen* von 1967 schreibt er: «Die wissenschaftliche Welt wird zur kybernetischen Welt. Der kybernetische Weltentwurf unterstellt vorgreifend, daß der Grundzug aller berechenbaren Weltvorgänge die Steuerung sei. Die Steuerung eines Vorgangs durch einen anderen wird vermittelt durch die Übermittlung einer Nachricht, durch die Information. Insofern der gesteuerte Vorgang seinerseits auf den ihn steuernden sich zurückmeldet und ihn so informiert, hat die Steuerung den Charakter der Rückkopplung der Information.»[20] Rückkopplung und Steuerung sind nur möglich, weil alles in Informationen übersetzt wird und seine pralle Form verliert. Heidegger beschreibt nicht einfach, dass die Datentechnik zunimmt, sondern dass sich die Bezüge verändern: Es werden Daten mit Daten abgeglichen, Informationen an Informationen geschärft. Die Referenzgröße ist dann nicht die repräsentierte Welt selbst, sondern das wechselseitige Spiel von Informationen, die sich aufeinander rückkoppeln.

Es ist kein Zufall, dass Heidegger die Kybernetik bzw. die neuzeitliche Technik mit der τέχνη (téchne) kontrastiert, also der Kunst, deren Wortursprung im Griechischen identisch ist. Die Kunst, im Heideggerschen Idiom das «Gestalt-weisende, Maß-gebende»,[21] verweist auf die analoge Form, auf die Gestalt eben, auf etwas, das selbst ist, was es ist. In diesem Sinne ist die technische Information eben nicht, was sie bezeichnet – sie ist für Heidegger in diesem Sinne *seinsvergessen*. Man muss nicht das Vokabular Heideggers übernehmen, um darin eine durchaus sprechende, drastische und treffende Beschreibung dessen zu lesen, worum es hier geht: *Die Information wird ihrer*

Gestalt entkleidet – und nur deshalb kann sie informieren bzw. Rückkopplungen ermöglichen, also auf Unterschiedliches gleichzeitig sich beziehen.

Bei Heidegger heißt es in dem besagten Vortrag weiter: «In der kybernetisch vorgestellten Welt verschwindet der Unterschied zwischen den automatischen Maschinen und den Lebewesen. Er wird neutralisiert auf den unterschiedslosen Vorgang der Information.»[22] Man unterschätzt diese Diagnose, wenn man sie nur als die radikale Wissenschafts- und Technikkritik liest, die sie freilich auch ist. Sie ist aber gleichzeitig eine präzise Analyse der Voraussetzung aller Digitalisierung, jener «Einförmigkeit» nämlich, in die «auch der Mensch eingewiesen»[23] wird. Sieht man sich etwa die molekularbiologische und genetische Analyse der Natur (auch des Menschen) an, so gerinnt diese tatsächlich zu Informationsverarbeitung. Die Genetik findet Codierungen, die etwa in der Lage sind, quantitativ zu beschreiben, dass über 90 % des genetischen Codes zwischen dem *homo sapiens sapiens* und einem *pan troglodytes*, also einem gemeinen Schimpansen, identisch sind. Über die Gestaltdifferenz von Affe und Mensch könnte man das so nicht sagen, auch wenn es gerade in der Unterschiedlichkeit zwischen Affe und Mensch viele Ähnlichkeiten gibt. Aber in diesem Fall kann sogar eine informationelle Identität zu einem berechenbaren Prozentsatz benannt werden, deren Identität in 90 % der Gensequenzen tatsächlich Ununterscheidbarkeit bedeutet und auch meint. Auch der Mensch, auch das Gehirn, auch die Wahrnehmungsphysiologie und sogar die Bewusstseinsfähigkeit des Menschen (und verwandter Anthropoider) kann informationsförmig dargestellt werden. Die Radikalität von Heideggers Diagnose besteht darin, dass er die kybernetische Form wirklich ernst nimmt – sie tritt nicht einfach hinzu, sondern wird zum prominenten Repräsentationsmittel. Die Gestalt, das was er mit dem Begriff der Kunst belegt, wird digitalisiert, wie wir heute sagen würden.

Die Voraussetzung derjenigen Technik, die für die Moderne konstitutiv ist, hängt exakt an der Möglichkeit des Kommensurabel-Machens des Inkommensurablen. Das Unterschiedliche, unterschiedliche Gestalten, unterschiedliche analoge Formen bekommen die Gestalt von Informationen – wie ich es in dem Beispiel der computergestützten Komposition Bachscher Musik beschrieben habe. Vielleicht wird hier deutlich, warum ich dieses Beispiel ausgewählt habe – es ist ein künstlerisches Phänomen, eines, das von der Gestalt-Unterscheidung lebt, das in konkreten lebendigen Akten eines Bewusstseins im Sinne Husserls erst subjektiv konstituiert werden muss, um Melodie zu sein. Und selbst diese Gestalt ist in Informationsform zu übersetzen, kann mit digitalen Mitteln nicht nur gespeichert, sondern sogar erzeugt werden – und die konkrete materiale Gestalt solcher Zahlenkolonnen, die potentielle Musik in digitale Formen bringen, unterscheidet sich von der Form her nicht von Datensätzen, die auch anderes ausdrücken können.

Womöglich ist es sinnvoll, an dieser Stelle innezuhalten. Der bisherige Argumentationsgang changiert zwischen der Beschreibung eines Phänomens, nämlich der Digitalisierung, und der Frage nach den Kategorien, mit denen diese Beschreibung erfolgen soll. Gerade an der Husserlschen und der Heideggerschen Wissenschafts- und Technikkritik wird deutlich, dass sich die Gegenständlichkeit des Phänomens sogar in der Beschreibung der Sache selbst wiederfindet. Julian Müller spricht treffend von *kybernetischen Ordnungen des Sinns*.[24] Über die Digitalisierung selbst haben wir freilich noch gar nicht viel erfahren. Aber die im ersten Kapitel entwickelte These macht die Beschreibbarkeit der Digitalisierung an der Grundstruktur der modernen Gesellschaft selbst fest und ist also darauf angewiesen, mit Hilfe einer angemessenen Beschreibung der Gesellschaft erst jene Kategorien zu entwickeln, mit denen man die Digitalisierung beschreiben kann. Es gemahnt fast an eine *petitio principii*, also an eine zirkuläre Beweisführung, weil das Bezugsproblem des Digitalen mit der behaupteten Digitalität der Gesellschaft begründet wird. Allerdings liegt das Bezugsproblem eben nicht positiv vor, sondern ist geradezu der Sache selbst gleichförmig.

Ähnlich verhält es sich mit der Frage nach der Objektivität der Wissenschaft, wie Husserl sie stellt, und mit der Frage der Informatisierung, wie Heidegger sie auf den Begriff bringt. Husserls These der Krisisschrift lautet zugespitzt, dass sich mit der Diagnose einer Abkoppelung der Objektivitätsansprüche moderner Wissenschaft von einer Reflexion der phänomenalen Konstitutionsakte des beobachtenden Subjekts und damit auch von der Lebenswelt des Beobachters eine Theorie der Beobachtung einstellen muss, die «zu den Sachen selbst», so der Wahlspruch der Phänomenologie, eben nur über den Umweg der phänomenalen Repräsentation kommt. Und Heidegger verschärft die Lage nochmals, indem er der modernen Technik mit ihrer kybernetischen Rückkopplungsform eine Wirkmacht unterstellt, die eben nicht nur in der Effektivität solcher technischer Verfahren liegt, sondern in einer völlig neuen Form des Weltbezuges. Heidegger beschreibt mit Hilfe des Begriffs «Ge-stell» ziemlich genau, dass diese neue Form der Technik nicht einfach gewählt wurde, sondern selbst den Beobachter dort hinstellt, wo er sich vorfindet.

In fast materialistischer Manier macht Heidegger darauf aufmerksam, dass dem Menschen gar nichts anderes übrig bleibt, als in die Verwertungskategorien des technischen Zeitalters hineingezogen zu werden. In dem berühmten Bremer Vortrag *Das Ge-Stell* von 1949, fast 20 Jahre älter als der Athener Vortrag, kann Heidegger noch nicht übers Kybernetische sprechen, sondern arbeitet sich an der «Maschinerie» der klassischen Industrie ab. Aber er formuliert soziologisch ziemlich präzise: «Der Mensch dieses Weltalters ist aber in das Ge-Stell gestellt, auch wenn er nicht unmittelbar vor Maschinen und im Betrieb einer Maschinerie steht. Der Forstwart z. B., der im Wald das geschlagene Holz vermißt und dem Anschein nach noch wie sein Großvater in der gleichen Weise die selben *Wege* geht, ist heute von der Holzverwertungsindustrie gestellt. Er ist, ob er es weiß oder nicht, in seiner Weise Bestand-Stück des Zellulosebestandes und dessen Bestellbarkeit für das Papier, das den Zeitungen und illustrierten Magazinen zugestellt wird, die über die Öffentlichkeit daraufhin stellen, verschlungen zu werden.»[25] Kürzt man Heideggers kultur- und modernitätskritische Attitüde versuchsweise weg und emanzipiert man sich von dem Wissen um Heideggers unselige Verstrickung in die politischen Dementierungen der Moderne, so schwingt hier doch eine höchst moderne Diagnose mit. Sie unterscheidet sich jedenfalls nicht elementar etwa von Bruno Latours früher Diagnose, wir seien nie modern gewesen, und zwar in dem Sinne, dass sich unser Zugriff auf die Natur, auf die Technik, auf den Menschen und die Gesellschaft nicht jener allzu simplen Idee fügt, die Sphäre der Kultur/Gesellschaft sei das Reich der Freiheit und die der Natur das Reich der Notwendigkeit, die von jener aus sowohl zu begreifen als auch zu beherrschen sei.[26] Die Verhältnisse werden nicht einfach umgekehrt, sondern neu geordnet, und in diese sind wir *gestellt* in dem Sinne, dass sich die Bedeutungen der Dinge ihren Konstellationen verdanken.

Das Beispiel des «Forstwarts» zeigt, dass sich das, was dort in analoger, in gestalthafter Weise geschieht, von selbst der Informationsverarbeitung gar nicht entziehen kann. Auch wenn Heidegger in diesem früheren Text noch gar nicht von Informationsverarbeitung spricht (und sprechen kann), ist es insofern ein schlagendes Beispiel, als das geschlagene Holz nicht nur der vermessenden Logik der Holzindustrie und des Holzmarktes unterworfen wird, sondern dass damit auch die Informationstechnik Zeitung ermöglicht wird. Das mag nur ein literarisches Surplus sein, aber es verdeutlicht die Verschränkung zwischen Reflexion und Gegenstand, die Heidegger mit dem Ge-Stell auf den Begriff bringen will.

Theoretische Beschreibungsformen und Gegenstand fallen folglich in eins. Mit der Beschreibung entstehen auch die Beschreibungsmittel für die Beschreibung. Heidegger hat diesen Zusammenhang sehr deutlich auf den Begriff gebracht, indem er nicht nur auf einer Phänomenebene behauptet hat, dass sich Technik nun in Informationstechnik transformiert, sondern darüber hinaus zu der Einsicht gelangte, dass die einzige Denkungsart, mit der man diese Transformation begreifen kann, auch diese Form übernehmen oder wenigstens ernst nehmen muss. Heidegger bringt die Dinge so radikal wie sonst niemand auf den Begriff. In dem 1966 geführten, aber erst posthum 1976 veröffentlichten SPIEGEL-Interview prophezeit er gar, dass die Kybernetik den Platz der Philosophie einnehmen werde.[27]

Insofern unterscheidet sich Heideggers philosophische Diagnose elementar von solchen Diagnosen, die «Metriken» oder die Zahlenform wie eine kontingente Form der Technik diskutieren. Solche Diagnosen sind Legion, denkt man etwa an Jerry Z. Mullers Kritik an der zahlenmäßigen Erfassung aller menschlichen Tätigkeiten[28] oder an Cathy O'Neills Kritik von Scoring-Strategien.[29] Zwar sind diese Diagnosen nicht falsch, ebenso wenig die Kritik an manchen dieser Strategien. Aber sie fragen kaum danach, warum sich solche Technik hat durchsetzen können. Sie nur für das Ergebnis politischer oder ökonomischer Entscheidungen zu halten, unterschätzt ihre Bedeutsamkeit. Ich erinnere daran: Dass die metrische Interpretation der Gesellschaft geradezu konstitutiv für die komplexe Gesellschaftsstruktur der Moderne ist, habe ich im ersten Kapitel als Argument dafür angeführt, dass die Gesellschaft selbst bereits eine digitale Form angenommen habe, die solcherart Technik geradezu anzieht.

Man darf nun Heideggers Denkfigur des Ge-Stells nicht mit einer geschichtsphilosophischen Theorie und einer Art historischer Notwendigkeit verwechseln. Vielmehr stellt diese Technikphilosophie die Umstellung des Weltbezuges auf kybernetische Form in den Vordergrund. Dass die Kybernetik die Philosophie beerbe, meint dann, dass die Art und Weise, wie das, was ist, zu beschreiben sei, sich eben bestimmter Mittel zu bedienen habe, um nicht am Gegenstand selbst zu scheitern. Deshalb spreche ich auch davon, dass sich Erkenntnismittel und Erkenntnisgegenstand gegenseitig bedingen. Ernst Cassirer hat Ähnliches mit der Formel auf den Begriff gebracht, wir sähen nicht Gegenstände, sondern gegenständlich.[30] Wir sehen heute kybernetisch – ob wir wollen oder nicht.[31]

Mittlerweile ist Heideggers Prophezeiung, dass die Kybernetik den Platz der Philosophie einnehmen werde, eingetreten. Information ist nicht nur wissensformübergreifend zu jenem Stoff geworden, mit Hilfe dessen sich die Welt erklären lässt. Vielmehr erlaubt Information erst jene Rückkopplungsschleifen, denen Heidegger so etwas wie eine Unentrinnbarkeit unterstellt. Wie der Forstwart ohne eigenes Zutun in die industrielle Verarbeitungslogik seines Tuns hineingezogen wird, ganz ohne eigene Motive oder Absichten übrigens, so ist das kybernetische Modell jener Technik, von der Heidegger spricht, so gebaut, dass sich das Inkommensurable nach dem je gleichen Prinzip und im selben Medium vorfindet. Es geht nicht um Informationen über die Welt, sondern darum, dass sich die Welt nur informationsförmig beschreiben lässt und dass dies unentrinnbare

Formen der Geschlossenheit erzeugt, die Heidegger mit dem Begriff des *Ge-Stells* belegt.

Nun geht es hier nicht um eine philosophische Heidegger-Interpretation, sondern darum, die Denkungsart herauszuarbeiten, die die Grundlage für das abgibt, was später Digitalisierung heißen sollte – was ganz offensichtlich mehr ist, als alles in Zahlenform auszudrücken und in quantitative Größen zu übersetzen. Es geht vielmehr um die Funktion solchen Geschehens. Ein Schlüssel zur Beantwortung der Frage nach der Funktion scheint zu sein, dass Weltbezüge in ihrer Selbstbezüglichkeit beschrieben werden – eine Überlegung, die der europäischen Denkgeschichte keineswegs fremd ist und von den Reflexionsproblemen der Logik als Problem der Selbstbezüglichkeit von Sätzen und Argumenten bis zur Bewusstseinsphilosophie reicht.

Walter Schulz hat sie in seinem epochalen Buch *Philosophie in der veränderten Welt* von 1972 besonders gut auf den Begriff gebracht. Der Unterschied zur klassischen Philosophie besteht darin, dass es nicht mehr um die Erkenntnis einer in sich ruhenden Ordnung geht, sondern darum, dass der Gegenstand der Forschung nicht ein ihr Äußerliches ist, sondern durch die Forschung erst erzeugt wird. Auch Schulz räumt der Kybernetik eine Schlüsselstellung ein, weil sie nicht einfach nur Forschungsmethode oder -technik sei, sondern letztlich die philosophischen Fragen neu beantworte: «Die Kybernetik kann nicht mehr von der traditionellen Wissenschaftskonzeption her, derzufolge Wissenschaft Erkenntnis einer feststehenden Wirklichkeit ist, begriffen werden. In der Kybernetik zeigt sich vielmehr ein neuer Wissenschaftsbegriff: Wissen ist Reflexion auf mögliches Wissen, das heißt: das Wissen soll sich im Sinn technologischer Steigerung ständig überholen.»[32] Er sieht in Kant jenen Umschlagspunkt, mit dem gewissermaßen das Primat zwischen Innen und Außen auf Ersteres übergeht. Seither könne man letztlich nicht mehr hinter die Grunderfahrung jenes Prozesses zurück, die Schulz eine Bewegungsrichtung zur «Verinnerlichung»[33] nennt, philosophiegeschichtlich als Philosophie der Subjektivität und Existenzphilosophie, wissenschaftsgeschichtlich als Vorrang der Methode vor dem Gegenstandsbezug.

Digitalisierung der Kommunikation

Am deutlichsten wird der Vorrang der Methode vor dem Gegenstandsbezug sicher in der Kommunikationstheorie, die die Unterscheidung
von digitalen und analogen Formen bereits in den 1940er-Jahren vorbereitet hat, und zwar mit der mathematischen Kommunikationstheorie von Claude Shannon und Warren Weaver, die vor allem ein
Modell für die technische Übertragung von Information im Sinn hatten.[34] Shannon und Weaver haben gezeigt, dass Kommunikation nur
zustande kommt, wenn aus Signalen mit einer bestimmten Wahrscheinlichkeit Informationen generiert werden können. Die Wahrscheinlichkeit berechnet sich danach, ob die Signale sich einer mit
den Mitteln des Empfängers dechiffrierbaren und für ihn plausiblen
Ordnung fügen. Das bedeutet, dass Kommunikation nicht einfach
eine Übertragung von Informationen sein kann, weil der Empfänger
Signale nicht einfach passiv aufnehmen kann, sondern selbst in der
Lage sein muss, diese zu dechiffrieren. Dabei ist stets ein Spielraum
zu gewärtigen, der für die technische Theorie der Kommunikation
vor allem darin besteht, wie hoch die Bandbreite der Übertragung ist.
Das Ziel von Shannon und Weaver war es letztlich, genau zu berech-
nen, wie viel man von den Signalen weglassen kann, ohne dass es zu
Informationsverlusten kommt. Insofern muss der Empfänger je nach
Signalstärke die Wahrscheinlichkeit im Hinblick auf andere Möglichkeiten berechnen.

Das ist auch der sozialen Kommunikation unter natürlichen Personen nicht fremd. Wer sein Gegenüber verstehen will, wird die Signale danach ordnen, wie wahrscheinlich ihm mögliche Bedeutungen
erscheinen. Was Shannon und Weaver als *mathematische* Kommunikationstheorie bezeichnen, ist also das Kalkül, mit dem die Wahrscheinlichkeit des Signals von einem Empfänger berechnet wird.

Den beiden Pionieren der Kommunikationstheorie ging es zunächst
um die technische Übertragbarkeit von Signalen und die Frage nach
der Tiefenschärfe, Deutlichkeit und Signalstärke, um Kommunikation
zu ermöglichen. Aber auch die semantische Form der Kommunikation

arbeitet sich an Wahrscheinlichkeiten von Bedeutungen ab. Das hätte man bereits aus der klassischen Hermeneutik wissen können, denn wenn sprachliche Äußerungen – von der einfachen Äußerung eines Mitmenschen bis zu göttlich geoffenbarten heiligen Schriften – unterschiedlich verstanden werden können, unterliegen Verstehensprozesse letztlich einem Wahrscheinlichkeitsmanagement der angemessenen Bedeutung, was immer und wer auch immer die jeweilige Angemessenheit kalkuliert. Und in Alltagssituationen genügt es für Kommunikationspartner, den konventionellen Rahmen zu kennen, in dem Kommunikation stattfindet. Konventionen sind ja nichts anderes als die Erhöhung der Wahrscheinlichkeitsrate im Hinblick auf Anschlüsse. Wenn ich jemandem die Tür aufhalte, ist das eine Mischung aus Höflichkeit, Aufforderung und Vermeidung von Kollisionen – ohne dass das explizit thematisiert werden muss. Die meisten Kommunikationssituationen kommen folglich mit einer relativ einfachen Wahrscheinlichkeitsberechnung aus, während in eher unsicheren Situationen die Signalstärke erhöht werden muss: Wenn ich nicht davon ausgehen kann, dass mein Gegenüber mehr oder weniger weiß, was ich meine, muss tiefenschärfer gesprochen werden, um die Anschlussfähigkeit zu erhöhen.

Ähnlich wie Shannon und Weaver danach fragen, auf welches Maß an Übertragungsrate man verzichten kann, sind auch Alltagssituationen gebaut: Sie folgen dem Prinzip der Sparsamkeit; es soll nur so viel explizit gemacht werden müssen, wie für die Bewältigung der Situation nötig ist. Letztlich ist ein moderner Alltag unter Fremden davon abhängig, dass nicht Personen als ganze miteinander interagieren, sondern nur Informationen gegeneinander abgecheckt werden. Der Alltag ist ein Rückkopplungsgeschehen – gelingende Kommunikation bezieht sich auf gelingende Kommunikation und Information bringt neue Information hervor, während ganz andere Möglichkeiten so lange ausgeblendet werden, bis sie unter Störungsbedingungen aktualisiert werden müssen. Deshalb können in modernen Gesellschaften Menschen in ihren erwartbaren Rollen auf viele Informationen verzichten, die in weniger modernen Sozialformen kaum ignorierbar gewesen wären.

Nur ein paar plakative Beispiele zur Illustration: Die Konfession meines Gegenübers hat für fast alle erwartbaren Situationen gar keine Bedeutung, immer mehr Situationen lassen die Information über die Geschlechtszugehörigkeit oder die ethnische Markierung unberücksichtigt. Sogar die Absichten der Person können ausgeblendet werden, wenn es um die geradezu technisierte Form von Alltagskommunikation geht. Und überall dort, wo dies nicht gelingt, wo also Situationen mehr Informationen explizieren, als notwendig wäre, kann das zunehmend als Störung angesehen werden. Wir sind eher daran gewöhnt, das zu skandalisieren. Man muss aber mitberücksichtigen, dass solche «sachfremden» Informationen nur deswegen als Störung erscheinen können, weil die Alltagskommunikation in komplexen modernen Gesellschaften geradezu technisiert ist. Es lohnt sich, dafür den Heideggerschen Technikbegriff zu verwenden, nämlich als Gegenteil des mit der «Kunst» konnotierten «Gestalt-Weisenden», also der analogen, an der konkreten Gestalt orientierten Form. Schon die Reduzierung des Anderen als Rollenträger in einer Situation macht ihn tatsächlich zum Träger von Informationen. Indem ich weniger von ihm wissen muss, weiß ich mehr darüber, wofür ich ihn in Anspruch nehmen kann und darf. Die Alltagsrollen sind tatsächlich Informationen, die den Einzelnen in eine technische Form bringen – technisch in dem Sinne, dass die Rolle gewissermaßen die sozialtechnische Form ist, die Signalstärke zu reduzieren und dennoch, oder gerade deshalb, effektiv zu kommunizieren.

Gerade die Reduktion des Einzelnen darauf, in bestimmten Situationen nur Informationsträger zu sein, reduzierter Informationsträger in einem Netzwerk möglicher Bedeutungen, erhöht die Freiheitsgrade des Einzelnen enorm. Es ist eine hohe zivilisatorische Errungenschaft, dass wir andere Menschen im Alltag eben nicht als ganze Menschen betrachten müssen, sondern gewissermaßen kybernetisch auf wenige Rollen innerhalb von Informationsströmen reduzieren und deshalb für geradezu indifferent halten können. Wer das nicht für eine Errungenschaft hält, möge sich versuchsweise in die Situation von jemandem versetzen, der von anderen stets in seiner vollständigen «Gestalt» wahrgenommen wird, mit Haut und Haaren gewissermaßen. Dann bleiben Frauen in der Situation aufs Frausein beschränkt, Schwarze auf ihre Hautfarbe, Behinderte auf ihr Gefährt und Homosexuelle auf ihr Begehren. Die Kommunikationstheorie von Shannon und Weaver konnte all das gar nicht im Visier haben. Dennoch ist sie – wissenssoziologisch gesprochen – von nicht zu unterschätzender Symbolhaftigkeit dafür, dass sich die moderne Gesellschaft tatsächlich nur als eine kybernetische Informationsmaschine verstehen lässt, die eben keine gemeinschaftliche Gestalt besitzt. Wir haben es mit einem Gebilde zu tun, das tatsächlich nicht aus prallen, analogen Beziehungen zwischen Menschen besteht, sondern ein System sich wechselseitig verstärkender Informations-/Kommunikationsströme darstellt.

Die dafür nötigen Theoriemittel müssen der Beschaffenheit moderner Gesellschaften adäquat sein – genau das hatte Heidegger kritisch im Blick, aber man muss es wohl affirmativ beschreiben, um es ganz verstehen zu können. Die innere Verschränkung von Theoriemitteln und Gegenstand wird hier geradezu auf die Spitze getrieben und findet in der soziologischen Systemtheorie sicher ihren Höhepunkt. Die Luhmannsche Systemtheorie hat am meisten Kritik mit der Figur auf sich gezogen, Menschen nicht als Teile oder Bestandteile sozialer Systeme zu betrachten, sondern sie in ihrer Umwelt zu verorten. Luhmann beschreibt Systeme eben als Kommunikationssysteme, also als Systeme, die ihre interne Dynamik durch das Nacheinander und damit die informationelle Rückkopplung von Kommunikationen gewinnen.

In diesem Sinne lassen sich soziale Systeme letztlich nur als *kybernetische*, also sich selbst in je gegenwärtigen Akten steuernde Systeme beschreiben, die Strukturen dadurch ausbilden, dass Prozesse selektiv werden: sich also bewähren und damit verstetigen. Sie erhöhen die Wahrscheinlichkeit bestimmter Anschlüsse und ermöglichen sich damit eine Form der Einfachheit und Berechenbarkeit, die wir soziale Strukturen nennen.[35] All das geschieht niemals ohne die Beteiligung von Menschen, aber eben nicht in ihrer analogen Gesamtgestalt – was immer das sei –, sondern in der Form, in der die Menschen in konkreten Systemen berücksichtigt werden. Menschen werden in einem

modernen Alltag stets im Hinblick auf bestimmte Informations-
verarbeitungsregeln in ganz unterschiedlichen Systemen berücksichtigt – als Zahler, Konsument oder Arbeitnehmer im Wirtschaftssystem, als Wähler oder meinungsstarker Sprecher im politischen
System, als Konfliktpartei im Rechtssystem, als Vater, Mutter oder
Kind in der Familie, als Schüler im Bildungssystem, als Teilnehmer in
konkreten Interaktionen, als Mitglied von Vereinen oder Parteien,
Kirchen oder Gewerkschaften. Erst eine solche Gesellschaft kann sich
davon emanzipieren, zum Beispiel das Geschlecht oder die Hautfarbe
oder die Konfession zum diskriminierenden Kriterium für Mitglied-
schaften anderer Art zu machen. Wohlgemerkt – sie kann es, sie verzichtet bisweilen darauf. Kritisierbar ist das aber nur, weil Menschen
eben nicht in ihrer gestalthaften Kompaktheit in den jeweiligen
Zusammenhängen vorkommen, sondern *digital*, also als Informationswert.

Ich habe einen Anspruch etwa auf eine staatliche Leistung, weil
ich diesen Anspruch im Hinblick auf eine bestimmte Informationslage
habe, nicht weil ich als Person in toto beurteilt werde. Die Digitalisie-
rung des Menschen als Informationsträger in bestimmten sozialen
Zusammenhängen ist durchaus eine zivilisatorische Errungenschaft,
gerade weil sie es ermöglicht, den Menschen nicht zu sehr auf eine
Gesamtgestalt festzulegen, was seine Freiheitsgrade stets einschränkt.
Deshalb bildet das moderne Recht etwa das Institut der subjektiven
Rechte aus, das der Person unter Absehung der Person einklagbare
Rechte verleiht. Und deshalb ist etwa die Entscheidung des frühen
Christentums, auf die Beschneidung und strenge Speisevorschriften
zu verzichten, eine zivilisatorische Errungenschaft, weil man dann
Personen unter Absehung der Person aufnehmen kann. Das Christen-
tum digitalisiert in diesem Sinne den Menschen, indem es die Übertragungsrate der Kommunikation an die äußeren Gegebenheiten anpasst – damals, um Angehörige anderer Religionen aufnehmen zu
können, heute, um mit einer pluralistischen Gesellschaft zurecht-
zukommen.

Solche hier nur angedeuteten, aber doch deutlichen Beispiele sollen zeigen, dass es gute gegenstandsadäquate Gründe gibt, nicht nur

am Kybernetischen und an der Informationstheorie orientierte Theoriekonstruktionen zu präferieren, sondern auch den Gegenstand selbst als einen solchen Gegenstand aufzufassen. Die Komplexität der modernen Gesellschaft erfordert es geradezu, dass sich Menschen – und, wie wir sehen werden, auch andere Zurechnungsgrößen – in Informationsform beschreiben lassen. Genau deshalb ist es sinnvoll, den Menschen in seiner kompakten Ganzheit in der Umwelt sozialer Systeme zu vermuten.

Damit nimmt man übrigens das Individuum wirklich ernst, denn unsere Leben müssen kompakt geführt werden. Wir sind an unsere Körper gebunden, an körperliche und geistige Kontinuität. Anders als Informationssysteme/soziale Systeme können menschliche Leben nicht unterbrochen werden, sie können sich nicht differenzieren, sondern sie sind an die Linearität ihrer selbst und ihrer psychophysischen Existenz gebunden. Genau deshalb bewegen sie sich ganz offensichtlich auf einer anderen Realitätsebene als soziale Systeme, die im Falle komplexer moderner Gesellschaften auch gar nicht auf kompakte Menschenbilder angewiesen sind. «Der Mensch» verschwindet, oder wie es in Heideggers Bremer Vortrag von 1949 mit einem Schaudern heißt: «‹Der Mensch› existiert nirgends.»[36] Er ist vielmehr *gestellt* von etwas, das sich gar nicht in den Kategorien des Menschlichen ausdrücken lässt. Soziologisch gesprochen: Die Dynamik des Sozialen kann nicht vom Menschen her gedacht werden, sondern muss im Heideggerschen Sinn informationstechnisch beschrieben werden, als die Eigendynamik eine Systems kommunikativer Anschlüsse.

Überhaupt hat das Verschwinden des Menschen eine Theoriekonjunktur, wenn man etwa an Michel Foucaults wohl meistzitierte Sentenz vom Menschen denkt, der «wie am Meeresufer ein Gesicht im Sand»[37] verschwindet. Das ist kein moralischer Antihumanismus, keine Ablehnung oder Geringschätzung des Menschen, allenfalls ein methodologischer und theoretischer Antihumanismus, der auch der Tatsache Rechnung trägt, dass die Eigendynamik des Wissens, der Bedeutungen, der Information usw. sich eben nicht mit Kategorien des menschlichen Vermögens beschreiben lässt. Das lässt sich mit Heidegger noch im Gestus des kulturkritischen Schauderns beschreiben, mit Foucaults Indifferenz oder mit Luhmanns analytischer Schärfe, die damit aber zugleich auch eine normative Komponente hat, nämlich mitzudenken, was denn die Alternative wäre – die Theorie eines strengen Menschenbildes, nach dem «der Mensch» dann eher zur regulativen Idee denn zu einer empirischen Kategorie wird?[38]

Es ist dann nur konsequent, Personen, Menschen, Individuen gerade nicht als Elemente sozialer Systeme zu führen, auch um empirisch genauer zu beschreiben, dass damit das Individuum, also der einzelne Mensch in seinen Möglichkeiten und Restriktionen erheblich ernster genommen wird und werden kann. Ihn in der Umwelt sozialer Systeme zu postieren, muss als eine gegenstandsbezogene Entscheidung angesehen werden, die viel mit der Digitalität der Gesellschaftsstruktur zu tun hat. Luhmann schreibt dazu in lapidarem Ton: «Im übrigen ist nicht einzusehen, weshalb der Platz in der Umwelt des Gesellschaftssystems ein so schlechter Platz sein sollte. Ich jedenfalls würde nicht tauschen wollen.» Er warnt vor einer Hypostasierung von Menschenbildern, die ja meist Menschenwunschbilder sind: «Zu oft haben Vorstellungen über den Menschen dazu gedient, Rollenasymmetrien über externe Referenzen zu verhärten und der sozialen Disposition zu entziehen. Man kann hier an Rassenideologien denken, an die Unterscheidung der Erwählten und der Verdammten.»[39] Und man kann daran denken, dass solcherart «Menschenbilder» sich letztlich der für komplexe Gesellschaften notwendigen Unschärfepotentiale entziehen.

Shannons und Weavers Verdienst ist es, als Erste auf die Unschärfepotentiale der Kommunikation aufmerksam gemacht zu haben. Sie haben letztlich eine Theorie der *Unwahrscheinlichkeit* der Kommunikation vorgelegt, und sie haben den Empfänger aufgewertet. Auch das Empfangen von Signalen ist ein aktiver Prozess, der vor dem Hintergrundrauschen möglicher Signale dasjenige identifizieren muss, das insofern einen Unterschied macht, als es eine Information sein kann. *Der Empfänger empfängt nach eigenen Verarbeitungsregeln, über die der Sender nicht verfügen kann!*

Es geht bei dieser Kommunikationstheorie um die Bedingungen der Möglichkeit von *connectivity*, von Verbindungsmöglichkeiten. Es geht um den operativen Aspekt der Kommunikation, nicht um den Inhalt. Das ist es, was Heidegger mit Rekurs auf Nietzsche mit dem «Sieg der Methode» meinte – es geht nicht um die Inhalte, nicht um die Gestalt, sondern um die rückkopplungsfähige Informationsförmigkeit von Kommunikation. Und exakt das war auch eine der Intentionen von Shannon und Weaver: mit einer mathematischen, also formalen, inhaltsunsensiblen Kommunikationstheorie mitberechnen zu können, wie viel Störung in der Kommunikation tolerabel ist, woraus sich dann die technische Einrichtung von Stärke, Art, Tiefe und Bandbreite des Signals kalkulieren lässt. Kommunikation hat es also weniger mit einem Übertragungsmanagement im engeren Sinne zu tun, sondern mit einer besonderen Form des Unschärfemanagements. Man muss nicht genau *wissen*, was der andere gesagt haben könnte, man *kann* es womöglich gar nicht wissen. Und eben weil Kommunikation nicht auf solches Wissen angewiesen ist, sondern im Gegenteil nur deshalb funktional notwendig ist, weil es eben keine wirkliche Eins-zu-eins-Übertragung von A nach B gibt, kann man Kommunikation als «Nichtwissensmaschine» bezeichnen.[40]

Diese Kommunikationstheorie misst Kommunikation nicht an den Verbindungen, an der Übertragung, an der gelungenen Verständigung und am Einverständnis, sondern an den Unterbrechungen, also dort, wo Übertragung eben nicht trivial ist, sondern stets etwas anderes erzeugt als das, was Ausgangspunkt der Kommunikation war. Information wird nicht übertragen, sondern Kommunikation wird zum Informationsproblem durch die Unterbrechung zwischen Sender und Empfänger. Solche Kommunikation erzeugt in ihrer Mutualität exakt das, was Heidegger als Rückkopplung bezeichnet hat. Theoretisch interessiert dann tatsächlich nur dieses Spiel der Informationen, das völlig unabhängig von den Inhalten zu bestimmen ist – und damit erst offen wird für alle möglichen Inhalte. Und es öffnet den Informationsbegriff für die digitale Welt, in der die Übertragung von Informationen bzw. ihre Verarbeitung ohnehin gehalts- und inhaltsunabhängig ist, sondern an den internen, i. e. rückgekoppelten Mustern von Übertragungsnetzen ansetzt. Aus einem klassisch hermeneutischen Kommunikationsverständnis, das sich für das Verstehen von Bedeutungen und die Kulturbedeutung von Sinn interessiert, wird eine Theorie der informationellen Probabilistik.

Es ist wieder Heidegger, der dies besonders drastisch auf den Begriff bringt: «Durch die kybernetischen Leitvorstellungen – Information, Steuerung, Rückmeldung – werden bisher in den Wissenschaften maßgebende Hauptbegriffe wie Grund und Folge, Ursache und Wirkung auf eine, fast wäre zu sagen, unheimliche Weise verändert. Darum läßt sich die Kybernetik nicht als Grundwissenschaft kennzeichnen. Die Einheit der thematischen Wissensbezirke ist nicht mehr die Einheit des Grundes. Sie ist eine im strengen Sinne technische.»[41] Heidegger sieht damit die klassischen Kategorien wissenschaftlichen Denkens, man könnte sagen: alles, was in der Aristotelischen Kategorientafel als das Grundgerüst des schließenden und verknüpfenden, des begründenden und argumentierenden Denkens relevant war, bedeutungslos werden, zumindest als grundlegende (sic!) Figur der Welterfassung. Die Kybernetik erzeuge vielmehr eine Form, die sich für die Rückkopplung von Informationen interessiert, eine Entwicklung, die nach seiner Auffassung in der Lage sei, «auch die historischen Geisteswissenschaften dem Anspruch der Kybernetik botmäßig zu machen.»[42]

Mit Walter Schulz habe ich oben gezeigt, dass der Charakter der Wissenschaft sich verändert: nicht mehr Erkenntnis einer vom Erkennenden unabhängigen Welt, sondern Reflexion auf *mögliches* Wissen, also auf ein Wissen, das mit den Prozessen selbst entsteht. Es lösen sich damit zugleich Theorie/Methode und Gegenstand auf. Die Theoriemittel entsprechen damit dem Gegenstand. Wie eine hierarchische Welt eine in hierarchischen Ebenen geordnete Theorieform braucht und eine Welt, die gewissermaßen monotheistisch/monologisch das Eine präferiert, eine einheitsgenerierende Theorieform braucht, braucht eine dynamisierte, komplexe Welt eine Theorieform, die sich für den dynamischen Ordnungsaufbau und Rückkopplungsprozesse interessiert.

Genau besehen, entsteht eine dynamische Geschlossenheit von Informationen, die auf sich selbst und aufeinander verweisen. Letztlich hatten sich solche Dynamiken von Geschlossenheit in der Philosophie schon zuvor angekündigt, wenn man daran denkt, dass sich in der neuzeitlichen Philosophie das Sein der Welt nur noch über das Bewusstsein der Welt erschließen lässt – als Transzendentalphilosophie, als Phänomenologie oder als Sprachphilosophie. Überall entstehen gewissermaßen Weltträger, die vor allem durch Immanenz geprägt sind – die Immanenz des Bewusstseins oder die Immanenz der Sprache. Geschlossenheit wird zum Generator von Offenheit, was ja die Begründungs- und Beschreibungsprobleme der modernen Philosophie mit «der Wirklichkeit» begründet hat, einer Wirklichkeit, deren unmittelbarer Zugang verstellt ist. Deswegen wurde Philosophie letztlich zu so etwas wie einem Denken, das sich reflexiv Rechenschaft über die eigenen Möglichkeiten der Welterfassung geben musste. Auch hier also: Geschlossenheiten, aber genau genommen Geschlossenheiten von Sinnverweisungen, von Bedeutungen, von logischen Verhältnissen, von Kausalaussagen, von inneren Widersprüchen und ihrer Aufhebung usw.

Dynamik der Geschlossenheit

Die vorstehenden Überlegungen sind immer noch auf der Suche nach dem Bezugsproblem des Digitalen, der Digitalisierung, des Siegeszuges der Datenverarbeitung, der Informatisierung, die sich offensichtlich in ihren theoretischen Grundlagen bereits lange vor ihrer technischen Durchsetzung vorbereitet hat. Diese theoretischen Innovationen verweisen erstaunlicherweise alle auf Formen und Dynamiken der Geschlossenheit. Es geht nicht mehr um die Widerspenstigkeit einer vorgestellten kognitionsunabhängigen Realität, sondern um eine *Dynamik der Geschlossenheit*, die die Kognition in sich einschließt.

– Schon die Wahrnehmung ist physiologisch darauf angewiesen, die Mannigfaltigkeit der Reize der Außenwelt selbst in Signale zu übersetzen und diese dann aufeinander zu beziehen. Aus der

Mannigfaltigkeit der Sinneseindrücke muss eine Welt geformt werden, als die die Welt erscheint.

- Die Bewusstseinswelt verweist auf die Welt, indem sie auf sich selbst verweist.
- Die Zeichenwelt verweist nicht auf die Welt, sondern nur auf sich, also trotzdem auf die Welt. Das ist die Paradoxie des Zeichens, das zugleich für sich und das Bezeichnete steht.
- Die sprachliche Welt verweist auf die außersprachliche Welt ausschließlich mit ihren eigenen, nämlich sprachlichen Mitteln.
- Sinnhafte Verweisungen verweisen stets auf Anderes, aber immer in Form sinnhafter Verweisungen.
- Systeme operieren niemals in ihrer Umwelt, sondern regulieren ihren Umweltkontakt über und als Selbstkontakt.
- Die Datenwelt kennt ihr Außen nur in als Daten gegebener (sic!) Form.
- Der Vorrang der Methode vor dem Gegenstandsbezug in der Wissenschaft rekurriert darauf, dass methodisch (sic!) kontrollierte Wissenschaft an sich selbst erlebt, dass die Art und Weise ihrer theoretischen und methodischen Verfassung den Gegenstand erzeugt, den sie vorfindet – nicht dass der nicht schon da gewesen wäre, aber er wird so in eine wissenschaftsadäquate Form gebracht.

All diese hier angedeuteten Beispiele machen, wie bei der Zeichenparadoxie schon angedeutet, auf die paradoxe Form aufmerksam, dass das jeweilige Medium zugleich für sich und das andere steht.

In den Sozial- und Kulturwissenschaften hat sich für diesen Zusammenhang der Begriff des *Konstruktivismus* eingebürgert, was durchaus eine Verlegenheitslösung ist. Dass die Realität *konstruiert* wird, kommt dann mit einem geradezu kritischen Gestus daher, der einen Eindruck von Veränderbarkeit, von möglichen Alternativen, von verflüssigter Wirklichkeitsauffassung suggeriert. Aber der Begriff kann auch in die Irre führen. Die historische Relativität von Bedeutungen und die Variabilität von kulturellen Formen ist letztlich ein alter Hut. Letztlich ist Konstruktivismus nur die womöglich selbst naive Variante einer ebenso naiven szientistischen Gläubigkeit, das *ens realissimum* am Ende doch eindeutig bestimmen zu können. Dass die Wirklichkeit konstruiert ist, ist nicht das Problem – dass alles, buchstäblich alles das Ergebnis von Operationen ist, letztlich sogar von kognitiven Operationen, ist die eigentliche Information. Die Dynamiken von Geschlossenheit, von denen ich hier handle, verweisen auf die Operativität ihres Gegenstandes und darauf, dass die Geschlossenheit der Operation ganz offensichtlich nicht einfach eine kontingente theoretische Entscheidung ist, sondern etwas mit der gegenwärtigen Form der Realitätsverarbeitung zu tun haben muss.[43]

Das Beispiel des Bach-Algorithmus sollte nun noch besser verständlich sein: Für die vernetzten Daten gibt es kein Außen, sie sind nur Rückkopplungen im Medium ihrer selbst. Informationen verweisen auf Informationen – so formulierte es schon Husserls Wissenschaftskritik, die monierte, dass die wissenschaftlichen Daten und Begriffe ihre eigene Konstitutionsbedingung, also ihr Verhältnis zu ihrem Außen und zu den Akten, die auf dieses Außen rekurrieren, aus dem Blick verloren haben; und so argumentierte Heidegger, der die Referenz für Informationen in anderen Informationen sah und damit das Selbstimplikative der Informationstechnik herausstellt.

Diese epistemologisierende Perspektive einer Dynamik der Geschlossenheit macht nicht nur *den Beobachter* sichtbar, sondern vor allem *das Beobachten als Operation*. Und solcherart Operationen machen auf Systembildung aufmerksam, auf technische Systeme der Selbststeuerung durch internen Datengebrauch, auf neuronale Systeme, die sich intern über Verschaltungen reproduzieren, auf psychische Systeme aus Bewusstseinsereignissen und auf soziale Systeme aus kommunikativen Ereignissen. Solche Systeme vollziehen gewissermaßen interne Verweisungsmöglichkeiten. Sie erzeugen jene Formen selbst, mit denen sie sich ihren Realitätskontakt sichern.

Das ist nicht mit der Aristotelischen Formenlehre zu verwechseln, die jedes *ens actu* in einer *ens potentia* vorgeformt sieht. Es waltet kein unbewegter Beweger über den Dingen, sondern Operationen müssen irgendwie zu einer Verweisungsmöglichkeit finden. Sie müssen innerhalb formierter Räume auf Unterscheidbares hinweisen, Informationswerte provozieren und wenigstens so viel Unbedingtheit in sich tragen, dass sie nicht dem dumpfen Hintergrundrauschen der Welt zugerechnet werden. Nur so kann das Medium Sinn in kommunikative Formen umgesetzt werden, und nur so kann es Bewusstsein zu Aufmerksamkeit und Gedächtnisleistung anreizen. Bewusstsein und Kommunikation hängen beide an der Nadel sinnhafter Verweisungsmöglichkeiten, und ihre Dealer stehen an jeder Ecke. Aber auch diese Dealer können nur Versprechungen machen, leere Versprechungen, denn auch ihr Stoff setzt nur die *Dynamik der Geschlossenheit* fort, aus der auszubrechen wiederum nur die Dynamik fortsetzt. Es gibt kein Entrinnen.

Das Denken des 20. Jahrhunderts ist voll von solchen Geschlossenheitsvorstellungen. Paradigmatisch dürfte Ferdinand de Saussures Grundlegung der Sprachwissenschaft sein. Er konzipiert eine bedeutungsgenerierende Geschlossenheit der Sprache als Verweisungszusammenhang. Die Sprache enthalte «weder Vorstellung noch Laute, die gegenüber dem sprachlichen System präexistent wären, sondern nur begriffliche und lautliche Verschiedenheiten, die sich aus dem System ergeben»[44]. Spätestens seit de Saussure wird die Genese von Bedeutung nicht an eine wie auch immer geartete Adäquatheitsbeziehung zwischen Zeichen und Bezeichnetem gebunden, sondern an den sprachinternen Verweisungszusammenhang von Bedeutungen, die sich ihr Repräsentat gewissermaßen selbst erschaffen müssen. Nach de Saussure gibt es keine Entsprechung zwischen Zeichen und Ding oder Zeichen und Bezeichnetem, sondern zwischen einem Laut- oder Schriftbild und einer Vorstellung. Sie stehen freilich nicht für sich, sondern bilden ein Netz. Es ist der Unterschied zwischen den Zeichen, der dem einzelnen Zeichen eine Bedeutung innerhalb eines Bedeutungsraums geben kann – freilich ohne *objektive* Entsprechung im Sinne eines Objektbezuges. Der Referenzrahmen ist der Gebrauch der Zeichen, ihre Relationierung und ihre Bewährung. De Saussure beschreibt also eine Geschlossenheitsdynamik, die die sprachphilosophische Einsicht begründet, dass sich Außer-

sprachliches in sprachlicher Hinsicht eben nur sprachlich ausdrücken lässt, oder besser: dass Bezeichnungen ihr Außen eben nur
im Bezeichnungsmodus kennen.

Diese Geschlossenheitsvorstellung ist durch Derridas Verfahren
der Dekonstruktion nochmals radikalisiert worden. Derrida entwickelt
die Methode der *différance*. Mit dem französischen Substantiv *différence*
bezeichnet Derrida die Unterscheidung von Präsenz (= urimpressio-
nale Gegenwart) und Supplementarität (= nachträgliche Wahrnehmung der urimpressionalen Gegenwart). Er rekurriert dabei auf Edmund Husserls *Phänomenologie des inneren Zeitbewusstseins* und dessen
Vorstellung von einer für sich selbst unsichtbaren urimpressionalen
Gegenwart, die erst im Nachhinein wahrnehmbar wird. Derrida wirft
Husserl vor, dass mit der urimpressionalen Gegenwart eine unmittelbare Präsenz behauptet wird. Derrida setzt dagegen, dass es stets eine
zeitliche Verschiebung (*différer*) gibt, die die Präsenz in der Weise er-
gänzt, als diese eben nur von der verschobenen Zeitstelle her wahrzunehmen ist. Um zu verdeutlichen, dass die Differenz zwischen der
Präsenz und ihrer Wahrnehmung erstens unhintergehbar und zweitens eben aufgrund ihres grundlegenden Charakters gar nicht zu
sehen ist, verfremdet Derrida das Wort *différence* zu *différance*, was ausschließlich in der geschriebenen Form ins Auge fällt – zu Ohren kann
es nicht kommen.[45]

Es bleiben letztlich immer nur *Zeichen von etwas*, jedoch ist dieses
etwas als etwas paradoxerweise nur durch Bezeichnung zugänglich und
aufgrund der differierenden zeitlichen und räumlichen Verschiebung
(différer!) nicht mehr das ursprüngliche Etwas. Was bleibt, ist allein
das *Zeichen*, dessen Differenz zum Bezeichneten nicht berechenbar ist,
da die andere Seite der Differenz keinen Wert hat.

Für unseren Zusammenhang ist dies entscheidend: Die Methode
der *différance* bringt die «*Totalität des Zeichens*»[46] hervor. Demnach ist
allein das Zeichen beobachtbar, nicht aber die Differenz von Signifikat und Signifikant. Daraus resultiert, wie Derrida in *Die Schrift und
die Differenz* ausführt, «daß das Feld oder das Spiel des Bezeichnens
von nun an keine Grenzen mehr hat»[47]. Nach der Dekonstruktion der
metaphysischen Unterstellung der Präsenz nimmt demnach das

Zeichen den Ort ein, den vormals das dem Zeichen Vorgeordnete, will heißen: das Bezeichnete einnahm. Die Konsequenz ist, dass damit ein Spielraum freigesetzt wird, dessen Grenzen allein durch das Spiel selbst gesetzt werden. Nachdem die Differenz das Zeichen von seinem Gegenstand und seiner Referenz befreit hat, referieren Zeichen ausschließlich auf sich selbst. Die Welt des Bezeichneten wird in eine Welt der Zeichen dekonstruiert.

Um die, wenn man so will, Kulturbedeutung der Datenwelt zu verstehen, bedarf es dieser Umwege in die Sprach- und Zeichentheorie, in die Theorie der Selbstreferenz und der Geschlossenheitsdynamiken. Denn man verfehlt die Digitalisierung, wenn man sie nur für eine Technik hält, die ihre wichtigsten Formen der Daten-/Informationsverarbeitung als Übertragung analoger Signale in elektronische Daten vollzieht. Das Medium «elektronische Daten» erzeugt Möglichkeiten und Formen, die mit anderen Medien nicht möglich wären. Es ist nicht nötig, das ausführlich zu explizieren, weil es inzwischen ein selbstverständlicher Topos ist: Medien – von der Schrift über das Buch hin zur Zeitung, zum Radio und Fernsehen bis hin zum Computer – bilden nicht einfach irgendeine Realität ab, sondern erzeugen mit ihren eigenen Mitteln eine je neue Realität, die streng an das Medium gebunden ist. Das ist wohldiskutiert – und gilt auch für die Datenwelt, deren Medialität freilich bisher kaum reflektiert wurde. Was wir inzwischen über die enge Verschränkung medialer Substrate und der damit ermöglichten Formen wissen, findet tatsächlich in der Theorie der Dekonstruktion insofern ihren Höhepunkt, als Derridas Theorie in der Lage ist, die Unsichtbarkeit des Mediums für sich selbst auf den Begriff zu bringen. Die Unterscheidung von Medium und Form, wie sie von Fritz Heider formuliert wurde,[48] macht etwa darauf aufmerksam, dass man den Schall als Form hören könne, nicht aber die Luft als Medium, obwohl der Schall konstitutiv auf das Trägermedium Luft angewiesen ist. So verhält es sich auch beim Verhältnis von Sprache und sprachlich vermitteltem Sinn – und eben auch beim Verhältnis von elektronischen Daten und der Datenform. Daten kennen die Welt nur datenförmig und sind unhintergehbar auf sich selbst verwiesen, weil nur Datenförmiges registriert werden kann.

Die Parallele zur kybernetischen Selbstreferenz von Informationen ohne eindeutigen Kontakt zu dem, worüber informiert wird, sollte deutlich geworden sein. Ist die Dekonstruktion noch irgendwie an das Spiel sinnhafter Verweisungen gebunden, emanzipieren sich elektronische Daten – Informationen in Heideggers Sprachgebrauch – noch von der Sinnhaftigkeit der Verweisung. Sie sind deshalb universell einsetzbar, verweisen letztlich nur noch auf sich selbst. Datentechnik scheint sogar von der *metaphysischen Komplizenschaft* lassen zu können, denn die metaphysische Komplizenschaft ergibt sich letztlich aus den temporären Illusionen von Präsenz.

Digitalisierung bedeutet zunächst nichts anderes als die Repräsentation von etwas in elektrisch/elektronisch messbaren Differenzen. Diese elektrischen Zustände radikalisieren die *Dynamik der Geschlossenheit*, indem sie nicht einmal mehr die Illusion zulassen, dass sie für etwas anderes stehen als den internen Verweisungszusammenhang und ihre probabilistische Form der Strukturbildung. Es geht hier übrigens nicht darum, bloße Parallelen zwischen den Denkungsarten auf den Begriff zu bringen. Es geht um mehr. Es geht darum, dass die Digitalisierung tatsächlich unserer Kultur nicht äußerlich ist, sondern exakt an den Erfahrungen und Formen ansetzt, die für moderne Gesellschaften konstitutiv sind. Wissenssoziologisch gesprochen ist es also kein Zufall und nicht bedeutungslos, dass sich die *technische* Formierung der Digitalisierung in den epistemologischen Diskursen wiederfinden lässt. Heideggers Diktum, die Philosophie werde durch Kybernetik ersetzt, ist nicht einfach dahingesagt, sondern von hoher diagnostischer Potenz. Es ist letztlich die Vorwegnahme der «Totalität des Zeichens», von der die Verarbeitung eigensinniger Daten lebt. Für Datensätze gibt es kein Außen, es sei denn in Datenform.

Es verweisen damit nur Informationen auf Informationen, indem sie im internen Verweisungszusammenhang auf Unterschiede rekurrieren – im Saussureschen Sprachraum auf unterschiedliche Bezeichnungen, in Derridas Dekonstruktion auf die Differenz von Bezeichnung und Bezeichnetem, in Datensätzen auf Informationen, die nur dadurch entstehen, dass dort Unterschiede vorliegen, die einen Unterschied machen, wie Gregory Batesons bekannte Formulierung lautet.[49]

Die Selbstreferenz der Datenwelt

In diesem Kapitel wurde noch keine technische Charakterisierung von Daten vorgenommen, sondern eine epistemologische oder zeichentheoretische. Daten sind Formen, die sich auf ein Medium beziehen. Sie basieren als elektronische Daten, als digitale Daten auf einem elektrischen Medium, dessen Binarität später noch Thema sein wird. Entscheidend ist, dass sie eigensinnig sind. In den Zahlen-/Zeichen-/elektrischen Erregungskolonnen kommt nichts weiter vor als das Zeichen selbst. Ich habe das an der Wissenschaftsförmigkeit des Digitalen gezeigt, an der operativen Geschlossenheit selbsterzeugter Daten, an der Unmöglichkeit, dass die Daten aus sich selbst ausbrechen können. Informationen verweisen brutal und unnachgiebig nur auf sich selbst, hieß es bei Heidegger, auf eine Form, die letztlich keinen Außenkontakt hat. Was sich in der Datenwelt zeigt, die sich weltumspannend um alle Praktiken der modernen Gesellschaft herum legt, ist in sich geschlossen. Die Datentechnik kann nur Muster vorfinden – aber nicht Muster der Welt, sondern Muster der Welt in der Form ihrer Datenförmigkeit. Das hat wenig damit zu tun, dass es nur quantifizierte Daten sind, sondern damit, dass die Totalität des Zeichens dafür sorgt, dass Daten geradezu selbstgenügsam auf sich selbst verweisen und geradezu unendlich miteinander kombiniert werden können.

Vielleicht wird hier schon die unfassbare Potenz der Datenwelt wenigstens ansatzweise deutlich. Ihre Potenz besteht in ihrer radikalen Reduziertheit auf eine Zeichenform. Der Buchdruck war deshalb eine solch radikale Katastrophe für die Gesellschaft, weil er dafür gesorgt hat, dass die Selbstreferenz des geschriebenen Wortes eine Realität ganz eigener Art erzeugt hat. Bücher verweisen auf Bücher auf Bücher auf Bücher auf Bücher et ad infinitum.

Mit der «Totalität des Zeichens» wird allein das Zeichen beobachtbar, nicht aber die Differenz von Signifikat und Signifikant, von Zeichen und Bezeichnetem. Daraus resultiert, wie Derrida in *Die Schrift und die Differenz* ausführt, «daß das Feld oder das Spiel des

Bezeichnens von nun an keine Grenzen mehr hat».[50] Die Konsequenz ist, dass damit ein Spielraum freigesetzt wird, dessen Grenzen allein durch das Spiel selbst gesetzt werden. Die Welt des Bezeichneten wird in eine Welt der Zeichen dekonstruiert. Das beschreibt ziemlich genau das, was mit Datensätzen geschieht: Sie sind zugleich grenzenlos in ihren Möglichkeiten, aber radikal begrenzt auf sich selbst. Ihre Offenheit ist eine Funktion ihrer Geschlossenheit.[51] Sie kennen nicht die Welt, sondern nur sich selbst, und verdoppeln die Welt doch mit dem, was sie tun.

3

Multiple Verdoppelungen der Welt

Meine Ausgangsfrage war, für welches Bezugsproblem die Digitalisierung eine Lösung darstellt. Meine erste Antwort lautete, dass die Übersetzung der Welt in Datenform und das Auffinden von Mustern seit dem 19. Jahrhundert vor allem dazu gedient haben, Unsichtbares sichtbar zu machen. Die Komplexität der Gesellschaft, die Multiplikation von Wirkkräften, die voraussetzungsreichen Formen von Steuerung, die Professionalisierung von wirtschaftlichem, politisch-administrativem, wissenschaftlichem und nicht zuletzt militärischem Handeln erforderte die Entbergung latenter Strukturen, für die die Einführung statistischer Methoden die Grundbedingung darstellt. Und die Bedingung der Möglichkeit statistischer Darstellung ist die Abbildung der Welt in Form von zählbaren Einheiten und die Codierung von analogen Sachverhalten durch diskrete Formen.

Im zweiten Gedankenschritt habe ich dann darauf hingewiesen, dass die Codierung von Sachverhalten in Datenform keine Abbildung der Welt darstellt, sondern ein voraussetzungsreicheres Verfahren ist. Die Brücke für das Argument waren die Praktiken der Datentechnik, die ich szientoid genannt habe, weil sie an praktische Tätigkeiten wissenschaftlichen Arbeitens gemahnen. Diese Perspektive erlaubt einen Blick darauf, dass die Datenform selbst – das ist das Szientoide daran – ein Eigenleben, eine Eigendynamik entfaltet, was mich mit Heideggers Technikkritik dazu geführt hat, die kybernetische Form der Kontrolle als Dynamik der Geschlossenheit zu interpretieren. Die Datenwelt ist damit eine radikalisierte Form der Zeichenimmanenz, wie sie in der Tradition Saussures und dann im Poststrukturalismus Jacques Derridas beschrieben wird. Daten verdoppeln die Welt, enthalten sie aber nicht. Mit der Figur der «Verdoppelung der Welt» stoße ich damit auf ein weiteres Strukturmerkmal moderner Gesellschaften, die letztlich ihre eigene Digitalität nahelegen.

Daten als Beobachter

Die Verdoppelung der Welt durch digitale Daten ist nichts, was der modernen Gesellschaft äußerlich wäre. Dass sich im 20. Jahrhundert Theorieformen von Dynamiken der Geschlossenheit in der Mathematik, in den biologischen Wissenschaften, in der allgemeinen Systemtheorie und Kybernetik, in den Text- und Literaturwissenschaften, in den Kultur- und Sozialwissenschaften etabliert haben, ist nicht einfach nur eine epistemologische Spielart, sondern hängt unmittelbar mit der Erfahrung zusammen, dass sich die Beschreibung von Realitäten welcher Art auch immer stets der eigenen Perspektivität stellen muss. Der Vorrang der Methode vor dem Gegenstandsbezug in den Wissenschaften, die soziale Lagerung aller Handlungen, die kulturelle Codierung von Bedeutungen und die Individualisierung von Lebenserfahrung – all dies sind Beispiele dafür, dass der Beobachter nur dann unsichtbar zu halten ist, wenn man mit viel Energie die Perspektivität des eigenen Blicks ausblendet. *Genau genommen müsste man den Beobachter nicht einführen, sondern ihn ausblenden, weil es keine Beobachtung ohne Beobachter gibt.* Das «Ausblenden» ist eine schöne Metapher dafür, dass die Behauptung einer Nicht-Perspektive eine ganz spezielle, ihrerseits voraussetzungsreiche Perspektive ist.

Wer davon absieht, dass jeglicher Realitätskontakt stets ein bestimmter Kontakt ist, kann letztlich die Komplexität der modernen Welt nicht sehen. Ich habe an anderer Stelle ausführlich die Komplexität der modernen Gesellschaft beschrieben und meine *Kritik der komplexitätsvergessenen Vernunft*[1] um den Gedanken der Perspektivendifferenz und des Beobachters herum gebaut. Der Beobachter ist letztlich der Schlüssel für alles. Nichts lässt sich beschreiben, ohne dass es beobachterrelativ beschrieben wird – was letztlich schon mit der europäischen Bewusstseinsphilosophie zu einer unhintergehbaren Denkvoraussetzung geworden ist. Der Beobachter ist eine Form, deren Bedeutung sich freilich nicht nur für das Bewusstsein beschreiben lässt. Auch Organismen, die sich gegen eine Umwelt abgrenzen, neuronale Systeme und Gehirne, die die Mannigfaltigkeit äußerer Reize als innere Zustände verarbeiten, aber eben auch soziale Systeme, die mit je eigenen Perspektiven operieren und je systemspezifische Umwelten haben, können als Beobachter verstanden werden.

Für eine Theorie der Digitalisierung und der Digitalität ist das insofern relevant, als auch Daten bzw. der Gebrauch von Daten letztlich als *Beobachter* begriffen werden müssen. Wenn es stimmt, dass Datensätze gewissermaßen zeichenimmanente Formen der Rückkopplung von Zuständen aufeinander sind, dann sind Daten selbst spezifische Formen von Beobachtern, die nur mit jener Realität umgehen können, die sie selbst erzeugen oder die mit ihnen verarbeitbar sind.

Diese Verdoppelung der Welt führt mich zum nächsten Schritt auf dem Weg zur Erklärung der Kulturbedeutung der Digitalisierung. Dass das Denken des 20. Jahrhunderts theoretisch auf so etwas wie Repräsentationsprobleme stößt, ist kein Zufall. Aus wissenssoziologischer Perspektive ist das strukturelle Bezugsproblem moderner Gesellschaft die Perspektivität des jeweiligen Weltzugangs. Die entscheidende Frage lautet nicht mehr, was die Welt sei. Es handelt sich nicht mehr um die ontologische Frage nach den Beschaffenheiten, sondern um die epistemologische Frage nach dem Zugang und der Repräsentation. Die Welt ist nur noch in der Verdoppelung zugänglich, genauer: nur noch *als* Verdoppelung, die ihr Original nur in der Verdoppelung kennt.

Die Figur der Verdoppelung habe ich das erste Mal 2006 nicht zufällig anlässlich der Beantwortung der Frage entwickelt, warum es Kunst gibt, ja welches Problem die Kunst löst.[2] Die Funktion der Kunst, so das Argument, besteht darin, dass sie auf zweierlei aufmerksam macht: Einerseits ist alle Wahrnehmung von Wirklichkeit vom je eigenen Blick abhängig, also von den Kontexturen, in denen ich selbst wahrnehme; auf der anderen Seite wollen die meisten anderen Instanzen der Gesellschaft diese Blickabhängigkeit, die Perspektivität ihres Blicks, möglichst unsichtbar machen, während die Kunst darauf explizit hinweist. Sie verweist gewissermaßen auf ein Original, das in dem Moment verschwindet, in dem es künstlerisch dargestellt wird, denn der Zugang zum Original, zur Vorlage, zur Welt ist durch das Kunstwerk zugleich eröffnet und verstellt. Die Kunst weist also darauf hin, dass alle Perspektiven die Welt verdoppeln, das Verdoppelte aber nur aus ihrem je eigenen Blick kennen.

Es geht dabei nicht um Beliebigkeit und fluide Auflösung, sondern um das Gegenteil: *die radikale Gebundenheit aller Perspektiven auf sich selbst, auf ihre operative Geschlossenheit.* Im besten Falle kann diese Verdoppelungsfunktion reflexiv werden, in actu ist sie aber unhintergehbar und zumeist unsichtbar. Und exakt das gilt nicht nur für alle bekannten Akteure und Operanten, die in der Gesellschaft vorkommen: politische, wirtschaftliche, mediale, wissenschaftliche, organisatorische und sonstige Systeme, sondern eben auch für Daten, die in einer besonders radikalen Weise auf sich verwiesen sind, denn sie kennen die Welt eben nur in ihrer je eigenen Datenform und können daraus nicht ausbrechen. Alles, was dort wieder vorkommt, muss selbst Datenform annehmen.

Das ist ein weiterer Hinweis darauf, wie sehr sich die Datenwelt in die moderne Welt einfügt. Vielleicht ist die digitale Datenwelt nur die radikale Steigerung eines evolutionären Mechanismus, in dem sich Signifikant und Signifikat immer weiter voneinander entfernen und sich also die Zeichenwelt verselbständigt, wie es Derrida beschreibt und wie es Niklas Luhmanns Systemtheorie noch viel präziser als Frage der Entfaltung einer Paradoxie selbstbezüglicher Formen auf den Begriff bringt. Oder wieder anders ausgedrückt: Die Kontextur der Daten verweist zunächst auf nichts anderes als auf sich selbst. *Bach by Design* hat noch nie etwas von Bach gehört, kann ihn aber zu Gehör bringen.

In den Literatur- und Textwissenschaften wird die Idee der Kontextur schon lange unter dem Stichwort der Zeichenparadoxie diskutiert. Wie oben schon dargestellt, ist die Differenz zwischen Zeichen und Bezeichnetem, zwischen Signifikant und Signifikat keine messbare Differenz, da sich das Signifikat, also das Bezeichnete, nur als Signifikant, also als Zeichen darstellen lässt. Wollten wir wissen, ob unser Bewusstsein die Welt richtig wahrnimmt, müssten wir eine wahrnehmungsfreie Wahrnehmung der Welt voraussetzen können, um die Differenz zwischen Wahrnehmung und Wahrgenommenem, zwischen Bewusstsein und Welt auf den Begriff bringen zu können. Da uns eine solche Möglichkeit nicht zur Verfügung steht, haben wir es stets mit einer verdoppelten Wirklichkeit zu tun, deren Differenz von Original und Bild eine Differenz ist, deren Identität wir zwar voraussetzen, deren Differenz aber nicht überbrückbar ist. Die Verdoppelung der Welt erzeugt also stets zwei Hälften: Die eine ist die Welt, wie sie dem Beobachter erscheint, die andere ist die Welt, wie sie ist. Es entsteht die paradoxe Situation, dass die Grenze nicht überwunden werden kann, aber in der Praxis stets überwunden wird.

Es geht nicht darum, irgendwie doch einer Anwesenheit nahezukommen. Es kann nur darum gehen, die selbsttragende Struktur von Zeichen so scharf wie nur möglich in den Blick zu nehmen. Um diese Logik in ihrer ganzen Komplexität auf den Begriff zu bringen, radikalisiert Niklas Luhmann Derridas Denken noch einmal. In seiner Fokussierung auf das Verhältnis von Signifikant und Signifikat krankt Derridas Dekonstruktivismus – wie er selbst einräumt – am Ende noch an einer metaphysischen Komplizenschaft. Luhmanns Radikalisierung lautet nun wie folgt: «Formsetzung ist also Unterscheiden, und Unterscheiden ist eine Operation. Und das setzt, wie alles Operieren, Zeit voraus.»[3] Die Form ist damit also insofern selbsttragend, als sie auf sich selbst referiert. Luhmann weiter: «Die Frage, was eine Form ‹ist›, wird sorgfältig vermieden. Jedenfalls kann es sich nicht um etwas handeln, das etwas als ‹anwesend› erscheinen läßt (um erneut auf Heidegger und Derrida anzuspielen). Die Operation kann nur stattfinden oder nicht stattfinden.»[4] Die Form ist paradox, weil sie sich allein auf sich selbst beziehen und sich nur an sich selbst stabilisieren kann. Worauf sie referiert, enthält sie selbst.

Datensätze enthalten diese Form tatsächlich nur als interne Differenzen, als interne Strukturen, deren Paradoxie darin besteht, dass sie zugleich auf etwas anderes referieren, das sie zugleich enthalten und nicht enthalten. *Verdoppelung* ist gewissermaßen ein ironischer Ausdruck, weil er auf die Paradoxie aufmerksam macht, dass das, was praktisch als Verdoppelung erscheint, exakt das Gegenteil bedeutet: eine Neuschöpfung von etwas, das nur dadurch existiert, dass es verdoppelt wird. Aber diese Form stabilisiert sich selbst, und zwar praktisch. Wir stabilisieren Lebenswelten, indem wir die Welt verdoppeln und zugleich so tun, als sei sie so, wie sie lebensweltlich erscheint. Anders wäre es auch gar nicht möglich. Epistemologisch gesehen ist die Form eine selbsttragende Struktur, praktisch steht sie für das, was sie nur verdoppelt. Das macht unsere Gesellschaft lebensweltlich und praktisch so vielschichtig und heterogen.

Dasselbe gilt auch für Daten. Daten sind hoch aggregierte Formen, und sie stehen zunächst für nichts anderes als für sich selbst. In Datensätzen verweisen Zustände auf Zustände – aber praktisch erzeugen sie durch entsprechende Bearbeitung eine Oberfläche, die lebensweltlich verstehbar wird und deshalb eben keine virtuelle Realität repräsentiert, sondern die, die praktisch möglich ist. Genau in dem Sinne sind Daten Beobachter, die auf sich selbst verwiesen sind, darin aber geradezu grenzenlos rekombiniert werden können und nach je eigenen Regeln die Welt verdoppeln. Und exakt in diesem Sinne werden Algorithmen mathematisch als rekursive und iterative Funktionen dargestellt, die übrigens aufgrund ihrer Selbstbezüglichkeit nicht vollständig berechenbar sind.[5]

Verdoppelungen

Am deutlichsten lässt sich Verdoppelung an der *Schrift* studieren.[6] Die Schrift verdoppelt die Welt, indem sie für etwas steht, ohne es im strengen Sinn zu sein – indem sie also letztlich ein Eigenes ist, dem man das Verdoppelnde zugleich ansieht und nicht ansieht. Zugleich verweist die Schrift auf die Differenz zum autoritativen Sprecher, dessen Sprechakt in Echtzeit weniger unmittelbar, besser: weniger zeitfest zu beobachten ist. Insofern fällt es dem gedruckten Wort – wiewohl es mit größerer Autorität auftreten kann – schwerer, seine

Autorität auch wirklich durchzusetzen. Schrift muss *gelesen* werden. An der Schrift lässt sich die *Lesbarkeit der Welt* insofern studieren, als die Dinge schriftlich zwar positiv vorliegen, Schrift aber nicht nur wahrgenommen werden will, sondern stets zu lesen ist. Hierin liegt die Brisanz etwa der Lutherschen Bibelübersetzung begründet, denn dass die Dinge nun gelesen werden, bedeutet, dass man sie *unterschiedlich* lesen kann, sonst wäre Lesen nur Wahrnehmung. Die Schrift ist das erste digitale Medium, weil sie aus Zeichen besteht, die schon ästhetisch vermitteln, dass sie nicht das sind, wofür sie stehen. In besonderem Maße gilt das für alphabetische Schriften, die in einem internen Verweisungszusammenhang für etwas stehen, was sie selbst nicht sind. Die Verdoppelung der Welt durch die Schrift verweist darauf, dass nicht einfach auf *etwas* verwiesen wird. Vielmehr erzeugt diese Verdoppelung erst jenen Kosmos einer geschriebenen Welt, die selbst kybernetischen Charakter hat.

Das fällt uns zumeist deswegen nicht auf, weil das Medium Schrift mit seinen digitalen Einzelzeichen, den Buchstaben, die sich zumeist an Lautgebilden orientieren – oder diese an jenen? –, zwar eine digitale Form hat, aber praktisch exakt für etwas steht. Schrift ist eine Verdoppelung, die auf das Verdoppelte schon ästhetisch verzichten kann, weil sich in einer Schriftkultur die Dinge selbst in einer Schriftform darstellen. Das vielleicht merkwürdigste digitale Gerät ist die *augmented reality* in einem Smartphone, auf einem Tablet oder in einer Datenbrille, die die Gestalt des Gesehenen digitalisiert und dann mit Schrift unterlegt. Man fliegt nach New York City, hält das Smartphone vor eine Hausfassade und sieht den Schriftzug *Rockefeller Center 541,3 m* oder *Empire State Building 381 m*, vielleicht noch unterlegt mit weiteren Informationen, ähnlich wie man im Museum, vielleicht im *Museum of Modern Art*, ein Schild sieht, auf dem neben einem verschwommenen grauen Bild vermerkt ist: *Elizabeth II 1966*. Die Verdoppelung der Welt durch die Schrift fällt gar nicht auf, weil wir uns an sie gewöhnt haben. Die Schrift ist eine Realität eigener Art, sie ist ein Medium, das Formen ermöglicht, darin aber eben eine Realität eigener Art erzeugt, die nur durch Rückkopplungen funktioniert – letztlich dadurch, dass sich eine Information durch die andere kontrolliert und damit jene Welt erschafft, von der man kaum mehr sagen kann, was denn das Original und was die Verdoppelung ist.

Noch vor der Schrift hätte die *Sprache* genannt werden müssen. Wenn das Sprechen die menschlichste aller Fähigkeiten ist, dann ist jegliche Form menschlicher Existenz stets mit der Verdoppelung der Welt konfrontiert. Die Welt liegt zu Beginn der menschlichen Existenz schon in Datenform vor, in Form abstrakter Informationen, die durch das Sprechen prozessiert werden. Kommunikation ist nichts Anderes als das Nacheinander von Information und Verstehen, in Mitteilungsakten ereignishaft verzeitlicht, um es in den Begriffen von Niklas Luhmann auszudrücken.[7] Nun geht Kommunikation nicht in Sprache auf, es gibt auch nichtsprachliche Formen der Kommunikation. Aber Sprechen nutzt Lautgesten, die offenkundig symbolischer Natur sind, die Welt verdoppeln und dabei auf die außersprachliche Welt eben nur sprachlich verweisen können.

Die Verweisungszusammenhänge der Sprache und der Schrift verweisen ihrerseits auf die Frage der sozialen Ordnung. Die funktionale Differenzierung der Gesellschaft, auf die ich schon im ersten Kapitel hingewiesen habe, meint nichts anderes als die Tatsache, dass moderne Gesellschaften nicht aus einem Guss gebaut sind, auch nicht als soziale Gemeinschaften beschrieben werden können, sondern als Systeme, die intern nach unterschiedlichen Funktionen differenziert sind. Politische, ökonomische, wissenschaftliche, rechtliche, erzieherische, mediale, religiöse, medizinische, künstlerische/ästhetische Funktionen differenzieren sich in einem langfristigen historischen Prozess nebeneinander aus – und eine solche, in diverse Funktionssysteme differenzierte Gesellschaft kennt kein Zentrum mehr und lässt sich auch nicht mehr mit Hilfe eines einzigen Prinzips erklären. Die Theorie funktionaler Differenzierung der Gesellschaft ist eine Theorie, die zeigen kann, wie sich Ereignisketten der jeweiligen Art *empirisch* nebeneinander etablieren und je eigene Strukturen ausbilden und bestimmte Anschlüsse wahrscheinlicher machen. Fast alles, was geschieht, kann insofern unter diesen unterschiedlichen funktionalen Perspektiven betrachtet werden. Um es anders auszudrücken: *In einer modernen, funktional differenzierten Gesellschaft befinden sich unterschied-*

liche Verdoppelungen nebeneinander – es macht eben einen Unterschied, ob etwas unter ökonomischen, politischen, ästhetischen, erzieherischen, rechtlichen, wissenschaftlichen oder religiösen Hinsichten behandelt wird.[8] Man kann das an einem recht einfachen Beispiel verdeutlichen, nämlich an der Frage, als was ein Buch in der Kommunikation erscheint.

In wissenschaftlicher Hinsicht wird man sich fragen, ob die Thesen stimmen, ob die zitierte Literatur existiert, ob logisch argumentiert wurde, ob die dargestellten Thesen Wahrheitsfragen bearbeiten. Als wissenschaftliche Fragen fangen die Thesen nicht bei Null an, sondern beziehen sich auch auf andere Forschung, auf Theorien, auf publizierte Ergebnisse, auf wissenschaftliche Traditionen usw.

Ganz anders verhält es sich in rechtlicher Hinsicht. Hier ist dann etwa bei einer Zitation weniger relevant, ob eine Aussage unter Aspekten der Wahrheitsfähigkeit angemessen ist. Hier geht es eher um die Frage, ob überhaupt zitiert wurde oder ein Plagiat vorliegt, ob Zitate verfälscht wurden, ob jemandem gegenüber üble Nachrede erfolgt oder ob Persönlichkeitsrechte verletzt werden. Keine dieser Fragen kann dadurch gelöst oder in ihrer rechtlichen Relevanz gemildert werden, dass die Dinge wissenschaftlich besonders überzeugend sind. Ein Plagiat ist nicht dadurch schlimmer, dass man wissenschaftlichen Unsinn plagiiert – und es wird nicht besser dadurch, dass die plagiierten Thesen stimmen.

Unter ökonomischen Gesichtspunkten stellen sich wieder ganz andere Fragen, etwa die Frage nach dem Preis des Buches im Verhältnis zum Honorar des Autors. Man kann die Frage stellen, ob sich das Buch als Paperback im Vergleich zu einem Hardcover aufgrund des geringeren Preises nicht besser verkaufen würde. Oder hat es dadurch eine verminderte Wertanmutung, die Käufer abschreckt? Gibt es überhaupt einen Markt für solche Bücher? Hätte der Schutzumschlag sein müssen? Und die Fadenheftung? Und verfügen Sie als Leserin oder Leser über genügend ökonomische Ressourcen, sich so lange mit einem Buch zu beschäftigen, ohne in der Zeit Geld zu verdienen?

Unter medialen Gesichtspunkten ist das Buch in mehrfacher Hinsicht relevant. Findet es ein Publikum? Ist die Sprache zielgruppenangemessen? Erzeugt es genug Neues, damit es für Nutzer/Leser relevant sein kann? Wird es gelingen, Rezensionen in wissenschaftlichen Zeitschriften und in Publikumszeitschriften zu erreichen? Und gibt es derzeit mediale Thesen, die man um der Aufmerksamkeit willen besonders konterkarieren könnte?

Oder man denke an *künstlerische/ästhetische* Hinsichten, die hier wohl kaum durchschlagen, aber gerade darin eine besondere Hinsicht darstellen. Man könnte etwa fragen, ob der Text unter Kunstverdacht geraten könnte, also ob es fiktionale Literatur sei. Schnell wird man zu dem Ergebnis kommen, diese Frage verneinen zu müssen – was freilich nur geht, weil wir in einer Gesellschaft leben, in der diese Frage, diese Hinsicht, diese Perspektive überhaupt erwartbar ist. *Keine* Kunst kann etwas nur dort sein, wo man mit Kunst rechnen könnte.

Dasselbe gilt für eine *pädagogische* Hinsicht. Ist das Buch in der universitären Lehre, vielleicht sogar im schulischen Sekundarunterricht einsetzbar? Ist es zu kompliziert? Zu lang? Zu wissenschaftlich? Oder gar zu flach? Diese Fragen sind keine Wahrheitsfragen, sondern Fragen im Hinblick auf pädagogische Ziele, die man so oder so beantworten kann. Im Übrigen habe ich als Autor durchaus ein Darstellungsproblem, das die Thesen des Buches auch unter einen didaktischen Horizont stellt, denn manche Dinge muss ich angesichts des erwartbaren Leserkreises besonders erklären, wieder anderes ist für andere zu belehrend, weil bekannt. Das sind Fragen, die dasselbe, nämlich eine bestimmte These, nicht nur als Wahrheitsfrage behandeln, sondern auch als Frage nach der didaktischen Form.

Auch eine *politische* Hinsicht ist denkbar. Sind die Thesen Ausdruck einer rechten oder einer linken Gesinnung, enthalten sie Thesen, die in Policy-Programme umgesetzt werden können oder die darauf hinweisen, dass meine nächste Wahlentscheidung anders ausfallen sollte? All diese Fragen sind ebenso denkbar wie negierbar. Und man könnte zumindest einwenden, dass die hier dargestellte Theorie der Digitalisierung erstaunlich indifferent ist gegenüber den politisch und ethisch relevanten Fragen bezüglich der Digitalisierung.

Es gibt tatsächlich auch Hinsichten, die weniger relevant durchschlagen. Etwa *religiöse* Hinsichten dürften eine geringere Rolle spielen, es sei denn wir lebten noch in einer Welt, in der Thesen wissenschaftlicher Natur kompatibel mit der heiligen Schrift sein müssten, was zumindest in unseren Breiten nicht mehr erwartbar ist. Auch *medizinische* Fragen stellen sich kaum.

Dieses etwas bemühte Beispiel möge dazu dienen, sich einen für die gesellschaftliche Moderne typischen Verarbeitungsmodus vorzustellen. Fast nichts ist sicher davor, unter diesen unterschiedlichen Perspektiven betrachtet zu werden. Und noch wichtiger: Diese Perspektiven sind kaum aufeinander abbildbar oder füreinander kompensierbar. Man kann nicht durch literarische/künstlerische Qualität die Thesen verbessern oder durch einen höheren Preis die wissenschaftliche Satisfaktionsfähigkeit. Und ein schöner Umschlag mit einer künstlerisch wertvollen Gestaltung wird keinen Plagiatsfall rechtlich anders darstellen – höchstens wird man im Plagiatsfall noch genauer hinsehen, ob der Verlag auch die Bildrechte für die Illustrationen besitzt.

Worauf ich hinaus will: *All diese Hinsichten und Perspektiven verdoppeln die Welt dergestalt, dass sie mit ihren Formen jene Welten erzeugen, in denen sich dann Problem-Lösung-Konstellationen wiederfinden.* Sie erzeugen jeweils begrenzte Perspektiven auf die Welt, indem sie sich auf eine Hinsicht konzentrieren. Dass sie nebeneinander vorkommen, ist der Hinweis auf eine spezifische Form von Ordnung, mit der die Gesellschaft offensichtlich darauf reagiert, dass sich nebeneinander sachliche Optionen ausdifferenzieren, die mit der alten Ordnung einer geschichteten Gesellschaft nicht mehr wirklich kompatibel waren. Reichte es dort aus, sich auf ein Oben-Unten-Schema zu konzentrieren und über solche Ebenen- und Schichtenhierarchien Weltbilder zu organisieren, die in der Lage sind, so etwas wie eine für alle und alles gültige Ordnung vorzuschreiben, haben seit etwa 300 Jahren offensichtlich ganz neue Formen der Anschlussfähigkeit und Systembildung stattgefunden, die die Gesellschaft nun nicht mehr schlicht hierarchisch oder im Hinblick auf einen Gesamtentwurf ordnen konnten. Das Beispiel dieses Buches zeigt, dass es schwierig ist, eine der genannten Verarbeitungsregeln für die entscheidende, die richtige oder gar die beste zu halten. Das mögen sie aus den jeweiligen

Eigenperspektiven sein, aber nicht im Hinblick auf die Gesamtheit
oder die Summe der Perspektiven.

Wir sind daran gewöhnt, die Komplexität der Moderne daran festzumachen, dass die funktionale Differenzierung der Gesellschaft alle
Komplexitätselemente verstärkt: die Mehrfachcodierung, die Erhöhung der Anzahl der Wirkfaktoren, der Verlust eines koordinieren-
den Zentrums, die Multiplikation von Perspektiven, gleichzeitige
Wechselwirkung statt serielle Kausalität usw. Uns erscheint die Moderne stets als der komplexitätsgenerierende historische Ausnahme-
fall, eben der Generator von Unübersichtlichkeit. Aber womöglich ist
es die Digitalisierung und die Herausforderung von Datensätzen, von
Big Data, von elektronischer Informationstechnik, die den Blick auf
die Moderne schärft, denn ohne Zweifel ist die Digitalisierung eine
Störung der Routinen der Moderne. Sie ist eine ähnliche Katastrophe
wie der Buchdruck für den Informationshaushalt der Gesellschaft.
Die spätmittelalterliche Gesellschaft hatte einerseits ganz offensichtlich einen Bedarf für den Buchdruck – es entstand offensichtlich genug, was man aufschreiben konnte und was Leser fand, ohne dass
man die Technik *dafür* entworfen hätte. Hätte es diesen Bedarf nicht
gegeben, wäre die *technische* Erfindung des Buchdrucks *sozial* folgenlos
geblieben und hätte sich womöglich nicht durchgesetzt.

Der Buchdruck hat sich durchgesetzt, weil er strukturell offensichtlich eine Funktion erfüllen konnte: Eine Lösung stieß auf ein
mögliches Problem. Aber zugleich waren die Routinen der Gesellschaft nicht darauf vorbereitet, mit der damit einhergehenden In-
formationskatastrophe umzugehen. Einerseits war es durch gedruckten und distribuierten Text nicht mehr so einfach möglich, die
Rezeption von Informationen so zu kontrollieren wie durch unmittelbare Interaktion. Außerdem bildeten sich Sonderfertigkeiten für
die Beschreibung von komplexeren Phänomenen heraus, die immer
unabhängiger von Ort und Zeit wurden, und man entdeckte im Sinne
einer «Hermeneutik» verschiedene Lesarten, also unterschiedliche
Möglichkeiten der Rezeption womöglich gleichen Rechts.[9] Die Katastrophe bestand darin, dass sich Möglichkeiten des Schreibens und
des Interpretierens vervielfachten und zugleich neue Formen der

Einschränkung brauchten. Zugleich konnte Expertise von konkreten Erfahrungen unabhängiger gemacht werden, und Loyalität schwand in dem Maße, wie die immer zahlreicheren Wissensquellen alle bislang bekannten kompakten Lebensformen oder unmittelbaren Abhängigkeitsverhältnisse infrage stellten.

Störungen

Die Verdoppelungsformen sind es letztlich, die die Routinen einer modernen Gesellschaft ausmachen. Diese Verdoppelungen erzeugen jene Institutionen und Institutionenarrangements in Betrieben und Staatsorganisationen, in Bildungsinstitutionen, Medienanstalten, Kirchen, aber auch in der individuellen Lebenspraxis, die die Benutzeroberfläche einer Gesellschaft ausmachen. Dahinter steht stets die Logik der Verdoppelungen, an die wir uns so gewöhnt haben, dass sie sich von selbst verstehen.

Um das Störungspotential der Digitalisierung in seiner Radikalität zu verstehen, müsste man ihr ähnliche Wirkungen zuschreiben wie dem Buchdruck. Oder anders: Ihre Radikalität wird sich erst darin erweisen, ob sie eine ähnliche *Katastrophe* darstellt wie der Buchdruck. Die Frage lautet also: *Ist die Digitalisierung eine Katastrophe?*

Jedenfalls scheint es so zu sein, dass die Digitalisierung bzw. die Störungen, die wir der Digitalisierung zurechnen, zunächst den Blick auf die Struktur der Moderne schärfen. Wie womöglich der Buchdruck erst auf die Stabilitätsfunktion von Schichtung und klarer hierarchischer Modelle hingewiesen hat, dürften die Störungen durch die Digitalisierung die ordnungsstiftende und komplexitätsreduzierende Funktion der funktionalen Differenzierung mit ihren Verdoppelungen verdeutlichen.

Um auf den folgenden Seiten einige konkrete Beispiele anzuführen:

◆ Durch sogenannte Big-Data-Anwendungen werden ökonomische Routinen insofern gestört, als etwa die Preisbildung auf ein Publikum trifft, dem in Vergleichsportalen für Produkte und Dienstleistungen die günstigste Möglichkeit angeboten wird. Dadurch wird Kundenbindung ebenso verändert, wie man nicht mehr mit begrenzten Aufmerksamkeitsräumen rechnen kann. Die Vergleichsportale produzieren nicht nur einen enormen Kostendruck, sondern machen Vertriebswege etwa über Ladengeschäfte schwieriger. Es entstehen Geschäftsmodelle, die sich über die klassischen Geschäftsmodelle legen und so Routinen außer Kraft setzen, die zuvor für ein Gleichgewicht gesorgt haben, das für Anbieter und Nachfrager gleichermaßen handhabbar war. Das ist weder positiv noch negativ zu bewerten, und diese Störung ist nicht wirklich fundamental, greift aber schon auf dieser Ebene in die Routinen der wechselseitigen Stabilisierung von Elementen ein, von denen die Langfristigkeit bzw. Planbarkeit ökonomischer Transaktionen abhängig ist: exakt das Gegenteil von vollständigen Informationen nämlich, sondern von begrenzten Rationalitäten, die sich in ihrer jeweiligen Begrenztheit gegenseitig stabilisieren. Nicht, dass die angedeuteten Portale vollständige Information liefern würden – doch was sie in jedem Falle erzeugen, ist eine andere Form der Selektivität.

◆ Die Datentechnik ist in der Lage, von aggregierten Daten auf den individuellen Fall rückzuschließen. Das ermöglicht neue Formen der Überwachung und der Kontrolle. Klassische Routinen der Interdependenzunterbrechung zwischen unterschiedlichen Tätigkeitsfeldern geraten dabei unter Druck. Privatheit wird eine noch größere Illusion, als sie es zuvor schon war. Die Störung besteht darin, dass die Illusion des autonom handelnden Subjekts – dem man das, was es tut, auch individuell zurechnet – endgültig aufgehoben wird. Zwar kennt die moderne Kultur spätestens seit dem Siegeszug der Sozialwissenschaften eine Reihe von entsubjektivierenden Parametern wie die soziale Lagerung, die Klassenlage und die Interessenkonstellation; aber es war seither auch stets eine beliebte Praxis, solche sozialstrukturellen Grenzen von Subjektivität auszublenden und in der *illusio* der Selbstbestimmung bzw. der Zurechnung auf die Person aufzulösen. Kulturelle Figuren wie Kompetenz, Autorenschaft, Subjektivität, Entscheidungsfähigkeit und Lebensführung hängen von solchen Zurechnungspraktiken ab. Sie werden nun ganz offenkundig unterminiert: durch Techniken, die offensichtlich in der Lage sind, mehr über uns zu wissen, als wir es selbst je könnten, weil sie unser Verhalten als spezielle Ausprägung eines in sich differenzierten allgemeinen Musters darstellen. Das Verhältnis von objektivem und subjektivem Geist ist nicht mehr das Verhältnis von richtigem und falschem Bewusstsein, sondern das Verhältnis von Beobachtungspositionen.

◆ Unser alltäglicher Umgang mit der Digitaltechnik hinterlässt Spuren, die anderen Zwecken dienen, als sie auf den ersten Blick, auf der Ebene der Benutzeroberfläche, vorgeben. Facebook ist zunächst alles Mögliche: ein Kommunikations- und Selbstdarstellungsmedium, ein Beobachtungs- und Diskursraum, ein Distributor von Massenmedien usw. Die Liste kann beliebig verlängert werden. *Connecting people* war der erste Wahl-/Werbespruch des Unternehmens. Unterhalb dieser Benutzeroberfläche ist das Geschäftsmodell von Facebook und anderen Unternehmen der Plattformökonomie jedoch *connecting data*, also die Erfassung und Verbindung von Informationen, die aufeinander verweisen. Es scheint so, als hätte der alte Heidegger mit seiner Prognose von der Ablösung der Philosophie durch die Kybernetik nicht nur (post-)industrielle Steuerungstechniken vorhergesagt, sondern auch die verborgene «Wahrheit» hinter den digitalen Datenverbindungstechniken freigelegt: Während sie sich auf der Ebene der praktischen Benutzeroberfläche allein in der Sozialdimension abspielen, liegt ihre Sachdimension in der musterhaften Verbindung von Daten. Dass Unternehmen wie Facebook so unsensibel dafür sind, was auf ihren Plattformen passiert (trotz aller Verantwortungsrhetorik usw.), hängt mit der eigentümlichen Verbindung von Sach- und Sozialdimension in der Digitaltechnik zusammen. Digitale Plattformen sind ja nur das Vehikel zur Erzeugung von Daten, die die Nutzer selbst erschaffen, indem sie praktisch etwas anderes tun. Ein Automobil kauft man, um damit von A nach B zu fahren, einen Pullover, um ihn anzuziehen. Vielleicht ist das eine Automobil oder der andere Pullover noch mit einem Prestigewert ausgestattet, der nicht unmittelbar mit der Funktionalität zu tun hat, der aber analog sichtbar ist und kulturell vermittelt werden kann. Schon bei einem Smartphone lässt sich das nicht mehr so einfach sagen. Natürlich handelt es sich um ein praktisches (sic!) Gerät mit sehr sichtbaren Funktionalitäten, aber die stoffliche Technik selbst beinhaltet die Bedingung dafür, dass Daten anfallen, die für alles Mögliche verwendbar sind. Schon wer eine Navigations-App verwendet, trägt durch passives Verhalten aktiv dazu bei, dass sie überhaupt funktioniert, weil damit Verkehrsaufkommen oder Störungen gemessen werden können. Womöglich ändert sich auch die Funktionalität des Automobils, das schon zur Selbststeuerung immer mehr Datentechnik enthält. Als Student habe ich in den 1980er Jahren den Zündzeitpunkt an Volkswagen-Boxermotoren noch per Hand eingestellt, mein jetziges Automobil steuert diesen Vorgang selbst und kann sogar diagnostizieren, wenn es ihm misslingt, und schlägt mir bei Fehlfunktion einen Anruf bei der nächsten Vertragswerkstatt vor, den ich nicht einmal selbst organisieren muss. Die nächste Automobil-Generation lädt sich womöglich ohne mein Zutun eine neue Steuerungssoftware herunter, um fossilen Brennstoff in der richtigen Millisekunde zu verbrennen. Doch abgesehen von solchen Selbststeuerungsfunktionen wird das Automobil durch die ausgreifende Datentechnik auch zu einem Sensorpunkt des Verkehrsstromes, in dem es sich befindet und zu dessen elektronischer Steuerung es selbst ohne Zutun des Fahrers beiträgt. Der Fahrer denkt noch, dass er die «grüne Welle» der Ampelschaltung oder den geschmeidigen Weg durch den Großstadtdschungel durch eigene umsichtige Entscheidung gefunden hat. Der Individualverkehr ist aber längst kein Individualverkehr mehr.

◆ Durch solche Sensoriken unterschiedlicher Natur entstehen völlig neue Kommunikationsspuren, die für politische, polizeiliche, ökonomische, rechtliche und nicht zuletzt medizinische Zwecke verwendbar sind. Mit ihnen lässt sich Verhalten voraussagen, nicht nur im Straßenverkehr. Es lassen sich zum Beispiel Wahl-

kämpfe durch gezielte Ansprache steuern oder Marketingmaß-
nahmen passgenau organisieren. Die zweite Wahlkampagne von
Barack Obama im Jahre 2012 ist inzwischen legendär. Dabei ist es
gelungen, die Kräfte dadurch zu bündeln, dass man sich mit Hilfe
von Datenverarbeitung – von Informationen über private Haus-
halte – auf solche Wählerinnen und Wähler konzentrierte, die
potentielle Wechselwähler waren.[10] Ein *Voter Activation Network* hat
letztlich die Form der politischen Ansprache radikal verändert:
vom kollektivistisch formulierten Programm zu einer Policy der
individuellen Ansprache. Die Störung besteht darin, dass sich damit die Semantik des Politischen verändert, weil noch deutlicher
wird, dass die Kommunikation zwischen Wahlkämpfern und
potentiellem Wähler durch einen politischen Index geprägt ist, es
also um das Austesten von Machtchancen geht, nicht (nur) um
Inhalte. Auch diese Störung macht auf die Voraussetzungen des
«Normalfalls» aufmerksam.

◆ Die Gerüchte über russische Einflussnahmen auf den ersten Wahl-
kampf von Donald Trump haben sich inzwischen erhärtet. Die
neue Form der Einflussnahme ist keine klassische Propaganda,
sondern erfolgt durch eine gezielte Setzung von Themen, Begriffen, kleinen Informationen, Wiederholungen usw. Es wird nicht
argumentiert, um Personen zu überzeugen, sondern ein Muster
appliziert, das Aufmerksamkeit erzeugt und so eher Stimmungen
als Meinungen verändert. Auf deren Boden erfolgen dann semantische Festlegungen. In einer Studie von «Knew Knowledge» von
2018 wird das Ergebnis wie folgt zusammengefasst: «It was abso-
lutely intended to reinforce tribalism, to polarize and divide, and
to normalize points of view strategically advantageous to the Rus-
sian government on everything from social issues to political can-
didates. It was designed to exploit societal fractures, blur the
lines between reality and fiction, erode our trust in media enti-
ties and the information environment, in government, in each
other, and in democracy itself. This campaign pursued all of those
objectives with innovative skill, scope, and precision.»[11] Die gezielte Beeinflussung wurde dadurch möglich, dass nur Informa-

tionsmuster und ihre Rückkopplungen kalkuliert wurden, die am Ende als Benutzeroberfläche wie natürliche Kommunikation aussahen. Diese Störung ist nicht nur eine Störung des US-amerikanischen Wahlkampfs durch ein autoritäres Regime. Die Störung liegt viel tiefer. Sie ist geradezu eine Demütigung einerseits für Wahlkämpfer, andererseits für Wählerinnen und Wähler. Sie zeigt, dass durch Mustererkennung im Hinblick auf semantische Signale Entscheidungen von konkreten Personen beeinflusst werden können, die in der Selbstbeschreibung für eigene Entscheidungen gehalten werden. Doch auch diese Störung macht erst die Illusion transparent, es hätte vorher keine Manipulationen von Wahlentscheidungen gegeben. Nur waren gezielte Falsch- oder Fehlinformationen zuvor freilich viel einfacher zurechenbar als die von russischen «Wahlbeobachtern» zuletzt angewandten Strategien.

◆ Weil Kommunikation Spuren hinterlässt, ist sowohl das Ausspähen als auch die Archivierung und gezielte Störung von Kommunikationsverläufen technisch möglich. Im Januar 2019 wurde bekannt, dass die E-Mail-Accounts und elektronischen Kalender deutscher Politiker geleakt worden sind – ein Vorgehen, das zur Destabilisierung des politischen Systems und zu allgemeiner Verunsicherung führen kann. Die politische Taktik der Verwendung privater und persönlicher Informationen zur Erpressung oder Desavouierung von politischen Herrschern ist nicht neu. In der digitalen Gesellschaft existieren aber ganz andere technische Möglichkeiten, in den Kommunikationsverkehr von Personen einzudringen.

◆ Die radikalsten Auswirkungen dürfte die Digitalisierung auf Arbeit haben. Der klassische Industriekapitalismus war darauf aufgebaut, dass Arbeit die entscheidende Größe für die Wertschöpfung wurde – auch im mechanisierten Zeitalter, in dem nach Marxscher Auffassung eine Entfremdung zwischen Arbeit und Arbeiter stattfindet, ist es die körperliche oder intelligente Arbeit, die aus der Maschinenkraft einen Mehrwert produziert. Digital gesteuerte Automation relativiert das Alleinstellungsmerkmal von

Arbeit für die Mehrwerterwirtschaftung. Michael Betancourt kommt zu dem eindringlichen Schluss: «Die digital ermöglichte Automation macht die menschliche Arbeit, die innerhalb des produktiven Systems vorher der Dienstbarkeit unterworfen war, selbst prekär und stellt damit für den historisch durch die Transformation menschlicher Arbeit in eine Ware definierten Kapitalismus – für den Einsatz menschlicher Intelligenz, Geschicklichkeit und Arbeitszeit als einer spezifischen Form produktiven Werts – eine grundlegende Herausforderung dar. Das Potential für *vollständige Automatisierung* taucht mit der Entwicklung digitaler Automation auf: einer Automation, bei der menschliche Arbeit – menschliches Tätigsein – zu einem vergeudeten Wert wird [...].»[12] Ob die digitalisierte Automatisierung der Produktion tatsächlich jene katastrophalen Auswirkungen auf den Arbeitsmarkt haben wird, ist längst nicht ausgemacht. Die Prognosen reichen von einem radikalen Verlust von Arbeitsplätzen, wie sie etwa von Richard David Precht in der deutschsprachigen Diskussion vertreten wird,[13] bis hin zum Versprechen eines Jobwunders durch Digitalisierung.[14] Unbestritten ist in jedem Fall, dass sich die Bedeutung von Arbeit, vor allem die Bedeutung des Beitrages konkreter Personen an der ökonomischen Wertschöpfung, ändert.[15] Um wieder Michael Betancourt zu zitieren: «Indem die untersten Ebenen der menschlichen Arbeit durch Automatisierung ersetzt werden, kann es zu einer Steigerung der Leistungsfähigkeit in der Produktion kommen, doch gleichzeitig wird diese menschliche Arbeit verdrängt; ein Teil davon besetzt (wird von ihrer Gesellschaft absorbiert für) qualifizierte Positionen (mit einem höheren Grad intelligenter Tätigkeit), unterstützt von diesen automatisierten Verfahren. Wird diese qualifizierte Arbeit jedoch ebenfalls automatisiert, so schafft die Fähigkeit der Gesellschaft, diese verdrängte Arbeit zu absorbieren, ein neues Problem, das eigentlich nicht als das erkennbar ist, was von Marx als Klassenkampf beschrieben wurde – eine Verschiebung von einem Konflikt zwischen denjenigen, die Arbeit haben, und denen die keine haben, zu einem Konflikt zwischen denen, die die Produktion von Tauschwerten kontrollieren, und denen, die vom Tausch vollkommen ausgeschlossen sind: Arbeitern, deren Arbeit-als-Ware keine Nützlichkeit mehr besitzt und daher *kein* Tauschwert mehr ist.»[16] Ausgebeutet zu werden, um es im klassischen Idiom des Arbeitskampfes zu formulieren, wird nun als Privileg sichtbar, weil es die Garantie dafür ist, einen Wert zugesprochen zu bekommen, der entsprechend kompensiert werden kann. Aber auch die Position der «Ausbeuter» wird prekär, weil auch ihre Tätigkeit der Gefahr der Automatisierung anheimfällt. Diese Störung ist fundamental für das Institutionenarrangement der klassisch modernen Industriegesellschaft, die um diesen Konflikt herum gebaut war und in der «Arbeit» so etwas wie ein verbindendes Glied zwischen ökonomischen, rechtlichen und politischen Fragen, aber auch im Hinblick auf das Wertmanagement zur Verfügung hatte.

◆ Eine entscheidende Frage ist die des *information overload*. Auch dieses Problem gibt es schon länger, und es wurde klassischerweise schon in den 1970er Jahren von Alvin Toffler als einer der entscheidenden modernen Kultur- und Zukunftsschocks in die Diskussion eingeführt,[17] wobei mit dem Komplexer-Werden betrieblicher, organisatorischer, gesellschaftlicher, kultureller, medialer Abläufe schon früher Routinen entstanden sind, mit einer größeren Datenmenge umzugehen. Wahrscheinlich war der Buchdruck in vordigitalen Zeiten die größte Datenkatastrophe. Um das Buch und seine Derivate herum hat sich ein Krisenbewältigungsmechanismus entwickelt, der in der Lage war, etwa durch Entkoppelung und Differenzierung von unterschiedlichen Lesepublika, durch differenzierte Bildungsprozesse, durch kulturell und ökonomisch betriebene Selektivitäten und entsprechende Form- und Archivierungsvorschriften Ordnung in die große Menge zu bringen. Interessant ist der Umschlagspunkt, ab dem Zensur mehr Aufmerksamkeit als Lesen erzeugt. Der *information overload* durch digitale Medien kennt derzeit noch keine eingeführten Routinen, mit der schieren Menge von Daten umzugehen – und das auf den unterschiedlichsten Ebenen. Was Daten offensichtlich brauchen, sind selbst wieder datenförmige Tools zur Ordnung der Daten. Man kann das «Metadaten» nennen, also Daten, die ihrerseits Daten ordnen.[18] Letztlich ist der gesamte Umgang mit Daten davon geprägt, wiederum datenförmige Techniken in Anspruch zu nehmen, um damit etwas anzufangen. Dabei ist es nicht allein die schiere Menge der Daten, die hier ins Gewicht fällt, sondern die Disparatheit von Daten, die durch die gesellschaftliche Praxis in der digitalen Moderne ohnehin anfallen. Das Besondere besteht darin, dass Daten tatsächlich überall anfallen, und zwar dezentral. Zugleich sind die dezentralen Datensätze aber in vielfältiger Weise miteinander rekombinierbar. Die Rekombinierbarkeit ist keine gezielte, besser: geplante Form, denn die Daten werden üblicherweise für anderes verwendet als für das, wofür sie dann durch Rekombination verwendet werden können. Diese *Umnutzung* ist eine Folge des *information overload*. Es muss ein *overload* sein, denn gerade der Datenüberschuss erzeugt erst das Material, mit dem das getan werden kann, was als digitale Lösung möglich ist – als Produkt und Dienstleistung in Märkten, als wissenschaftliche Rekombinationsmöglichkeit, als Kontroll- und Steuerungsmöglichkeit in Abläufen wie dem Straßenverkehr usw. Die Störung besteht darin, dass mit den Daten eben keine Objekte vorliegen, die in Datenform zu bringen sind. Daten sind völlig selbstreferentiell, was ihre radikale Rekombinationsfähigkeit erst ermöglicht. In dem Term *Big Data* wird zumeist das *Big* als die *differentia specifica* gehandelt, es ist aber das *data*, nämlich die Form der Repräsentation, die in der Lage ist, Disparates vergleichbar zu machen. Dies ist ein Hinweis auf die Rückkopplungsfähigkeit und -struktur von Daten, die durch Abkopplung der Bedeutung von der Datenstrukturen alles kommensurabel machen. Die oben erwähnte Derridasche Spur wird noch unsichtbarer, weil es nichts gibt, das im Datensatz auf sein Jenseits verweist.

◆ Wissenschaft war schon immer datengetrieben. Sie musste aus selbstgemachten Daten Regelmäßigkeiten und damit theoriefähige Informationen machen – man denke etwa an so klassische Fälle wie die Himmelsbeobachtung, deren Daten erst in der Kumulation eine Theorie der Himmelskörper und ihrer Bahnen ermöglicht.

Der Königsweg wissenschaftlicher Forschung besteht darin, dass zwischen Entwicklung einer Fragestellung und Herstellung einer Hypothese über die Produktion von Daten und ihre Auswertung bzw. Interpretation eine transparente, in allen Schritten wissenschaftsgetriebene Kontinuität einer Verwertungskette erzeugt wird. Big Data und das Verfügen über anfallende Datensätze haben als Selbststörung der Wissenschaft einen Diskurs über die Gefahr theorieloser Forschung hervorgebracht. Nicht als Störung, sondern geradezu als Verheißung hat der *Wired*-Herausgeber Chris Anderson *The End of Theory* geradezu als Programm ausgegeben – klassische wissenschaftliche Methoden würden obsolet, sobald Daten in ausreichender Menge vorlägen. Er schreibt: «Scientists are trained to recognize that correlation is not causation ... Instead you must understand the underlying mechanisms that connect the two. Once you have a model, you can connect the data sets with confidence. Data without a model is just noise. But faced with massive data, this approach to science – hypothesize, model, test – is becoming obsolete.»[19] Wenn das keine Störung ist: Es gehört zu den schlimmsten Fehlern des Umgangs mit Datensätzen in der Wissenschaft, die Datensätze schlicht nur als das zu verwenden, was sie sind – zunächst intern nicht beliebig strukturierte Zeichen, deren Struktur sich durch entsprechende Rechnerkapazität darstellen lässt. Ein wissenschaftlicher Umgang mit solchen Datensätzen verbietet es geradezu, nach jeder statistisch denkbaren Korrelation zu suchen, um dann im Nachhinein nach einer möglichen gegenstandsbezogenen Korrelation zu suchen, die womöglich sogar auf eine Kausalbeziehung, wenigstens auf eine stochastische Beziehung zwischen Faktoren hinweist. Wissenschaftliche Qualität gewinnt der Umgang mit Daten nicht durch die bloße statistisch darstellbare Beziehung, sondern durch die ihrerseits durch vorherige Forschung motivierte und begründbare Fragestellung. In der Reflexion von datengetriebener Wissenschaft hat sich nun ein interessanter Störungsdiskurs etabliert, der explizit vor der Gefahr warnt, man könne nun auf Theorien verzichten, auf Hypothesen und wissenschaftlich generierte Fragestellungen.[20] So empfiehlt Anderson konsequent: «There's no reason to cling to our old ways. It's time to ask: What can science learn from Google!»[21] Eine Gefahr wird insofern erlebt, als sich Marktbeobachter, Marketing, gezielte Werbung, Strafverfolgung, aber auch technische Mustererkennung einer Technik bedienen, die wie eine wissenschaftliche Praxis aussieht – die ich deshalb oben *szientoid* genannt habe –, aber auf Hypothesen und Theorien verzichten kann. Denn das ist ja gerade das Spezifikum einer solcher Praxis: auf Zusammenhänge zu stoßen, die nützlich sind, nicht auf Zusammenhänge, die Erkenntnis- und Wahrheitsfragen beantworten wollen. In Parenthese formuliert: In Wissenschaften, bei denen es womöglich eher auf Nützlichkeit als auf Wahrheitsfragen im engeren Sinne ankommt, also wo nicht Erkenntnis, sondern das Funktionieren im Vordergrund steht, kann beim Umgang mit Datensätzen eher auf strenge Hypothesenbildung verzichtet werden – man denke etwa an den Umgang mit Statistik in der Medizin. Wer heilt, hat Recht, nicht wer Recht hat, hat Recht.

◆ Die Verfügbarkeit großer Datenmengen für die Wissenschaft, die dann geordnet, gespeichert, katalogisiert und strukturiert werden müssen, erzeugt eine völlig neue Frage, nämlich ob diese Ordnungsleistung eine genuin wissenschaftliche Leistung ist. Dies ist keine abstrakte Frage. Sie hat erhebliche Folgen für die Frage der Forschungsfinanzierung, für wissenschaftliche Karrieren und nicht zuletzt für die Bewertung solcher Tätigkeiten. Der Bremer kognitiven Neuroinformatikerin Kerstin Schill verdanke ich die wunderbare Formulierung der «Botanisierung von Daten», mit dem Hinweis darauf, dass die botanisierende Ordnung von Pflanzen ihrerseits als wissenschaftliche Aufgabe und Leistung definiert worden ist. Als Störung wird aber die Erwartung empfunden, welche der genuin wissenschaftlichen Aufgaben die Datenverarbeitung in Zukunft selbst übernehmen wird, etwa durch autonome komplexe kognitive Entscheidungssysteme oder durch Algorithmen.

◆ Die Wissenschaft ist nur einer der Bereiche, in denen sich Zurechnungsfragen stellen. Sobald datengetriebene Maschinen – selbstfahrende Automobile oder andere Verkehrsmittel, technische Unterstützungssysteme für komplexe technische Systeme, Algorithmen der Verarbeitung von Text, Kauf- und Verkaufsentscheidungen im Börsenhandel oder auch die Mechanisierung etwa von finanzamtlichen Bescheiden – Entscheidungen treffen, tun sie etwas, das auch anders hätte ausfallen können. Solche Entscheidungssysteme sind keine Trivialmaschinen, weil sie mehrere Parameter gleichzeitig prüfen müssen, nicht mit Eins-zu-eins-Übertragungen arbeiten können, sondern sich an Wahrscheinlichkeiten orientieren. Entscheidungen von nicht-trivialen Maschinen zeichnen sich dadurch aus, dass auch anders hätte entschieden werden können. Der soziologische Handlungsbegriff ist letztlich so gebaut, dass von Handlungen im engeren Sinne im Unterschied zu bloßem Verhalten nur dann zu sprechen ist, wenn ein Akteur auch anderes hätte tun können. Der menschlichen Black Box gestehen wir die Schwärze, also die Intransparenz der Zurechnungsmöglichkeit im Sinne einer zugestandenen Kontingenz bis zu einem gewissen Grade zu und haben im Falle einer nicht zugestandenen Kontingenz oder Abweichung die Möglichkeit der Zurechnung von Schuld, moralischer Verfehlung, kognitiver Insuffizienz, pathologisierbarer Charakterisierung und nicht zuletzt Zufälligkeit. Dem vernunftbegabten Wesen Mensch kann Unschärfe und Uneindeutigkeit, Unbestimmtheit und Nicht-Steuerbarkeit bis zu einem gewissen Grade zugestanden werden. Noch mehr: «Mensch» zu sein, ist geradezu eine Kontingenzformel für die Bewältigung von Störungen. Dass diese Form der unscharfen Zurechnung bei Algorithmen, Maschinen und kognitiven Entscheidungssystemen kaum möglich ist, wird als erhebliche Störung erlebt. Von solchen Apparaturen wird man eine höhere Entscheidungspräzision erwarten, selbst wenn nicht für alle Fälle ausgemacht ist, dass sie tatsächlich «besser» entscheiden können als ein gut trainierter Mensch. Die Zurechnung auf Menschlichkeit jedenfalls kann nicht als Kontingenzbewältigungstechnik eingesetzt werden. Die publikumswirksamen Themen sind in diesem Zusammenhang etwa die Fragen danach, ob ein selbstfahrendes Automobil einen Rentner oder ein

Kleinkind zu Tode fahren solle, wenn in einer konkreten Verkehrssituation nur diese Alternative zur Verfügung steht. Einem menschlichen Akteur wird man in dieser Situation Urteilsunschärfe zugestehen, von einer Maschine wird ein rationaler Algorithmus erwartet. Dazugehörige Forschungsfragen am MIT lauten dann: *Are we ready for Utilitarian Cars?*[22] Niemals fragen würden wir: *Are we ready for vaguely deciding human beings?* Die Frage muss man nicht beantworten, weil sie immer schon mit Ja beantwortet ist. Dass die Eindeutigkeit, die von der Maschine erwartet wird, eine programmierte Eindeutigkeit ist, fällt als Störung dann auf, wenn, wie etwa im Falle der Abstürze einer indonesischen Boeing 737-MAX8 im Jahre 2018 und eines ebensolchen Flugzeugs in Äthiopien im Jahre 2019, der Bordcomputer der Maschinen aus einer bestimmten Kombination von Parametern die falschen Konsequenzen zieht und die Maschine statt nach oben zu ziehen bis zum unvermeidlichen Absturz nach unten drückt. Die anwesenden, unschärfer agierenden menschlichen Piloten konnten diese Katastrophe nicht mehr verhindern. Als Störung wird folglich das neue Schärfe/Unschärfe-Management empfunden, das freilich bei Fehlfunktionen eher auffällt – wobei zynischerweise gar keine Fehlfunktion vorlag, denn der Computer hat offensichtlich alles richtig gemacht. Falsch waren die Ausgangsdaten, mit denen der Rechner umgehen musste. Dass gerade im Flugverkehr der Computer dem Piloten digital ein analoges Reagieren der Steuerinstrumente nur simuliert, verweist ebenfalls auf diese Veränderung des Umgangs mit Schärfe und Unschärfe. Die ungenauen Bewegungen der Piloten werden durch den Computer präzisiert und kontrolliert.

◆ Die Digitalisierung stört die Idee des Originals bzw. der Identität von Objekten. Gehört die Einheit eines Objekts noch zu den klassischen Kategorien der logischen Auffassung der Welt, befreien sich digitale Objekte von der Stofflichkeit ihres Trägers. Mit Rekurs auf Walter Benjamins Nachdenken über die Folgen der Reproduzierbarkeit für die Bedeutung und die Lesbarkeit von Kunstwerken zeigt Michael Betancourt, dass mit digitalen Objekten die

Reproduzierbarkeit eine neue Stufe erreicht. Anders als noch mit Benjamin kann man nicht mehr von dem Verhältnis von Original und Kopie sprechen, da die Unterscheidung implodiert. Das Kopieren einer Datei erzeugt tatsächlich die Datei noch einmal, und zwar ohne jeglichen Verlust. Die Kopie ist keine Kopie, weil sie mit dem Original identisch ist, das dann als Original verschwindet. Ein digitales Werk oder Objekt ist zwar auch an einen Träger gebunden – eine physische Datei oder einen nicht-physischen Speicher –, aber es ist ohne Verlust vom Speichermedium zu trennen. Dazu wieder Betancourt: «Die Einzigartigkeit digitaler Werke kann daher weder das Ergebnis davon sein, dass es ‹nur eines› von ihnen gibt, noch kann diese Einzigartigkeit das Ergebnis eines solitären (individuellen) Charakters sein, da alle ‹Kopien› in jeglicher Hinsicht identisch sind. Tatsächlich gibt es für digitale Werke (wie bei mechanisch [re-]produzierten Werken vor ihnen) kein Objekt erster Ordnung in der Weise, in der es eine *Sixtinische Kapelle* gibt.»[23] Genau genommen gilt das auch für die Schrift, die bei Wechsel des Trägers auch keinen Verlust erlebt und nahezu unendlich oft reproduziert werden kann. Das liegt daran, dass auch die Schrift mit diskreten Zeichen arbeitet und nicht mit analogen, aber sie ist immer an ein Sichtbarkeitsmedium gebunden. Von einem Datenobjekt kann es keine Erstausgabe geben. Und digitale Daten radikalisieren den Grenznutzen, den schon der Buchdruck für die Schrift bedeutete, so radikal, dass die Hinzufügung weiterer «Kopien» irgendwann gar keinen Aufwand und gar keine Kosten mehr verursacht, zugleich aber die Information völlig entmaterialisiert. Ich erinnere mich gut daran, wie ich 1985 (sic!) meine Diplomarbeit an der Universität Münster eingereicht habe. Für damalige Verhältnisse noch relativ ungewöhnlich, wurde die Arbeit auf einem Computer geschrieben, und die beiden abzugebenden Exemplare wurden beide auf einem Drucker (damals noch eine elektronische Schreibmaschine mit Schnittstelle zu einem Computer) ausgedruckt. An den gedruckten Exemplaren war also nicht erkennbar, welches das Original war und welches die Kopie, was laut Prüfungsordnung freilich eindeutig markiert sein musste. Auf die Nachfrage, welches der Exemplare das Original sei, habe ich der Mitarbeiterin des Prüfungsamtes gesagt, sie könne so viele Originale haben, wie sie wolle – was Irritationen doppelter Art hervorgerufen hat: einerseits wegen der Insubordination gegenüber einem strengen Amt, andererseits durch Demonstration eines Kategorienfehlers, der sogar einen stofflichen (Nicht-)Ausdruck gefunden hat. Die Störung wurde dadurch beseitigt, dass die Identität der beiden Exemplare durch zwei Stempel – *Original* und *Kopie* – in eine identitätsstiftende Differenz überführt wurde.

◆ Es kommt zu einer parallelen Konzentration von Kapital und Daten, was unter anderem dazu führt, dass auf der Ebene der größten ökonomischen und technologischen Spieler auf dem Markt mit digitalen Informationen ein radikaler Verdrängungswettbewerb stattfindet. Das ist auch technisch bedingt, weil manche Anwendung nur deshalb und nur dann funktioniert, wenn man möglichst viele Daten mit hoher innerer Varianz zur Verfügung hat. Dirk Helbing spricht angesichts solcher Konzentrationen sogar von der Gefahr eines *digitalen Faschismus* oder *digitalen Totalitarismus*,[24] weil damit das Potential radikaler Verhaltensmanipulation verbunden sei.

◆ Eine der entscheidenden Störungen des Digitalen besteht wohl darin, dass Digitaltechnik Entscheidungen trifft, die zuvor in den klassischen Institutionenarrangements natürlichen oder korporativen Personen zugerechnet wurden – und das in fast allen Sphären der Gesellschaft: die Vorbereitung juristischer Entscheidungen durch maschinenförmige Aufbereitung von Fällen, medizinische Entscheidungen etwa durch Algorithmen, die implantierte Defibrillatoren auslösen, in der Ökonomie algorithmisch automatisierte Börsenentscheidungen, moralische Entscheidungen beim autonomen Fahren in Unfallszenarien, politische Entscheidungen bei der Manipulation von Wahlkämpfen, wissenschaftliche Entscheidungen in selbstlernenden Algorithmen zur Detektierung von Strukturen in Daten oder in Texten usw. Zurechnungsfragen werden meistens im Fehlermanagement relevant. Darf aber ein Algorithmus Fehler machen?

Die vorstehende Liste ist lang und wäre noch erheblich erweiterbar. Sie soll lediglich einen Eindruck von jenen Störungen vermitteln, die auf die Routinen einer modernen Gesellschaft treffen, die mit diesen Anwendungen (noch) nicht routiniert umgehen kann. Ich werde später darauf zu sprechen kommen, dass solche Routinen spätestens dann entstehen, wenn die Dinge alltagstauglich funktionieren. Zunächst haben solche Störungen aber etwas damit zu tun, dass neben den klassischen Verdoppelungen der Welt in den bekannten Formen nun die Verdoppelung der Welt in Datenform zu neuen Formen führt.

Querliegende datenförmige Verdoppelungen

Meine Ausgangsfrage war, ob die Digitalisierung eine Katastrophe darstellt, ähnlich dem Buchdruck. Eine Ähnlichkeit besteht jedenfalls darin, dass sich die Digitalisierung, wie die Schrift und der Buchdruck, über die gesamte Gesellschaft ausbreitet, und zwar quer zu anderen Verdoppelungen zur Welt. Das macht die Störungen aus, die ich aufgelistet habe. Die Möglichkeiten der digitalen Verdoppelung liegen quer zu den klaren praktischen Grenzen der gewohnten Strukturen der Gesellschaft – und darin ähnelt die digitale Verdoppelung der Welt tatsächlich wenigstens strukturell der Verdoppelung der Welt durch den Buchdruck.

Der Buchdruck war letztlich quer zur beginnenden modernen Ordnung der Welt ein Medium, das sich der Gesellschaftsstruktur insofern entzogen hat, als seine Grenzen quer zur Logik der gesamten Differenzierung der Gesellschaft lagen. Der Buchdruck hat nicht nur das religiöse Selbstverständnis verändert, indem die Heilige Schrift in der Landessprache distribuiert werden konnte, sondern auch Gesetzestexte zur Verwendung unter die Leute gebracht, als Literatur das individuelle Leben zu elaborierteren Selbstbeschreibungen angeregt, persönliche Freundschaft und Liebe mit Formen versorgt und das Räsonieren vorgeführt, er hat politische Zurechnungsräume und Kollektivitäten ebenso erzeugt, wie er stellvertretend fürs politische

Publikum politische Differenzen kommunizierbar gemacht hat. Vor allem war das Buch ein Bildungsmedium, das bürgerliche Bildungsmedium schlechthin, nicht nur für die elaborierte Form bürgerlicher Feinsinnigkeit und Psychologisierung von Selbst- und Fremdbildern, sondern auch als Medium der Literarisierung der Gesamtbevölkerung durch Schulpflicht. Und die Schriftlichkeit des Weltzugangs hat nicht zuletzt als mediale Funktion eine gemeinsame Welt simuliert, Nationalstaatlichkeit ermöglicht usw. Diese Form der Verschriftlichung der Welt hat sich wie ein Netz über die gesellschaftlichen Praktiken gelegt und damit gewissermaßen eine zweite Realität erzeugt, die neben den unmittelbaren Praktiken stets anwesend war.

Wie digitale Daten sich quer zur Struktur der funktionalen Differenzierung der Gesellschaft legen, ohne diese freilich auszuhebeln, hat sich die gedruckte Schrift der klaren Oben-Unten-Codierung einer stratifizierten Gesellschaft teilweise entzogen. Wer lesen kann, entdeckt das Argument, und der Rang des Sprechers kann in den Hintergrund treten. Und wer durch gezielte datenförmige Infizierung von Diskursen Themen setzen kann, unterläuft den Machtkreislauf des politischen Systems.

Es lohnt sich, dies noch einmal phänomenologisch vorgeführt zu bekommen, um den Ort des Digitalen besser verstehen zu können. Ich habe meine Beschreibung der Verdoppelung der Welt nicht umsonst mit der Schrift begonnen. Unsere Gewöhnung an die Schrift zeigt sich auch darin, dass der Realitätsindex des Schriftlichen so weit geht, dass dieses Medium es ermöglicht hat, über die Verdoppelungen der Welt ein weiteres selbstreferentielles Verdoppelungsmedium zu legen. Die Schriftlichkeit unserer Kultur wird durch die ubiquitäre Verfügbarkeit der Welt in Schriftform verstärkt – bis in die Vorstellung, dass sich sogar die göttliche Offenbarung in Buchform ausdrücken muss, um sich zu plausibilisieren. Man kann sagen: Die Praktiken der klassischen modernen Gesellschaft zeichnen sich dadurch aus, dass sie überall reproduzierbare schriftliche Spuren hinterlassen, die selbst wiederum die Voraussetzung für weitere Operationen sind.

Von einer digitalen Moderne zu sprechen, meint nicht in erster Linie, dass viele der technischen Apparaturen, die wir benutzen, auf elektronischer Datenverarbeitung beruhen. Es meint vor allem, dass die Praktiken unserer Lebensformen und der gesellschaftlichen Funktionssysteme überall Datenspuren hinterlassen, die wiederum die Voraussetzung für weitere Operationen sind. Vielleicht ist das zunächst das Frappierende, das sich an der Bedeutung des Schriftlichen ästhetisch darstellen lässt. Man sieht eine Gesellschaft, in der die Gesellschaft noch einmal in Schriftform vorkommt. Sie verdoppelt sich so, dass sich in den Schriftstücken nicht einfach nur eine Kopie der Gesellschaft in einer anderen medialen und materialen Form wiederfindet. Es kommt auch nicht die Gesellschaft noch einmal in der Gesellschaft vor. Vielmehr erzeugt die Gesellschaft eine Spur ihrer selbst als Teil der Gesellschaft. Schriftliche und nichtschriftliche Formen geraten in eine Wechselwirkung. Die schriftliche Protokollierung der Gesellschaft wirkt auch auf deren Praktiken ein. Sinn kann gespeichert werden, man kann sich mit früheren Zukunftsbindungen beschäftigen, man kann zurechnen, was jemand früher gesagt hat, und es mit dem vergleichen, was er heute sagt, man kann Sinn über zeitliche und räumliche Distanzen hin bewegen, dekontextualisieren – und dies wirkt sich auf alle gesellschaftlichen Praktiken aus. Die Schrift- und Buchgesellschaft ist nicht eine Gesellschaft, die auch noch in Schrift und Büchern vorkommt, sondern eine Gesellschaft, die durch Schrift und Bücher ihre eigenen Anschlussfähigkeiten organisiert. Sie ist auch dort Schrift- und Buchgesellschaft, wo weder Bücher herumliegen noch in multiplizierten Schriftstücken gelesen wird (wobei dieser Bereich immer stärker zu schrumpfen sich anschickt).

Übrigens sollte man nicht vergessen, dass bereits die Schriftlichkeit der Selbstreflexion und der Umgang mit Schriftstücken aller Art – vom Tagebuch über den Brief und das Lesen von Bildungs- und Lebensgeschichten über die Zeitschrift/Zeitung bis hin zum pädagogisch motivierten Schreiben und Lesen – die vielleicht wirkmächtigste Form des Self-Trackings und der Selbstoptimierung waren. Wer heute Praktiken der Selbstoptimierung beklagt, sollte nicht vergessen, dass Bildung, vor allem schriftgeleitete Bildung, das zivilisatorisch vielleicht wirkmächtigste (Selbst-)Optimierungsprogramm überhaupt war, dem es gelungen ist, von Fremd- auf Selbstkontrolle umschalten zu können. Das war nur möglich, weil sich mit der Schriftlichkeit eine Verdoppelung der Welt in Form ihrer Deutung, ihrer Interpretation, ihrer normativen Präskription, ihrer Scheidung von richtig und falsch, vor allem aber in der autoritativen Rede zeigte. Und zugleich ermöglichte sie Kritik. Zum Selbstoptimierungsprogramm jeglicher Natur – das Selbst waren nicht nur Personen, sondern auch Abläufe, Prozesse, Praktiken, Milieus, politische Verbände, sogar religiöses Erleben und ästhetischer Feinsinn – gehörte auch die Möglichkeit der Kritik, des Infragestellens von Bestehendem und damit erst die individuelle Zurechnung auf «Subjekte», denen man zumuten konnte und musste, an sich zu arbeiten. Um es in der Diktion der heutigen Kritik an «Subjektivierungsprozessen» zu formulieren: *Die bürgerliche Buchwelt mit ihren Selbstvervollkommungs-, Selbstkritik- und Reflexionspraktiken war eine neoliberale Welt der Selbstoptimierung avant la lettre.*

Diese ironische Beschreibung macht darauf aufmerksam, wie sehr die Praktiken der sozialen Existenz des Menschen von der Art und Weise abhängig sind, wie diese Welt sich zur eigenen Informationsverarbeitung verdoppelt. Sie sollte auch deutlich machen, wie geradezu unaufgeklärt die Konzentration der Kritik am *neoliberalen Regime der Selbstoptimierung* daherkommt, deren normative Orientierung völlig verkennt, dass es sich dabei letztlich noch um die Form der Selbstvervollkommnung der alten Buchwelt handelt. Daten verdoppeln die Welt anders, unsichtbarer, weniger lesbar, weniger systematisch, mit weniger hermeneutischen Anleitungen. Der interne Zusammenhang zwischen funktionaler Differenzierung der Gesellschaft und Individualisierung im Medium schriftlicher Reflexionsanlässe ist letztlich die klassische Kontextur der bürgerlichen Gesellschaft. Dieser *hermeneutische* Zusammenhang scheint mit der begriffenen Digitalität der Gesellschaft zu verschwinden. In der Buchwelt war es möglich, quer zur funktionalen Differenzierung liegende Formen moralischer, gemeinschaftlicher, politischer und emanzipatorischer

Beschreibungen anzufertigen, die allesamt unrealistisch waren, sich aber durch Literalität stabilisieren konnten. Aber wahrscheinlich werden uns Strukturen erst in der Stunde ihres Verfalls und ihres Endes ansichtig, was in diesem Zusammenhang bedeutet, dass die soziologische Kritik an der Datenwelt und an den Optimierungspraktiken von Tracking jeglicher Natur noch wie eine Kritik der Buchwelt aussieht. Die digitale Verdoppelung der Welt kommt mit weniger Hermeneutik aus, sie ist praktischer, ästhetischer, punktueller, auch verweisungsloser. In der Buchwelt gab es einen ubiquitären Motivverdacht, weil man sich fragen musste, warum dies nun so und nicht anders geschrieben stand. Der Weg vom (schriftlich überlieferten) Willen Gottes zum Motiv des Autors ist kürzer, als es scheint.

Die Selbstpraktiken der Digitalwelt kommen ganz ohne Motive aus, ganz ohne große Erklärungen. Sie genügen sich, indem sie ästhetisch überzeugen und sich praktisch bewähren. Das liegt übrigens auch daran, dass kaum Anbieter solcher Praktiken sich für die Praktiken selbst interessieren, sondern nur für die Spuren, die sie hinterlassen. Es geht nur darum, dass die User genügend Daten hinterlassen, damit man ihnen neue Praktiken anbieten kann. Die Grenzenlosigkeit des Datenbedarfs erzeugt exakt diese Form der Verdoppelung der Welt und der Herstellung von Mustern, die dann aufgefunden werden können. Wenn man das noch am Hermeneutikbedarf der Buchwelt misst, kommt man zu den üblichen Diagnosen des *quantified self* – auch weil das, was die Datenwelt als Datenwelt ist, gar nicht mitbegriffen werden muss, um solcherart Diagnosen zu stellen.

Florian Süssenguth hat in einer sehr lehrreichen Studie die Funktion von Digitalisierungssemantiken untersucht, also nicht die Folgen der Digitalisierung selbst, sondern die Art und Weise, wie über Digitalisierung räsoniert wird, und zwar im Hinblick auf die Selbstbeschreibung von Organisationen in Politik, Wirtschaft und Medien. Er schreibt, dass «Semantiken der Digitalisierung eine Erzählung der Auflösung bestehender Strukturen» anfertigen, «des disruptiven Wandels und des Kontrollverlust (sic!) durch digitale Medien [...]. Blickt man aber auf die Effekte der verschiedenen Digitalisierungssemantiken in Organisationen, zeigt sich ein etwas anderes Bild. In der Tat verflüssigen die Digitalisierungssemantiken bestehende Erwartungsstrukturen und machen sichtbar, dass eingeschliffene organisationale Praktiken und Problemlösungen im Horizont der Verbreitung digitaler Medien zu unintendierten Konsequenzen führen können. Sie machen aber an diesem Punkt nicht halt, sondern eröffnen Organisationen die Möglichkeit der Selbstbeobachtung und der Transformation der unbestimmten Erfahrung einer digitalen Irritation ihrer Praxis in Entscheidungsfragen und Bewertungskriterien.»[25] Ähnlich hatten die Funktionssysteme auch auf den Buchdruck reagiert. Man stieß einerseits darauf, dass der Buchdruck eben auch Kontrollverluste bedeutete. Niklas Luhmann schreibt: «Der Buchdruck forciert die Entwicklung einer Zusatztechnologie, nämlich des Lesenkönnens. Dieses Können lässt sich nicht mehr einschränken auf die Themen bestimmter Funktionssysteme. Wer die Bibel lesen kann, kann auch Pamphlete der religiösen Polemik, Zeitungen, Romane lesen.»[26] Das bedeutete aber nicht unbedingt, einer völligen Unbestimmtheit ausgesetzt zu sein, sondern es entstanden neue Routinen, mit der medialen Form Buch umzugehen, und zwar in allen Funktionssystemen, in der Religion, in der Politik, im Recht (Zensur!). Die dramatisierenden Reaktionen disruptiven Wandels haben dann Freiheitsgrade freigesetzt, eher kontinuierliche Lösungen zu finden, die nun freilich mit der merkwürdigen Verdoppelung der Welt durch Gedrucktes umzugehen hatten.

Dies ist nun allzu schematisch dargestellt, aber es kann dabei helfen, den Blick darauf zu schärfen, von was wir sprechen, wenn wir die «Daten» adressieren, die die moderne Gesellschaft zu einer digitalisierten Gesellschaft machen.

Die Spur der Spur und diskrete Verdoppelungen

Der entscheidende Punkt ist dies: *Die moderne digitale Gesellschaft verdoppelt sich selbst noch einmal in Form von Daten, die permanent anfallen und die quer zu den geübten Praktiken der Gesellschaft liegen.* Analog zu den Folgen des Buchdrucks gilt auch für die Digitalisierung, dass mit der Etablierung von Computern als Rechen- und Rekombinationsmaschinen, der Entstehung des Internets als dezentraler Vernetzung von Computern sowie mit der Umstellung sozialer und technischer Steuerungsformen auf datengestützte Tools ein die Gesellschaft nun in Datenform noch einmal verdoppelndes Geflecht entsteht, das wie die vervielfältigte Schrift die Welt nicht einfach abbildet, sondern in ihr als eine Verdoppelung vorkommt. Noch mehr als durch den Buchdruck erzeugen die anfallenden Daten eine selbstreferentielle Struktur rekombinierbarer Formen, die in der Lage sind, die Gesellschaft so zu verdoppeln, dass es sich auf die Sinnverarbeitungsregeln der Gesellschaft auswirkt.

Die Verdoppelungsfunktion ist keine Abbildung von etwas, sondern eine Repräsentationsform ohne Original, die freilich in ihrer Struktur die Gesellschaft als Spur enthält, und zwar als eine verschobene Spur. Wie im vorigen Kapitel dargestellt, enthalten Verdoppelungen, damit eben auch Datensätze, das, worauf sie referieren, nur in der Verschiebung der eigenen Repräsentation. Ausführlich heißt es dazu bei Derrida: «Da die Spur kein Anwesen ist, sondern das Simulacrum eines Anwesens, das sich auflöst, verschiebt, verweist, eigentlich nicht stattfindet, gehört das Erlöschen zu ihrer Struktur. [...] Paradox an einer solchen Struktur ist, in der Sprache der Metaphysik, jene Umkehrung des metaphysischen Begriffs, die den folgenden Effekt produziert: das Anwesende wird zum Zeichen des Zeichens, zur Spur der Spur. Es ist nicht mehr das, worauf jede Verweisung in letzter Instanz verweist. Es wird zu einer Funktion in einer verallgemeinerten Verweisungsstruktur. Es ist Spur und Spur des Erlöschens der Spur.»[27]

Datensätze sind kein Anwesen, sondern nur Spur der Spur, Zeichen des Zeichens – und gerade deshalb so wirkmächtig, so selbstreferentiell, so eigensinnig. Man missinterpretiert diese Formulierungen, wenn man das «Simulacrum eines Anwesens» mit Wirkungslosigkeit, Instabilität oder gar Bedeutungslosigkeit verwechselt. Derridas poststrukturalistische Perspektive ist ja gerade in der Lage, die *Stabilisierung* solch freitragender Zeichengebilde auf den Begriff zu bringen – und genau das vollführt die die Gesellschaft verdoppelnde Datenwelt, indem sie nun noch über die Schrift hinaus das Simulacrum eines Anwesens bezeichnet. Daten und Datensätze sind Zeichenkolonnen, deren ästhetische Form es erlaubt, das, was sie verdoppeln, in eine völlig andere, verarbeitbare Form zu bringen.

Wenn es stimmt, dass die Digitalität der Moderne darin besteht, dass sich ein datenförmiges Netz über die gesamte Gesellschaft spannt, dann wäre genauer zu untersuchen, wie dieses Netz beschaffen ist. Zunächst ist das Datennetz tatsächlich ein *Datennetz*. Es lohnt sich, die Zeichenstruktur der Daten in den Blick zu nehmen, um seine Funktion verstehen zu können. Schon die Schrift besteht aus diskreten Zeichen. Mathematisch würde man die Schrift der diskreten Mathematik und nicht der Analysis zurechnen. Während etwa Funktionen in der Analysis Stetigkeiten und Kontinuitäten berechnen, bezeichnen diskrete Zeichen abzählbare, kombinierbare und vor allem kodierbare Einheiten.[28] In einem Alphabet ist die Differenz zwischen A und B nicht kontinuierlich, es ist kein Übergang, kein Zeichen ist mehr A als B oder mehr B als A. Der Ausdruck diskret stammt vom lateinischen Verb *discernere* und heißt *unterscheiden, teilen*. Diskrete Zustände sind also unterschiedsfest und ermöglichen dadurch eine freie Rekombinierbarkeit. Sie können aus ihren Kontexten gelöst werden und bleiben dann immer noch, was sie sind. Ein A ist in meinem Vornamen *Armin* identisch mit dem A in dem Wort *Abend*. Das ermöglicht es alphabetischen Schriften wie der lateinischen, der kyrillischen, der arabischen oder der griechischen Schrift, mit wenigen Zeichen viele Kombinationsmöglichkeiten auszubilden, was Silbenschriften weniger und logographischen Schriften wie etwa der chinesischen gar nicht möglich ist.

Schriften (und Zahlen) nutzen diskrete Zustände/Zeichen und verweisen damit besonders auf die Differenz zwischen Signifikant und Signifikat. Sie demonstrieren schon ästhetisch, dass sie ein Eigenleben erzeugen, das weit von der repräsentierten Praxis entfernt ist, also diese nicht nur verdoppeln, sondern auch beeinflussen. Digitale Daten sind die diskretesten Zeichen überhaupt, weil sie die reduktionistischste Form verwenden, die vorstellbar ist: im Hinblick auf ihre Darstellbarkeit als elektronisches Signal und auf ihre Anzahl. Schon bei

Aristoteles, am Beginn des zwölften Kapitels des vierten Buchs der Physik, heißt es, dass die 2 die kleinste Zahl sei.[29] Die eine Zahl muss immer die andere Zahl einer anderen Zahl sein, sonst kann man nicht zählen, insofern ist die 1 keine Zahl, wenn es keine 2 gibt. Im Falle digitaler Daten stellt es sich noch elementarer dar. Die kleinste Elementareinheit des Digitalen ist nicht ein Zeichen, sondern die Binarität zweier Zeichen, nämlich die beiden Ziffern des binären Zählsystems, 0 und 1. Der Binarität verdankt diese Einheit ihren Namen. *Bit* leitet sich von *Binary Digit* ab und besteht material nur aus der Differenz zweier elektrischer Spannungen, die tatsächlich nur eine Binarität ausdrücken können, *Ja/Nein* oder *schwarz/weiß* oder *an/aus*, wobei die inhaltlichen Zuschreibungen, welche der drei vorgeschlagenen Unterscheidungen denn nun *gemeint* sind, schon nicht mehr trivial sind.

Der Vorteil der digitalen Form besteht darin, dass die technischen Voraussetzungen dafür immer einfacher werden – wohlgemerkt: einfacher, voraussetzungsloser als beim diskreten Zeichenmedium Schrift oder gar bei gesprochener Sprache. Ich habe im letzten Kapitel auf die Kommunikationstheorie von Shannon und Weaver hingewiesen, in der es darum ging, welche Bandbreite und Tiefenschärfe Kommunikationsprozesse benötigen und wie das Verhältnis von Sender und Empfänger beschaffen sein muss, damit Kommunikation gelingen kann. Die Voraussetzungen für gelingende Kommunikation (und die Voraussetzungen ihrer Technisierbarkeit) werden durch die Digitalisierung in binären Codierungen zugleich sowohl einfacher als auch komplexitätsfähiger. Sie werden einfacher, weil die Differenz von Spannungszuständen die vielleicht trivialste Möglichkeit ist, eine Differenz zu markieren; sie werden komplexitätsfähiger, weil die Einfachheit der Grundlage die Rekombinationsmöglichkeit geradezu ins Unendliche steigert. Vergleichen kann man das mit der Übersetzung des Alphabets in Morsezeichen, die einfacher zu senden sind als Buchstaben, für die man 26 unterschiedliche Zeichen bräuchte. Diese werden aufgelöst und binär dargestellt. Der Binärcode ist also die Bedingung für die Einfachheit – sowohl der technischen Verarbeitung als auch der technischen Verbreitung der Daten.

Ihre einfache technische Verarbeitung erlaubt unendlich viele

Rekombinationsmöglichkeiten, während die nur geringe Signalstärke, die zu ihrer Übertragung benötigt wird, und die geradezu
simple Speichermöglichkeit die technische Verbreitung digitaler
Daten immens erleichtern. Man kann sich das am Unterschied ge-
speicherter Musik auf einer analogen Schallplatte und einer digitalen Audiodatei gut verdeutlichen. Die analoge Schallplatte überträgt die ganze Komplexität und Einzigartigkeit eines analogen
Signals auf einen zunächst elektrischen, dann physischen Datenträger. Die gespeicherten Daten entsprechen dann dem Original, sie
sind eine Verdoppelung, deren Differenz letztlich nur durch die
Tiefenschärfe, Bandbreite und Genauigkeit der Geräte (Mikrophon,
Tonband, Prägemaschine, Material der Schallplatte, Abnehmer auf
dem Plattenspieler, Verstärkeranlage, Lautsprecher) zum Ausdruck
kommt. Die gespeicherten binären Daten einer digitalen Datei dagegen haben die Ästhetik des «Originals» verloren. Sie sind elektronische Codierungen, deren Gestalt sich von anderen digitalen Daten
nicht unterscheidet. Lediglich die Kombination und Struktur der
Daten unterscheidet sich und ist von einer bestimmten internen
Ordnung des Datensatzes abhängig.

Um komplexere Informationen wie etwa eine Audio- oder Video-
datei zu erzeugen, bedarf es natürlich mehrerer Bits, die freilich
dadurch ihre binäre Struktur nicht verlieren. Gebräuchlich ist als
nächstgrößere Einheit das *Byte*, das aus 8 Bits besteht, womit aus der
Kombination von Bits 256 Zustände markiert werden können, die
wiederum durch Kombination beliebig erweiterbar sind. Die Audiodatei ist dann also entsprechend komplex und gewinnt schnell an
Größe, bleibt aber ein *Text*, der aus diskreten Zeichen in binärer
Struktur besteht. Datensätze selbst gewinnen sehr schnell an unübersichtlicher Größe, vor allem wenn sie komplexe Signale verarbeiten sollen, welcher Art diese Signale auch immer sind. Das ist
ohnehin eine der interessantesten *materiellen* Entwicklungen der
Digitalisierung. Einerseits werden Informationen geradezu entmaterialisiert, andererseits steigen die Dateigrößen.

Spuren, Muster, Netze

Die Einfachheit der Daten ist der Schlüssel für ihre Wirksamkeit. Je einfacher die Grundcodierung der Daten ist, desto größer sind die Rekombinationsmöglichkeiten. Ich habe bereits im vorigen Kapitel auf die Unterscheidung von Medium und Form von Fritz Heider hingewiesen.[30] Heider hat, noch ganz auf die menschliche Wahrnehmung bezogen, darauf aufmerksam gemacht, dass jegliche Wahrnehmung von Trägermedien abhängig ist, die nicht mit wahrgenommen werden – man sieht Dinge, aber nicht das Licht, man hört Töne, aber nicht die Luft. Was man also sehen kann, hängt davon ab, was man nicht sehen kann.[31] Medien sind demnach unhintergehbar und unsichtbar, strikt gekoppelt und eigensinnig auf sich selbst bezogen, man kann nicht im Medium der Luft sehen oder im Medium des Lichts hören. Dennoch können Dinge, wie Heider sagt, oder Formen, wie man später sagen wird, gerade aufgrund der besonderen Strukturiertheit und des Eigensinns ihres medialen Substrats geradezu unendlich viele Ausprägungen annehmen. Medien sind zwar durchaus an Voraussetzungen gebunden, aber stehen dann als konstituierende Größe nicht weiter zur Disposition. Die Luft ist für die Töne ebenso indifferent wie das Licht für das, was man zu sehen bekommt. Die alleinige Begrenzung besteht in der Bandbreite des Mediums: Schall etwa bewegt sich im Wasser anders fort als außerhalb des Wassers, und für die menschliche Wahrnehmung ist das Medium Licht nur in dem für unseren Wahrnehmungsapparat verfügbaren Frequenzbereich brauchbar.

Über strikte Wahrnehmungsmedien wie Luft oder Licht hinaus lässt sich die Medien/Form-Unterscheidung auch auf *digitale Medien* übertragen. Datensätze – wofür man sie auch immer gebrauchen mag – sind strikt gekoppelte Einheiten, deren unhintergehbarer Charakter darin liegt, dass sie nichts anderes kennen können als die interne Differenz von Spannungszuständen: dass sie also nur als *Bits* und *Bytes* vorkommen. Diese geradezu simple Voraussetzungslage ist der Boden für den Formenreichtum, den die Digitalwelt ermöglicht. Die binäre Medialität ist die Voraussetzung dafür, dass buchstäblich alles digitalisierungsfähig ist.[32] Und es ist ein großes Missverständnis, unter der Digitalisierung schlicht nur die *Zählbarkeit* und die *Quantifizierung des Sozialen* zu verstehen.[33] So spricht Steffen Mau mit der Attitüde des warnenden Sozialwissenschaftlers in einem materialreichen Buch von einer Phase, in welcher «der Modus des Kalkulativen in einer Art Landnahmeprozess die gesamte soziale Ordnung zu erfassen scheint. Ein wesentlicher Antriebsmotor ist dabei der Ausbau der Technologien und Infrastrukturen zur Vermessung der Gesellschaft.»[34]

Diese Diagnose behandelt freilich eher Sekundärfolgen als die Sache selbst: Sekundärfolgen technischer Möglichkeiten, die letztlich aufgrund der Verdoppelung der Welt durch die Daten über Informationen verfügen, die vor keiner Möglichkeit Halt machen. Womöglich sind diese elektronischen Formen der Selbst- und Fremdbeobachtung nur die digitalen Formen jener Reflexivität, die moderne Gesellschaften von individualisierten Lebensformen stets verlangt haben. Ich werde weiter unten, im achten Kapitel, darauf zurückkommen, wenn ich über die Frage der Privatheit nachdenke, die sich in der digitalen Gesellschaft ebenso verändert, wie sie auf Kontinuitäten verweist. An dieser Stelle geht es zunächst darum, die Verdoppelungsfunktion der Daten genauer zu bestimmen.

Wenn wir davon ausgehen, dass die Verdoppelung eine Realität eigener Art erzeugt, sind Datensätze nichts anderes als in sich selbstreferentielle Strukturen, deren Struktur gewissermaßen durch Sinneseindrücke entsteht. Ich benutze absichtlich die Metapher der Sinne, denn die Datensätze der digitalisierten Gesellschaft bestehen aus Daten, die darauf zurückgehen, dass gesellschaftliche Praktiken Spuren hinterlassen. Bruno Latour hat den Begriff der «digitalen Spur»[35] verwendet, um damit zu zeigen, dass fast nichts keine digitalen Spuren hinterlässt.[36] Als Käufer mit elektronischen Zahlungsmitteln jeglicher Art, vom Lebensmittel bis zum Flugticket, vom U-Bahn-Ticket bis zur Hotelrechnung, mit einem Automobil mit maschinenlesbarem Kennzeichen (es gibt keine anderen mehr), als Besitzer eines Automobils ohnehin, mit dem eigenen Gesicht auf Flughäfen oder in großen Menschenmengen, mit meinem Käuferprofil auf Internetplattformen, mit meinem Reisepass bei der Einreise in andere Staaten (soweit sie nicht der EU angehören), als Patient bei meiner Ärztin, und zwar sowohl in der Patientendatei als auch in Dateien über meine Laborwerte und Untersuchungsergebnisse, als Teilnehmer in sozialen Medien, als Steuerzahler beim Finanzamt, als Nutzer eines Smartphones, als eingeschriebener Schüler und Student, sogar als verbeamteter Professor – die Liste lässt sich beliebig verlängern, weil sie tendenziell *alle* alltäglichen Praktiken umfasst. Solche Daten fallen schlicht an, und manche dieser Daten werden meiner selbst ansichtig. Mein Smartphone misst zum Beispiel die Zahl meiner Schritte, es klärt mich darüber auf, ob ich diese Woche besonders lange auf das Display geschaut habe, es erinnert mich an meine Termine, auch an Termine, die ich gar nicht selbst abgespeichert habe, sondern meine Büroleiterin, die über eine Cloud Zugang zu meinem Kalender hat und Termine hinzufügen oder tilgen kann. Ich benutze diese Daten im Alltag permanent, kann etwa auf einer App sehen, ob die U-Bahn fährt, wie viel Verspätung der Zug hat oder ob ich auf der Warteliste des Fluges nach vorne rücke. Das Navigationssystem in meinem Automobil schickt mich auf eine andere Route, wenn es Daten über ein hohes Verkehrsaufkommen empfängt, und wenn ich in fremden Städten zu Fuß unterwegs bin, lasse ich mich von meinem Smartphone führen. Familienkommunikation nutzt vor allem Chat-Software, und es fallen dann sogar Informationen an, die nicht intendiert mitgeteilt wurden, etwa ob die Nachricht gelesen wurde oder wann mein Adressat oder meine Adressatin das letzte Mal online war.

Diese Illustrationen, die man nicht tiefenschärfer beschreiben muss, weil wir sie alle kennen, geben einen ziemlich klaren Eindruck davon, dass unser Alltag tatsächlich durch ein Netz von Daten und ihre Verknüpfung geteilt wird. Die Welt wird durch eine Realitätsebene verdoppelt, die nicht einfach diese Welt abbildet, sondern mit den Spuren umgeht, die an Schnittstellen zwischen Datensätzen und ihrer Umwelt anfallen – durch Sensoriken aller Art, aber auch durch die Kombinatorik von Datensätzen. In solchen Datensätzen werden jene Muster errechnet, mit denen sich etwas anfangen lässt.

Ich habe im ersten Kapitel auf die *dritte Entdeckung der Gesellschaft* hingewiesen und meinte damit, dass die Digitalisierung gerade die Gesellschaftlichkeit der Gesellschaft in Anspruch nimmt. Sie ist ihr Material. Digitale Technik rechnet mit exakt den Regelmäßigkeiten und exakt den internen Differenzierungen und Abweichungen, die das ausmachen, was seit dem 18./19. Jahrhundert mit dem Begriff der Gesellschaft und des Sozialen belegt worden ist. Genau das lässt sich nun präziser bestimmen. Diese Regelmäßigkeiten sind nicht einfach da und müssen dann «berechnet» werden. Die digitalen Medien sind vielmehr in der Lage, auf gerade die Formen aufmerksam zu machen, die sie in sich selbst als Spur dieser Gesellschaft vorfinden. Der sensorische Scan gesellschaftlicher Praxis und die Sammlung von Spuren datenabfallender Praktiken erzeugen Datensätze, mit denen man auf Muster stößt, mit denen dann all das getan werden kann, was als digitale gesellschaftliche Praxis möglich wird – von der Navigationsunterstützung von Wegen über die marketingstrategische Ansprache von Personen bis hin zur Manipulation von Wahlkämpfen. *Die Digitalisierung entdeckt die Gesellschaft in sich selbst – und zwar als Einschränkung von Kontingenz, als selektive Form, als sich wiederholende Rekombinatorik, als Entbergung von Mustern, zugleich als Erzeugung von Mustern.*

Auch wenn die Datenpraktiken szientoid wirken – sie haben letztlich keine Erkenntnisziele, sondern praktische Ziele des Funktionierens. Sie testen letztlich aus, was geht. Warum sind personenbezogene Daten Geld wert? Nur weil sie das Spielmaterial für exakt jene Suche nach Mustern sind, die die Gesellschaft nach ihren eigenen Verarbeitungsregeln in den Blick nimmt: mit ökonomischen Interessen oder unter rechtlichen Gesichtspunkten, mit politischen Machtinteressen oder als medizinische Diagnostik, mit dem Interesse der Offenlegung bestimmter Muster in sportlichen Abläufen bis hin zur Frage des pädagogischen Einsatzes der Messung von Reaktionsgeschwindigkeiten oder Fehlertypen. Auch diese Liste könnte beliebig lang werden. Aber nicht ihre Länge ist die entscheidende Information, sondern der Hinweis darauf, dass die Verdoppelung der Welt durch die Daten auf ihre Verdoppelung durch die Verarbeitungsregeln der gesellschaftlichen Funktionssysteme trifft.

Der systematische Ort der digitalen Daten ist dem Ort der verviel-fältigten Schrift, der Buchdruckwelt, also sehr ähnlich. Wie der Buchdruck sich quer zu den gesellschaftlichen Funktionen verhält, gilt das auch für digitale Daten. Und wie sich Geschriebenes nicht an die Grenzen der Funktionssysteme hält, sondern diese Grenzen ge-radezu unterminiert und stört, gilt das auch für digitale Daten. Man denke etwa an die Bedeutung literarischer Texte für das politische Selbstverständnis von Menschen oder für die familiäre Praxis der Liebe oder an die schriftlich-mediale Reflexion für den Konsumstil etc. Vervielfältigte Schrift stört – und ermöglicht erst jene Selbst-bezüglichkeit einer Gesellschaft, die als funktional differenzierte Ge-sellschaft vor allem auf Eigenzustände reagiert.

Dasselbe lässt sich am Umgang mit digitalen Daten beobachten: So weisen etwa Peter Struijs und seine Mitarbeiter darauf hin, wie sehr Big Data, die durch unterschiedliche gesellschaftliche Prak-tiken anfällt, sich auf die amtliche Statistik auswirkt.[37] Andere Bei-spiele wären die Aushebelung von datenschutzrechtlichen Katego-rien durch die Weiterverwendung von Daten in diversen Kontexten[38], aber auch neue Formen der Informationsbeschaffung, der Diversi-fizierung von Medienangeboten, der medizinischen Überwachung oder des Vergleichs von Preisen. Als Störungen werden all diese In-terventionen und Querlagen nur deshalb erlebt, weil sie die institu-tionalisierten Routinen jener stabilen Verdoppelungen rechtlicher, ökonomischer, politischer, wissenschaftlicher oder medialer Natur herausfordern.

Ich resümiere und bereite den nächsten Schritt vor: Auf der Suche nach dem Bezugsproblem der Digitalisierung der Gesellschaft konnte als erster Schritt herausgearbeitet werden, dass die Funktion der Digi-talisierung in der Komplexität der Gesellschaft selbst begründet liegt. Die moderne Gesellschaft muss mit hoher Komplexität in der Weise umgehen, als sie durch ihre funktionale Differenzierung gleichzeitig in unterschiedlicher Weise auf denselben Sachverhalt zugreift und in reflexiver Einstellung der Tatsache ansichtig werden kann, dass sich der Gegenstand der Betrachtung der Perspektive ver-dankt. Auch wenn es «Akteure», «Personen», «Leute» oft nicht wissen oder wahrhaben wollen: «Die Gesellschaft» in Form ihrer eigenen Praxis «weiß», dass sie gleichzeitig mit unterschiedlichen Mitteln auf die Welt zugreift. Sie «weiß» es, indem sie es «praktisch tut» und ihre eigenen Anschlussfähigkeiten darauf ausrichtet. In der digitalen Gesellschaft werden diese Anschlussfähigkeiten und Routinen durch die digitale Informationsverarbeitung der Gesellschaft nicht zweitcodiert, aber doch empirisch verändert. Es macht politisch einen Unterschied, es macht ökonomisch einen Unterschied, es wirkt sich auf Rechtsroutinen aus, es hat enorme Auswirkungen auf die mediale Kommunikation, es eröffnet neue politische Machtoptionen und stört andererseits bekannte Machtformen usw. Die digitale Verdoppelung der Welt arbeitet an der Komplexität der Welt, indem sie sich auf Muster kapriziert, mit denen sie etwas anfangen kann – was auch immer es sei.

Mit meinem theoretischen Vorschlag, die Figur der *Verdoppelung* zu verwenden, steht also ein Instrumentarium zur Verfügung, das es vermeiden kann, die Digitalisierung und die Datenwelt als etwas *ganz Anderes* zu betrachten als bisherige soziale Praktiken. Auch die Digitalisierung ist folglich eine Praktik der Verdoppelung – mit allen Restriktionen, Paradoxien und selbsttragenden Formen, auf die ich wiederholt hingewiesen habe. Big Data erzeugt Möglichkeiten, auf dem Boden eines geradezu simplen medialen Substrats (*Bits* und *Bytes*) eine reichhaltige Kombinatorik von Elementen zu entwickeln, mit denen die Routinen der Gesellschaft in Anspruch genommen werden können – und darauf reagiert die Gesellschaft dann ihrerseits wieder mit den ihr eigenen Strukturen.

Meine These, dass die Digitalisierung deshalb so erfolgreich an die Gesellschaft andocken kann, weil sie sich auf die komplexe Struktur der Gesellschaft selbst bezieht, sollte nun deutlicher geworden sein. Sie entbirgt jene Muster, die mit bloßem Auge nicht sichtbar sind, die gleichursprünglich mit ihrer digitalen Vermessung «entstehen» und in der Struktur einer Gesellschaft gründen, deren Ordnung kaum übersichtlich scheint – und doch von einer erheblichen Ordnungsleistung geprägt ist, die erst ihre Vielfältigkeit und ihren Kombinationsreichtum ermöglicht. Im nächsten Kapitel werde ich mich deshalb der These widmen, dass die Ordnungsleistung der modernen Gesellschaft selbst am besten mit Hilfe digitalkompatibler Begriffe zu erklären ist. Das wird mich nicht einfach zu einer bequemen Äquivokation führen, sondern in einem erneuten Schritt die Digitalität der Gesellschaft *selbst* in den Blick nehmen lassen. Dabei wird die Technizität des Digitalen eine besondere Rolle spielen.

4

Einfalt und Vielfalt

Dass die Ordnungsleistung der modernen Gesellschaft selbst am besten mit Hilfe digitalkompatibler Begriffe zu erklären sei, habe ich am Ende des letzten Kapitels behauptet. Und genau das werde ich nun zeigen. Meine These lautet: *Das Verhältnis von Codierung und Programmierung in der digitalen Datenwelt ähnelt dem Verhältnis von Codierung und Programmierung auf der Ebene der Differenzierung der modernen Gesellschaft in Funktionssysteme.* Es ist eine Strukturähnlichkeit, die etwas mit der Einfalt der Programmierung von codierten Funktionssystemen bzw. von digitaler, binär codierter Technik auf der einen Seite und der nahezu grenzenlosen Vielfalt der darauf basierenden möglichen Programmierungen auf der anderen Seite zu tun hat. Gesellschaftliche Funktionssysteme sind auf so einfache Medien wie das Geld in der Ökonomie, die Macht in der Politik, Glaube in der Religion oder Wahrheit in der Wissenschaft gegründet, die nichts weiter qualifizieren als die Bedingungen für Anschlüsse. Auf Geldzahlungen wird mit Geldzahlungen reagiert, Machtansprüche müssen sich gegen Macht durchsetzen, Glaubensfragen zielen auf Glaubensaussagen und Wahrheitsfragen zielen auf andere, womöglich falsche Wahrheiten. Diese Möglichkeiten basieren auf der Einfachheit des Mediums und des Codes – aber gerade die Einfachheit ermöglicht es, die für die Moderne so frappierenden Formen der Vielfalt und des nahezu grenzenlosen Formenreichtums in unterschiedlichsten kulturellen und sonstigen Ausprägungen zu entwickeln. Die Moderne ist zugleich in einer geradezu brutalen Weise simpel und in einer geradezu unbegreiflichen Weise möglichkeitsoffen. Genau das gilt auch für die Digitaltechnik. Was das spezifisch Technische daran ist, werde ich später behandeln, aber das Digitalmedium ist von stupender Einfachheit und nicht trotzdem, sondern gerade *deshalb* auf alles anwendbar. Wenn es einen deutlichen Hinweis darauf gibt, dass die Struktur der Gesellschaft und die der Digitaltechnik mindestens verwandt sind, dann in dem hier angedeuteten Sinne.

In der Einleitung zu diesem Buch habe ich die Bemerkung gemacht, die *Gesellschaftsvergessenheit* der Rede über Gesellschaft laufe oft parallel zu einer *Digitalisierungsvergessenheit* der Rede über die Digitalisierung. Diese doppelte Vergessenheit möchte ich hier überwinden, indem ich gerade in der Gesellschaftsstruktur der modernen Gesellschaft eine Logik freilege, die der Logik und damit der Optionsvielfalt der Digitaltechnik entspricht. Um das zu leisten, werde ich zunächst die Digitalität des Digitalen genauer untersuchen, um die daraus gewonnenen Erkenntnisse dann auf die Digitalität der Gesellschaft anzuwenden.

Zunächst gilt: *Die Einfachheit der Daten ist der Schlüssel für ihre Wirksamkeit.* Ihre Einfalt ist der Boden ihrer Vielfalt. Gemeint ist die *technische* Einfachheit der Daten: Sie sind nicht nur in ihrer Struktur sehr simpel gebaut, nämlich als Differenzmaschinen zwischen Spannungszuständen, sondern können auch technisch sehr einfach realisiert werden. Genau genommen sind die sehr komplexen Computermaschinen unserer Zeit gerade deswegen so komplex oder zu so viel Komplexitätsverarbeitung in der Lage, weil die technische Realisierung selbst nur wenig voraussetzungsreich ist und auf relativ freier Kombinierbarkeit beruht. Die Mindestvoraussetzungen sind eine CPU, also eine zentrale Recheneinheit, sowie ein RAM- und zumeist mindestens ein ROM-Speicher sowie eine kontinuierliche Stromversorgung. Selbstverständlich variieren RAM- und ROM-Speicher im Hinblick auf physikalisches Medium sowie Größe und Geschwindigkeit, und die CPU, also die zentrale Rechnereinheit als Herzstück des Computers, ist für die Leistungsfähigkeit eines Rechners die entscheidende Einheit.

Die immer kleiner und immer schneller werdenden Chips bestehen aus Schaltkreisen, die durch interne Ein-/Ausschalter (Transistoren) logische Operationen ermöglichen, die je nach Taktung immer schneller werden. Die beiden Rechner, auf denen ich dieses Buch hauptsächlich geschrieben habe, verfügen über einen 3,8 GHz-Prozessor (stationärer Rechner auf meinem häuslichen Schreibtisch) oder einen 2,3 GHz-Prozessor (mobiles Tablet mit externer Tastatur überall, wo ich unterwegs bin). Der eine kann in der Sekunde 3.800.000.000 Operationen, der andere 2.300.000.000 Operationen ausführen. Die Leistung von Computerchips verdoppelt sich etwa alle 18 bis 20 Monate, was den Einsatz noch komplexerer Software und die Verarbeitung noch größerer Datenmengen erlaubt. Der schnellste Computer der Welt war im Sommer 2018 der Computer *Summit* des *Oak Ridge National Laboratory* in den USA, bestehend aus 4608 POWER-Servern von IBM mit einer theoretischen Leistung von 200 PFLOPS.[1] Er wird in der Klimaforschung, zur Erdbebenvorhersage und in der Astrophysik, in der Hirnforschung und in der Quantenchemie sowie in der Forschung zu Künstlicher Intelligenz eingesetzt.[2]

Medium und Form

Die binären Operationen des An- und Ausschaltens von Stromkreisen bzw. Gattern bilden das *Medium* der Computertechnik; Software und durch Software sowie Schnittstellen bereitgestellte Oberflächen und Outputs sind ihre *Form*. Das Medium ist denkbar einfach gebaut, simpel vom Prinzip her, strikt gekoppelt und letztlich invariabel und hochspezifisch. Es gibt keinen Zwischenschritt zwischen 0 und 1 und keine Alternative zu 0 oder 1. Die Zustände des Apparates sind diskrete Zustände. Ihre Medialität ist, wenn man Aristoteles' Diktum von der 2 als der kleinsten Zahl im Ohr hat, die wohl einfachste Variante eines Mediums überhaupt, denn reduzibel wäre es nur um den Preis der Nicht-Unterscheidbarkeit von Zuständen, was dann überhaupt keine Form erlauben würde. Diese Charakterisierung von Daten setzt an ihrer elementarsten Gestalt an. Schon etwa die Differenzierung von Daten bei Rob Kitchin in *nominal data*, *ordinal data*, *interval data* und *ratio data* setzt eine Stufe höher an, da all diese Daten technisch in der diskreten Form des Grundmediums dargestellt werden müssen.[3]

Dieses Medium ist durch die Binarität seines Grundcodes die beste Voraus-
setzung für einen Formenreichtum unfassbaren – und vor allem unübersicht-
lichen – Ausmaßes. Das Verhältnis von Medium und Form ist im Falle
der Digitaltechnik von besonders frappierender Struktur. Wohl nir-
gendwo sonst gibt es diesen erstaunlichen Zusammenhang einer so
einfachen Mediatisierung einerseits und einer so *komplexen* Möglichkeit der Formierung andererseits. Schon für das erste Medium mit
diskreten Zeichen, nämlich für die Schrift, gilt, dass diese nicht einfach binär gebaut werden kann, sondern im Falle des griechischen
Alphabets 24 und im Falle des lateinischen Alphabets mindestens 26
diskret unterscheidbare Zeichen braucht, differenziert in Majuskeln
und Minuskeln sogar das Doppelte. Ein solches Medium nimmt selbst
schon eine wenn nicht komplexe, dann doch pluralistische Form an,
während das digitale Medium mit seiner diskreten Unterscheidung
zwischen *entweder* o *oder* 1 die Möglichkeit eines maximalen Minima-
lismus ausschöpft.

Und auch die Nutzung digitaler «Produkte» ist erheblich einfacher zu gewährleisten als das viel voraussetzungsreichere Lesen
von Schriftstücken und Büchern, das noch eine schwierig zu erwer-
bende und zu kultivierende Kompetenz voraussetzte. Das gesamte
entstehende Bildungssystem mit der Verlängerung der Lern- und
Kindheitsphase, der Erfindung des Jugendlichen, der Schulpflicht
und der schriftlichen Verdoppelung aller Praktiken erzeugt einen
Menschentypus, der die Rezeption und Produktion von Text beherrscht und sich der Textualität der Welt bewusst wird. Auch hier
liegt ein strikt gekoppeltes Zeichensystem vor, das eine enorme, für
die Gesellschaft vor allem durch den Buchdruck als *Katastrophe* erlebte Komplexitätssteigerung von sinnhaften Verweisungen bedeutete. Der Buchdruck hat das Inkommensurable zusammengebracht,
Rekombinationen ermöglicht und Sinn so aufbereitet, dass man ihn
langsamer und damit nachhaltiger nachbearbeiten kann als durch
den Dauerzerfall mündlicher Kommunikation. Er hat aber voraussetzungsreichere Formen der Anschlussfähigkeit erzeugt – übrigens
relativ parallel zur Entstehung bestimmter Formen sozialer Ungleichheit und sozialer Schichtung. Ganz oben (Adel) und ganz unten

(Bauern) wurde nicht gelesen, nach kurzer Zeit überall. *Was* und *wie* und zu welchem *Zweck* gelesen wurde, wurde freilich zum internen Indikator für soziale Ungleichheit und Milieu- sowie berufliche Differenzierung. Dass formale (sic!) Bildung neben dem Einkommen bzw. der Verfügung über materielle Ressourcen und Geld zum entscheidenden Ungleichheitsindikator werden konnte, ist unmittelbarer Ausdruck einer lesenden Gesellschaft.

Übrigens kann eine lesende Gesellschaft mit dem Output der Schrift und des Buches rezeptiv viel fehlerfreundlicher umgehen als die digitaltechnischen Outputs. Lesen ist auch bei Fehlern fast ohne negative Auswirkungen möglich. Ein Rechtschreibfehler kann durch das Lesen mit seinen retentionalen und protentionalen, durch das lesende Bewusstsein selbst erzeugten Verbindungen kompensiert werden. Buchstabendreher fallen uns kaum auf, weil das Lesen stets eine semantisch-sinnhafte Verweisung voraussetzt. Fehlende Worte können ersetzt werden.[4] Man kann also sagen: Das Medium ist zwar strikt, aber nicht extrem strikt gekoppelt. Im Falle der Digitaltechnik gilt das Gegenteil. Wiewohl die Anwendungsbereiche der digitalen Codierung erheblich breiter und vielfältiger sind als die möglicher Buchstabenkombinationen, ist Software als programmierte Form nicht fehlerfreundlich. Ein kleiner Zeichenfehler kann eine ganze Programmierung zu Fall bringen, deshalb ist die Fehlerhaftigkeit von Software geradezu sprichwörtlich und konstitutiv.[5] Man kann sagen: Software ist nie fertig, weil sie letztlich nicht fehlerlos hergestellt werden kann, auch weil ihre Ästhetik weit von der Anwendung entfernt ist – weiter als die diskreten Schriftzeichen von ihrer analogen Bedeutung. Die Schrift vermag es, gewissermaßen symbolisch für die Sache zu stehen, für die sie steht. Man denke an Buchstaben oder an geschriebene Wortgestalten, die tatsächlich Gestalten sind. Bei Ziffern lässt es sich besonders gut darstellen. Wahrscheinlich entspricht unsere Vorstellung von *sieben* und *acht* tatsächlich den Ziffern 7 und 8, zumindest eher als dem abstrakten Zahlenwert oder gar der «Sieben- oder Achtheit eines Gegenstandes».

Schon die Darstellung von 7 und 8 in binärer Form kann das nicht mehr leisten. Die beiden Formen lauten in binärer Schreibweise 111 und 1000. Friedrich Kittler hat schon 1993 darauf hingewiesen, dass auch das Schreiben von Software Schreiben sei, in der technisierten Form aber abstrakter wird als das vorherige Schreiben. Er schreibt (sic!): «Schreiben heute ist also auch als Softwareentwicklung eine schier endlose Kette von Selbstähnlichkeiten, wie die fraktale Geometrie sie entdeckt hat. Nur daß es, im Unterschied zum mathematischen Modell, eine physisch-physiologische Unmöglichkeit bleibt, all diese Schichten noch zu erreichen. Moderne Medientechnologien sind, schon seit Film und Grammophon, grundsätzlich daraufhin angelegt, die Sinneswahrnehmungen zu unterlaufen. Wir können schlichtweg nicht mehr wissen, was unser Schreiben tut, und beim Programmieren am allerwenigsten.»[6]

Kittler geht hier freilich noch einen Schritt weiter und beklagt geradezu, dass die (ökonomisch getrieben so strukturierte) Hardware eines Computers bereits mehr «Software» enthält, als es zunächst den Anschein hat. Es geht dabei um die Frage der Freiheit der Rekombinationsmöglichkeiten, die bereits durch die Hardware eingeschränkt ist. Das verweist auf zwei Unterscheidungen: Die Unterscheidung von Software und Hardware und die Unterscheidung von Medium und Form. Die technische Formierung des Mediums ist bereits formiert, will heißen: Die technische Basis enthält bereits Vorprogrammierungen, wozu am Ende dann auch Assembler und sonstige Tools gehören, die so etwas wie Schreibhilfen sind. Letztlich geht es hier um die Unterscheidung von programmierbaren und nicht-programmierbaren Teilen des Digitalen, wobei man konzedieren muss, dass die «verlötete» Programmierung, also die, an der man nichts ändern kann, auch Programmierung bzw. Programmiertes ist.

Dieser Argumentationsstrang führt nicht wirklich weiter – und die Kritik am kapitalistischen Motiv ist eher wohlfeil. Entscheidend scheint mir eher zu sein, dass die hardwaremäßige Grundierung der Programmierung im Computerchip, also die basale Vorstrukturierung aller Softwareproduktion und Anwendung gerade auf die Freiheit der Rekombinationsmöglichkeiten verweist und nicht auf das Gegenteil, wie Kittler meint. Diese Freiheit wird basal (und sicher auch aus ökonomischen Gründen) auch deshalb eingeschränkt, weil sie eben strikter gekoppelt ist als die Schrift. Interessanter ist Kittlers Hinweis auf die Unübersichtlichkeit der Software aufgrund ihrer hohen Auflösung und ihrer ästhetischen Verschiebung, wie man es auch ausdrücken könnte. Der Signifikant ist so radikal weit vom vorgestellten Signifikat entfernt, dass selbst diese Unterscheidung zu implodieren scheint. Digitale Daten und Programme sehen schon aus wie reine Selbstreferenz – und es sind damit letztlich die Produktionsbedingungen selbst, die dafür sorgen, dass Software niemals wirklich fertig zu sein scheint. Das hängt einerseits mit der Dekonstruktion des Autors durch Teams, durch Konstellationen von mehreren Produzenten zusammen,[7] andererseits auch mit der Teilautomatisierung von Softwareproduktion. Es liegt aber auch schlicht an der Komplexität des programmierten «Textes», der eben von Maschinen gelesen wird und nicht von Bewusstseinen in einem sinnhaften Kontext. Die Konstitutionsleistung des Bewusstseins, wie ich sie weiter oben an Husserls Melodiebeispiel verdeutlicht habe, ist insofern fehlerfreundlich, als das Bewusstsein in der Lage ist, aufgrund vorheriger Strukturbildung den Sinn zu glätten. Vielleicht lässt sich das mit der besonderen Funktion des Reafferenzprinzips erklären.

So lange sich begriffliche Bedeutungen praktisch bewähren, stehen sie ganz und gar analog für das, wofür sie stehen. Wir selbst nehmen das mediale, das organische, das stoffliche Substrat unseres Gehirns nicht wahr, weswegen uns all das, was wir wahrnehmen, als analoge Signale erscheint. Wiewohl wir *physiologisch* unsere Wahrnehmung interpretieren, interpretieren wir *sinnhaft* die Welt selbst. Selbst wenn die Signalverarbeitung viel komplizierter ist, bringt uns unser Gehirn dazu, so zu tun, als würden wir die Welt analog wahrnehmen. Wie das unter anderem funktioniert, haben schon 1950 Erich von Holst und Horst Mittelstaedt mit dem sogenannten *Reafferenzprinzip* beschrieben.[8] Organismen mit zentralem Nervensystem haben die Fähigkeit, ungenaue, wechselnde, nicht erwartbare Reize so zu verarbeiten, dass ein verarbeitungsfähiges analoges Bild der Welt entsteht. Es läuft also keine passive Wahrnehmung einer objektiv vorhandenen Welt ab, sondern es geschieht ein «Selbst-Monitoring»[9], das eher als implizite denn als explizite Voraussetzung bewusster Prozesse anzusehen ist. Man könnte laienhaft sagen: Wahrnehmung folgt eher *pragmatischen* als *prinzipiellen* Motiven, muss also funktionieren, nicht begründbar sein.

Das Reafferenzprinzip sorgt zum Beispiel dafür, dass die Wahrnehmung Störungen ausgleicht. Wenn ich etwa mit dem Fahrrad über ein Kopfsteinpflaster fahre, nehme ich physikalisch wahr, dass der Horizont mit den Erschütterungen durch das Kopfsteinpflaster gewissermaßen tanzt. Das Reafferenzprinzip gleicht das aus und simuliert einen feststehenden Horizont. So werden wir beim Gehen etwa nicht dadurch gestört, dass wir uns Schritt für Schritt von oben nach unten bewegen.

Auch an der Farbwahrnehmung kann man dieses Prinzip rekonstruieren. Physikalisch gesehen, verändert sich zum Beispiel die Farbe eines weißen Hemdes mit dem Farbspektrum des umgebenden Lichts – bei Kunstlicht mit Glühlampen oder erst recht bei Kerzenlicht liegt ein hoher Rot-Anteil vor, bei Tageslicht ist eher ein hoher Blau-Anteil zu verzeichnen. Es reflektieren also durchaus unterschiedliche Farben von dem weißen Hemd, wir nehmen trotzdem eine Farbkontinuität wahr, die letztlich dafür sorgt, dass sich unsere durch das Gehirn induzierte Wahrnehmung vor zu großer Umweltvarietät schützt. Die Wahrnehmung benutzt gewissermaßen das ihr schon bekannte Bild der Welt und gleicht es mit dem ab, was an Sinnesreizen dazukommt. Sie nutzt eine Art biologisches Sparsamkeitsprinzip, um eine kontinuierliche Umwelt durch eigene Operationen zu erzeugen. Dies ähnelt gewissermaßen einem abduktiven Verfahren, das übrigens für digitale Erkennungsmaschinen, etwa für automatisiertes Fahren oder maschinelles Lernen, hoch relevant ist. Die Selektivität der Welt ist eine Eigenselektivität, die nach internen Kriterien geschieht und selbst entscheiden muss, was für relevant gehalten wird und was nicht. Das ist weder eine Deduktion aus allgemeinen Prinzipien noch eine Induktion, die jegliche Einzelwahrnehmung zu einem Allgemeinen aufrundet, sondern eher eine Abduktion, die als ein *hypothetischer Schluss* begriffen werden muss, in dem das Einzelne mit Erfahrungen, Regelmäßigkeiten und daraus erkennbaren Regeln abgeglichen wird und sukzessive zu Ergebnissen geführt wird.[10] Auf der Ebene der unmittelbaren Operationen etwa einer elektronischen Mustererkennung gilt nach wie vor die Präzision und die Genauigkeit, zu der die *einfältige* Codierung eines Rechenapparates nur in der Lage ist. Auf der Ebene der Programmierung freilich ist es durchaus möglich, dass auch die Unschärfe berechnet werden kann, man denke etwa an Foto- oder Filmkameras, die selbst in der Lage sind, ihre Eigenbewegungen auszugleichen, um so ein scharfes oder regelmäßiges Bild zu erzeugen. Zur Anwendung kommen hier Techniken der *Fuzzy-Logik*, die sich mit der Modellierung von Unschärfe beschäftigt.[11] Auf die techniksoziologischen Implikationen dieses Gedankens komme ich später noch zurück. Hier ist dies entscheidend: Neuronale Wahrnehmung lebt von der Fehlerfreundlichkeit der eigenen Datenverarbeitung. Sie muss, so hatte man das schon vor zweihundert Jahren einmal formuliert, die «mannigfaltigen Sinneseindrücke» zu einer handhabbaren Einheit machen, um sich in der Welt bewegen zu können. Es trägt sich alles selbst.

Der Schlüssel ist also eine gewisse Unschärfe, und genau diese Unschärfe ist in der Selbstverarbeitung digitaler Technologien nicht gegeben, zumindest nicht auf der Ebene des Mediums selbst. Wer Software programmiert, also Formen auf dem Boden des digitalen Mediums erzeugen will, stößt an eine Präzisionsgrenze, die auch dadurch gegeben ist, dass die Striktheit des digitalen Codes in seiner binären Struktur keine Unschärfe erlaubt, genauer: keine Unschärfe kennt. Es handelt sich um das vielleicht am wenigsten fehlerfreundliche System, das man sich vorstellen kann – und das ist der systematische Grund dafür, dass Software nie fertig ist und Arbeit an der Software eine andere Art von unerreichbarer Präzision erfordert als sonstige Formen der Produktion.

Es gibt sozialwissenschaftliche Perspektiven auf das Thema, die anders argumentieren. Sie konzentrieren ihren Blick auf die *Praxis* des Software-Schreibens und sehen darin auch den Grund für die Vorläufigkeit aller Lösungen,[12] statt die Praxis eher als Folge des merkwürdigen Verhältnisses zwischen der strikten Kopplungsnotwendigkeit durch das binäre Medium und dem möglichen Formenreichtum und der Komplexität von Software-Architekturen zu sehen. So beschreibt Rob Kitchin die Programmierung eines Algorithmus selbst wie eine abduktive Praxis: «[...] creating an algorithm unfolds in context through processes such as trial and error, play, collaboration, discussion, and negotiation. They are teased into being: edited, revised, deleted and restarted, shared with others, passing through multiple iterations stretched out over time and space. As a result, they are always somewhat uncertain, provisional and messy fragile accomplishments.»[13] Und dennoch muss man sagen: Sie *funktionieren*, nur folgen ihre Produktionsbedingungen nicht mehr den Produktionsbedingungen deduktiv berechenbarer Maschinen, die selbst die Form deduktiv-nomologischer Berechnungen angenommen hatten. Software muss geschrieben werden – und wie jeder komplexe Text, selbst wenn er eine deduktive Argumentationsform verfolgt, zunächst abduktiv geschrieben wird, gilt das erst recht für Software, deren innere Komplexität zu jener Vorläufigkeit führt, die da beklagt wird. Es ist tatsächlich die materiale Basis der Software-Produktion, die einerseits einer Vorläufigkeit Vorschub leistet, die das *Update* geradezu zum kulturellen Symbol einer Gesellschaft macht, das dafür steht, dass so etwas wie eine unscharfe Form der Simulation von Stabilität kaum möglich ist.

Andererseits ist gerade die Komplexität und die Abstraktion von Software-Produktion jener Mechanismus, der den Nimbus einer digitalen Elite entstehen lässt, die zwischen digitalem Größenwahn und Katastrophendiagnosen changiert. Populäre Warnungen kommen nah an diesen Größenwahn heran, der sich wenig für die materiale und soziale Struktur jener Digitalisierung interessiert, sondern zu allzu starken Diagnosen neigt. Paradigmatisch dafür ist jene Textsorte von Büchern wie etwa *Homo Deus* von Yuval Noah Harari, dessen Diagnose in dem Satz gipfelt: «Homo sapiens verliert die Kontrolle»[14] – durchaus eine populäre Formel für die Faszination eines neuen Verdoppelungsmediums, das Formen der Anschlussfähigkeit verändert. Diese Kritik zehrt gewissermaßen von dem Nimbus jener digitalen Elite, deren Selbstzurechnung auch durch die unglaubliche

Konzentration von Kapital auf relativ wenige elitäre Anbieter von Lösungen verstärkt wird (derzeit noch konzentriert im sogenannten Silicon Valley).

Codierung und Programmierung

Will man die Digitalisierung als kulturelles Phänomen beschreiben, so korreliert die Komplexität der Produktionsbedingungen und der Struktur jener neuen Steuerungs-, Mustererkennungs- und Rückkopplungstechniken fast ästhetisch mit der Komplexität einer modernen Gesellschaft, die in ihren Grundstrukturen ganz ähnlich sich den klassischen Kartografien einer stabilen Ordnung entzieht. Laut der Grundintuition, mit der dieses Buch begonnen hat, lässt sich das Bezugsproblem der Anschlussfähigkeit der Digitaltechnik und der Digitalisierung in der Gesellschaftsstruktur selbst auffinden. Ich erinnere nochmals an Heideggers tatsächlich sehr realistische Prognose darüber, wie Information zur grundlegenden Einheit des kybernetischen Zeitalters wird: «Die wissenschaftliche Welt wird zur kybernetischen Welt. Der kybernetische Weltentwurf unterstellt vorgreifend, daß der Grundzug aller berechenbaren Weltvorgänge die Steuerung sei. Die Steuerung eines Vorgangs durch einen anderen wird vermittelt durch die Übermittlung einer Nachricht, durch die Information. Insofern der gesteuerte Vorgang seinerseits auf den ihn steuernden sich zurückmeldet und ihn so informiert, hat die Steuerung den Charakter der Rückkopplung der Information.»[15] Damit diese Rückkopplung möglich ist und damit die Kompatibilität mit allem und mit jedem Topos gewährleistet sein kann, ist nicht nur Information das elementare Medium der digitalen Welt, sondern die Information selbst muss eine elementare Form annehmen, die nicht weiter reduzibel ist, die keine Gestalt mehr hat und die diskret unterscheidet, gewissermaßen im absoluten Entweder/Oder.

Die elementar diskrete Form der Basis allen Programmierens ist zugleich die Voraussetzung für die fast beliebige Form der Rekombinationsfähigkeit. Die gleiche Technik kann die unterschiedlichsten

Dinge steuern, sie ist noch stärker als die Sprache letztlich in fast jede Situation übersetzbar. Sie ist, im wahrsten Sinne des Wortes, ein Grundsymbol für Kommensurabilität. Und exakt hier lässt sich meine Intuition und mein Argument präzisieren, das Bezugsproblem der Digitalisierung in der Struktur der modernen Gesellschaft selbst zu entdecken. Ich habe die These am Anfang dieses Kapitels schon formuliert: *Das Verhältnis von Codierung und Programmierung in der digitalen Datenwelt ähnelt dem Verhältnis von Codierung und Programmierung auf der Ebene der Differenzierung der modernen Gesellschaft in Funktionssysteme.*

Ich muss etwas ausholen, um dieses Argument zu erläutern und zu belegen. Die moderne Gesellschaft als funktional differenzierte Gesellschaft zu beschreiben, gehört seit dem Beginn der akademischen Soziologie zu den sowohl dienstältesten als auch ausgearbeitetsten Diagnosen. Die soziologischen Klassiker von Herbert Spencer in England über Emile Durkheim in Frankreich, Georg Simmel und Max Weber in Deutschland bis Talcott Parsons in den Vereinigten Staaten haben gesellschaftliche Modernisierung als einen Prozess aufgefasst, in dem sich die Struktur der Gesellschaft vor allem als ein Differenzierungsprozess unterschiedlicher Funktionen, Wertsphären oder Solidaritätsformen dargestellt hat.[16] Der Grundgedanke besteht darin, dass sich im Laufe des Modernisierungsprozesses die wichtigsten gesellschaftlichen Instanzen einerseits unabhängiger voneinander gemacht haben, andererseits gerade aufgrund ihrer Unabhängigkeit auf besonders komplexe Weise aufeinander bezogen waren. So kann man beobachten, dass sich die Logik ökonomischer Prozesse und die Logik politischen Handelns voneinander entfernt haben, wohlgemerkt: die Logik. Die Erfolgsbedingung ökonomischen Handelns ist Wirtschaftlichkeit und Geldgewinn.

Was man «Kapitalismus» nennt, ist nichts anderes als Ausdruck dieses Ausdifferenzierungsprozesses. Der eigentliche «Sinn» des Wirtschaftens liegt dann im wirtschaftlichen Erfolg, was dem Wirtschaften völlig neue Möglichkeiten eröffnet. Dasselbe lässt sich an der Wissenschaft beobachten, die sich in langen Auseinandersetzungen und Emanzipationsprozessen sowohl von religiösen, später auch von politischen Legitimationsformen freimachen kann. Das heißt nicht, dass man wissenschaftliche Ergebnisse nicht etwa politisch erzwingen oder durch Bestechung kaufen kann, aber das würde sofort als eine Anomalie, als eine Pathologie auffallen. Man denke etwa daran, dass sich ein Sonderbereich fürs Politische etabliert, in dem Machtchancen getestet werden und in dem in einem institutionellen staatlichen Arrangement die Macht geteilt, verteilt, begrenzt und gesteigert wird. Das Politische erzeugt Entscheidungen in Rechtsform, geht aber nicht im Recht auf. Es gehört zu Modernisierungsprozessen, dass das Recht, das für normative Erwartungssicherheit sorgt, auch für die politischen Machthaber gilt.

Letztlich kann man solche Ausdifferenzierungsprozesse, wie sie sich im Laufe der gesellschaftlichen Modernisierung in den letzten 300 Jahren ereignet haben und sich über den gesamten Globus von Europa aus ausgebreitet haben, auch als Emanzipationsprozesse begreifen. Es sind Versuche, etwa die Wissenschaft von religiöser Legitimation und politischer Gängelung, demokratische Entscheidungen von ökonomischer Potenz oder der Nähe zu religiösen Würdenträgern zu befreien und ökonomische Entscheidungen von Fragen nach dem Seelenheil zu entlasten. Und Rechte werden unabhängig von der Zahlungsfähigkeit vergeben, auch wenn Zahlungsfähigkeit womöglich dabei hilft, in einem Gerichtsverfahren Recht zu bekommen. Nicht zu unterschätzen ist die Autonomisierung der Kunst, die etwa von religiöser Kompatibilität ebenso entlastet wird, wie sie irgendwann sogar auf Verständlichkeit für ein größeres Publikum verzichten kann. Auch die Privatisierung der Familie gehört zu diesem Ausdifferenzierungsprozess und nicht zuletzt die Umstellung der Wahl des Ehepartners und der Ehepartnerin von der Orientierung an konfessionellen, ethnischen und vor allem ökonomischen Kategorien auf Liebe als einem eigenständigen Kommunikationsmedium.

Um diese unterschiedlichen Bereiche herum entstehen bestimmte Formen des sozialen Verkehrs. Man gewöhnt sich etwa daran, dass man auf Märkten anders reden muss als auf politischen Versammlungen, dass die religiöse Rede vor Gericht unpassend ist und dass ein wissenschaftlicher Erwartungsstil davon absehen muss, welcher Konfession jemand angehört oder aus welcher Familie er stammt.

Zugleich entsteht eine besondere Form familiärer Rede und intimer Liebeskommunikation. Authentizität wird als inszenierte Form solch privater Verhältnisse erwartet. Überall entstehen kompakte Handlungsmuster, die sich zum Teil in beruflichen, milieumäßigen, aber auch auf soziale Ungleichheit verweisenden Formen niederschlagen und je konkrete habituelle Verhaltensformen konstituieren, zum Teil kombiniert mit dazugehörigen Geschlechterrollen. Neben diesen Handlungsmustern entstehen dann auch entsprechende Fachkenntnisse und Sondersprachen, Reflexionsformen und nicht zuletzt Milieus.

Soziologisch gibt es für diese Diagnose ganz unterschiedliche Ausprägungen und begriffliche Lösungen, unterschiedliche Theoriekonzeptionen und Traditionen. Solche Theorien unterscheiden sich vor allem in der Frage, wie man den Zusammenhang der unterschiedlichen Formen modelliert. Wodurch wird eine solche Gesellschaft zusammengehalten, wenn ihre Zentralinstanzen vor allem Zentripetalkräfte entwickeln? Gibt es eine zentrale Instanz, die über den anderen steht? Kandidaten wären das Politische oder der Markt, vielleicht auch so etwas wie gemeinsame Normen und Werte. Es stellen sich Integrationsfragen und Fragen danach, ob eine solche Gesellschaft aus einem Guss sein kann. Strittig ist auch, ob Gesellschaften Grenzen haben, etwa nationale Grenzen, oder ob es nur noch eine Weltgesellschaft gibt. Dazu gibt es sehr kontroverse Debatten, aber der Sachverhalt der Ausdifferenzierung selbst kann kaum bestritten werden – und man übertreibt kaum, wenn man behauptet, dass sich dieser Sachverhalt durchaus auch in der alltäglichen Kommunikation wiederfinden lässt. Wir können als Zeitungsleser oder sonstige Mediennutzer sehr wohl unterscheiden, ob jemand ein politisches oder ein ökonomisches Problem löst, wir sind geübt darin, zu wissen, dass wir uns in unserer Familie anders verhalten als am Arbeitsplatz oder vor Gericht. Wir können ungefähr identifizieren, wann wir auf rechtliche Kommunikation umstellen müssen, und dass die Kommunikation mit einem Arzt anderen Regeln folgt als die mit einem Lehrer, ist leicht zu sehen. Genauso klar dürfte sein, dass wir das buchstäblich am eigenen Leibe erfahren.

Trotzdem (oder deshalb?) suchen viele Beobachter dann doch nach Einheitschiffren und Einheitsprinzipien, nach einer gemeinsamen Moral oder gesellschaftlichem Zusammenhalt – aber gesucht wird all das nur, weil es so unwahrscheinlich ist. Übrigens ist auch ein Großteil professionell-sozialwissenschaftlicher Beobachtung auf der Suche nach solchen Einheitschiffren – vergeblich freilich, aber der größte Antrieb für intensive Suche ist ihre Vergeblichkeit.

In ihrer radikalsten und konsequentesten Form findet sich die Differenzierungsdiagnose freilich nur in solchen Theorieformen, die in der Lage sind, den Beobachter wirklich ernst zu nehmen – und das gilt in erster Linie für kybernetische und systemtheoretische Perspektiven. Insbesondere letztere arbeitet bereits seit Jahrzehnten mit einer Begrifflichkeit, die schon semantisch, aber auch konzeptionell auf die strukturelle Nähe von Digitalität und gesellschaftlicher Systemdifferenzierung hinweist. Insbesondere in Niklas Luhmanns Gesellschaftstheorie findet sich ein Ausgangspunkt dafür, die strukturelle Verwandtschaft der gesellschaftlichen Modernität mit der Digitalisierung nicht nur begrifflich, sondern im Hinblick auf Ordnungsaufbau beschreiben zu können.

Systembildung verweist auf operative Geschlossenheit – Elemente eines Systems schließen an Elemente eines Systems an und entwickeln so etwas wie eine interne Form der Strukturierung und Stabilisierung. Wem das zu abstrakt erscheint, stelle sich ein Bewusstsein vor, ein psychisches System, das operativ an seine eigenen internen Vorgänge gebunden ist. Ich erinnere nochmals an Husserls Melodiebeispiel. Die Melodie wird nicht durch das Bewusstsein einfach erkannt, sondern durch kognitive Prozesse in einen Sinnzusammenhang gebracht, wodurch die Melodie im Rahmen des inneren Zeitbewusstseins entsteht. Man muss sich die operative Geschlossenheit eines psychischen Systems tatsächlich vorstellen als einen Operator, der alles Außen, alles andere nur in Form von Eigenzuständen kennt. Diese in der Kybernetik radikalisierte Denkfigur vereint bewusstseinsphilosophische, wahrnehmungsphysiologische, mathematische und systemtheoretische Elemente zu einer operativen Theorie des Beobachters als unhintergehbarer Voraussetzung.[17]

Und sie wurde auch für die Soziologie zur vielleicht entscheidenden theoretischen Innovation.

Soziale Systeme lassen sich ebenfalls als beobachtende Systeme darstellen, als Systeme, die aus Kommunikationen oder Handlungen bestehen, die sich im Nacheinander ihrer selbst aufeinander beziehen und dadurch Strukturen ausbilden. Systeme erzeugen dadurch eine Ordnung, dass sie nicht jedes Element mit jedem beliebig koppeln, sondern selektiv sind. Sie schränken sich selbst dadurch ein, dass bestimmte Anschlüsse wahrscheinlicher sind als andere – und sie sind operativ geschlossen und greifen deshalb auf ihre Umwelt nur beobachtend zu:

— Sie schränken sich selbst ein, indem sie Anschlüsse nicht beliebig machen, sondern strukturieren. Schon die Zeit erzeugt Selektivitäten, weil in einer Gegenwart nicht alles getan werden kann, weil nicht alles gleichzeitig möglich ist. Und in diesem Sinne erzeugen Systeme mit der Zeit Strukturen und schränken Kontingenzen ein. Sie erzeugen Ordnung dadurch, dass sie nicht beliebig operieren.

— Sie sind operativ geschlossen, weil sie nur in sich selbst operieren, nie in der Umwelt. Wie in einem Bewusstsein nur Bewusstseinsinhalt an Bewusstseinsinhalt anschließen kann, so kann in einem sozialen System nur Kommunikation an Kommunikation, Handlung an Handlung anschließen. Wie man in ein Bewusstsein die Welt nur in der Form eines Bewusstseinsinhalts hineinbringt, so taucht die Welt in einem sozialen System nur in Form eines Kommunikationsinhalts auf.

— Daraus folgt, dass die Umwelt nur systemrelativ zugänglich ist, nur in der Operationsweise des eigenen Operationsmodus.

Ich will hier nicht zu kompliziert argumentieren, sondern möglichst einfach formalisieren. Es ist genau genommen ein sehr einfacher Gedanke. Man muss sich die Ereignisse in einem System als Ereignisse vorstellen, die nacheinander statthaben und sich direkt nur auf sich selbst im Nacheinander beziehen können. Auf alles andere, auf die Umwelt, auf die Welt, auf andere Systeme beziehen sie sich nur indirekt, durch eigene Beobachtung – das ist genau das, was ich mit dem paradoxen Begriff der Verdoppelung meine. Systeme verdoppeln die Welt, dabei ist sowohl das Original als nicht erreichbare Umwelt wie die eigene Vorstellung nur im System vorhanden, nur als Unterscheidung des Systems selbst. Es gibt aus dieser Selbstbegrenzung kein Entrinnen – und dieses Denken ist konstitutiv für das Denken, seitdem man den Beobachter entdeckt hat, was übrigens nicht erst seit gestern der Fall ist. Die klassische Rhetorik kannte schon die Konzentration auf die sprachinternen Wendungen zur Beschreibung von Sachverhalten,[18] die Theologie kennt die Transzendenz Gottes als Funktion der Immanenz des von ihm erschaffenen Beobachters[19] und die Bewusstseinsphilosophie erreicht das Sein der Dinge nur als das Bewusstsein von den Dingen.[20] Diese Figur wird hier radikalisiert, und sie findet sich auch noch in dem oben entwickelten Gedanken, Daten (wie zuvor die Schrift) für ein Verdoppelungsmedium zu halten, das übrigens auch operativ geschlossen ist. *An Daten kann man nur mit Daten anschließen, und selbst wenn man Datensätze erweitert, geht das nur mit weiteren Daten.*

Aber dies ist noch nicht die Analogie zwischen der Gesellschaftlichkeit der Gesellschaft und der Datenförmigkeit der Daten. Ich muss ein weiteres Theoriestück einführen, um auf dem Weg zu der gesuchten Analogie weiterzukommen. Dieses Theoriestück bezieht sich auf die Frage, wie sich in der modernen Gesellschaft Funktionssysteme ausdifferenzieren. In der Soziologie ist der Gesellschaftsbegriff umstritten. Was man gesichert sagen kann: Gesellschaft meint die Gesamtheit aller Kommunikationen und Handlungen. Gesellschaft ist das umfassende System. Es ist dasjenige System, das alle weltweite Kommunikation in sich vereinigt. Ein solches System, in dessen Umwelt es nichts Soziales mehr geben kann, muss so etwas wie eine Gesamtordnung innerhalb seiner selbst herstellen, sonst würde es in sich selbst zerfallen.

In früheren Gesellschaften waren dies strikte Oben-Unten-Codierungen, Schichten und Stände. Alles, was in einer solchen Gesellschaft prozessiert wurde, war in einer Hierarchie aufgehoben. Es konnte kein besseres Argument von einem Untenstehenden geben, es war ausgeschlossen, für Positionen geeignete Personen zu finden, wichtiger war die Herkunft aus Stand und Schicht, Familie oder Dynastie. Eine solche Gesellschaft traf irgendwann auf starke Limitationen – und erlebte im Modernisierungsprozess an sich selbst, dass Geltungsansprüche jenseits dieser Gesamtcodierung in Oben-/Unten entstanden. Man erlebte zum Beispiel, dass sich der Wert des Geldes quer zur Schichtung verhalten kann – ein Geldstück ist gleich viel wert, egal von wem es stammt. Man erlebte, dass Himmelsbeobachtung der religiösen Kosmologie zu widersprechen begann, Stichwort Kopernikanische Wende. Zugleich haben sich diese Logiken voneinander differenziert und unabhängig gemacht – exakt jener Prozess, den ich soeben als funktionale Differenzierung beschrieben habe. Diese Umstellung war nun kein unmittelbarer, kein kurzfristiger Prozess, kein disruptives Ereignis. Das Gesellschaftssystem hat vielmehr zunächst unmerklich, dann expliziter seine interne Ordnung von der alleinigen Oben-/Unten- auf eine Art Querdifferenzierung umgestellt. Die primäre Ordnungsebene bildeten dann nicht mehr Schichten und soziale Ungleichheit, sondern die Ungleichheit von unterschiedlichen Funktionen, die sich nebeneinander etablierten und Systeme ausbildeten, Funktionssysteme: Politik, Wirtschaft, Religion, Recht, Kunst, Erziehung, Wissenschaft, Medizin. Das heißt nicht, dass Oben-/Unten-Differenzen keine Rolle mehr spielten oder spielen. Ganz im Gegenteil: Auch die Moderne kennt starke soziale Ungleichheiten – sowohl innerhalb staatlich begrenzter Räume als auch global. Aber diese Differenzierung repräsentiert nicht die generelle gesellschaftliche Ordnungsbildung – was nicht heißt, dass soziale Ungleichheit deswegen keine Bedeutung hätte oder gar zu vernachlässigen wäre. Das wäre unsinnig. Es geht vielmehr um die Systembildung von Funktionssystemen, die die entscheidende Ordnungsform der gesellschaftlichen Moderne sind, mit expansiven Tendenzen.

Empirisch kann man die Bildung der Funktionssysteme als langsamen Emanzipationsprozess zunächst von funktionalen Semantiken, also Sprechweisen, Begrifflichkeiten, Begründungs- und Sinnformen rekonstruieren. Es entstehen dann politische Semantiken, solche, die sich ausschließlich auf wirtschaftliche Prozesse beziehen, es bestehen exklusiv wissenschaftliche Kategorien oder rechtliche Chiffrierungen, die die Welt jeweils in Form ihrer Logiken vermitteln. Letztlich geschah das zunächst sprachlich und ermöglichte so die operative Emanzipation etwa wirtschaftlicher von religiösen oder politischen Begründungsfiguren oder die Ablösung wissenschaftlicher Begründungen von außerwissenschaftlichen Kategorien. Es sind dann vor allem sprachliche Formen, die sich unterscheiden – und der Buchdruck hat hier eine starke Rolle sowohl der Konservierung solcher Sprechweisen wie ihrer Pflege und Weiterentwicklung gespielt.

Doch allein die sprachliche Form hat es nicht vermocht, Funktionssysteme zu stabilisieren. Um das Problem zu verstehen, braucht es nochmals den Rekurs auf die Frage der Systembildung. Wie soeben ausgeführt: Systeme stabilisieren sich dadurch, dass sie ihren Möglichkeitsraum mit der Zeit einschränken, dass sie Kontingenz vernichten,[21] dass sie eine Struktur ausbilden, innerhalb derer sie strukturelle Anschlüsse sichern.

Niklas Luhmann hat sich diesem Problem gestellt und stieß zunächst auf *Medien*, die diese Anschlussmöglichkeit erleichtern. Spielen wir das für das Wirtschaftssystem durch: Ein auf Realtausch basierendes Wirtschaftssystem hätte Schwierigkeiten, wirtschaftliche von nicht-wirtschaftlichen Operationen zu trennen – man müsste sich stärker am Vertrauen der anderen Person gegenüber orientieren, es würden schwierige Verhandlungen erforderlich, und es wäre kaum möglich, ökonomische Werte von den gehandelten Gütern unabhängig zu machen. Die Umstellung auf das Medium *Geld* führt zu enormen Entlastungen: Auch für Geld braucht es Vertrauen, aber eher ein Systemvertrauen in die Wirtschaft als in das konkrete Gegenüber. Geld ist modalisierbar, es ermöglicht Vergleiche, entkoppelt Zahler und Zahlung, befreit von anderen als von wirtschaftlichen Gesichtspunkten und kann gelagert und transportiert werden, außerdem kann so etwas wie ein generalisierter Preismechanismus einsetzen, weil das Geld durch seine Zahlenform berechenbar wird. Geld, so Luhmann, ist dann kein Tauschmittel mehr, sondern Kommunikationsmittel, mit dem man Zahlungen an Zahlungen anschließen kann. Geld macht wirtschaftliche Kommunikation von außerwirtschaftlichen Kriterien unabhängiger – und ist damit eine Voraussetzung für die Ausdifferenzierung eines modernen Wirtschaftssystems. Ähnliche Medien entstehen für die Wissenschaft («Wahrheit»), für die Politik («Macht»), für das Recht («Gerechtigkeit»), für die Religion («Glaube»), aber auch für Familie/Intimbeziehungen («Liebe»). Luhmann nennt diese Medien unter Rekurs auf den amerikanischen Soziologen Talcott Parsons *symbolisch generalisierte Kommunikationsmedien* – sie sind symbolisch generalisiert, indem sie allgemeine symbolische Formen ausbilden, und sie sind Kommunikationsmedien, weil sie die kommunikativen Anschlusswahrscheinlichkeiten erhöhen. Dass Zahlungen sich aufeinander beziehen können, wird durch Geld wahrscheinlicher, und erst politische Macht ermöglicht politische Operationen unter Weglassen unmittelbarer Gewaltandrohung.

Doch solche Kommunikationsmedien müssen sich auf einen Operator, auf eine operative Stabilität beziehen können, die sie wahrscheinlicher machen und die es einer modernen Gesellschaft erst erlauben, einerseits Stabilität zu erlangen, andererseits ihren nie dagewesenen Formenreichtum zu ermöglichen. Mit den Worten Luhmanns: «Symbolisch generalisierte Kommunikationsmedien benötigen einen *einheitlichen Code* (Zentralcode) für den gesamten Medienbereich. Ein Code besteht aus zwei entgegengesetzten Werten und schließt auf dieser Ebene (natürlich nicht ‹im Leben›) dritte und weitere Werte aus. Damit wird die unbestimmte, tendenziell zunehmende Möglichkeit der Ablehnung des kommunizierten Sinnvorschlags in ein hartes Entweder/Oder überführt, also eine ‹analoge› Situation in eine ‹digitale› transformiert; und gewonnen wird damit eine klare Entscheidungsfrage, die für Alter wie für Ego dieselbe ist. Nicht deren Meinungen werden codiert, sondern die Kommunikation selbst, und dies in einer Weise, die auf Lernfähigkeit angewiesen ist, nämlich auf die Spezifikation der Kriterien für eine richtige Zuordnung des positiven bzw. negativen Wertes.»[22]

Solche Codes sind diskret gebaute, also dritte Werte ausschließende binäre Formen, die ihrerseits eine geradezu simple Einschluss- bzw.

Ausschlussbedingung für Operationen eines Systems formulieren. Ich spiele es wieder am Wirtschaftssystem durch. Der Code des Wirtschaftssystems lautet *zahlen/nicht-zahlen*. Für wirtschaftliche Operationen ist dieser Code unhintergehbar, er begründet die selbstreferentielle operative Geschlossenheit (Autopoiesis) des modernen weltweiten Wirtschaftssystems. Eine ökonomische Operation zahlt – oder sie zahlt nicht. Auch der negative Wert gehört dazu, denn nicht zahlen kann ich nur als wirtschaftliche Operation. Wenn ich irgendwo bin, wo nicht mit Zahlungen gerechnet werden kann, kann ich nicht mal nicht zahlen. Aber wo zum Beispiel ein Produkt nicht gekauft wird (weil es zu teuer ist oder nicht passt oder nicht gewollt wird), wird *nicht* gezahlt. Das hat nichts mit Motivebenen zu tun. Ich kann zahlen wofür und warum auch immer, übrigens auch aus rein außerwirtschaftlichen Motiven, zum Beispiel aus Mildtätigkeit oder Sympathie oder um etwas moralisch Wertvolles zu tun. Entscheidend ist aber, dass das Wirtschaftssystem dies nur als Zahlung oder Nicht-Zahlung registriert. So ist die Parenthese im Zitat «natürlich nicht im ‹Leben›» zu verstehen – auf der Ebene der Codierung gibt es nichts außer der Zahlung oder Nicht-Zahlung, und am Ende sind es auch Zahlungen und Nicht-Zahlungen, die die Struktur des Wirtschaftssystems konstituieren. Dabei drückt der positive Wert des Codes die Anschlussfähigkeit aus, die die Wahrscheinlichkeit für weitere Operationen erhöht.

Diese Theoriekonstruktion reagiert auf die Frage der Systemschließung, also der Ausdifferenzierung eines Funktionssystems, hier des Wirtschaftssystems, und sie reagiert damit auf die Komplexität der Gesellschaft. Das System kann sich nur ausdifferenzieren, wenn es zu einer Situation kommt, in der die Wahrscheinlichkeit des Anschlusses dadurch erhöht wird, dass es sich um einen eindeutigen Anschluss handelt, wenn also die Systemzugehörigkeit wirklich diskriminierbar ist. Es geht letztlich darum, die Unstrittigkeit von wirtschaftlichen Operationen festzustellen bzw. zu erhöhen. Dabei geht es keineswegs nur um eine bloße theoretische Setzung, sondern um das empirische Problem, wie es einer Gesellschaft, die nicht mehr auf die hierarchische Ordnung einer simplen Oben-Unten-Codierung bauen kann, gelingt, Ordnung und Erwartbarkeit zu generieren.

Die digitale Einfachheit der Gesellschaft

Systeme operieren mit einfachen Lösungen, die mit unterschiedlichen Möglichkeiten kompatibel sind – auf der Grundlage dieser Einfachheit kann sich erst ein Formenreichtum entwickeln. Dieser Gedanke ist analog zu jenem Verhältnis gebaut, mit dem ich dieses Kapitel begonnen habe: mit dem Verhältnis von *Einfalt* und *Vielfalt*, wie es konstitutiv ist für die Gestalt der Digitaltechnik.

Nicht umsonst beschreibt Luhmanns theoretische Lösung die Frage der Systemstabilisierung als einen *digitalen* Vorgang. Das Medium ist eine binär gebaute diskrete, nicht hintergehbare Unterscheidung, die genauso gebaut ist wie die *technische* Digitalisierung, die stets nur o und 1 kennt – wenigstens auf der Ebene des Codes, denn auch hier gilt: «natürlich nicht im ‹Leben›». Im ‹Leben› sehen wir nicht o und 1, sondern Formen, Varietät, Rekombination usw. Ich habe es oben schon ausgeführt: Der Formenreichtum und die geradezu ubiquitäre Möglichkeit des Digitalen, alles mit allem kommensurabel zu machen, basiert direkt auf der Einfachheit des Mediums, auf dem simplen binären Code, der geradezu voraussetzungslos ist und damit zur unhintergehbaren Voraussetzung wird.

Genauso muss man sich auch das Verhältnis von *Medium/Code* und *Form* in Funktionssystemen vorstellen. Es ist gerade die digitale Einfachheit der Form, die dazu führt, dass moderne Funktionssysteme innerhalb ihrer selbst so gut wie keine Stoppregeln kennen, denn der einzige limitierende Faktor ist ja die Anwendung des Codes. Deshalb können sich Geldzahlungen geradezu ubiquitär auf alles Mögliche in der Gesellschaft beziehen. Fast alles ist ökonomisierbar, soweit es zu Zahlungen oder Nicht-Zahlungen kommt. Das ist exakt die Erfahrung, die moderne Gesellschaften machen: die Schwierigkeit der Einschränkung etwa eines Wirtschaftssystems, weil die Geschmeidigkeit des Mediums Geld und die Exklusivität des binären Codes *alles* kolonialisieren kann – aber eben nur in den Grenzen des Codes.

Ökonomisierungsdiagnosen sind schon deshalb *en vogue*, weil Geld wirklich so geschmeidig ist und die Funktion des Wirtschaftssystems,

Knappheitsausgleich, tatsächlich an vielen Stellen andockt. Aber genauso wäre auch eine Politisierungsdiagnose denkbar oder eine Verwissenschaftlichungsdiagnose, also ein Kolonialismus des Politischen oder Wissenschaftlichen auf fast alles in der Gesellschaft. Das hat es historisch übrigens im politischen Fall als Diktatur und Versuch der politischen Gleichschaltung der Gesellschaft gegeben oder auch als Warnung vor der totalen Verwissenschaftlichung der Gesellschaft, wie sie in den 1950er Jahren laut wurde.

Jedenfalls lässt sich die Komplexität der modernen Gesellschaft mit zweierlei erklären: *zum einen* mit der Ausdifferenzierung von binär codierten Funktionssystemen, die eine Perspektivendifferenz in der Gesellschaft etablieren, die nicht hintergehbar ist. Der Blick auf die Welt multipliziert sich unweigerlich, und selbst Versuche der Totalkolonisierung der Gesellschaft durch einen Code gelingen nicht. *Zum anderen* ermöglicht gerade die Einfachheit der binären Codierung eine unfassbare Fülle von operativen Möglichkeiten. Man kann sagen: Dadurch dass der binäre Code die Grundoperation so radikal festlegt, kann er die Varietät der Möglichkeiten nicht einschränken. Für die Frage, wofür gezahlt wird, ist der Code völlig indifferent. Das erhöht die Freiheitsgrade – und erzeugt eine geradezu unkontrollierbare Form der Optionssteigerung.

Analog zum Code Zahlen/Nicht-Zahlen in der Wirtschaft wäre der Code des Politischen Macht/Nicht-Macht, in Demokratien Regierung/Opposition. Für die Wissenschaft wäre es Wahrheit und Nicht-Wahrheit – dabei geht es nicht um emphatische Wahrheit, sondern um die Frage von Wahrheitsfragen. Der wissenschaftliche Code ist indifferent dafür, *was* wahr und falsch ist oder *was* erforscht wird und was nicht. Man könnte nun die anderen Funktionssysteme durchgehen und dort nach entsprechenden Codes suchen – aber das Argument dürfte klar geworden sein. Die systemtheoretische Soziologie hat ein Instrumentarium an der Hand, die Gleichzeitigkeit von stabiler Strukturbildung auf der einen Seite und radikalem Formenreichtum auf der anderen Seite zu beschreiben. Die Codierungen sind nicht beliebig – aber die Möglichkeiten der Entfaltung sind vielfältig.

Ich habe an anderer Stelle schon öfter den Begriff der «Brutalität» der Codierung von Funktionssystemen verwendet.[23] Die Brutalität besteht in der Unhintergehbarkeit der Codes: Wer wirtschaftlich aktiv ist, ist auf brutale Weise auf den Zahlungsmechanismus verwiesen und daran gebunden, dass sich ökonomische Transaktionen rechnen. Wer etwas kollektiv Bindendes erreichen will, kann nicht anders, als Machtchancen zu testen. Selbst eine herrschaftskritische Politik bräuchte Macht, um etwas zu erreichen. Und wer Kunst präsentiert, wird an einem Code wie schön/nicht-schön gemessen, selbst wenn seine Kunst die traditionelle Form der Schönheit dementieren will. Und Wahrheitsfragen stoßen irgendwann unweigerlich darauf, dass der Code wahr/unwahr angewandt und der wissenschaftliche Geltungsanspruch wissenschaftlich negiert wird. Die faktische Brutalität des Codes macht es so schwer, selbst koordinierend in die Zeitläufte einzugreifen, denn am Ende kann man immer nur aus der Perspektive eines der dezentrierten Systeme agieren, da es keine Operationen außerhalb der Systeme gibt. *Nulla salus extra systemam* könnte man sagen, aber auch *intra systemas* wird es mit der *salus* schwierig.

Zur Erinnerung: Die vorstehenden Überlegungen sollen die Argumentation einen Schritt weiter bringen auf dem Weg zur Begründung der strukturellen Digitalität der modernen Gesellschaft. Mit Luhmanns Beschreibung liegt nun nicht nur eine Äquivokation vor, also es geht nicht darum, dass hier Begrifflichkeiten (oder: Metaphern) aus dem Formenkreis der Digitalisierung/Digitalität verwendet werden. Das würde als wissenschaftliche These nicht genügen. Es wird vielmehr deutlich, dass das Bezugsproblem der Digitalisierung tatsächlich in der Gesellschaftsstruktur der modernen Gesellschaft verankert ist. Ich möchte mein Argument thesenhaft in *sieben* Schritten schärfen:

1. *Die moderne Gesellschaftsstruktur einer funktional differenzierten Gesellschaft muss die verschwundene Ordnung der alten Welt, in der alles einen Platz hatte, in der man sich auf unveränderliche Traditionen berufen konnte und in der Wandel und Innovation ausgeschlossen werden sollten, nun durch eine andere Ordnung ersetzen.*

2. Ordnung ist stets ein Sieg der Einfalt über die Vielfalt. Unter Einfalt verstehe ich die Generierung von Regelmäßigkeiten, die nicht strittig sind, die gewissermaßen als Grundbedingung vorgehalten werden können. Nur wo es solche Einfalt gibt, ist Vielfalt möglich, verschwindet diese nicht in haltloser Komplexität, sondern gibt sich einen Halt.[24]

3. Diesen Halt scheint die moderne Gesellschaft in der Einfalt der funktionalen binären Codierungen ihrer Funktionssysteme zu finden. Es etablieren sich Minimalbedingungen, hinter die die Operationen nicht zurück können – alles Wirtschaften muss am Zahlungsmechanismus ansetzen, alles Politische am Machtmechanismus, alles Rechtliche muss Recht von Unrecht scheiden, alles Wissenschaftliche kommt um Wahrheitsfragen nicht herum, alles Künstlerische wird ästhetisch (schön/nicht-schön) verarbeitet, und alles Religiöse stößt auf die Immanenz der Transzendenz. Diese Zwei-Seiten-Formen erzwingen eine Positionierung, sie erzwingen sie binär und damit einfältig und verhindern haltlose Komplexität.

4. Gerade diese Einfalt ermöglicht es, Vielfalt aufzubauen. Wenn der Zahlungsmechanismus einmal etabliert ist, gibt es kaum Grenzen mehr für die Entfaltung von Formen und Möglichkeiten. Deshalb scheint Wachstum dem Wirtschaftssystem geradezu eingeschrieben zu sein, deshalb ist fast nichts vor politischer Macht sicher, deshalb wird Wissenschaft nicht nur besonders leistungsfähig, sondern auch in sich widersprüchlich, weil sie eben keine Eindeutigkeiten produziert usw.

5. Das Bezugsproblem einer solchen Gesellschaft: Sie muss in der Lage sein, das Verhältnis von Einfalt und Vielfalt zu bearbeiten.

6. Der Mechanismus zur Lösung dieses Bezugsproblems ist nicht Digitalisierung. Vielmehr ist diese Lösung eine immer schon digitale Lösung, indem den Funktionssystemen eine gewissermaßen brutale Alternativlosigkeit ihres Anschlusses gegeben ist.

7. Die leistungsfähige Digitaltechnik folgt demselben Muster wie die gesellschaftlichen Funktionssysteme: Sie kann ihren Formenreichtum und damit

auch ihren Siegeszug in fast alle Praktiken der modernen Gesellschaft nur erreichen, weil sie strukturell ebenfalls um das Verhältnis von Einfalt und Vielfalt gebaut ist. Ihre brutal einfache Codierung und Medialität in binären Mustern ist der Boden für den vielfältigen, kaum begrenzbaren Einsatz in allen Bereichen der Gesellschaft.

Diesen sieben Thesen ist aber eine entscheidende Generalthese anzuschließen:

— *Mein Argument lautet nicht, dass die Digitalisierung auch ein Funktionssystem der Gesellschaft sei, analog zu den Funktionen, die ich genannt habe. Digitalität ist eine technische Form (über deren Technizität die nächsten beiden Kapitel handeln werden), deren Struktur ein ähnliches Ordnungsproblem löst wie die Funktionssysteme der modernen Gesellschaft: auf dem Boden eines einfältigen Mediums vielfältige Formen zu entwickeln. Da die Digitaltechnik exakt so gebaut ist und exakt dies kann, ist sie für die moderne Gesellschaft in dieser Weise anschlussfähig. Eine anders gebaute Gesellschaft hätte keine Verwendung für die Digitaltechnik gehabt.*

Mit dem Gesagten sollte meine Grundfrage beantwortet sein, die da lautete: *Für welches Problem ist die Digitalisierung eine Lösung?* Ich habe diese Frage als eine funktionalistische Frage im ersten Kapitel eingeführt – mit dem Impetus, nicht einfach die Auswirkung einer Technik auf die Gesellschaft in den Blick zu nehmen, sondern der Idee zu folgen, dass nur solche Techniken sich in einer gesellschaftlichen Struktur etablieren können, die ihr entgegenkommt. Die Antwort auf die Grundfrage lautet: *Digitalisierung setzt am Bezugsproblem gesellschaftlicher Komplexität an.* Die Digitalisierung ist also kein Fremdkörper in der Gesellschaft, sondern, wenn man so will, Fleisch vom Fleische der Gesellschaft.

Optionssteigerungen

Wenn es einen zentralen Topos in der Rezeption und Diskussion von Digitalisierung und Digitaltechnik gibt, dann ist es die Erfahrung von Grenzenlosigkeit, Kontrollverlust und Ubiquität. Das gilt für populäre Diagnosen wie Hararis Katastrophendiagnose,[25] aber auch die wissenschaftliche Literatur nimmt neben der Sache selbst den Überschuss an digitalen Strategien wahr, wie sie etwa Dirk Helbing,[26] Rob Kitchin,[27] Deborah Lupton[28] oder auch Zygmunt Bauman[29] formulieren – und das mit Recht. Die Grunderfahrung mit der Digitalisierung lautet: Sie macht vor nichts Halt, nicht einmal vor der Beschämung des Menschen, dem vorgeführt wird, was die Maschine inzwischen viel besser kann,[30] und sie vermisst ihn, wo sie nur kann. In der Soziologie wird das gerne an der Quantifizierung festgemacht, an der Macht der Zahlen. Um den Sound solcher Diagnosen mitzuliefern, zitiere ich erneut Steffen Mau. Er erläutert, «dass Staat und Markt zwar wichtige Ausgangspunkte der Ausdehnung kalkulativer Praktiken waren, sich heutzutage aber eine Universalisierung der Sprache der Zahlen herausgebildet hat, die weit über diese beiden Bereiche und das Feld der Wissenschaft hinausgeht. Es ist zur Ausprägung einer neuartigen und tief in unsere sozialen Verhältnisse eingreifenden ‹quantitativen Mentalität› gekommen, die Zahlen eine – fast auratisch zu nennende – Vorrangstellung beim Erkennen gesellschaftlicher Phänomene zuweist und nun zu einem Sog der Zahlenhaftigkeit führt. Alles kann, soll oder muss vermessen werden – ohne Zahlen geht gar nichts mehr.»[31]

Ob es eine «Universalisierung der Zahlen» gibt, darüber kann man streiten – abgesehen davon, dass gerade Zahlenwerte per se *universal* sind, weil sie vergleichsweise kontextunabhängig funktionieren. Ich will auch nicht diskutieren, ob die These stimmt, dass das Soziale vollständig quantifiziert wird – es ließen sich aus dem Stand auch andere Trends anführen, etwa die qualitative Form der Definition von sozialen Zugehörigkeiten in der gesamten Migrationsdebatte, die sich einer quantifizierenden Aufklärung geradezu versperrt. Entscheidend ist vielmehr die Grunderfahrung, die zu solchen Diagnosen führt – das, was Dirk Baecker die Erfahrung eines «Kontrollüberschusses» nennt,[32] der in der Tat auf Metriken, Quantifizierungen, auf Formen der Vergleichbarkeit, des Self-Trackings und der Normierung durch gesetzte Maße basiert. Die Diagnose der «Universalisierung» ist der Ausdruck der Erfahrung jenes Kontrollüberschusses, der sich der Kontrolle letztlich entzieht.

Jedenfalls muss man konzedieren, dass der Digitaltechnik schon *per medium* eine Form der Grenzenlosigkeit inhärent ist. *Per medium* heißt: Es ist bereits im medialen Substrat angelegt, dass es so etwas wie eine intern eingebaute Stoppregel letztlich nicht gibt. Darin ist das Digitale erneut der Schrift vergleichbar, die ja insofern grenzenlos ist, als es so etwas wie eine prinzipielle Begrenzung ihrer Rekombinationsfähigkeit nicht gibt. Schrift (basierend auf Sprache und Sprechen) kennt keine Grenzen auf der Ebene des Mediums – sie trifft auf Grenzen der Sagbarkeit, auch auf Grenzen der Zeit, weil nicht alles zugleich geschrieben werden kann, aber selbst diese Begrenzungen sind dann wieder Schreibanlässe.

Das Ubiquitäre am Digitalen liegt an seiner Einfachheit und an der voraussetzungslosen Form der Verarbeitung von digitalen Signalen. Das hat weniger etwas mit der Universalisierung von «Zahlen» zu tun als mit der Übersetzbarkeit von allem in die Sprache des Digitalen, das sich wie ein selbstreferentielles Netz von elektronischen Signalen über die Gesellschaft legt. Das Geschmeidige der Digitaltechnik ist ihre Anwendbarkeit auf alles – und die Form der Kombination von striktem Medium und loser Kopplung von informationstechnischen Möglichkeiten. Es ist übrigens nicht nur ein vernachlässigbares Detail, dass gerade die Technik, der man eine geradezu disruptive Anwendbarkeit auf alles mit rasanten Veränderungs- und Verflüssigungsfolgen nachsagt, von einer geradezu zentralistisch anmutenden Definition weltweiter technischer Standards abhängig ist. Man denke an die Protokolle der Datenübertragung, man denke an Dateiformate, die erst die vollständige Erreichbarkeit von allem für zumindest prinzipiell alle ermöglichen. Man denke daran, dass sich bestimmte Standardformate und Programme durchsetzen mussten, was auch für Programmiersprachen etc. gilt. Man kann all diese Entwicklungen nur für das Ergebnis eines kapitalistisch getriebenen Verdrängungswettbewerbs halten, muss dann aber mindestens mitführen, warum es offensichtlich einen Bedarf für solche Konzentration gibt.

Es gehört zu den geflügelten Weisheiten der Selbsthistorisierung der Digitalwelt, dass sich nicht unbedingt der beste Standard durchsetzt – im Munde führt man dann gerne die Entwicklung von MS-DOS durch Microsoft in Kombination mit dem Aufstieg des IBM-PCs zum Industriestandard. Dass sich solche Standards durchsetzen, ist ja nur ein Hinweis darauf, dass die Optionssteigerungen des Digitalen ein kompatibles Medium brauchen – wobei man zugeben muss, dass es nicht nur das mediale Substrat der Technik selbst ist, das hier eine Medienfunktion hat, sondern auch Standardsoftware, die die Form der Anwendung und die Kompatibilität mit anderen Formaten erst ermöglicht. Die Digitalgeschichtsschreibung wird einst Geschichten darüber erzählen, warum es diese und nicht jene Software, diese und nicht jene Programmiersprache, diese und nicht jene Protokolle gewesen sein werden, die sich durchgesetzt haben.

Die Einheitlichkeit jedenfalls ist Basis für die ubiquitäre Anwendung und für die Kombinierbarkeit, für das *matching* von Datensätzen. So ermöglicht die Verarbeitung von Daten gerade aufgrund des oben beschriebenen Verhältnisses von Einfalt und Vielfalt, fast jedes gesellschaftliche Praxisfeld in Beschlag zu nehmen. Da überall Daten anfallen und verfügbar sind oder erzeugt und verfügbar gemacht werden können, eröffnen sich Spielräume, aber auch Notwendigkeiten für Digitalanwendungen.

Das ist es, was die gesellschaftliche Beobachtung an der Digitalisierung zunächst zu sehen bekommt: die ubiquitäre Form der Digitalisierung der unterschiedlichen Bereiche der Gesellschaft, die dann ihrerseits auf die gesellschaftliche Praxis zurückwirken. Ganze Branchen sind insbesondere durch plattformökonomische Modelle revolutioniert und verändert worden, und die Lebensführung wird durch die Verfügbarmachung von datengetriebenen Tools mitbestimmt – als Eröffnung von Möglichkeiten und als normatives Monitoring der eigenen Lebenspraxis. Alle Versuche, dies zu begrenzen, stoßen an Grenzen – an technische, an rechtliche, an ökonomische, an politische, vor allem aber an Grenzen des Kontrollmechanismus selbst. Der Kontrollüberschuss durch die Datenwelt lässt sich kaum kontrollieren. *Optionssteigerungen liegen deshalb gewissermaßen in der digitalen Natur der Sache!*

Hier eröffnet sich eine erneute Parallele zwischen der modernen Gesellschaftsstruktur und der digitalen Welt. Ich habe bereits vor 20 Jahren im Rahmen risikosoziologischer Arbeiten darauf hingewiesen, dass der funktionalen Differenzierung der Gesellschaft eine Tendenz zur Optionssteigerung inhärent ist.[33] Das Argument lautete, dass diese Tendenz zur Optionssteigerung unmittelbar mit der binären Codierung der Funktionssysteme zusammenhängt.

Noch einmal der Gedankengang: Codierte Systeme zeichnen sich dadurch aus, dass ihre Anschlussstellen, also die Fortsetzung ihrer Operationsweise, ausschließlich in der Zuweisung von positiven oder negativen Code-Werten zu sehen ist. Um ausdifferenzierte Systeme handelt es sich nicht nur deshalb, weil in ihnen die Welt nur in Form von Eigenprojektionen der Codes vorkommt, sondern vor allem deshalb, weil diese stets an Operationen des eigenen Systems anschließen.[34] *Gerade weil es sich bei den modernen Funktionssystemen um codierte Systeme handelt, fehlt ihnen eine eingebaute Stoppregel und damit die Fähigkeit einer angemessenen Selbsteinschränkung.*

Die einzige Stoppregel, die codierte Systeme kennen könnten, wäre die, dass das System endet, wenn der Code nicht mehr angewandt werden kann. Aber: Man kann immer zahlen oder nicht zahlen; alles, was unter der Sonne geschieht, lässt sich politisch, rechtsförmig, religiös, wissenschaftlich, künstlerisch oder pädagogisch verarbeiten und lässt Optionen für weiteres Verhalten nie knapp werden, denn exakt dafür hat sich die Gesellschaft ja funktional ausdifferenziert. Funktionssysteme, deren einzige Existenz-, besser: Operationsbedingung die Anwendung ihres Codes ist, verlieren gewissermaßen die Selbstkontrolle, weil sie aus ihrem Code nicht ausbrechen können. Beispiele dafür lassen sich mannigfaltig finden:

– *Wissenschaft* kann wissenschaftliche Erkenntnisse nicht vermeiden oder aktiv vergessen, deshalb wird man weder die Kernspaltung noch die Systemtheorie wieder los und deshalb verlieren wissenschaftliche Perspektiven auch an Konvergenz mit sogenannten *lebensweltlichen* Perspektiven, wie ich oben mit Husserl beschrieben habe. Man kann sehr wohl bestimmte Formen von Forschung rechtlich regulieren, politisch bekämpfen oder moralisch diskreditieren, aber eine wissenschaftssysteminterne Stoppregel müsste selbst wieder wissenschaftliche Formen annehmen.

– *Medizinischer Fortschritt* führt zu medizinischen Optionssteigerungen, die zu ganz neuen Fragen führen, man denke nur an den gesamten Fragenkomplex der Intensivmedizin oder der Todeszeitbestimmung zwecks Organtransplantation, aber auch an die Frage, ob die Medizin durch Einsatz von Technologien die Grenzen anthropologischer Selbstverständlichkeiten überschreitet, etwa in der Gentechnik. Dazu gehört auch die Frage der Überdiagnostizierung, die dazu führen kann, dass der positive Wert der systemkonstituierenden Unterscheidung *krank/gesund*, nämlich «krank», kaum mehr vermeidbar ist und die Optionssteigerung des Medizinischen keine Gesundheit mehr registrieren kann.

– *Ökonomische Prozesse* sind gewissermaßen der Klassiker von Optionssteigerungen. Was man «Kapitalismus» nennt, ist gewissermaßen die Grundfigur für Optionssteigerungen, weswegen diese eher ökonomische Chiffre zum Grundcharakteristikum der Gesellschaft selbst hochstilisiert werden konnte. Dazu gehört übrigens auch die teilweise völlige Abkoppelung der Finanzwirtschaft vom Warenverkehr und von der Warenproduktion. Ökonomische Akteure greifen auf Optionen eines geradezu virtuellen Geldverkehrs zu, der sich von wirtschaftlichen Bedürfnissen ganzer Volkswirtschaften abgekoppelt hat. Dass einer modernen Ökonomie so etwas wie eine Wachstumstendenz geradezu aus Gründen der Codierung des Systems eingeschrieben ist, gehört zu den nahezu unlösbaren Problemen einer Ökonomie, die ihre eigenen Grundlagen dadurch gefährden kann, weil sie die Erfolge nur ökonomisch registriert. Sie ist zum Beispiel relativ blind für die Entropieprobleme ihres Stoffwechsels.

— Die *Massenmedien* haben über die Jahrhunderte darum gekämpft, über alles berichten zu können, jetzt stehen ihnen Möglichkeiten einer schnellen und umfassenden Berichterstattung zur Verfügung, die die Optionen radikal steigern und zum Teil ihre Leistung für die Gesellschaft unterminieren, nämlich dafür zu sorgen, mit Informationen ausgestattet zu werden. Diese werden zum Teil eher diffuser, weil widersprüchlicher, umfangreicher und nicht zuletzt unübersichtlicher.

— *Politik* kann sich letztlich zu keinem Thema enthalten, in dem Macht erworben, gesichert oder verloren werden könnte. Die Diktaturen des 20. Jahrhunderts, aber auch die Konjunktur autoritärer Politikformen im 21. Jahrhundert sind deutliche Formen politischer Optionssteigerungen, die eine Durchpolitisierung der Gesellschaft angestrebt und auch erreicht haben.

— *Religiöser* Fundamentalismus ist eine moderne Erscheinung, eine Optionssteigerung des Religiösen, die unmittelbar darauf reagiert, dass auch Religion nurmehr ein Funktionssystem unter anderen ist und eine Diskrepanz zwischen ihrer Funktion, das Ganze zu repräsentieren, und ihrer gesellschaftlichen Position erlebt.

Die Quintessenz meiner These lautet also: *Codierte Funktionssysteme haben weder externe noch interne Kriterien, die ihre Operationen limitieren könnten, die also ein Maß zur Selbstbeschränkung, zum Verzicht auf Optionen ausbilden oder letztlich zu völliger Transparenz der eigenen Logik führen könnten.* Das Resultat dessen ist *erstens* eine Logik radikaler Optionssteigerung und *zweitens* eine radikale gesellschaftliche Komplexitätssteigerung. Dass sich moderne Gesellschaftlichkeit stets als Krise erlebt,[35] als Unübersichtlichkeit und nicht zuletzt als unkontrollierbar und unsteuerbar, liegt weniger an der für die soziologische Klassik relevanten Frage des Sinnverlusts (Max Weber), einer fehlenden Moral (Durkheim) oder Integrationskrisen einer gesellschaftlichen Gemeinschaft (Parsons). Der Grund dafür liegt gerade im fehlenden systematischen Ort für die Gesamtregelung oder Gesamtselektivität des Systems. Einfacher gesprochen: Aufgrund der Differenzierungsstruktur gibt es keinen Ort, der die Teile wirklich anordnet und integriert.

Integration würde ja bedeuten, dass die Teile sich zugunsten eines Ganzen einschränken könnten oder eingeschränkt werden könnten. Dafür ist keine Funktionsstelle vorgesehen. Integration erfolgt immer nur in konkreten Gegenwarten, immer nur hier und jetzt und nicht prinzipiell. Um dies zu erläutern, habe ich auf die Figur der *Verdoppelung* hingewiesen: Es gibt keinen Ort, an dem das Original aufzufinden wäre – alle Operationen sind Verdoppelungen der Welt, die letztlich nur auf sich selbst verweisen.

Diese Theorie und Diagnose der Optionssteigerung erlaubt es, die Krisenerfahrung moderner Gesellschaften viel fundamentaler zu beschreiben als nur als Folge falscher politischer oder ökonomischer Entscheidungen. Um einem Missverständnis vorzubeugen: Ich rede hier nicht einer geradezu schicksalhaften Entwicklung das Wort, als gäbe es nicht die Versuche, Optionssteigerungen der Funktionssysteme wenigstens einzuhegen – man denke an die Versuche rechtlicher Begrenzungen politischer oder ökonomischer Optionsmöglichkeiten, an die politischen Versuche, die Ungleichheitsfolgen ökonomischer oder Bildungssysteme aufzufangen oder an wissenschaftliche Versuche, rationale Entscheidungslagen begründbar zu machen. Das Entscheidende ist nur, dass eine Gesamtintegration der Gesellschaft unmöglich geworden ist, weil die unterschiedlich codierten Anschlussmöglichkeiten sich je eigene Auswege suchen.

Lösungen wie das Institutionenarrangement der klassischen Industriegesellschaft, das in der Lage war, durch exakt ein solches Arrangement die Zentripetalkräfte der Gesellschaft zu binden, sind womöglich unwahrscheinlicher als der Eindruck der derzeitigen Veränderung institutioneller Arrangements, die die Struktur der gesellschaftlichen Moderne sichtbarer machen. Ich bin der Überzeugung, dass derzeit keine Epoche zu Ende geht, dass keine «nächste» Gesellschaft anbricht, wie es etwa Dirk Baecker formuliert, zumindest wäre diese nächste Gesellschaft wahrscheinlich auch eine funktional differenzierte Gesellschaft. *Vielleicht zeigt sich erst jetzt, nach dem stabilen Arrangement der westlichen Industriegesellschaft, die ganze Struktur der gesellschaftlichen Moderne: dass die Leistungsfähigkeit des Gesellschaftssystems mit der Ausdifferenzierung der Funktionen mit ihren geradezu brutal simplen An-*

schlussmöglichkeiten gesichert wird, dass aber das Unterlaufen interner Stopp-
regeln auch für die Kosten des Systems verantwortlich sind.

Sapere aude im Spiegel der Digitalisierung

Die Struktur der Digitalisierung passt sich geradezu nahtlos in eine
Gesellschaft ein, die offensichtlich schon für ihre bestehenden Zentralinstanzen keine internen Stoppregeln und externen Kontroll- und
Integrationsmechanismen kennt. Dass die Digitalisierung als Disrup-
tion erfahren wird, hängt natürlich mit völlig neuen Erfahrungen
zusammen. Die Verdoppelung der Welt durch die Datenverarbeitung
wird rückgekoppelt an die Funktionssysteme und verstärkt womöglich noch die Optionssteigerungen. Ich habe oben auf jene «Störungen» hingewiesen, als die die Rückkopplungen der digitalen in die
sogenannte analoge Welt erlebt werden. Das Disruptive ist womöglich gar nicht nur das Neue der technischen und soziotechnischen
Lösungen und Möglichkeiten. Das Neue ist womöglich, dass sich die
Moderne nun tatsächlich zur Kenntlichkeit entstellt: *Sie kann all das,*
was sie als funktional differenzierte Gesellschaft ist, nicht mehr hinter einem In-
stitutionenarrangement unsichtbar machen, das die westlichen öffentlichen Dis-
kurse und auch der große Teil der Sozialwissenschaften für die Grundstruktur
der Gesellschaft gehalten haben. Die Struktur ist viel radikaler – sie
bezahlt die Entfesselung ihrer eigenen Kräfte mit der Verunmöglichung von Stoppregeln, was intelligentere Steuerungs- und Beobachtungsformen erfordert. Ob die Digitalisierung dabei eher Problem
oder eher Lösung ist, wird nicht zu entscheiden sein, weil sie da ist –
zum Teil noch als Fremdkörper erlebt, aber von der Grundstruktur
her exakt von der gleichen Art wie die moderne Gesellschaft selbst.
   Vielleicht müssen wir auf die Couch einer Sozioanalyse, und vielleicht ist die Digitalisierung das Ereignis, das uns derzeit dazu zwingt,
die verdrängten Strukturen einer Gesellschaftsstruktur ernst zu nehmen, deren Ordnung zweierlei beinhaltet: die *Einfalt* der Codierung
ihrer Zentralinstanzen und die radikale *Vielfalt* ihrer praktischen
Möglichkeiten und Variationen. Vielleicht war dieser Zusammenhang

allzu verdeckt durch jenes Normalmodell der westlichen Industriegesellschaft mit ihrem westlichen Institutionenarrangement, das ganz offensichtlich in einer historisch hochunwahrscheinlichen Zeit nach dem Zweiten Weltkrieg mehr Stabilität suggeriert hat, als am Ende da war. Dieses westliche Modell der Industriegesellschaft hat sich für das Normalmodell des Gesellschaftlichen gehalten und die Zentripetalkräfte der funktionalen Differenzierung vielleicht weniger stark wahrgenommen als andere Weltteile. Dieses Über-Ich, um in der Metapher zu bleiben, müssen wir wohl fahren lassen. Ein Hinweis könnte übrigens sein, dass sich etwa der asiatische Raum mit der Digitalisierung leichter tut als das alte Europa. Das ist zumindest ein Hinweis darauf, wie variantenreich eine funktional differenzierte Gesellschaft ist.

Es sei vorsichtig darauf hingewiesen, dass der gesellschaftliche Westen viel zu verlieren hat – nicht nur ökonomisch und machtmäßig, sondern auch, was die Errungenschaften jenes Institutionenarrangements angeht. Dass sich diese Gefahr vor allem an der Rolle der Digitalisierung sichtbar macht, ist kein Zufall, sondern mit jener optionssteigernden Form der Digitalisierung zu erklären, die unmittelbar an den Optionssteigerungsmöglichkeiten von Funktionssystemen andockt. Die klassischen Institutionen haben dem derzeit wenig entgegenzusetzen.

Die Erfahrung mit der Digitalisierung ist in erster Linie keine Erfahrung mit einem Kolonialherrn, der von außen auf eingespielte Routinen trifft, um diese zu stören. Mein Argument kehrt diese Figur um: Die Digitalisierung erweist sich eher als ein Spiegel, in dem die moderne Gesellschaft ihrer selbst ansichtig wird, wenn sie dort auf die kontrollaverse Kombination von Einfalt im Medium und Vielfalt in der Form stößt. Die Digitaltechnik ist tatsächlich so ähnlich gebaut wie die Grundstruktur der Funktionssysteme einer modernen Gesellschaft. Eine Theorie der Digitalisierung und der digitalen Gesellschaft kann es sich kaum leisten, diese Flughöhe der Analyse zu unterlaufen, will sie sich nicht nur selbst in der Kontrollillusion vorfinden, mit den Kontrollmöglichkeiten der klassischen Industriegesellschaft die Optionssteigerungstechniken des Digitalen in den

Griff zu bekommen. Die Komplexität der gesellschaftlichen Moderne wird erst jetzt sichtbar.

Konzediert werden muss, dass die vorstehenden Sätze auch nicht von außen kommen, sondern von innen – und nur die Codierung des Wissenschaftlichen in Anspruch nehmen können. Sie können keine Kontrollansprüche gegenüber der Digitalisierung markieren, aber Geltungsansprüche im Hinblick auf ihre Verstehbarkeit. Der Blick in den Spiegel der Digitalisierung könnte also ein Anlass für ein gesellschaftstheoretisches *sapere aude* sein.

Exkurs

Digitaler Stoffwechsel

Digitaltechnik kommt nicht-stofflich, immateriell, eben: informationsförmig daher. Man könnte auf den ersten Blick sagen: Wertschöpfungsformen (nicht nur ökonomischer Natur) waren in der klassischen Moderne von mechanischen, stofflichen Maschinen und Großanlagen geprägt. Es ging um die physikalische und chemische Bearbeitung von Ausgangsstoffen und um einen handfesten Stoffwechsel. Darauf folgt nun eine eher wissens- und informationsförmige, immaterielle, fast stoffwechselfreie Form. Vom *historischen Materialismus* des Jägers und Sammlers bis zur nuklearen Großanlage geht der Denkweg zu einer Art *historischem Immaterialismus* von der Sprache über Schrift und Zeichen zur elektronischen Informationsverarbeitung. Aber die Immaterialität der Datenverarbeitung bezieht sich ausschließlich auf die Verarbeitung von Informationen bzw. von Daten. Meine Diagnose, dass Datennetze sich ähnlich über die Gesellschaft ausbreiten, wie es weiland der Buchdruck ermöglichte, und mein Gedanke der Optionssteigerung, die in die Kombination von *Einfalt und Vielfalt* eingebaut ist, haben durchaus auch eine materielle Dimension: Die Digitalisierung findet in einer analogen Welt statt, die ihrerseits wie eine moderne Gesellschaft darauf reagiert: durch Finanzierungsbedarf, die Übersetzung in ökonomische Geschäftsmodelle, politische Regulierung, rechtliche Rahmensetzung und nicht zuletzt pädagogische Anleitung des richtigen Gebrauchs. Die Digitalisierung ist von dieser Welt – wie es der Buchdruck auch war und ist. Sie verdoppelt die Welt in Datenform und muss in exakt dieser Welt repräsentiert werden – *sinnhaft und entropisch*. Sinnhaft, weil die Daten stets in analoge Formen gebracht werden müssen, entropisch, weil die Aufrechterhaltung der Datennetze Energie verbraucht und also Wärme erzeugt. Die postfossile Datenwelt hat mehrere fossile Dimensionen.

Dass Daten das neue «Öl» sind, wie es allenthalben heißt, meint nicht nur, dass sie jenen Rohstoff darstellen, mit Hilfe dessen sich Wert schöpfen lässt. Sie sind das neue «Öl», weil sie wie nichts anderes für eine radikale Optionssteigerung des Ökonomischen stehen und damit auch einer Kapitalkonzentration Vorschub leisten, die im 20. Jahrhundert, angetrieben durch das Öl, bereits eine der Ursachen für die tatsächliche Verteilung der weltpolitischen Interessen war. Viele der Konflikte im sogenannten Nahen Osten sind bis heute Ausdruck jener Kapitalkonzentration, die unmittelbar auf den Bedarf an der fossilen Energieform zurückgeht. Man hätte auch damals schon schreiben können, dass ökonomische Optionssteigerungen deshalb möglich waren, weil der Energieträger Erdöl und seine Derivate fast überall einsetzbar waren und die höchste Form der Wertschöpfung in kurzer Zeit ermöglicht haben. Die konkrete Stofflichkeit des Öls, seine Transportabhängigkeit, seine regionale Verteilung, nicht zuletzt das koloniale und postkoloniale Beziehungsgeflecht zwischen Produzenten und Verbraucherländern haben den Industriekapitalismus ähnlich strukturiert wie zuvor die Kohle.[1] Das ist übrigens keineswegs nur ein Krisenphänomen. Die auf karbonisierter Wertschöpfung beruhende Moderne hat großartige technische, medizinische, kulturelle und soziale Errungenschaften hervorgebracht. Es war eine historisch beispiellose gesellschaftliche Kräfteentfesselung, deren Krisenhaftigkeit sicher auch in dem enormen Entfesselungspotential selbst lag. Aber für die Moderne geradezu selbstverständliche Standards, die die Kriterien jener kritischen Einstellung hervorgebracht haben, sind auch das Ergebnis dieser gesellschaftlichen Entwicklung. Es ist insofern auch in ihren immateriellen Dimensionen eine *materialistische* Entwicklung gewesen, weil die Triebkraft dessen, was im Marxschen Idiom die *Entwicklung der Produktivkräfte* geheißen wurde, ein entscheidender Treiber gewesen ist (wenn man auch soziologisch viel präziser die Differenzierungsumstellungen auf funktionale Differenzierung als Grundlage für den materiellen Industrialismus rekonstruieren kann).

Michael Betancourt setzt dem die Immaterialität des Digitalen entgegen und beschreibt die «Aura des Digitalen» in ihrer Immaterialität: «Gleichzeitig erscheint das Digitale als eine Naturalisierung der Konzentration von Kapital, da das Digitale selbst eine magische Ressource darstellt, die ohne Verbrauch oder Verringerung verwendet werden kann, was zu einem Glauben der Akkumulation von Wert ohne Produktion führt. Diese Verschiebung von einer Grundlage in begrenzenden Faktoren und Knappheit ist der immateriellen Form, die durch das Digitale dargestellt wird, inhärent [...].»[2]

Für den marxistisch inspirierten Kritiker des digitalen Kapitalismus Betancourt ist eine immaterielle Produktion schon per se ein Krisenphänomen, aber seine Diagnose besticht dadurch, dass sie den Drang zur Optionssteigerung des digitalen Kapitalismus sehr treffend auf den Punkt bringt. Gerade die immaterielle, also informationstechnische Form der Wertschöpfung befähigt gerade die digitalen Produkte mit ihren niedrigen Grenzkosten dazu, eine noch stärkere Ausbreitungsgeschwindigkeit und Optionssteigerung anzustreben, als es den Produkten des «materiellen» Industriekapitalismus möglich war. Dies ist vielleicht die entscheidende Rückwirkung des Digitalen auf die Gesellschaft: dass sich die Bedingungen der Produktion, Reproduktion und Verarbeitung vereinfachen, weil es tatsächlich um die Produktion, Reproduktion und Verarbeitung von informationsförmigen, besser: datenförmigen Formen geht.

Diese Dynamik freilich stößt auf eine Gesellschaft, die schon da ist, wenn man es so lapidar formulieren will. Digitalen Produkten sind ganz eigene Limitationen eingeschrieben, weil die niedrigen Grenzkosten[3] eine geradezu unendliche Form des Absatzes suggerieren, die Gesellschaft aber als materielle, als analoge Gesellschaft schlicht Grenzen zieht: in Form der Zahlungsfähigkeit und -willigkeit von Kunden, in Form von Grenzen des manipulativen Einwirkens auf sich selbst optimierende Individuen, aber auch technische Grenzen des Möglichen, die bei der Realisierung größer sind als bei der Konzeption von Programmen und Absichten.

Mein Argument lautet: Die niedrigen Grenzkosten und die einfache Ausgangsbasis der Technologie sowie die Verfügbarkeit von Daten suggerieren eine Grenzenlosigkeit, die die materiellen und faktischen Grenzen einer bestehenden Gesellschaft zugleich ignoriert und sprengt. *Die Datenwirtschaft enthält keine inhärente Stoppregel.*

Die Erdölzeit hat die energetischen, ökonomischen und politischen Prozesse um die Verfügbarkeit fossiler Brennstoffe herum strukturiert. Man erinnere sich an die sogenannten Ölkrisen in den 1970er Jahren, als die politisch und marktbedingt reduzierte Verfügbarkeit über den Energieträger zu großen Einschränkungen geführt hat. Das eindringlichste Bild waren sicher leere Autobahnen – drastischer konnte das damalige Geschehen ästhetisch gar nicht inszeniert werden. Glaubt man an die Diagnose der *Immaterialität* des Digitalen, so sind leere Datenautobahnen kaum vorstellbar, weil sich Daten, anders als Öl, durch den Gebrauch eher vermehren. *Daten werden verarbeitet, nicht verbraucht.* Gewonnen werden müssen sie trotzdem.

Heute liegt die arabische Wüste (um nur ein wichtiges Gewinnungsgebiet zu nennen) in Kalifornien, südlich von San Francisco, wo eine Konzentration von Kapital und professioneller Virtuosität geradezu zum Symbol für den immateriellen Kapitalismus wird, dessen Immaterialität nicht darin liegt, dass keine Waren umgeschlagen, dass keine Verkehrswege genutzt oder keine Industrieprodukte gebaut würden. Immateriell ist allein die Form der Wertschöpfung. Die kapitalstarken Unternehmen, deren Unternehmenswerte zum Teil in eher symbolische Höhen wachsen, erwirtschaften ihren Gewinn tatsächlich mit Informationsverarbeitung und besitzen all das Stoffliche, das daran hängt, teilweise gar nicht selbst. Uber besitzt kein einziges Automobil und Airbnb keine eigenen Unterkünfte. Facebook/WhatsApp/Instagram et al. schlagen ohnehin nur Informationen um, und selbst für Unternehmen, die materiell produzieren, sind Daten der entscheidende Rohstoff, um ihre Produkte zu verbessern – so beschreibt Nick Srnicek den «Plattform-Kapitalismus».[4]

Und dennoch ist die Rede von der Immaterialität ausschließlich für die Frage der Datenverarbeitung richtig, die technische Basis ist hochenergieintensiv und von seltenen Rohstoffen abhängig.[5] Es sollte bei der Diskussion um die datenförmige Erzeugung von Wertschöpfung, Erkenntnis, Kommunikation, Steuerungskraft etc. nicht vergessen werden, dass das mediale Substrat der Digitalisierung von Maschinen abhängig ist, die dafür sorgen, dass geschlossene Daten-operationen mit sich verändernden Spannungszuständen vorgehalten werden, dass Daten gespeichert, archiviert und vorgehalten werden müssen, dass Netze funktionieren, die die Server miteinander verbinden, die für den steten Austausch von Daten sorgen, dass die Anwendung in immer mehr Endgeräten, auch mobiler Natur, bearbeitet werden. So verursacht etwa ein vernetztes Endgerät wie ein Tablet im verbundenen Rechenzentrum bei Online-Anwendungen bis zu fünfmal mehr Energieverbrauch, als es selbst benötigt.[6]

Außerdem darf nicht vergessen werden, dass digitale Anwendungen und die digitale Steuerung von Prozessen sehr wohl klassischen Energieverbrauch steuern und ermöglichen. Man denke etwa an den Verkehrssektor – der weltweite Flugverkehr ist eine der datenintensivsten Industrien, aber auch ein bedeutender Verbraucher fossiler Brennstoffe, von der Produktion und dem Unterhalt des Betriebes ganz zu schweigen. Dasselbe gilt auch für den Automobilverkehr, aber auch für die Schwerindustrie oder für den Hausbrand. Die Umstellung auf angeblich immaterielle digitale Wertschöpfung bedeutet keineswegs das Verschwinden materiellen Waren- und Energieumschlags. Das ist für eine Theorie des Digitalen nicht unbedingt relevant, aber für seine Praxis sehr wohl – übrigens auch im Hinblick darauf, was das für die Beteiligung von arbeitenden Personen bedeutet. Aber das ist hier nicht das Thema.

Es gibt keine wirklich validen Informationen darüber, wie hoch der Anteil der Datenverarbeitung am weltweiten Gesamtenergieverbrauch ist. Berechnungen gehen davon aus, dass der Anteil der Rechenzentren am weltweiten Stromverbrauch zwischen 1,1 % und 1,5 % liegt. In den USA beläuft sich die Rate auf 2,2 %. Nimmt man nicht nur Rechenzentren ins Visier, sondern auch Endgeräte, Kommunikationsnetze sowie deren Herstellung, so geht man von einem Anteil von etwa 5 % am Gesamtstromverbrauch aus.[7]

In Europa ist die Bundesrepublik nach Großbritannien und Frankreich der größte Energieverbraucher, was Rechenzentren angeht. Berechnungen gehen davon aus, dass sich der Bedarf von 12 Mrd.

kWh/Jahr bis 2025 auf über 16 Mrd. kWh/Jahr steigern wird, wobei sich die Energieeffizienz von Großrechnern und Rechenzentren aufgrund neuer Technologien, insbesondere Kühltechnologien signifikant verbessert. Das gilt auch für den Energieverbrauch von mobilen Endgeräten.[8] Die Energieeffizienz von Rechnern hat sich in den letzten 50 Jahren alle 1,5 Jahre in etwa verdoppelt. So konnte man mit der Energiemenge, mit der man ein Mittagessen für vier Personen zubereiten kann (etwa eine kWh), im Jahre 1950 nur etwa 10 000 Operationen durchführen, heute dagegen etwa eine Billiarde Operationen.[9]

Freilich vermittelt diese Konzentration auf die klassischen Digitalanwendungen und -geräte keineswegs ein vollständiges Bild, denn die Optionssteigerung des Digitalen zeigt sich im technischen Bereich gerade darin, dass die relativ einfache, darin aber zu großer Komplexität befähigte Möglichkeit digitaler Steuerung Einzug in Alltags- und Haushaltsgeräte aller Art gefunden hat, die man auf den ersten Blick nicht mit der Digitalisierung in Verbindung bringt, vom intelligenten Kühlschrank und digital steuerbarer Haustechnik bis hin zu Spielzeug und zur alltäglichen Vernetzung über mobile Endgeräte – wobei es nicht nur um die Geräte selbst geht, sondern eben auch um deren durchaus energieintensive Vernetzung. Berechnet man deren Energieverbrauch mit, so kommen durchaus ernst zu nehmende Stromverbräuche zusammen. Eine Studie des Borderstep-Instituts von 2018 kommt zu der Prognose, dass innerhalb der EU ein Mehrverbrauch dieser Geräte von ca. 70 TWh/Jahr auflaufen könnte – das entspräche fast der Strommenge, die alle laufenden Atomkraftwerke in Deutschland im Jahre 2017 erzeugt haben.[10] Wie valide diese Information *in concreto* ist, sei dahingestellt, aber selbst wenn sie um den Faktor 3 oder 4 zu hoch angesetzt wäre, hätte der Verbrauch immer noch erhebliche Auswirkungen auf die Energiebilanz.[11]

Zusammenfassend kann man sagen, dass die Digitalisierung mit etwa fünf Prozent am Gesamtstromverbrauch der Welt keineswegs zu den größten Energiefressern gehört, wobei womöglich nicht die Raten steigen werden, aber sicher die absoluten Verbräuche, wenn man davon ausgeht, dass sich mit der wirtschaftlichen Entwicklung in bisher weniger entwickelten Weltregionen sicher auch der Digitalisierungsgrad mit eigenen Rechenleistungen erhöhen wird. Nimmt man freilich die Digitalisierung von Alltagsprodukten und Dienstleistungen mit in den Blick, so sind die Raten beachtlich. Dass diese ganze Energie erzeugt werden muss – aus erneuerbaren, aber auch aus fossilen und nuklearen Quellen –, ist zumindest eine gewisse Aufmerksamkeit wert. Zugleich muss konzediert werden, dass digitales Energiemanagement womöglich zu den wichtigsten Antriebskräften für die Vermeidung von CO_2-Emissionen gehören wird, und zwar sowohl bei der Produktion als auch bei der Distribution von Strom aus erneuerbaren Energien sowie im Hinblick auf die Steuerung fossiler Energieträger.[12]

In der Tat hat also die Digitalisierung durchaus eine materielle Seite, wobei die Form der Energiegewinnung, des Energiemanagements und der Energiedistribution heute grundlegend auf digitale Steuerungselemente angewiesen ist. Die Digitalisierung ist übrigens nicht nur im Hinblick auf Energiefragen auf Materialität angewiesen, sondern braucht zum eigenen Betrieb besondere endliche Rohstoffe. Besonders gilt das für einen sekundären Rohstoff, der vor allem für den Betrieb von Rechnern und Endgeräten, aber auch für Batterien und Ladegeräte von Bedeutung ist, nämlich die sogenannten *seltenen Erden*. Ohne sie ist der Betrieb dieser Technologien nicht möglich. In Japan werden diese Erden als «Vitamine der Industrie» bezeichnet. Die Preissteigerungsraten für seltene Erden sind exorbitant, und an ihnen wiederholt sich ein geostrategischer Konflikt, der durchaus an die fatalen Auseinandersetzungen über den Zugang zum Erdöl im 20. Jahrhundert erinnert. Der Monopolist auf diesem Gebiet ist China, das ohnehin aufgrund der Nichtbeachtung von Umweltstandards beim Abbau dieser Erden der Konkurrenz haushoch überlegen ist.[13] Zumindest was den Abbau von sogenannten seltenen Erden, Rohstoffen wie Kobalt und Lithium angeht, wiederholen sich zum Teil die Fehler aus der Erdölzeit, wenn es um die Frage der Ausbeutung von Rohstoffen unter nur geringer Beteiligung der rohstoffreichen Regionen an den Gewinnen geht.[14] Man geht freilich davon aus, dass die Ressourcen begrenzt bleiben – Prognosen sprechen von einer Verfügbarkeit von unter 50 Jahren.[15] Diese ressourcenbedingte, aber auch geostrategische «Kritikalität seltener Erden» erzeugt einen starken Forschungsbedarf für Recycling- und Substitutionsmaßnahmen.[16] Dass alte Handys und Smartphones ein lukrativer Rohstoff geworden sind, wird schon manche Verbraucherin und mancher Verbraucher vom eigenen Mobilfunkanbieter erfahren haben – der Grund liegt in der Knappheit seltener Erden.

Die vorstehenden Überlegungen sind weder eine ökonomische noch eine technische Analyse der Materialität, ja der materiellen Bedingungen der Digitalisierung. Sie sind nur ein Hinweis darauf. Denn wie alles findet auch die Digitalisierung innerhalb der Entropie eines geschlossenen Systems statt und produziert einerseits immaterielle Formen von Informationen, die für die Entropie neutral sind – aber ihre stofflichen Voraussetzungen und Folgen sind es nicht, was ein erneuter Hinweis auf die Immanenz der Immaterialität des Digitalen ist.

5

Funktionierende Technik

Wer von der Digitalisierung spricht, meint fast immer ein technisches Phänomen. Dass es sich um Technik handelt, hat meine Argumentation bis dato freilich eher *en passant* mitgeführt und nicht systematisch in den Blick genommen. Was sie in den Blick genommen hat, ist das Verhältnis von Medium und Form, also dem elektronischen Medium des binären Codes mit seiner brutal einfachen Struktur und den Formen, die gerade wegen der einfachen Struktur des Mediums nicht nur besonders vielfältig sein, sondern kaum Grenzen ihrer Anwendung finden können. Um dieses Verhältnis von *Einfalt* und *Vielfalt*, wie ich es genannt habe, zu beschreiben, kam vor allem die Schrift als Medium mit diskreten, aber keineswegs einfach gebauten Zeichen als Vergleichsmaßstab in den Blick. Ich habe den technischen Grundstoff der Daten also als Zeichenmedium beschrieben. Nun wechsle ich die Blickrichtung und beschreibe sie als Technik. Dazu ist es ratsam, die Digitaltechnik mit nicht-digitaler Technik zu vergleichen.

Ich werde dabei zum einen das Argument entwickeln, dass Digitaltechnik – wie jede andere Technik auch – als Technik begriffen werden muss, weil es explizit ihr Status als Technik ist, der ihr zum Durchbruch verhilft. Wenn Digitaltechnik auch noch so unübersichtlich, unkalkulierbar und ungewohnt erscheint, so setzt sie sich vor allem deshalb durch, weil sie funktioniert. *Das Funktionieren entlastet von Reflexion und spricht für sich. Zweifel am Digitalen lösen sich praktisch dann auf, wenn sich die Digitaltechnik als Technik auch praktisch bewährt. Gerade weil sie sich geradezu nahtlos in die gesellschaftliche Funktionsweise einfügt, erscheint sie spätestens dann, wenn sie in ihren konkreten Anwendungs-*

gebieten funktioniert, nicht mehr als fremd, sondern kommt der Praxis der Gesellschaft selbst entgegen. Diese hier noch reichlich unklar anmutende These werde ich in diesem Kapitel entwickeln. Dazu ist es zunächst nötig, die Begriffe der Technik und Technizität generell zu klären, um danach die Digitaltechnik besser verstehen zu können.

Die Funktion des Technischen

Die Funktion von Technik hat bereits Ernst Cassirer in den 1930er Jahren sehr treffend auf den Begriff gebracht. Er verstand Technik als eine der symbolischen Formen, und zwar als die Form, die die Wirklichkeit «durch das Medium des Wirkens»[1] erfasst. Diese symbolische Form ist an der Frage dessen orientiert, was später als *Funktionieren* bezeichnet werden sollte. Das Medium des Wirkens ist an der Frage des Bewirkens selbst orientiert, nicht am Produkt. Technik ist gewissermaßen der Weg zu einem Ziel, in diesem Sinne eine Methode, eine Bewirkungsform. Man verfehlte das Originäre der Technik, wenn man sich auf das Produkt kapriziert und nicht auf die besondere Form einer Handlung oder eines Vorgangs. Für ein soziologisches Verständnis von Technik hat Werner Rammert die Dinge ziemlich präzise auf den Begriff gebracht: *«Handlungen, natürliche Prozessabläufe oder Zeichenprozesse sind dann technisiert, wenn sie einem festen Schema folgen, das wiederholbar und zuverlässig erwartete Wirkungen erzeugt.* Diese Formen der Technisierung können in verschiedenen Trägermedien verkörpert, versachlicht oder eingeschrieben sein. Bei der Handlungstechnik werden körperliche Bewegungen einem Schema der Technisierung unterworfen: Wir sprechen von *Habitualisierung*, wenn Handlungen ohne Bewusstsein quasi-automatisch ablaufen. So werden z. B. Arbeits- wie Tanzbewegungen in einfache Elemente zerlegt, von Überflüssigem gereinigt, auf Teilaspekte spezialisiert und kunstvoll kombiniert, um durch Trainingsdrill die Leistung von schaufelnden Arbeitern oder Revuetänzerinnen zu erhöhen. Wir bezeichnen diesen Prozess als *Mechanisierung*, wenn er sich auf die Konstruktion und Kombination von physischen Dingen zu Maschinen

und komplexen Anlagen bezieht: die Materialbearbeitung des Dre-
hens, Fräsens und Bohrens wird durch Spezialisierung vereinfacht
und auf die Mechanik von Werkzeugmaschinen übertragen.»[2]

Dieses Verständnis von Technik ist nicht an den technischen Arte-
fakten enggeführt, sondern zielt vielmehr auf das Bewirken selbst,
besser: auf den Prozess des Bewirkens, auf die technischen Praktiken.[3] Die *differentia specifica* ist für Rammert freilich ihre Wiederholbarkeit und Zuverlässigkeit im Hinblick auf *erwartete* Wirkungen.
Technik ist dann in diesem Sinne ein Schematismus, sogar noch weiter eingeschränkt: ein *festes* Schema. Die Stoßrichtung eines solchen
Verständnisses ist deutlich: Technik wird von den Gerätschaften und
Hilfsmitteln gelöst; sie wird stattdessen an den Praktiken und Handlungsketten festgemacht. Ein derart breiter Technikbegriff kann
dann auch menschliche Handlungen selbst, soweit sie schematisch
erfolgen, als Technik begreifen. In diesem Sinne sind die meisten unserer Alltagshandlungen tatsächlich in einer Art vorreflexivem Repe-
titorium gefangen, während intelligente Phasen, etwas überspitzt
formuliert, nur als *lucida intervalla* erscheinen – zumindest ist das die
Konsequenz dieses Technikbegriffs. Dies wird weiter unten noch eine
entscheidende Rolle spielen.

Solche *Habitualisierungen* sind unserem Verhalten eingeschrieben
und erscheinen damit als gewissermaßen von selbst ablaufende Programme – Fertigkeiten, die sowohl körperliche als auch kognitive
Wiederholungen umfassen.[4] Wahrscheinlich kann man das Lesen
eines Textes nur technisch verstehen, in dem Sinne nämlich, dass
wir geschriebene Worte vorreflexiv aufnehmen können müssen,
ohne dass wir jeden einzelnen Buchstaben explizit entschlüsseln.
Mechanisierung wäre dann die Wiederholung dieses Vorgangs durch
Artefakte, deren Struktur den physikalischen Bedingungen ange-
passt ist, über die unser Körper auch verfügt – Hebelwirkung, Kraftentfaltung usw. Mechanische Systeme erscheinen dann letztlich als
eine Erweiterung des menschlichen Körpers, als ein Enhancement
des menschlichen Vermögens.

Dass Artefakte dann in einer merkwürdigen Doppelhinsicht dem
menschlichen Körper/Vermögen einerseits ähnlich, dass sie anderer-

seits aber auch ganz anders sind, ist derzeit unter sozialwissenschaftlichen Beobachtern eine sehr beliebte Diagnose. Die Vertreter der *Akteur-Netzwerk-Theorie* und insbesondere der französische Soziologe Bruno Latour betonen mit Aplomb, dass auch Artefakte Akteure sind, dass die Materialität der Welt eine soziale Bedeutung hat. Technische Geräte wie auch andere ausgedehnte Gegenstände werden mit kognitiven Agenten symmetrisiert. «Akteur ist», schreibt Latour, «wer von vielen anderen *zum Handeln gebracht* wird.»[5] Das ist für die Soziologie kein neuer Gedanke – und dass Subjektivität nichts ist, was der inneren Unendlichkeit des Akteurs entstammt, sondern der Lagerung des Handelnden im «sozialen» Raum, ist geradezu die Geschäftsgrundlage soziologischen Denkens. Novität beansprucht Latour jedoch für die Denkfigur, dass die von ihm adressierten «vielen anderen» auch nicht-menschliche Akteure sein können – ihnen wird Mitgliedschaft in jenen Kollektiven angeboten, deren Netzwerkcharakter gemeinsam eine Welt erzeugt, in der beobachtbare Entitäten als Akteure erscheinen.

Die *res extensae* und die *res cogitantes*, die also zu Beginn des modernen Denkens cartesianisch getrennten Reiche der kognitiven und der stofflichen Welt, werden wieder zusammengeführt – und damit wird die Unterscheidung unterlaufen oder sogar für irrelevant erklärt. Dieser Gedanke ist für eine Soziologie der Technik sehr attraktiv, weil man damit genauer bestimmen kann, dass sich die Stofflichkeit der Welt selbst als Agent auswirkt, indem sie Handlungsverläufe selbst einschränkt, ermöglicht, mitbestimmt. Die Straßenschwelle (so ein berühmtes Beispiel von Latour) wie der Supercomputer werden dadurch Akteure, dass sie einen anderen Akteur zu etwas bringen, was dieser sonst nicht tun würde.

Das ist ein bestechender, zugleich aber auch ziemlich einfacher Gedanke – und dass er für die sozialwissenschaftliche Intelligenz so überraschend daherkommt, liegt vielleicht auch an den Praktiken dieses Milieus, dem das Stoffliche bei seiner kognitiven Arbeit seltener in die Quere kommt als anderen Milieus. In der Tat sind Mittler in materieller Form – also mechanische Maschinen und ihre Derivate – ganz ohne Zweifel nicht nur Apparate, die irgendwie von außen auf die Gesellschaft wirken. Sie werden vielmehr selbst Teile, Komponenten, Elemente von gesellschaftlichen Prozessen, weil sie Kommunikations- und Handlungsverläufe entscheidend prägen. Allerdings ist schon ohne die materielle Ebene die Rede von den Akteuren eine starke Vereinfachung, denn soziale Prozesse sind nicht das Ergebnis von Akteuren, sondern Akteure kommen als Akteure in sozialen Prozessen vor. Der Mensch wird zum Akteur dadurch, dass er an andere Handlungen anschließt und dass an seine Handlungen angeschlossen wird. Er wird adressiert, benannt, traktiert, übergangen, ihm wird zugerechnet, er wird für relevant oder für irrelevant gehalten – der Akteur ist selbst ein Effekt von gesellschaftlichen Prozessen.[6]

Digitale Technik

Noch einmal: Rammert versteht Technik im Sinne von Cassirer als eine Bewirkungsform und formuliert einen operativen Technikbegriff, der die soziale Relevanz technischer Verfahren adressiert und das Medium des Technischen zunächst argumentativ in die zweite Reihe verschiebt. Es kann dann gelingen, sowohl habitualisierte Handlungsroutinen als auch mechanisierte Kraftentfaltung als Technik zu beschreiben: erstens als Unterlaufen der menschlichen kognitiven Fähigkeiten durch partielle Ausschaltung kognitiver Repräsentation, zweitens als Erweiterung der menschlichen mechanischen/physikalischen Fähigkeiten und Fertigkeiten. Beide Aspekte der Technik zielen darauf ab, so Rammert, dass ein wiederholbarer Schematismus für ein Bewirken sorgt.

Rammert subsumiert auch digitale technische Formen unter seine Definition, indem er schreibt: «Wenn es sich um Techniken der Zeichenverarbeitung handelt, nennen wir diesen Prozess *Algorithmisierung*, das bedeutet die Zerlegung von Anweisungen in einfachste und eindeutige Befehle, die zu Programmen für eine sequentielle Problemabarbeitung zusammengefasst werden. Dies gilt für die einfachste schriftliche Rechentechnik (Addieren im Zehnersystem durch Untereinanderschreiben in Spalten) wie für komplizierte Computerprogramme der Künstliche Intelligenz-Technologie.»[7]

Das klingt zunächst plausibel, denn in der Tat sind auch solche Techniken an einer Bewirkungsform orientiert. Und es wird auch hier die Idee durchgehalten, dass das Spezifische dieser Technik vor allem darin besteht, dass sie einen Schematismus in soziale Prozesse einbaut. Auch Digitaltechnik ist in der Lage, die Anschlussformen sozialer Systeme zu verändern und damit nicht nur sozial anschlussfähig zu werden, sondern selbst *sozial* zu werden – wenn das Soziale dadurch charakterisiert ist, dass es sich dabei um Ketten von Kommunikationen/Handlungen handelt, an die sozial angeschlossen wird.

— So schließt ein Algorithmus, der mir auf einer Website einen Kaufvorschlag macht, an meine früheren Praktiken auf diesen oder anderen Webseiten an, und ich kann dann Kauf- oder Nicht-Kaufentscheidungen treffen, was vom Anbieter in der Kumulation von Kaufentscheidungen als Bewirkungsform durch eine eingesetzte Technik registriert wird.

— Oder ein intelligentes Navigationssystem bringt mich dazu, eine andere Route als die bisherige zu nehmen, weil sein Algorithmus aufgrund der Daten anderer Autofahrer oder durch Auswertung von Datenbanken über Verkehrsstörungen berechnet hat, dass ich besser schon hier die Autobahn verlassen sollte.

— Oder die Tracking-Software auf meinem Smartphone signalisiert mir, dass ich mein tägliches 10 000 Schritte-Soll noch nicht erreicht habe, was mich womöglich dazu bringt, eine U-Bahn-Station früher auszusteigen, um noch ein paar Schritte mehr zu gehen.

— Oder ein Hotelbewertungsportal lässt mich eine andere Buchung vornehmen, als ich eigentlich vorhatte.

— Oder eine entsprechend optimierte Website springt mir ins Auge, weil sie in einer Suchmaschine nach meiner Anfrage auf der ersten Seite der Liste der Suchergebnisse landet, was kein Zufall ist, sondern vom Anbieter der Website durch entsprechende Optimierungsstrategien mitbeeinflusst werden kann.

— Oder mein Automobil zeigt mir nach einiger Zeit an, dass es aus meinen Lenkbewegungen und mit Hilfe eines Sensors für die Auswertung von Augenbewegungen erkennt, dass meine Aufmerksamkeit nachlässt und mir etwas Sauerstoff gut täte. Es bringt mich dann dazu, einen Rastplatz anzusteuern und das zu tun, was mir auf einem Display in gelber Farbe angezeigt wird: einen Kaffee zu trinken (so sieht es wenigstens in dem Automobil aus, das ich besitze).

— Oder der Algorithmus meines Textverarbeitungsprogramms macht mich sowohl auf orthografische als auch auf grammatikalische Fehler beim Schreiben aufmerksam und lernt von meinem Feedback, indem ich entsprechend markierte Worte entweder nach seinen Vorschlägen ändere oder mitteile, dass das markierte Wort durchaus richtig geschrieben ist. Durch mein Feedback lernt das System und erhöht mit der Zeit seine Trefferquote. Übrigens ist gerade die deutsche Sprache mit ihrer Möglichkeit der Konstruktion von langen Komposita eine echte Herausforderung für den Algorithmus. Bei der Entscheidung über die Existenz entsprechender Wörter geht es ihm nicht anders als Leuten, die die deutsche Sprache lernen wollen und in deren Muttersprachen Worte anders zusammengesetzt werden.

All diese einfachen Beispiele, die jeder von uns kennt, zeigen, wie selbstverständlich solche algorithmisierten technischen Bewirkungsformen in unseren Alltag eingebaut sind. Das Technische dieser Techniken liegt darin, Zeichen so zu ordnen, dass dadurch soziale Prozesse verändert bzw. strukturiert werden. Und in der Tat ist die Zurechnung auf die Technik dazu angetan, die technischen Systeme als Zurechnungspunkte in einem sozialen System aufzufassen, was im Übrigen auch bedeutet, dass das Material, mit dem der Algorithmus arbeitet, Daten aus jener Welt sind, in denen er zum Zurechnungspunkt wird. Wenn also etwa Algorithmen bei der Datenverarbeitung für polizeiliches *Profiling* verwendet werden und aufgrund der entsprechenden Muster in den Daten bzw. aufgrund der programmierten Verarbeitungsregeln ähnlich diskriminierend oder rassistisch entscheiden, wie es der Sinnstruktur der Gesellschaft entspricht.[8] Letztlich ist es diese Alltäglichkeit, was an algorithmischen Entscheidungen erstaunt, nicht das Außeralltägliche.[9]

Kommunizierende Technik

Wenn es stimmt, dass soziale Systeme aus dem Nacheinander von Kommunikationen/Handlungen bestehen,[10] dann sind solche Ereignisse zurechnungsfähige Adressen für den Anschluss von Kommunikationen. In der Luhmannschen Systemtheorie nennt man dieses Nacheinander einen autopoietischen Prozess, also einen Prozess, der sich selbst durch den Anschluss von Kommunikationsprozessen in eine Struktur und in ein Nacheinander bringt. In diesen Kommunikationsprozess sind auch die technischen Bewirkungsformen eingebaut, die dann tatsächlich zu mehr oder weniger zurechnungsfähigen Akteuren werden bzw. durch die Mitteilung von Information mitbestimmen, wie sich Kommunikationsverläufe verändern. Meine einfachen Beispiele haben alle gezeigt, dass diese technischen, algorithmisch gesteuerten Vorgänge tatsächlich etwas Informationsförmiges mitteilen und mich dazu bringen, etwas zu tun, was ich sonst nicht getan hätte. Es ist nicht so, dass die Algorithmen mein Verhalten steuern, aber sie erhöhen deutlich die Wahrscheinlichkeit eines bestimmten Verhaltens, an das dann wieder angeschlossen wird – durch mich selbst, durch andere Personen, durch weitere technische Vorgänge usw.

Meine gelbe Warnkaffeetasse im Autodisplay etwa blinkt schneller, wenn die Sensoren dem Apparat nicht mitteilen, dass ich eine Pause gemacht habe, und macht sich nach einiger Zeit dann auch akustisch bemerkbar. Ich habe übrigens auch die Möglichkeit, das Gerät sensibler oder weniger sensibel einzustellen oder ganz abzustellen. Was mir bis dato noch nicht gelungen ist, ist der Versuch, das Gerät durch bewusst erzeugte Lenkanomalien und Augenbewegungen dazu zu nötigen, mich für müde und unkonzentriert zu halten. Diese Manipulation zu erkennen, ist das Gerät ganz offensichtlich in der Lage.

Die Intelligenz des Algorithmus besteht also darin, im Rahmen eines ziemlich genau definierten Reaktionsbereichs Parameter so miteinander zu kombinieren, dass er in der Lage ist, einen erwarteten Output zu erzeugen. Es muss auch entsprechende Schnittstellen geben, die technisch binär gebaute interne Welt des Algorithmus mit der sinnhaft strukturierten Welt außerhalb des Algorithmus zu verbinden. Diese Schnittstellen machen das, was der Algorithmus leistet, verstehbar und damit anschlussfähig. Die Eindeutigkeit der maschinellen Operationen wird so in die Sinnhaftigkeit der sozialen Verwendungszusammenhänge gebracht.[11] Solche Sichtbarkeit nimmt dann entweder eine handlungsförmige Gestalt an, etwa indem sich aufgrund der Information auf meiner elektronischen Bordkarte ein Durchgang öffnet oder indem ein intelligenter Ergometer in der Lage ist, eine Testreihe an meine bisherigen Leistungen anzupassen. Oder sie nimmt eine kommunikationsförmige Gestalt an – etwa Geschriebenes auf einem Bildschirm, das Bild der gelben Tasse in den Anzeigen auf dem Armaturenbrett meines Automobils oder sonstige Display-Erscheinungen. Dass die digitale soziale Welt eine Welt von Displays geworden ist, ist gewissermaßen ein Zeichen dafür, dass Oberfläche und Tiefe, benutzerfreundliche Flächen und tief strukturierte Formen sich unterscheiden. Mehr als alle andere Technik ist digitale Technik eine Black Box.

Vergleichen wir diese digitale Technik mit mechanischen Maschinen, so können diese durchaus kompliziert und für den Alltagsgebraucher undurchschaubar sein – sie müssen nur funktionieren. Ich habe das Beispiel schon genannt: Man kann ein Automobil steuern, ohne auch nur eine Ahnung davon zu haben, was man mit den zwei oder drei Pedalen macht. Kaum jemand weiß, was die Benutzung eines Ganghebels im Hinblick auf das Verhältnis der Größen von Zahnrädern und ihre Verschiebung im Getriebe bedeutet, und wie eine Scheibenbremse funktioniert, muss niemand wissen, um eine Vollbremsung zu machen – ganz abgesehen davon, dass die meisten heutigen Automobile bei einer Vollbremsung keineswegs nur die mechanische Bewegung des rechten Fußes in einen Bremsvorgang umlenken. Vollbremsungen werden heute elektronisch unterstützt, weil kaum jemand mit voller Kraft auf das Pedal drückt. Es ist eine elektronische Erkennungssoftware, die erkennt, dass der Fahrer eine Vollbremsung vorhat – und sie dann ausführt. Ich zeige es am Automobil, weil es sich hier um eine der verbreitetsten mechanischen Techniken handelt, die in unserer Gesellschaft millionenfach genutzt wird. Die Technik eines Automobils bleibt so lange unsichtbar, so lange sie funktioniert. Zumeist werden einem die Komponenten eines Automobils erst sichtbar, wenn sie kaputt gehen (auch weil man dann für den Ersatz zahlen muss).

Die Funktion des Funktionierens

Die Funktion von Technik ist das Funktionieren. Niklas Luhmann schreibt, Technik könne «*Konsens einsparen*. Was funktioniert, das funktioniert. Was sich bewährt, das hat sich bewährt. Darüber braucht man kein Einverständnis mehr zu erzielen.»[12] Technik sei «*funktionierende Simplifikation*»[13] – und dieses Verständnis von Technik schließt die von Rammert beschriebenen habituellen, kommunikativen, mechanischen und auch informationsverarbeitungstechnischen Formen ausdrücklich ein. Auch wenn Technik in einem gewissen Sinne stets orthogonal zur Logik sozialer Systeme liegt,[14] ist der Output von Technik doch in der Lage, soziale Prozesse zu beeinflussen. Die Entwicklung der Produktivkräfte, um es in Marxscher Sprache zu formulieren, hat es vermocht, gesellschaftliche Ordnung mitzubestimmen; manche behaupten gar, sie sei der entscheidende Motor der gesellschaftlichen Entwicklung. Jedenfalls ist das Besondere an der Technik ihre «Robustheit beim Absorbieren von Störungen.»[15] Während sowohl lebende Organismen und komplexe Systeme aller Art, vor allem aber soziale Systeme eher lose Kopplungen kennen, ist Technik strikt gekoppelt. Ein lebender Organismus muss in der Lage sein, seine Elemente in großer Variationsmöglichkeit zu halten und sich auf Umweltveränderungen einzustellen, und ein soziales System besteht ohnehin aus eher lose gekoppelten Elementen, will heißen: Der Formenreichtum sozialer Systeme ist geradezu grenzenlos.

Technische Systeme dagegen schränken die Varietät ein: Sie sind strikt gekoppelt. In einem Verbrennungsmotor hat ein Kolben bei Erhöhung des Drucks im Zylinder kaum eine mögliche Varietät seiner Reaktionen, und auch eine algorithmische Maschine ist vergleichsweise strikt gekoppelt an die internen Verarbeitungsregeln binärer Operationen. Die Funktion von Technik ist deshalb tatsächlich das Funktionieren, und weil Technik Varietät einschränkt, dürfte jetzt auch deutlicher sein, was die Diagnose bedeutet, dass Technik auf Konsens und Einverständnis weitgehend verzichten kann.

Das Medium technischer Prozesse ist strikt gekoppelt, variationsarm und robust, die Formen sind es weniger. Mit der Dampfmaschine konnte alles Mögliche angetrieben werden, mit einem Flugzeug kann jeder Depp herumgeflogen werden, und die Einsatzmöglichkeiten der Digitaltechnik sind unbegrenzt. Diese Formulierungen sollen übrigens daran erinnern, was ich im letzten Kapitel über das Verhältnis von Einfalt und Vielfalt im Hinblick auf moderne Gesellschaften gezeigt habe: Die Codierungen von Funktionssystemen sind denkbar einfach gebaut und deshalb von geradezu brutaler Robustheit – und darin erweisen sie sich nun als gesellschaftliche *Techniken* zur Entlastung von der Herstellung von Konsens und Einverständnis. Die moderne Gesellschaft *technisiert* sich selbst in der Form der Codierung ihrer Funktionssysteme, vereinfacht dadurch Anschlüsse und macht sich von Konsens unabhängig – der Geldmechanismus des Zahlens und Nicht-Zahlens ist von Konsensfragen unabhängig, dass politische Gestaltung der Macht bedarf ebenso, und dass wissenschaftliche Geltungsansprüche als Wahrheitsfragen operieren, ist unvermeidlich. Dissensrisiken und Konsensbedarf entstehen bei Anwendung der Codes – aber die Codierung selbst ist weder konsens- noch dissensfähig. Sie ist lediglich wirksam. Sie funktioniert.

Niedrigschwellige Technik

Hier ist übrigens auch der Schlüssel dafür zu suchen, warum funktionierende Technik so anschlussfähig ist und sich rasend schnell ausbreiten kann. Wenn es stimmt, dass der Sinn oder die Funktion von Technik in erster Linie das Funktionieren und damit der Verzicht auf Konsens ist, dann erzeugt eben das Gelingen, das Bewähren einen Zugzwang. Man kann sich zunächst gar nicht vorstellen, dass es einen Bedarf für bestimmte technische Tools gibt – aber sobald sich eine Technik durch Funktionieren bewährt, breitet sie sich aus. Über viele Techniken, die heute selbstverständlich sind, hatte man ursprünglich gedacht, dass es keinen Bedarf für sie gibt – man denke an das Automobil oder an den Personal Computer, aber auch das tastenlose Smartphone. Man muss von solchen Techniken nicht konsensuell überzeugt werden, wenn sie sich nur bewähren und funktionieren. Wie das Problemlösungspotential für Technik sehr niedrigschwellig gebaut ist – wenn es läuft, dann läuft es –, ist auch das Ausbreitungspotential niedrigschwellig, sobald sich Nischen zur Bewährung finden lassen. Diese Niedrigschwelligkeit macht Diskurse über den Sinn oder die Gefahr von Techniken so schwierig, denn der Sinn ist zunächst das Funktionieren selbst. So haben sich die Konsumgewohnheiten an die digital gesteuerten Formen des Marketings, der Distribution von Gütern, der Nutzung von Suchmaschinen, Chat-Programmen, Selbstüberwachungssoftware, rechnergestützten Assistenzsystemen für Navigation, Bremsvorgänge oder auch Suchfunktionen bewährt – nicht weil sie konzeptuell überzeugend sind, sondern *weil sie funktionieren*.

Das gilt übrigens auch für all die Praktiken des Hinterlassens von Spuren. Dass wir in unserem Alltag so viele Datenspuren hinterlassen, liegt auch daran, dass die Nutzung von datenintensiven Techniken ebenso niedrigschwellig nützlich ist. Viele wundern sich darüber, wie sorglos Menschen mit ihren Daten und auch mit sicherheitsrelevanten Fragen umgehen. Zwar ist die Empörung groß, wenn Informationen gehackt werden, wenn Daten in falsche Hände geraten oder wenn Anwender aus kriminellen, aus staatlich-überwachenden oder auch aus ökonomischen Motiven an Datensätze kommen, die ihnen nicht zustehen. Aber die Praktiken sind sorglos – und das kann man wohl am besten mit der Niedrigschwelligkeit des Nutzens der entsprechenden Techniken erklären.

Wenn es stimmt, dass Technik *Konsens einsparen* kann, bedeutet das auch, dass sie im Falle des Funktionierens auch nicht mit *Dissens* rechnet oder mit einer Problematisierung. Die Anwendung von Technik zeichnet einen Vorrang der Praxis vor der Reflexion aus – und insofern ist Unvorsichtigkeit eben durch die Niedrigschwelligkeit des Funktionierens in die Sache selbst eingebaut.

Die gesamte Diskussion um Datenschutz und den Schutz der Privatsphäre trifft auf eine Welt, in der sich die Digitaltechnik selbst eben nicht als ein Fremdkörper durchgesetzt hat. Denn ihre Funktionsfähigkeit ist gerade die Bewährungsbedingung der technischen Infrastruktur. Deshalb kann man kaum auf Motive von Menschen zählen, denn so lange Technik funktioniert, ist sie kognitiv anspruchslos – nicht für den Designer der Technik oder für die Technik selbst, aber für den Nutzer. Gerade die Digitaltechnik kann das sogar geradezu *ästhetisch* sichtbar machen, und zwar in der Figur des Screens, des Bildschirms, der Benutzeroberfläche und der Menüstruktur. Digitaltechnik simuliert mit digitalen Mitteln eine Infrastruktur, die von anderer Natur ist als das, was innerhalb der Black Box passiert. Die Benutzeroberfläche ist tatsächlich eine *virtual reality*, indem sie als Schnittstelle zwischen Datenverarbeitung und sozial wirksamer Anwendung gerade die Niedrigschwelligkeit des Funktionierens auch im Hinblick auf komplexeste Rechenvorgänge sichert.

Nicht zufällig boten Browser-Anwendungen ab Mitte der 1990er Jahre die Möglichkeit, die Zeichenhaftigkeit der Operationen eines Computers ästhetisch geradezu zu verleugnen und die bildhafte Darstellung zur Grundsymbolik der Computeranwendung zu machen. Genau genommen sind alle digitalen Technik-Anwendungen nur Rechenprogramme, die Muster und Regelmäßigkeiten nach mehr oder weniger festgelegten algorithmischen Programmen organisieren und miteinander in Beziehung setzen. Sie führen Operationen aus, die wie interne Konditionalprogramme funktionieren. Aber als *Technik* lassen sie sich für ein Massenpublikum nur einsetzen, wenn sie die Schwelle zum niedrigschwelligen Funktionieren bewältigen können. Das Attraktive an allen möglichen Digitalanwendungen ist ihre Handhabbarkeit – in Form von grafisch aufbereiteten Programmen, etwa in Form von Apps, die spezifische Probleme lösen. Das Interessante daran ist, dass die Digitaltechnik zumindest für den alltäglichen Anwender die Komplexität und die Form ihrer eigenen Struktur verbirgt. Noch weniger als der Fahrer eines Automobils zumeist überblicken kann, wie die Pleuelstange aus der linearen Bewegung des Kolbens eine Kreisbewegung der Kurbelwelle macht und welche Hebelkräfte dort zur Wirkung kommen, weiß ein Digitaltechnikanwender etwas über die konkreten Vorgänge in einem Rechner, nicht nur weil diesen Vorgängen vorstellbare physikalische Bewegungen fehlen, also: Mechanisches. Die Soziologin Sherry Turkle hat schon in den 1990er Jahren darin einen besonderen Zug der «Postmoderne» gesehen, in der es einen Vorrang der Oberfläche vor der Tiefe bzw. einen Vorrang der Simulation vor dem, was wirklich stattfindet, gebe.[16] Solche Sätze waren sehr publikumswirksam, weil sie einem auf Authentizität setzenden kulturwissenschaftlichen kritischen Milieu eine recht einfach zu habende Technikkritik ermöglichte (ohne diese in toto abzulehnen). Solchen Positionen fehlt dann doch das Interesse an der Sache selbst – sonst könnte man nicht mit einer so einfachen Unterscheidung von Simulation und Wirklichkeit arbeiten. Doch verweisen sie wenigstens auf die Frage, worin sich nun digitale von mechanischen Techniken unterscheiden.

Was ist also das Besondere der digitalen Technik im Vergleich zu habituellen und vor allem mechanischen Techniken? Die von mir genannten Beispiele jedenfalls lassen keinen prinzipiellen Unterschied erkennen, denn auch sie werden gewissermaßen daran gemessen, ob sie *funktionieren*, also ob die Bewirkungsform gewissermaßen in der Black Box bleiben kann, so lange die Bewirkungsform nur die erwartete Form annimmt. Denn exakt dies ist nach Rammerts Auffassung das entscheidende Kriterium für die Technizität der Technik, die ja davon abhängt, ob und was ihr zugerechnet wird. Rammert spricht von einem Bewirken, «das wiederholbar und zuverlässig erwartete Wirkungen erzeugt». Eine solches Verständnis von Technik unterschätzt freilich, was die digitale Technik möglich macht.

Um es noch einmal zu rekapitulieren: Die zuverlässig erwartete Wirkung ist ein Ergebnis der Robustheit, der strikten Kopplung der Elemente technischer Systeme. Eine mechanische Maschine ist strikt gekoppelt, und je mehr unterschiedliche Aktionen sie ausführen soll, desto komplexer muss der Aufbau sein. Die einfachste Maschine ist vielleicht eine Dampfmaschine, die nach Zuführung von Wasser und Energie und aufgrund eines entsprechenden Aufbaus ein stets eindeutiges Ergebnis erzielt. Schon eine mechanische Rechenmaschine mit mehreren Registern oder eine mechanische Vermittlungsstelle in einem Postamt kennt mehr Bewirkungswege nebeneinander als eine Dampfmaschine. Dennoch sind Befehl und Ausführung und damit auch einzelne mechanische Elemente hier weiterhin strikt gekoppelt, auch wenn sich die beweglichen, mechanisch angesteuerten Elemente potenzieren, sobald Kommaverschiebungsoperationen ausgeführt werden. Selbst die Umstellung von mechanischen Schaltungen auf Transistoren ändert nichts an der prinzipiellen Form; skalierbar ist jedoch die Leistung, weil die Operationen schneller gehen.

So lange also eine digitalisierte Technik dafür eingesetzt wird, Rechenoperationen gewissermaßen auf die strikte rekombinatorische Kopplung von Informationen aufzubauen, unterscheidet sie sich nicht von mechanischer Technik. Es handelte sich dann nur um einen weiteren Skalierungsschritt, weil immer mehr Informationen in immer kürzerer Zeit mit immer mehr Daten abgeglichen werden können, um ein in der Tat wiederholbares und erwartetes Ergebnis zu erzielen. Insofern ist der Einsatz von Digitaltechnik viel selbstverständlicher und vor allem verbreiteter, als es den meisten Nutzern eingehen mag und im Alltag ansichtig wird. Ich verweise noch einmal auf das Beispiel der verbreitetsten Mobilitätstechnik des 20. Jahrhunderts, nämlich des Automobils. Spätestens seit den 1980er Jahren ist eine solche Maschine voller digitaler

Steuerelemente, die kaum sichtbar werden und deren Output zum größten Teil mechanischer/physikalischer Natur ist. Technische Assistenzsysteme greifen in die Befehle des Fahrers und der Fahrerin ein, ohne dass die Technik hinter der Technik sichtbar würde. Aber nicht nur Automobile sind digital – nicht einmal das Öffnen und Schließen von Türen etwa auf einem Flughafen ist eine einfache binäre Entscheidung von «Auf» und «Zu», sondern steuert verschiedenste Parameter, die mit dem Raumklima im Flughafengebäude, mit Gehrouten und der Vermeidung von Staus zu tun haben. Solch «intelligente» Steuerung ist intelligent vor allem deshalb, weil sie gleichzeitig eine große Menge von Daten verarbeiten kann – so viel, dass das von einer Person oder einem Team von Personen weder in der gleichen Präzision und Robustheit (Mechanik!) noch in der erforderlichen Zeit (Leistung!) abgearbeitet werden könnte. Solche Systeme freilich sind relativ einfache deduktive Maschinen, die entweder Muster erkennen und diese «Erkenntnis» dann in Aktionen umbauen können oder die soziale und physikalische Prozesse in ein Muster bringen, das wohldefiniert ist.

Auch wenn die Aktionen kaum überschaubar sind – wegen der Menge der Daten und der Verarbeitungsgeschwindigkeit –, ist ihre Logik durchaus überschaubar. Sie folgt in der Regel deduktiven Algorithmen, und die Maschine ist kaum in der Lage, etwas anderes zu tun als das, wofür sie ziemlich eindeutig programmiert wurde. Ganz ähnlich wie das Zeichensystem Schrift verdoppelt das Zeichensystem Software bzw. Programmierung die Welt nach eigenen Regeln, Perspektiven und Hinsichten. Die «Welt» ist dann die technisch aufbereitete Codierung von Informationen und ausführbaren Aktionen zum Zwecke der Steuerung oder auch zur «Teilnahme» an Kommunikationsprozessen. Intern kennen solche Datensätze und Ausführungsprogramme diese Welt nicht, sondern sie sind technisch (sic!) gekoppelt an etwas, das gesellschaftlich sinnhaft verarbeitet werden kann. Um es auf ein griffiges Bild zu bringen: *Wie die Pleuelstange in einem Verbrennungsmotor nichts davon weiß, wohin das mit diesem Motor angetriebene Automobil gerade fährt, weiß auch die konkrete Rechenoperation nichts darüber, was damit berechnet wird.*

Hier ist nun die Gelegenheit, an die im ersten Kapitel entwickelte These zu erinnern, dass das Bezugsproblem der Digitaltechnik in der Komplexität der modernen Gesellschaft selbst liegt. Sie bietet genügend Gelegenheiten und entwickelt genügend Bedarf, unterschiedliche Handlungsbereiche, Handlungsformen, Handlungsmuster usw. digital miteinander zu verbinden. Diese Gesellschaft besteht aus Regelmäßigkeiten und Mustern, für deren Entbergung es offensichtlich einen Bedarf gibt – und sie erzeugt durch ihre Praxis so viele Anschlussstellen, dass Rekombinations- und Mustererzeugungsmaschinen genügend Andockstellen finden. Ich habe die Entstehung der statistischen Erfassung der Gesellschaft seit dem 18./19. Jahrhundert als die Initialzündung einer *digitalisierten* Gesellschaft beschrieben. Die strikte *technische*, ja *mechanische* Kopplung der Elemente in digitalen Systemen erzeugt exakt diesen Bedarf, und es sollte an dieser Stelle der Argumentation erst recht deutlich werden, dass das in der Struktur der Gesellschaft gründet und keine ihr äußerliche Entwicklung ist.

Dämonisierte Technik

Auch dass sich die Datenmengen vergrößern, dass die Rechnerleistungen steigen und sich die Verfügbarkeit über technische Ausstattungen verbessert, ja geradezu universalisiert, habe ich aus der Struktur der Gesellschaft heraus erklärt – so wie es zu radikalen Optionssteigerungen einer funktional differenzierten Gesellschaft ohne interne Stoppregeln kommt, suchen sich auch die Technikanwendungen immer neue Optionen. Der Grund? *Weil sie es können!* Zugleich sinken die Kosten dieser Technologie im Vergleich zu nicht-digitalen Lösungen, weswegen die Konjunktur für vordigitale Produkte die für die digitalisierte Gesellschaft angemessene Form der Nostalgie ist – der Plattenspieler statt der digitalen Musikbibliothek, der gediegene Füller statt des elektronischen Pencils für das Tablet, der in Leder gebundene Einlagekalender statt der Kalender-App auf Smartphone und stationärem Computer, die mechanische Uhr usw. Um noch einmal bei der gerade in Deutschland am stärksten emotionalisierten Technik zu bleiben: Es gäbe sicher einen Markt für rein mechanische Automobile, die eine für Beleuchtung und für den Zündvorgang nötige Elektrik haben, aber keinerlei elektronische/digitalisierte Steuerungselemente. Dieser Markt wäre ein hochpreisiger Markt – aber kein Automobil würde die bestehenden Abgas- und Sicherheitsnormen ohne digitale Mittel einhalten können.

Die Aufwertung der Einfachheit und die Romantisierung der Analogtechnik des 19. und 20. Jahrhunderts ähneln ein wenig der Naturromantik des 19. Jahrhunderts, als der urbanisierte Bürger das einfache Leben entdeckte und das zuvor verachtete bäuerliche Leben zu einer eigenen «Kultur» aufwertete. Zugleich erlebte die Zivilisations- und Technikkritik eine Blüte – in den sozialen Schichten, die am stärksten von den urban-zivilisierten und technisierten Formen profitiert haben.[17] Ähnlich dämonisierend argumentieren auch die Kritiker der Cybergesellschaft, wenn sie etwa alarmistisch vor dem Verlust der authentischen menschlichen Form warnen. «Cyberkrank»[18] würden wir, eine «digitale Erschöpfung»[19] stelle sich ein und die Kontrolle gehe uns am Ende verloren – auf Harari habe ich bereits hingewiesen. Die vielleicht bekannteste Vision stammt von dem britischen Philosophen Nick Bostrom, der sich eine Superintelligenz vorstellt, die sich die Erde und nicht nur sie Untertan macht. Er schreibt: «Es ist durchaus möglich, eine Superintelligenz zu haben, deren einziges Ziel es ist, etwas völlig Beliebiges wie zum Beispiel Büroklammern herzustellen. Und die sich mit aller Macht jedem Versuch widersetzen würde, dieses Ziel zu ändern.» Das Ergebnis? «Diese Intelligenz würde zuerst die gesamte Erde in Büroklammer-Fabriken verwandeln und später sogar Teile des Weltalls.»[20]

Das Grundmotiv solcher Kritik ist Kritik an der Optionssteigerung. Um ein klassisches Motiv früherer Technikkritik zu zitieren: Friedrich Georg Jüngers Essay *Perfektion der Technik* von 1946 sieht das Dämonische an der Technik gar nicht primär in der technischen Form selbst, sondern in der Tendenz der Verselbständigung und der ubiquitären Ausbreitung.[21] Es ist vor allem eine Kritik an der Optionssteigerung des Technischen, das gerade wegen seiner Grenzenlosigkeit bedrohlich wird. Die Optionssteigerung, kombiniert mit strikter Kopplung, lässt das Bild einer wahnhaften Vermehrung, einer sinnlosen Verstärkung entstehen, die schon dadurch unkontrollierbar wird, weil die strikte Kopplung von Elementen kompromisslos ist. Exakt das war eine der Funktionsbestimmungen von Technik: Auf Konsens verzichten zu können, was am Ende nach ihrer Verselbständigung auch bedeutet: indifferent für Widerspruch oder Kritik zu sein. Die Büroklammergeschichte von Nick Bostrom schließt also an Motive an, die die Moderne gut kennt und deren Formen wiederum selbst in der Gesellschaftsstruktur fundiert sind, indem sie auf Optionssteigerung und unkontrollierbares Wachstum setzen.

Wird damit also auch der Digitaltechnik eine ähnliche Entwicklung beschieden sein, wie sie für technische Innovationen immer wieder galt: Je mehr sie sich durchsetzt, desto selbstverständlicher ist ihr Gebrauch und desto unsichtbarer wird sie? Das ist fast eine rhetorische Frage, denn letztlich hat die gesellschaftliche Praxis längst die Antwort gegeben. Man stelle sich allein die kurzen Zyklen der mobilen Kommunikationstechnik vor: Das mobile Telefon hat sich seit gut 20 Jahren überall ausgebreitet, beim Smartphone dauerte die Entwicklung nur etwa 10 Jahre.

Allerdings würde man die Digitaltechnik doch unterschätzen, wenn man sie in dieser Form *normalisieren* würde, denn die technische Herausforderung dieser Techniken und ihre Weiterentwicklung sind noch nicht wirklich überblickt. Wahrscheinlich stehen wir erst am Anfang der Durchsetzung von Techniken, die nicht nur – wie in der angedeuteten Weise – durch Mustererkennungsverfahren und durch rechnerische Rekombinationsverfahren soziale (und technische) Formen in ihren Prozessen und Strukturen verändern und bestimmen können. Das Unbehagen an der digitalen Kultur hat durchaus etwas mit einer qualitativen Veränderung der Technik zu tun.

Unsichtbare Technik und der Turing-Test

Auf eine der qualitativen Veränderungen machte Niklas Luhmann schon 1997 aufmerksam, als er die besondere *Dunkelheit* der Black Box Computer betonte. Unter Bezugnahme auf das sich stets entziehende Verhältnis zwischen Signifikant und Signifikat weist Luhmann darauf hin, dass sich damit jegliche Operation ihrer eigenen Voraussetzungen beraubt und selbsttragend wird. Das ist sicher eine der grundlegenden Erfahrungen unserer Zeit, dass sich Bedeutungen immer weniger auf eine ontologische Grundvoraussetzung zurückführen lassen, sondern das Ergebnis ihrer eigenen Praktiken sind. Die Grunderfahrung der Moderne ist, dass es nur noch Horizonte gibt, keinen Boden mehr – und wo ein Boden erscheint, ist er das Ergebnis eines bestimmten Horizontes, ist er perspektivisch begrenzt und hängt an der eigenen Praxis. Was die Schrift begonnen hatte, so kann man Luhmann lesen, führt der Computer nun weiter. «Auf ganz anderen Wegen führt [...] die rasch zunehmende Computerisierung des Alltagslebens vor dieselbe Frage, sie ist auch unabhängig von literarischen Bemühungen um eine Kritik der Seinsmetaphysik aktuell. Denn in den Computern verbergen sich unsichtbare Maschinen, die nur auf Befehlseingabe hin ihre Schaltzustände sichtbar machen. Es hat wenig Sinn, diese unsichtbaren Maschinen als ‹anwesend› zu bezeichnen. [...] Die Bruchlinie zwischen den unsichtbaren und unvorstellbaren Rechenvorgängen der Maschine und dem gelegentlichen, interessenbasierten Erscheinenlassen ihrer Zustände könnte auf dem Wege sein, die alten Unterscheidungen von aeternitas und tempus und von Anwesenheit und Abwesenheit vom ersten Rang der Weltkonstitution zu verdrängen. Man spricht mit Bezug darauf bereits von ‹virtueller Realität›.»[22]

Oben habe ich, unter Rekurs auf Derrida, auf die Verdoppelungsstruktur von Daten bzw. ihrer Verarbeitung hingewiesen: darauf, dass die Datenwelt nichts repräsentiert, sondern ganz auf sich bezogen ist und nach internen Verarbeitungsregeln operiert. Die Welt kommt darin nur in der Selektivität der Verbindungsformen von

Daten vor. Nun ändert sich die Blickrichtung. Nach Luhmanns Hinweis auf die Unsichtbarkeit der Datenmaschine sieht man die Datenwelt nun von «außen». Nun verdoppelt sich die soziale Kommunikation in die Datenmaschinen hinein, die ähnlich transzendent erscheint wie die andere Seite der Welt, nämlich ihr Außen, das stets nur in konkreten Umcodierungen aufscheint. Was und wie die Maschine operiert, ist nur am je gegenwärtigen Output sichtbar. Selbst der Input ist unübersichtlich, schon weil eine Gesellschaft allgegenwärtiger Sensoriken und permanenter datenförmiger Hinterlassenschaften von der Unübersichtlichkeit profitiert. Ein Charakteristikum von Big Data ist ja, dass Daten zusammengeführt und rekombiniert werden, die nicht explizit zu diesem Zweck erhoben werden bzw. wurden. Deshalb ist der Output die entscheidende Größe, an der der Überraschungswert unsichtbarer Maschinen sich materialisiert. Das Neue an dieser Technik ist dann gerade, dass sie weder einem festen Schema folgt, noch wiederholbar ist und erst recht nicht zuverlässig erwartbare Wirkungen erzeugt, um noch einmal Rammerts Technik-Kriterien auf den Plan zu rufen. Handelt es sich dann überhaupt noch um Technik?

Eine der Grundideen eines soziologischen Technikverständnisses besteht darin, den Begriff der Technik «von jeder humanistischen Gegenbegrifflichkeit»[23] abzulösen – dies kann als Konsens von Rammerts Technikbegriff über den systemtheoretischen bis hin zur Akteur-Netzwerk-Theorie gelten. Die begriffsstrategische Bedeutung besteht darin, die Zusammenhänge zwischen technischen Vorgängen und sozialen Prozessen in den Blick nehmen zu können. Die *differentia specifica* zwischen technischen und nicht-technischen Verfahren besteht darin, dass Technik eben eine besondere Form der Vereinfachung von Verläufen und Verfahren ist und dass man auf so etwas wie einen Konsens- und Verständigungsmodus zwischen nicht-technischen, zumeist humanen Zurechnungspunkten verzichten kann. Technik ist in diesem Verständnis zwar – technisch gesehen – Black Box, aber das Verhältnis von Input und Output sollte gerade kalkulierbar und repetierbar sein, um von Technik zu sprechen. Das wird besonders dort plausibel, wo menschliche Habitualisierungen oder soziale Kommunikationsformen «technisiert» werden. Im Falle der Digitaltechnik kann dieses eindeutige Verhältnis tatsächlich nicht vorausgesetzt werden.

Schon die Begriffswahl *Künstliche Intelligenz* kann gar nicht anders, als sich über den Gegenbegriff als positive Negation einer Humankategorie zu definieren, denn Intelligenz steht hier insbesondere für solche Techniken, bei denen das Verhältnis von Input und Output eben nicht eineindeutig berechenbar ist. Man könnte es auf die Formel bringen: *Technik zeichnet sich dadurch aus, dass das Verhältnis von Input und Output relativ eindeutig ist. Man rechnet nicht mit der Variation von Reaktionsformen auf den gleichen Input oder auf invarianten Output bei verändertem Input. Exakt das aber ist es, was Anwendungen digitaler Technik in praxi vorführen.*

Diese Abweichung von klassischer Technik hat sich konzeptionell bereits im Begriff der Maschine niedergeschlagen, wie er von Norbert Wiener in seinem späten Buch *God and Golem, Inc.* 1964 formuliert worden ist: «A machine transforms a number of such input messages into a number of output messages, each output message at any moment depending on the input messages up to this moment. As the engineer would say in his jargon, a machine is a multiple-input, multiple-output transducer.»[24] Dieses Verständnis der Maschine vermeidet die strikte Kopplung zwischen Input und Output und macht Offenheit und Unsichtbarkeit geradezu zum Programm: die Offenheit von Verknüpfungen und damit die Variabilität von Mustern, Rekombinationen und Reaktionen einerseits, die Unsichtbarkeit des Verknüpfungsprinzips andererseits. Maschinentechnik ist unsichtbare Technik – oder besser: Unsichtbare Technik ist Maschinentechnik im Sinne der kybernetischen Definition Wieners, die den Maschinenbegriff eben nicht für die stoffliche Technik im klassischen Sinne reserviert, sondern auch für kognitive Maschinen. Denn kognitive Systeme sind am Ende exakt das, was Wiener hier beschreibt: Ein Mittler zwischen Input und Output – und ihre Leistung ist gewissermaßen die Einheit der Differenz zwischen Input und Output. Nur am Output lässt sich also kognitive Potenz der Maschine erkennen – was ihre Technizität unsichtbar macht oder wenigstens in einem neuen Licht erscheinen oder eben im Dunkeln lässt.

Bereits 1950 hat der britische Mathematiker Alan Turing ein Gedankenexperiment durchgeführt, das später als «Turing-Test» bezeichnet werden sollte. Der Versuchsaufbau: Ein Mensch kommuniziert nur über einen Computer mit zwei anderen Gesprächspartnern, von denen einer ein Mensch ist und der andere selbst wiederum ein Computer, also eine Maschine. Sollte nach dem Kommunikationsverlauf der Anwender nicht eindeutig wissen, welcher der beiden Gesprächspartner Mensch und welcher die Maschine ist, wäre das, so Turing, ein Beweis dafür, dass die Maschine eine dem Menschen ebenbürtige Intelligenz besitzt.[25] Ob bis heute überhaupt ein Rechner den Turing-Test geschafft hat, ist umstritten. Der aktuellste Kandidat ist der Google-Duplex aus dem Jahre 2018.[26]

Interessanter ist die Diskussion des Turing-Tests. Es war insbesondere der Philosoph John Searle, der gewissermaßen ein Gegenexperiment vorgeschlagen hat, das «Chinesische Zimmer». Hier wird ein Mensch, der keine Kenntnis der chinesischen Schrift und Sprache hat, in ein Zimmer gesetzt, um mit Hilfe einer Anleitung in einer ihm verständlichen Sprache in chinesischer Schrift gestellte Fragen in chinesischer Schrift zu beantworten. Für die Menschen außerhalb des Raumes entsteht der Eindruck, dass der Proband die chinesische Sprache beherrscht, obwohl er letztlich nur ein formales Programm abarbeitet, für das er nur eine starre Regel befolgen muss und keinerlei Intelligenz im Sinne von Entscheidungskompetenz benötigt. Searle wollte damit zeigen, dass selbst ein erfolgreicher Turing-Test, also der äußere Eindruck, in der Black Box finde Intelligentes statt, noch kein Beweis für *Intelligenz* in einem starken Sinne ist.[27] Er hat gezeigt, dass der *Eindruck* von Intelligenz auch von einer rein starren Regel erweckt werden kann, wenn nur unsichtbar bleibt, wie der Output zustande kommt. Searle will damit zeigen, dass der Turing-Test eine notwendige Voraussetzung für den Beweis von Intelligenz einer Maschine ist, ein hinreichender Test kann er aber nicht sein, wenn der Beweis erbracht werden kann, dass auch schematisch-unintelligentes Verhalten wie intelligentes Verhalten aussehen kann.

Ein Streit über den Intelligenzstatus einer Maschine könnte nun zwei Fragen stellen – die eine wäre die, ob eine solche Maschine tat-

sächlich intelligent «ist», also eine ontologische Frage; die andere
wäre, was eine Maschine können muss, dass ihr Intelligenz «zugerechnet» wird, also eine operative oder praxeologische Frage. Logi-
scherweise müsste man also umgekehrt die Frage stellen, wie man
die menschliche Befähigung zur Intelligenz misst bzw. nachweist,
wenn man sie nicht einfach per definitionem voraussetzen will. Wer
die Frage für zu abstrakt hält: In der Medizin stellen sich solche Fragen bisweilen, wenn es etwa um die Frage des Bewusstseinsnach-
weises bei Patienten geht. All diese Tests ähneln dem Turing-Test insofern, als man danach fragt, ob die Reaktion auf Reize tatsächlich
das Ergebnis von Intelligenz, also von bewusster, intentionaler, i. e.
selbsttätiger Art ist oder nur eine gewissermaßen vegetative Form
der Reaktion, die unter Umgehung des Bewusstseins stattfindet. Besonders schwierig gestalten sich solche Tests bei Patientinnen und
Patienten, die aufgrund des Krankheitsbildes keine Reaktion zeigen
könnten, selbst wenn sie es wollen könnten. Das gilt vor allem für
Wachkomapatienten. Die diagnostischen Verfahren sind insofern
schwierig, als sich hier nur indirekt auf Reaktionen schließen lässt,
so etwa mit Scans von Hirnaktivitäten, deren Interpretation ohnehin kaum auf Eins-zu-eins-Korrelationen verweist, auch wenn man
den dargebotenen Bildern gerne solche Informationen entlocken will.[28]

Auch hier geht es um die Abschätzung des Verhältnisses von Input
und Output, insofern ist für die Bewusstseinsprüfung ein entsprechend *ansprechender* Reiz bedeutsam. Bewährt hat sich in der Praxis
vor allem die Konfrontation mit dem eigenen Namen – sobald darauf
anders reagiert wird als auf andere sprachliche Reize, könnte (sic!)
das auf Bewusstseinstätigkeit verweisen. Andere Experimente arbeiten mit spezifisch anderen Reizen, etwa mit der Reaktion von besonders emotionalen Reizen wie etwa Hitchcock-Filmen, um die Reaktion zu testen.[29]

Überhaupt arbeitet die neurowissenschaftliche Bewusstseins-
forschung mit solchen eher indirekten Methoden, eben weil sich Intelligenz und Bewusstheit als Operationen des Gehirns nicht in der
Substanz des Gehirns selbst nachweisen lassen und diese auch nicht
einfach akzidentelle Merkmale eines ansonsten materiellen biolo-

gischen Operators sind, sondern weil die Operationen selbst ganz offensichtlich Verarbeitungsoperationen sind, die Informationen – was immer das dann genau ist – nach eigenen Regeln abarbeiten. Diese internen Verarbeitungsregeln sind es wohl, die dann eine Theorie des Bewusstseins ermöglichen.[30] Ich will der Versuchung widerstehen, diese Verarbeitungsregeln einen *Algorithmus* zu nennen, denn ein formales System von Regeln scheint weniger zu sein als das, was man einem menschlichen Bewusstsein zuschreiben kann. Damit sind wir wieder beim Turing-Test angekommen und bei der Frage, welche Frage man tatsächlich stellen kann: die *ontologische* danach, was denn nun ein Bewusstsein *ist* und was es genau tut, oder die *operative/praxeologische* danach, wem oder was (welchem Kommunikationspartner oder sozialen Akteur) man Bewusstsein zurechnet.

In den Kognitionswissenschaften wird in diesem Zusammenhang mit dem Konzept der sogenannten *Theory of Mind* gearbeitet, die keine Theorie des Geistes im Sinne einer neurowissenschaftlichen oder bewusstseinsphilosophischen Fragestellung ist. *Theory of Mind* beschäftigt sich vielmehr mit der Frage, wie wir selbst im Alltag *mentalisieren*, also anderen Objekten mentale Fähigkeiten zusprechen. Demzufolge sind Kommunikation und soziale Kooperation nur möglich, wenn man Alter Ego eine Art Geistestätigkeit, ja in gewisser Hinsicht Motive unterstellen kann. Die *Theory of Mind* ist gewissermaßen die Frage danach, wie wir mit intransparenten Anderen umgehen und uns einen Reim auf sie machen. Dabei existieren Parallelen zum Turing-Test – nicht in dem Sinne, dass es im Alltag oft Anlass gibt, prinzipiell zu prüfen, ob dem Gegenüber Geist gegeben ist, aber schon in dem Sinne, dass wir abprüfen, ob Verhalten intentionales, sinnhaftes Verhalten ist oder nur zufälliges, nicht-intentionales Verhalten. Ist ein Augenzwinkern eine gewollte Kontaktaufnahme oder nur eine Reaktion der Augenlider auf ein Staubkorn?

Es geht also um *Mentalisierung*, um die Frage, wie man dem Anderen Motive unterstellt und welche Konsequenzen das in der sozialen Praxis hat. In der Soziologie wird diese Frage weniger als *Theory of Mind*-Frage diskutiert, sondern mit Hilfe des Gedankenexperiments der *doppelten Kontingenz*, das von dem amerikanischen Soziologen Talcott Parsons stammt und in der soziologischen Systemtheorie weiterentwickelt worden ist.

Das Gedankenexperiment geht wie folgt: Man stelle sich vor, dass sich zwei Akteure begegnen und jeder der beiden sein Verhalten vom Verhalten des Anderen abhängig macht – dies meint das Gedankenkonstrukt der «doppelten Kontingenz». Die Situation ist vor allem dadurch bestimmt, dass Alter und Ego die jeweiligen Motive, Intentionen und sonstigen Bewusstseinsinhalte des Gegenübers aufgrund der Intransparenz des Bewusstseins nicht kennen können. Letztlich wäre an dieser Stelle also ein Scheitern der Kommunikation wahrscheinlich, denn wenn beide ihr Verhalten jeweils von dem des Anderen abhängig machen, blockieren sie sich gegenseitig. In diese symmetrische Situation muss also eine gewisse Asymmetrie eingebaut werden, etwa durch soziale Erwartungen, Rollen, Konventionen, Gewohnheiten oder Normen. Oder durch die Unterstellung von Motiven. Wir versuchen in einer solchen Situation zu ergründen, was der andere denkt, will, vorhat usw. In solchen Situationen unterstellen wir dem Gegenüber *Mind*, also ein Bewusstsein von ähnlicher Art wie unser eigenes. Die These lautet: In der alltäglichen Kommunikation verfügen wir immer schon über eine *Theory of Mind* von Alter Ego. Wir mentalisieren unser Gegenüber durch Zurechnung und Unterstellung von Motiven.[31]

Was hat das mit unserem Thema zu tun? Eine Theorie der Mentalisierung bzw. die kognitionswissenschaftliche *Theory of Mind* oder Theorien der doppelten Kontingenz, aber auch die Frage der Bewusstseinstestung in medizinischen Feldern machen darauf aufmerksam, wie sich Akteure wechselseitig so etwas wie eine intentionale Weltauffassung zuschreiben. Diese ist nicht einfach gegeben – bleibt aber zumindest so lange unbeobachtet, so lange sich eigene Erwartungen und Kommunikations-/Handlungsverläufe nicht zu weit voneinander entfernen. Man könnte sagen: Erst wenn ich den anderen offenkundig missverstehe, stoße ich auf das Problem des Verstehens.

Das Problem der doppelten Kontingenz und der Zurechnung von Motiven reagiert darauf, dass soziale Prozesse eben nicht *per se*, sondern nur begrenzt *technisierbar* sind. Typologien, Routinen, Erfahrungen, kulturelle Erwartbarkeiten usw. sorgen dafür, dass diese Kontingenz weitgehend eingeschränkt wird, Technik ist letztlich nur eine Steigerung dieses Vorgangs, der mit mehr Eindeutigkeiten und weniger Aushandlungsprozessen arbeitet. Soziale Ordnung kann man dann als eine Ordnung beschreiben, die mit einer gewissen Bandbreite von Verhaltensmöglichkeiten rechnet und damit umgehen kann. Die Zurechnung auf Menschen beinhaltet fast immer auch den Hinweis darauf, dass es sich dabei um einen Operator mit Freiheitsgraden, Handlungsspielräumen, inneren Unendlichkeiten, einem Willen und einer individuellen, gar unverwechselbaren Persönlichkeit handelt. Vielleicht kann man sogar sagen, dass soziale Ordnung eine Reaktion darauf ist, dass Menschen immer mehr Handlungsmöglichkeiten haben, als es im Moment sozialverträglich erwartet werden kann.[32] Man könnte es auf die Formel bringen: *Menschen bzw. menschliche Handlungen bzw. Menschen zugerechnete Handlungen haben ein enormes Überraschungspotential, während Technik dafür sorgen soll, auf Überraschungen zu verzichten. Technik funktioniert. Ihre Ausgefeiltheit kann überraschen, aber der Output sollte es nicht.*

Im Vergleich zu mechanischer und habitueller Technik ist das Überraschungspotential digitaler Technik höher. Zu Störungen kommt es dann, wenn die Zurechnungsroutinen gestört werden. Ich habe im dritten Kapitel bereits auf jene Störungen hingewiesen, die mit der Zurechnung auf Datenverarbeitung verbunden sind. Solche Störungen werden deshalb als Störung empfunden, weil hier eine Technik tatsächlich Überraschungen erzeugt, will heißen: unerwartete oder nicht eindeutig kalkulierbare Ergebnisse produziert. Die Metapher der *Intelligenz* würde man bei solchen Störungen spätestens dann anwenden, wenn der Nutzer oder Anwender einer solchen Technik die Kontingenz des Gegenübers wahrnimmt, will heißen: dass man davon überrascht wird, dass der Automat so und nicht doch anders entscheidet – was den Automaten dann eben nicht mehr als Automaten erscheinen lässt.

Das Privileg, Fehler zu machen

Bei den Alltagsanwendungen haben wir uns inzwischen an Automaten als *Alter Egos* mit hoher Alterität, aber übersichtlichem Ego gewöhnt. Es entstehen offensichtlich immer mehr Situationen, in denen wir mit einem technischen System in eine Situation doppelter Kontingenz geraten. Wenn ein Navigationsgerät mir Vorschläge darüber macht, welchen Weg ich nehmen soll, während der Fahrt die Route ändert und ich dann selbst entscheiden muss, ob ich dem Vorschlag folge oder nicht, dann ist das geradezu klassische doppelte Kontingenz – aber ich werde dem Gerät kein Bewusstsein unterstellen. Aber ich unterstelle einen Entscheidungsspielraum und frage mich, ob ich wirklich glaube, dass der angekündigte Stau tatsächlich die Intensität hat, die angekündigt ist. Und es verunsichert auch nicht, dass das System seine Taktik ändert, sobald ich anders fahre, als es vorgeschlagen wurde.

Schwieriger wird es in Situationen, in denen nicht mehr so eindeutig zu klären ist, wie und worauf die Maschine reagiert – und wenn der Output durchaus nicht eindeutig als das Ergebnis einer maschinellen Operation zu entschlüsseln ist. Man denke etwa an automatisierte Nachrichtenportale, die aus anderen Meldungen selbst Meldungen erzeugen,[33] man denke an Diagnosesysteme in der Medizin, bei denen Algorithmen in Konkurrenz zu ärztlichen Diagnosen treten,[34] oder man denke sogar an medizinische Interventionen wie implantierbare Cardioverter-Defibrillatoren (ICD), bei denen ein Rechner quasi ärztliche Entscheidungen trifft, die durchaus einen Entscheidungsspielraum haben und am Ende dann doch zu schematisch arbeiten und sich etwa bei terminalen Patienten nicht selbst zurücknehmen können, weil ihnen dafür die algorithmische Fähigkeit fehlt.[35]

Das bekannteste Beispiel ist sicher die breit geführte Diskussion über die Frage, wie ein selbstfahrendes Automobil reagiert, wenn es in einer Konfliktsituation vor die Alternative gestellt wird, Kinder oder eine Gruppe von Senioren anzufahren. Das ist ein eher hypothetisches

Beispiel und setzt voraus, dass ein solches System dies überhaupt erkennen kann. Aber gehen wir einmal davon aus, es ist dazu in der Lage, so wird daran vor allem als Störung empfunden, dass hier ein technisches Gerät eine Entscheidung trifft, die auch ein Mensch in der Situation kaum treffen könnte – dass man dem Gerät aber weniger Unschärfe zuzurechnen bereit ist als dem Menschen. Mich interessieren weniger die moralischen oder technischen Dimensionen des Problems, sondern eher die besondere Bedeutung der Zurechnungsform.[36]

Das Unbehagen an der digitalen Technik rührt nach meinem Dafürhalten vor allem daher, dass immer mehr Techniken entstehen, die tatsächlich in soziale Prozesse eingreifen, die Handlungsverläufe mitstrukturieren und mit denen Menschen in eine Situation doppelter Kontingenz geraten. Dies ist inzwischen eingelebte Praxis in den hochtechnisierten Teilen der gesellschaftlichen Welt, in der die Grenze zwischen menschlichem und technischem Entscheiden längst nicht mehr so klar gezogen werden kann, wie das bei der mechanischen Technik noch der Fall war – wobei man auch hier vor allem in kritischer Absicht den Menschen als Anhängsel, sogar als Teil der Maschine angesehen hat. Das bekannteste Motiv dazu ist Charlie Chaplins *Moderne Zeiten* von 1936, aber auch Formen der Technikkritik wie etwa beim schon erwähnten Friedrich Georg Jünger.

Am größten ist das Unbehagen freilich dort, wo Technik nicht mehr als Technik sichtbar wird, wenn also der Computer selbst zum Gesprächspartner in natürlicher Sprache wird, was inzwischen etwa in Telefonhotlines von Unternehmen das Versuchsstadium überschritten hat;[37] oder wenn es ein Algorithmus ist, der über Kredit-, Bau- oder Sozialhilfeanträge entscheidet. Hier werden gewissermaßen Freiland-Turing-Tests durchgeführt und bestanden. Der Computer bzw. der Algorithmus ist dann nicht mehr ein technisches Artefakt mit Zurechnungspotential, sondern ein Gegenüber, das entweder im Falle natürlicher Sprache anthropomorpher, im Falle von Entscheidungsalgorithmen als korporativer Akteur auftritt. Nicht dass es ohne solche Technik nicht schon zu Fehlern oder zu Willkür gekommen wäre, aber das einer Maschine zuzurechnen, ist zumindest noch ungewohnt.

Sehr eindringlich bringt diese noch ungeklärte Situation der CEO von Google, Sundar Pichai, auf den Begriff. In einem Interview sagt er auf die Frage nach den Bedingungen, unter denen Anwender KI-Entscheidungen zustimmen würden, einen denkwürdigen Satz, der das ganze Durcheinander von Zurechnungen gut auf den Punkt bringt: «One of our most important principles is that systems are accountable to humans. I think this is an important principle.»[38] Die Technik wird entwickelt, um bessere, schnellere, effizientere, vielleicht sogar genauere, wenigstens im Sinne des Betreibers zielorientiertere (gewinnträchtigere, gerechtere?) Entscheidungen zu generieren – aber ihr Legitimationsproblem soll über eine *accountability to humans* gelöst werden. Was hier deutlich wird, ist die Fragilität von Zurechnungen – wohlgemerkt: von Zurechnungen überhaupt, nicht nur Computern gegenüber. Es ist eine soziologische Binsenweisheit, dass Zurechnungen im sozialen Verkehr vor allem dadurch erfolgreich funktionieren, dass ihre Bedingungen latent bleiben können, dass sie nicht angesprochen und je neu verhandelt werden müssen, dass sie gewissermaßen im Hintergrund wirken. Die Zurechnung auf nicht-menschliche Entitäten wie Algorithmen macht all das reflexiv und sichtbar, was zuvor pragmatisch ausgeklammert wurde – und es wird spätestens dann zur Gewohnheit, wenn es sich technisch routinisiert haben wird. Wie oben entwickelt: Das Überzeugende technischer Lösungen besteht darin, dass sie funktionieren, und das Funktionieren verzichtet auf Beobachtung, sondern erzeugt einen Sog durch seine Einfachheit. Jenseits aller notwendigen Kritik und Vorsicht, jenseits der Befürchtungen, entscheidungsfähige Algorithmen könnten unangemessen entscheiden, womöglich nach nicht erwünschten algorithmischen Regeln, wird es nicht lange dauern, bis solche Ungewöhnlichkeiten Alltag sein werden. Exakt so findet sozialer Wandel statt.

Die Bedingung von Entscheidungen fällt dann auf, wenn die Entscheidung problematisch erscheint – und in diesen Momenten wird algorithmische Technik kritisierbar und man ruft nach dem Menschen. Die Kontingenzformel «Mensch» als unscharfer, weil mit Freiheitsgraden und Fehlbarkeit ausgestatteter Operator, kann als

Variable zur Erklärung von Störungen, Konflikten, Ungenauigkeit und vor allem *Fehlern* dienen. *Spätestens mit der digitalen Daten- und Informationsverarbeitungstechnik – mit ihrer Fähigkeit der geradezu unfassbar schnellen Berechenbarkeit von Parametern und der Verfügung über unvorstellbare Mengen von Daten – dürfte das ausgezeichnete Privileg des Menschen darin bestehen, nicht nur Fehler zu machen, sondern auch Fehler machen zu dürfen.*

Das mutet paradox an, denn gerade aufgrund der radikal strikten Kopplung des digitaltechnischen Mediums – der binären Zeichencodierung – ist Digitaltechnik kein besonders fehlerfreundliches Medium. Digitale Steuerung verzeiht keine Fehler, weil sie mit Fehlern nicht unscharf umgehen kann – und die Diagnose aus den sogenannten Software-Studies, es seien vor allem die Produktionspraktiken selbst, die für die vielen Fehler in der Software-Produktion und die permanente Notwendigkeit von Korrekturen, neuen Versionen und Upgrades verantwortlich seien, verkennt die Striktheit des medialen Substrats, das *per se* weder fehlerfreundlich noch strukturell fehlervermeidend ist. Wiewohl also Fehler auch der Digitaltechnik geradezu inhärent sind, schließt die technische Rahmung Fehler aus. Zurechnungen auf Menschen schließen Unschärfe und Unbestimmtheit geradezu notwendigerweise ein, sind vielleicht sogar konstitutiv dafür, Zurechnungen auf Technik als eines gesellschaftlichen Mediums schließen dies gerade aus.

Je komplexer also sowohl die internen Vorgänge einer Technik als auch die Input/Output-Verhältnisse sind, desto weniger darf diese Technik damit rechnen, nicht als Störung angesehen zu werden. Ich habe mehrfach auf den Buchdruck hingewiesen: Dieser hatte der Schrift ihre zunächst wenig verdächtige Form dadurch geraubt, weil man nunmehr Unbestimmtheit in die Schrift eingebaut hat: Je mehr Leser, desto mehr Lesarten und desto mehr Unbestimmtheit (und Überschuss) im Hinblick auf Bedeutungen. So ähnlich verhält sich auch die Digitaltechnik zur klassischen, also mechanischen Technik: Hatte diese womöglich ein großes Kraft- und auch Zerstörungs- und Gefahrenpotential, so waren die Verhältnisse zwischen den Elementen nicht nur strikt gekoppelt, sondern auch eindeutig bestimmbar – selbst wenn man bei komplexen technischen Systemunfällen erst im

Nachhinein jene Kausalketten beschreiben konnte, die ab einer gewissen Schwelle eben nicht mehr im Vorhinein erwartet werden konnten.[39]

Selbst dort, wo eine im Wesentlichen auf deduktiven Algorithmen aufbauende Digitaltechnik zum Einsatz kommt, dürfte das auch möglich sein. Der Output solcher Maschinen kommt den Kriterien einer wiederholbaren und auf Bestimmtheiten hin gearbeiteten Technik recht nahe. Problematisch wird es erst, wenn Wiederholbarkeit und Bestimmtheit nicht wirklich vorausgesetzt werden können. Das gilt spätestens in jenen KI-Anwendungsbereichen, an denen derzeit gearbeitet wird und die zum Ziel haben, nicht nur deduktive Algorithmen abzuarbeiten, wie komplex, selbstlernend und quasi-autonom diese auch immer sein mögen. Digitaltechnik kapriziert sich immer mehr von einer eher rezeptiven Technik zur Entbergung von Mustern hin zu einer Technik, die selbsttätig Operationen ausführt und damit in der Lage ist, eigene Entscheidungen zu treffen, die im Algorithmus selbst noch nicht vorkommen. Es ist dies der Wandel von deduktiven zu abduktiven Maschinen. Diskutiert man das auf der Ebene der logischen Figur, so sind klassische Algorithmen nichts anderes als relativ eindeutig reagierende Formen, die nur deshalb so komplex erscheinen, weil sie eine so große Zahl an Rechenoperationen ausführen können, so dass die Entscheidungen tatsächlich intelligent aussehen. Es sind aber Entscheidungen im Rahmen eines wohldefinierten Reaktionsraums.

6

Lernende Technik

Dass Technik funktioniert, ist ihr unschätzbarer Vorteil – so habe ich im vorigen Kapitel argumentiert. Funktionierende Technik suspendiert Konsensansprüche und absorbiert Dissensansprüche schlicht dadurch, dass sie funktioniert. Das Funktionieren, so lautete der letzte Gedanke, basiert auch bei komplexer Algorithmentechnik darauf, dass die Funktionsweise des Digitaltechnischen entlang genau definierter Spielräume enggeführt ist. Diese Konstellation ändert sich, sobald Rechner lernen sollen, oder besser: sobald sie *offenkundig* lernen. Dass Algorithmen lernen, ist bereits in alle Algorithmen eingeschrieben, die sich durch Feedbackschleifen selbst optimieren können bzw. optimiert werden können. Durch Feedbacks, die entweder durch die Nutzer selbst oder durch Sensoren vermittelt werden, kann der Algorithmus die Wahrscheinlichkeit erhöhen, die «richtige» Reaktion zu zeigen. Schon früh hat man Intelligenz in diesem Sinne als eine selbstadaptive Praktik operationalisiert,[1] was schon von Claude Shannon oder William Ross Ashby diskutiert wurde.[2] Eine neue Qualität erreichen Rechner und Rechenformen, die neuerdings *Cognitive Computing* oder *Deep Learning* heißen. Ob sich hier freilich tatsächlich jener grundlegende Paradigmenwechsel zeigt, der mit diesen Buzz Words angekündigt wird, sei dahingestellt.

Bilderkennung, die Erkennung natürlicher Sprache, Objekterkennung, aber auch Voraussagetechniken wie Wettervorhersagen, Prognosetechniken zur Einschätzung der Reaktionen von Molekülen in chemischen Prozessen oder von Verlaufsformen von Genmutationen, Börsenprognosen und die Detektion von Gesichtern, von Emotionen, nicht zuletzt komplexe Sprachübersetzungsprogramme – all diese

Anwendungen erfordern zunächst nicht nur ungeheure Rechenleistungen, sondern auch eine neue Art der Informationsgewinnung. In einer Überblicksarbeit in *Nature* haben Yann LeCun, Yoshua Bengio und Geoffrey Hinton den angekündigten Paradigmenwechsel auf den Begriff gebracht. Sie charakterisieren das konventionelle *machine-learning* so: Diese Technik «transformed the raw data (such as the pixel values of an image) into a suitable internal representation or feature vector from which the learning subsystem, often a classifier, could detect or classify patterns in the input.»[3] Man könnte sagen: Der Gegenstand der Berechnung war nicht ein Gegenstand, also auch kein Bild, sondern es waren zunächst Daten selbst, die etwas repräsentieren, was für die Maschine selbst letztlich keinen Unterschied macht. Es ist dies exakt jene Form der Mustererkennung, die ich am Anfang meiner Argumentation aufgezeigt habe: Die Digitaltechnik fängt dort an, wo sich die Welt in Daten repräsentieren lässt, um Muster und Strukturen zu erkennen, die mit bloßem Auge und den Wahrnehmungs- und Rechenkapazitäten des natürlichen Bewusstseins nicht erfasst werden können.

Entscheidungen

Aber auch bei dieser konventionellen Form der Mustererkennung handelt es sich bereits um lernende Maschinen, die ihre Kapazität der Mustererkennung erweitern und verfeinern können, indem sie mit Metadaten darüber ausgestattet werden, wie die Mannigfaltigkeit der vorhandenen Informationen in eine Form gebracht werden kann. Der Rahmen einer solchen Berechnungsform ist vorher weitgehend festgelegt, so dass letztlich nur das berechnet werden kann, was zuvor schon antizipierbar war, auch wenn Feedbackschleifen die Ergebnisse zu verfeinern in der Lage sind. In Erweiterung dazu, so LeCun, Bengio und Hinton, zeichnet sich *deep learning* dadurch aus, dass Daten in mehreren Schritten und Schichten nach Strukturen berechnet werden. Im Falle etwa einer Objekterkennung geht es darum, dass der Rechner nach unterschiedlichen Strukturen sucht, nach Verbindungen, gewissermaßen nach unterschiedlichen Perspektiven auf dasselbe «Objekt». Diese unterschiedlichen Ebenen verbinden sich dann in Knoten, die in der Lage sind, die eigenen Beobachtungen mit denen anderer Knoten abzugleichen und nach stochastischen Modellen die Wahrscheinlichkeit zu bestimmen, ob mit den Daten des anderen Knotens weiter gearbeitet wird oder nicht. Diese Form der Aktivierung und Deaktivierung von Verbindungen zwischen unterschiedlichen Perspektiven und Ebenen hat diesem Verfahren seinen Namen als *cognitive computing* gegeben – nicht weil hier das Gehirn nachgebildet würde, aber weil es auch hier wie bei einem Nervensystem um Strukturierung durch An- und Abschalten bestimmter Verbindungen geht, deren Struktur dann im wahrsten Sinn des Wortes ein Bild entstehen lassen.[4] Solche Systeme müssen trainiert werden, um das Zusammenspiel der unterschiedlichen Knotenpunkte und Ebenen zu strukturieren.

Das Entscheidende an diesem Verfahren ist, dass die angesprochenen Ebenen nicht vorprogrammiert sind, sondern von der lernenden Maschine selbst definiert werden. «The key aspect of deep learning is that these layers of features are not designed by human engineers, they are learned from data using a general purpose learning procedure.»[5]

Die klassische Mustererkennungstechnik ist sehr leistungsfähig darin, Muster innerhalb von Datensätzen zu erkennen und sich an eine immer höhere Bestimmtheit heranzutasten. Letztlich ist dieses stochastische Modell eindimensional und strebt nach höheren Wahrscheinlichkeitsraten. Es geht dabei darum, Muster *wieder*zuerkennen, also etwa festzustellen, ob auf einem Bild ein Hund oder eine Katze zu sehen ist. «Katze» oder «Hund» muss als Grundmuster bereits vorhanden sein, so dass es um ein Wiederkennen geht – freilich ein Wiedererkennen unter Bedingungen unvollständiger Informationen. Man könnte fast von einer dem Platonischen nachempfundenen *Anamnesis*-Technik sprechen, nach der alles Erkennen *Wiedererkennen* ist. Wo aber mit Unbestimmtheiten gearbeitet werden muss, wo also etwa die Grundgesamtheit nicht überblickt wird und deshalb stochastische Modelle nach Baysschen Modellen oder Likeli-

hood-Verfahren zum Einsatz kommen, muss die lernende Maschine
tatsächlich selbst Entscheidungen treffen, die nicht vorgesehen
waren. Denkt man etwa an die Erkennung natürlicher Sprache oder
an die Wahrnehmung von Objekten für Anwendungen selbststeu-
ernder Fahrzeuge, muss der Rechner die Signale selbst danach ordnen, welche Informationen wichtig sind und welche nicht. Natürliche Sprache, oder besser: natürliches Sprechen etwa enthält im
Hinblick auf die grammatikalische Struktur der Sprache eine höhere Varianz, vor allem auch im Hinblick auf Störungen. Das System
muss dann entscheiden, was wichtige Informationen sind und was
nur Störungen.

Genau genommen kehrt hier die alte ontologische Unterscheidung
von *Substanz* und *Akzidenz* wieder. Welche Audio-Signale gehören zur
Sprache, und welche sind andere Geräusche? Welche Art von Variation in der gesprochenen Sprache ist akzidentell, und welche verweist auf eine substantielle Veränderung einer Bedeutung oder einer
grammatischen Information? Solche Verfahren können nicht einfach
Muster erkennen, die gewissermaßen schon da sind, sondern müssen
erheblich selektiver mit den Datensätzen umgehen als die klassische
Mustererkennung. Es geht also nicht mehr nur um Verteilung von
Strukturen, sondern um stochastische Modelle, um Verteilungswahr-
scheinlichkeiten und prognostische Bestimmungen, die aber zu aktuellen Entscheidungen führen müssen. *Bremsen oder nicht? Wo endet das
Objekt? Welche wahrgenommenen Gegenstände sind voneinander unterscheidbar? Wann beginnt, wann endet ein Satz? Ist die Lautverschiebung zufällig,
akzidentell, oder verweist sie auf ein anderes Wort?*[6]

Ein solches System hat keine Möglichkeit mehr, die eigene Leistung
mit einem bereits vorhandenen Muster bzw. einem vorhandenen
oder gespeicherten Bild zu vergleichen, denn das würde etwa bei
einem Bilderkennungs- bzw. Wahrnehmungsalgorithmus zu viele
Vorlagen erfordern. Wie erkennt ein Computer eine Kreuzung, ein
vorbeifahrendes Automobil, einen Fußgänger, wie kann er diese Objekte überhaupt als Objekte identifizieren und vom Hintergrund
unterscheiden? Welche Signale gehören zusammen, welche nicht? Es
handelt sich um einen Mechanismus, der die Daten, die verarbeitet

werden, erst selbst sensorisch erzeugen muss, ohne dass es zu einer Vorselektion durch Metadaten oder konkrete Konditionierungen kommen kann. Ein solches System muss gewissermaßen mit einer selbsterzeugten Realität umgehen und kann diese nicht an einer nicht selbst erzeugten Realität abgleichen – letztlich ist das der klassische Versuchsaufbau von Kognitionstheorien. Wie kann ein selbstreferentielles (also: auf seine Operationen limitiertes) operatives System seine Umwelt wahrnehmen, ist dies doch stets Selbstwahrnehmung?

Die Objekterkennung etwa, wie sie für viele Schlüsseltechnologien entscheidend ist und sein wird, radikalisiert die berühmte Formel von George Berkeley: *Esse est percipi* – «Sein ist Wahrgenommenwerden.» Berkeley bringt das Problem schön auf den Begriff: «Ein Duft war da, heißt: er wurde gerochen; ein Ton erklang, besagt: er wurde gehört; eine Farbe oder Gestalt war da: sie wurde durch den Gesichtssinn oder den Tastsinn wahrgenommen.»[7] Das Wahrgenommenwerden bringt das Sein der Dinge für den wahrnehmenden Apparat erst in die Welt – und was hier für die bewusstseinsförmige Erkenntnis beschrieben wird, trifft exakt ebenso für Objekterkenntnismaschinen zu, die auch nicht außerhalb ihrer selbst operieren können und deshalb mit Bordmitteln entscheiden müssen, was sie wahrnehmen, wenn sie etwa ein Automobil steuern. Der Versuchsaufbau ist hier, gewissermaßen außerhalb einer wohldefiniert begrenzten Laborsituation, eine komplexe Welt, die nicht eindeutig vorprogrammierbar ist. Die Dinge, vor allem unerwartete Dinge zu identifizieren, ist nicht trivial und auch nicht einfach ein Problem der Auflösung oder der Datenmenge, sondern ein prinzipielles, denn, so Berkeley: «Ihr *esse* ist *percipi*, und es ist unmöglich, daß ihnen irgendein Dasein außerhalb der Geister oder denkenden Dinge, die sie wahrnehmen, zukäme.»[8]

Vielleicht wird die Herausforderung für das deutlich, was *cognitive computing* bedeutet – höhere Rechnerleistungen sind dafür konstitutiv und sicher der entscheidende Trigger, aber sie sind lediglich notwendige, nicht aber hinreichende Bedingung für diese Art der technischen, besser: maschinenbasierten Verarbeitung von Information, die *intelligent* deshalb genannt werden muss, weil sie eben kognitive Aufgaben zu lösen hat und auf eine andere Logik umstellen muss.

Dieser Art KI trifft immer mehr Entscheidungen selbst, indem sie nicht nach eindeutigen Mustern sucht, sondern durch ein Detektieren auf mehreren Ebenen in der Lage ist, selbständig die relevanten Informationen zu selektieren, um eine bestimmte Aufgabe erfüllen zu können – ein Automobil zu steuern, gesprochene Sprache zu verstehen oder Objekte zu identifizieren und zu unterscheiden. In Mehrebenenarchitekturen können dann in Verfahren der Backpropagation, also Fehlerrückführung, immer genauere Ergebnisse erzielt werden, die die Maschine selbst erzeugt. Es ist Errechnung aus Errechnetem und Selbstadaption.[9]

Allerdings basieren auch solche Modelle auf der Grundstruktur der Maschine, jenen binären Operationen, die für jegliche digitale Anwendung konstitutiv sind. Es dürfte jetzt noch deutlicher werden, wie sehr digitale Technik davon profitiert, dass sie so simpel gebaut ist. Meine These war: Weil sie so simpel gebaut ist, eröffnen sich geradezu unbegrenzte Möglichkeiten für Rekombinationen und Formen. Auch das tiefste *deep learning* basiert auf dieser einfachen Digitalität – und eröffnet deshalb Möglichkeiten der Neuanordnung von Relationen. So gesehen sind das *deep learning*, das *cognitive computing* oder *neural networks* einerseits von veränderter logischer Struktur, zugleich liegt aber auch ein Kapazitäts- und Skaleneffekt vor. LeCun, Bengio und Hinton schreiben, dass die klassischen deduktiven Modelle gemäß eines «logic-inspired paradigm» nach linearen, eindeutigen Zusammenhängen – wenn auch nur stochastischer Natur – suchen. «By contrast, neural networks just use big activity vectors, big weight matrices and scalar non linearities to perform the type of fast ‹intuitive› inference that underpins effortless commonsense reasoning.»[10]

Abduktive Maschinen?

Am Ende sind es, wie gesagt, auch Kapazitäts- und Skaleneffekte, die eine Umstellung der logischen Form ermöglichen, die dann wie ein qualitativer Sprung der Technik selbst aussieht. «Ob ‹starke› oder ‹schwache›, ob ‹Good Old-Fashioned› oder ‹nouvelle› KI», so formuliert Bernhard J. Dotzler,[11] allen Formen ist das Algorithmische gemein, auch jenen neuronalen Architekturen, die Alan Turing schon in den 1940ern antizipiert und «unorganisierte»[12] Maschinen genannt hatte. LeCun, Bengio und Hinton sprechen von «unsupervised learning».[13]

Die gewachsenen Rechenkapazitäten und damit auch gewachsenen Geschwindigkeiten können in kurzer Zeit so viele unterschiedliche Rechenvorgänge vornehmen, dass die gleichzeitige Arbeit auf unterschiedlichen Ebenen möglich wird. Dies ist der Trigger für die Veränderung zur KI neueren Typs. Unter logischen Gesichtspunkten hat diese technische Erweiterung zur Folge, dass es nun nicht mehr um die deduktive Gewinnung von Informationen aus bestehenden Datensätzen geht, sondern diese um die «Gewinnung von Informationen» erweitert wird, «ohne dass sie [die Maschinen – A. N.] darauf programmiert worden wären. Diese Blickweise forderte das theoretische Modell eines auf deduktiver Logik basierenden Denkens heraus. Es führte zu Experimenten mit nicht-monotonem Denken (Induktion und Abduktion), mit Hilfe derer Schlussfolgerungen dazu genutzt werden konnten, die Realität außerhalb der bereits bekannten Resultate zu erklären.»[14]

Charles Sanders Peirce definiert die Abduktion als «Vorgang, in dem eine erklärende Hypothese gebildet wird.»[15] Während eine Induktion der Schluss von etwas Partikularem auf ein allgemeines Gesetz ist, schließt die Abduktion «von der Wirkung auf die Ursache.»[16] Das induktive Verfahren klassifiziert, ebenso wie eine Deduktion, nur spiegelverkehrt, während Peirce die Abduktion als denjenigen Schluss bezeichnet, der *selbst* etwas hervorbringt. Sie sei das «einzige logische Verfahren, das irgendeine neue Idee einführt.»[17]

Das abduktive Schlussverfahren ermöglicht es deshalb etwa einem wahrnehmenden Operator, selbst die Struktur des Objekts zu identifizieren und sich an früheren Wahrnehmungen zu orientieren. Solche lernenden Systeme verbessern ihre Genauigkeit durch Erfahrung, sind aber darin nicht auf eindeutige Ergebnisse festgelegt. Das abduktive Verfahren führt stets zu stochastischen Lösungen, zu Annäherungen, zu hypothetischen Lösungen. Es beinhaltet immer einen Rest Unbestimmtheit, der in streng deduktiven oder induktiven Verfahren nicht gegeben ist, weil dort gewissermaßen unwandelbare, also axiomatische «Gesetze» in Form von konkreten Festlegungen vorliegen. Die zuvor erwähnten Anwendungen – Spracherkennung, Objekterkennung usw. – sind darauf angewiesen, mit solchen Annäherungen zu arbeiten, weil die Mannigfaltigkeit der Signale zunächst ungeordnet ist. Es müssen gewissermaßen durch Erfahrung interne Kategorien gebildet werden, um den Signalen ein Muster überzustülpen.

Denkt man an eine Anwendung wie selbstfahrende Automobile, so muss man sehen, dass der technische Wahrnehmungsapparat auf eine relativ unstrukturierte Welt trifft, die zunächst aus relativ unstrukturierten Signalen besteht, die selbst geordnet werden müssen und in einem permanenten internen Abgleichungsprozess zur Einschätzung der Situation führen. Dabei muss selektiv vorgegangen werden, und es müssen mit stochastischen Modellen und Daten aus früheren Selektionsverfahren tatsächlich Entscheidungen getroffen werden, wie die Situation einzuschätzen ist, da eine Eins-zu-eins-Abbildung der Welt nicht möglich ist. Ich erinnere an meinen Begriffsvorschlag der Verdoppelungsfunktion der Daten, die auf das, *was* sie berechnen, letztlich keinen unmittelbaren Zugriff haben und ein Bild der Welt erzeugen, das nicht an der Welt abgeglichen werden kann. Deshalb sind die durch Mehrebenenabgleich und -selektion möglichen Informationen letztlich nur selbsterzeugte Formen. Folglich ist dieser Art KI tatsächlich eine Form, die selbst Entscheidungen treffen muss, ganz in dem Sinne eines abduktiven Verfahrens, das Hypothesen darüber aufstellt, was die Daten bezeichnen.

Es mag merkwürdig anmuten, dem Rechner eine Entscheidungskompetenz zuzuweisen, aber es handelt sich tatsächlich um Entscheidungen, wenn man darunter eine Form der Selbstfestlegung im Hinblick auf unbekannt bleibende Zukünfte versteht, die auch anders hätten ausfallen können. In dieser Form der Technik sind Input und Output loser gekoppelt als in den strikt gekoppelten mechanischen Maschinen, deren sozialtechnische Funktion darin besteht, nicht verstanden werden zu müssen, sondern schlicht zu funktionieren. Hier nun muss die Maschine nicht nur verstanden werden, sie muss selbst verstehen – wenn man ähnlich wie beim Entscheidungsbegriff unter Verstehen eben keine eindeutige Bestimmtheit erwarten kann. Verstehen beinhaltet stets auch die Möglichkeit des Missverständnisses, des Scheiterns, des Fehlers. Das nennt man wohl Intelligenz – und so hat bereits Alan Turing in den 1940er Jahren formuliert, wenn von einer Maschine Unfehlbarkeit erwartet werden solle, könne sie nicht zugleich intelligent sein.[18] Luciana Parisi bringt diese neue Erfahrung mit Digitaltechnik auf die Formel, dass «das Unberechenbare jetzt Kernbestandteil des Berechenbaren selbst»[19] geworden sei.

Damit sollte zumindest deutlich geworden sein, dass die Digitaltechnik zwar auf der Ebene der konkreten Rechenvorgänge nicht prinzipiell anders geworden ist, dass aber die Kapazitäten zur Verfügung stehen, Rechenleistungen so zu erhöhen, dass tatsächlich abduktive Mehrebenenverfahren möglich sind.

Verteilte Intelligenz?

Denken wir uns kurz die Computer und die KI-Maschinen weg. Wie steht es mit der Offline-Intelligenz? Üblicherweise wird sie im Kopf von Menschen gesucht. Intelligenz ist dann gewissermaßen die gehirn-/bewusstseinsgestützte Problemlösungskapazität, deren Messung nicht trivial ist.[20] Die Referenzgröße für den Vergleich mit der KI wäre dann also der Mensch, und letztlich wird fast der gesamte Diskurs über die Frage nach der KI an dieser Referenzgröße gemessen. Dabei gilt auch für klassische Technikkonzepte, dass ihr Charakter vor allem an menschlichen Fähigkeiten gemessen wird. Denkt man an das, was ich im vorigen Kapitel mit Werner Rammert *mechanische Technik* genannt habe, so kann man diese mechanischen Technikformen als ein Enhancement menschlicher Fähigkeiten betrachten. Die Druckmaschine füllt Papierbögen schneller und fehlerloser und vor allem in größerer Zahl als der Mensch. Ein Wagen kann mehr transportieren als der Mensch auf seinem Rücken. Die Hebelgesetze ermöglichen es, Kräfte zu entfalten, die der Mensch ohne sie nicht entfalten könnte. Ein Fahrrad bringt die Muskelkraft effizienter auf die Straße als die Füße. Erst mit den technischen Fortschritten wird die Referenzgröße für Technik vorherige Technik. Der Elektroherd ist schneller einzuschalten als ein Holzofenherd. Ein Automobil ist stärker als ein Pferdegespann. Und ein Strahltriebwerk ermöglicht höhere Fluggeschwindigkeiten als ein Propellerantrieb.

Die soziale Funktion der Technik ist das Funktionieren und der Verzicht auf Konsens. Technik funktioniert auch ohne Ansprache, und die Ergebnisse sind wohldefiniert. Das gilt auch noch für einen Großteil der Digitaltechnik. Und man käme nicht auf die Idee, diese Techniken intelligent zu nennen, weil sie nur tun, wie ihnen geheißen – physikalisch/mechanisch, elektronisch, chemisch.

Auf der Suche nach der Intelligenz intelligenter Technik bleibt dann zunächst tatsächlich nur die menschliche Intelligenz, wobei auch diese inzwischen in ihrem Autonomiestatus unter Druck gerät, denkt man nur an die Frage nach dem freien Willen und nach der materiellen Basiertheit allen Denkens und Bewusstseins.[21]

Es sind aber auch andere Referenzgrößen denkbar, um über die Intelligenz der KI nachzudenken, die Gesellschaft zum Beispiel. Der Philosoph Nick Bostrom, auf den ich sogleich noch zu sprechen komme, ist auf der Suche nach der *Superintelligenz*. Für ihn wäre eine der Superintelligenzen – also Intelligenz, die die Fähigkeit des einzelnen Menschen übersteigt – so etwas wie «kollektive Superintelligenz».[22] Bostrom betont zwar, dass eine solche kollektive Intelligenz nicht nur von der Quantität des Kollektivs und der Qualität seiner Elemente abhängt, sondern auch von deren Organisation. Aber dazu macht er letztlich keine Angaben. Der Soziologie stehen hier durchaus Mittel zur Verfügung. Ich habe an anderer Stelle die funktionale

Differenzierung der Gesellschaft mit einer Informatik-Metapher beschrieben, nämlich als ein System *verteilter Intelligenz*.[23]

Distributed artificial intelligence bezeichnet in der Informatik Programme und Architekturen, in denen unterschiedliche Probleme, Lösungen, Geschwindigkeiten, Kapazitäten und operative Einheiten nicht strikt, sondern lose miteinander gekoppelt werden.[24] Die lose Kopplung hat dazu geführt, dass die sogenannten Peripheriegeräte wie Drucker, Plotter, Laufwerke, Speicher, Arbeitsplätze usw. nicht mehr einfach von einem Zentralrechner aus gesteuerte Untergeräte sind, sondern Geräte, die selbst über Rechenkapazität verfügen. Das ermöglicht es zum Beispiel, den Datenaustausch möglichst klein zu halten, zeitliche Prozesse auseinanderzuziehen und damit für jeweilige Unabhängigkeit und auch Fehlerfreundlichkeit zu sorgen. Denn durch die losere Kopplung ist etwa der Ersatz beziehungsweise die Weiterentwicklung einer Komponente möglich, ohne das Gesamtsystem vollständig bearbeiten zu müssen. Für so etwas wie die *Gesamtintelligenz* eines Systems mit *verteilter Intelligenz* gibt es keine Funktionsstelle mehr. Es geht jetzt um Schnittstellenmanagement, das in einem hierarchisch gebauten System mit Unterkomponenten noch in einer schlichten Befehlsfolge mit vergleichsweise wenig komplexer, aber fehlersensibler Kopplung bestand. *Verteilte Intelligenz* dagegen erhöht die Unabhängigkeit der Komponenten – erhöht aber auch die Schnittstellenkomplexität und verringert die Möglichkeit zentraler Steuerung, weil man nicht mehr auf alle Prozesse der anderen Komponenten Zugriff hat. Was ich hier im Hinblick auf Rechnerkomponenten beschrieben habe, bildet sich auch auf der Ebene der Software ab. Softwarekomponenten werden funktional differenziert und müssen die differenzierten Teile operativ integrieren. Und die oben erwähnte Mehrebenen-KI des *cognitive computing* arbeitet mit ähnlichen Modellen.

Für die moderne Gesellschaft lässt sich nun zeigen, dass ihre funktionale Differenzierung in *verteilte Intelligenzen* eben nicht auf eine kollektive Intelligenz, sondern auf die Trennung der Komponenten mit je konkreten Codierungen und Programmierungen hinausläuft – diese Begriffe habe ich im vorigen Kapitel dafür verwendet, um beschreiben zu können, dass die interne Organisation von codierten Funktionssystemen ästhetisch und operativ der Operationsweise digitaler Technik ähnlich ist, also nicht zufällig eine ähnliche Begrifflichkeit erfordert.

Die Gesamtintelligenz der modernen Gesellschaft ist eine Intelligenz, die ökonomische, politische, wissenschaftliche, rechtliche, mediale, religiöse und künstlerische Intelligenzen trennt, um die Leistungsfähigkeit der einzelnen Intelligenzen zu steigern und höhere Problemlösungskapazitäten zu ermöglichen. Dieses *Um-Zu* ist kein Plan, keine intentionale Strategie, schon gar kein politisches Programm, sondern das Ergebnis einer Evolution, die mit den Komplexitätssteigerungen der Gesellschaft umgehen musste.

Diese Evolution hat auch zu einer Umstellung von eher deduktiven Modellen auf solche Modelle geführt, die man wenigstens versuchsweise abduktiv nennen kann. Deduktive Modelle wären Gesellschaftsmodelle der Hierarchie und der Ableitung. Vormoderne Gesellschaften folgten einem klaren Oben-Unten-Schema – alles konnte nach *einem einzigen* Algorithmus verarbeitet werden. Die gesamte Welt wurde in ein Oben-Unten-Schema aufgebaut – das galt für die Klassifikation von Menschen in Schichten, Familien und auch in ihren persönlichen Beziehungen, das galt für das Denken, das das Besondere stets aus allgemeinen, obersten Prinzipien ableiten musste. Das galt auch für die Form der Macht, die immer hierarchisch gebaut war. Das Besondere an diesem Modell ist seine einfache Durchschaubarkeit: Von jeder Stelle her ist die Gesamtstruktur der Gesellschaft relativ leicht zu entschlüsseln. Oben ist oben, ob ich von oben oder von unten schaue. Und die Selbstverortung in einem System hierarchischer Intelligenz ist mit einiger Eindeutigkeit vorzunehmen.

Die moderne Gesellschaft muss gewissermaßen Ebenen unterscheiden, die nicht mehr Oben-Unten-Ableitungen sind, sondern Strukturen unterschiedlicher Art. Darin eine operative Ähnlichkeit zu *cognitive computing* oder *neural networks* oder *deep learning* zu finden, scheint mir keine hergeholte Analogie zu sein. Ich habe oben gezeigt, dass solche Mehrebenenmodelle das, was sie in toto tun, durch Abgleich unterschiedlicher Perspektiven bewerkstelligen und als System in der Lage sind, die unterschiedlichen *layer* miteinander abzugleichen, ohne dass es innerhalb des Systems einen Punkt gibt, der dies in einem Gesamtalgorithmus abbilden könnte. Es werden permanent – ganz im Sinne der abduktiven Logik – Hypothesen gebildet und verworfen, gegeneinander abgeglichen, aber niemals aufeinander abgebildet. Solche Systeme bauen eine interne Komplexität auf, um ihren Aufgaben gerecht werden zu können. Sie sind keine rationalen Maschinen, die in der Lage wären, alles aus einem Prinzip kausal oder deduktiv abzuleiten, sondern die Bedingungen ihrer eigenen Operationen verändern sich *in actu*. Ihre *Intelligenz* wird dadurch erhöht, dass sie gerade keine eindeutigen Wenn-dann-Beziehungen aufbauen, sondern mit stochastischen Modellen Hypothesen testen und verwerfen, mit Schwellenwerten arbeiten und gewissermaßen Übersetzungsleistungen unterschiedlicher Rechenpunkte vornehmen müssen. Nur so können sie in der Lage sein, komplexe Aufgaben zu erledigen.

Genauso kann man eine moderne Gesellschaft beschreiben – als ein System verteilter Intelligenzen ohne einen Zentralalgorithmus, dafür mit umso stärkeren Teilintelligenzen, die nicht zu einer Gesamtintelligenz aufgerundet werden, sondern sich gegenseitig ermöglichen (und behindern). Wir müssen uns davon verabschieden, Gesellschaften immer noch nach dem Hierarchiemodell von Allgemeinem und Besonderem, von integrierten Großgruppen oder durch Gemeinsamkeiten zusammengehaltenen gesellschaftlichen Gemeinschaften vorzustellen. Gesellschaften sind – wie alle sozialen Systeme – in der Zeit operierende Systeme, die in ihren internen Prozessen auf ein echtzeitliches Operieren ihrer Komponenten angewiesen sind. Moderne gesellschaftliche Komplexität hängt exakt damit zusammen, dass die Gleichzeitigkeit unterschiedlicher Logiken und das Fehlen interner Stoppregeln dafür sorgen, dass Unmengen von Situationen, Pluralitäten, evolutionären Nischen und Lösungsmöglichkeiten getestet werden können. Man kann daraus eine Verfallsgeschichte des Verlustes von Ordnung erzählen – oder eine Geschichte eines selbstadaptiven Systems, das stets zwischen Selbstoptimierung und Selbstgefährdung oszilliert. Trifft das nicht den Zustand und die Dynamik einer modernen Gesellschaft ziemlich gut?

Die abduktive Logik von *deep learning systems* ist letztlich auf die Vorläufigkeit aller Lösungen aufgebaut, die der abduktiven Logik inhärent ist. Solche Lösungen sind Lösungen in einer bestimmten Gegenwart, die durch den nächsten Schritt erweitert, korrigiert, bestätigt oder verworfen werden, was einer abduktiv arbeitenden Software letztlich niemals so etwas wie eine Letztentscheidung ermöglicht – eine solche wird letztlich dadurch erzwungen, dass sie operativ getroffen werden muss. Der Dauerzerfall von Ereignissen, also das Nacheinander von Rechenoperationen in einem abduktiven System, verbraucht Zeit – und erfordert an einer bestimmten Stelle eine Entscheidung, einen Haltepunkt, der dann wieder die Basis neuer Operationen ist.

Das ist *nicht nur eine metaphorische Beschreibung* einer Grunderfahrung der gesellschaftlichen Moderne, dass Lösungen, dass Haltepunkte, dass Ergebnisse stets schon deshalb als vorläufig erlebt werden, weil sie mit dem nächsten Ereignis, dem nächsten Sprechakt, der nächsten Handlung wieder in Frage gestellt werden können. Es ist dies ein Erleben permanenter Vorläufigkeit, permanenter *Updates* und nicht zuletzt des Fehlens letzter, zeitstabiler Haltepunkte. Das *Unbehagen an der Moderne* war stets geprägt vom *Verlust deduktiver Ableitungsformen* – von einer allgemeinen Kultur für das individuelle Leben, von allgemeinen Regeln für konkretes Handeln, von allgemeingültigen Prinzipien für partikulare Urteile usw. Abduktives Schließen ist anstrengender als deduktives Ableiten, gegenwartsbasiertes Entscheiden ist voraussetzungsvoller als die Wiederholung des Immergleichen, und Selbstkorrekturen sind weniger identitätsstiftend als Selbstbestätigung. Moderne Erfahrung ist mit ihrem Vorrang des Vorläufigen vor dem Permanenten der Gefahr permanenter Vorläufigkeit ausgesetzt, was sie stets in einen lernenden Modus versetzt (wozu auch gehört, sich dem Lernen explizit zu verweigern).

Zugleich hat sich in den Anwendungsbereichen die Bedeutung von Berechnungen und Schlussverfahren verschoben, man denke etwa an die Diskussion um die Veränderung von Wissensstrukturen durch eine *abduktive Wende*, die vor allem für *maschinell lernende Artefakte*, für *künstliche Intelligenz* im weitesten Sinne relevant ist.[25] Solche Erkennungssysteme können nicht einfach deduktiv arbeiten, weil ihnen dafür die nomologischen Voraussetzungen fehlen, sie können auch nicht induktiv arbeiten, weil sie nicht einfach Einzelbeobachtungen zu allgemeinen Mustern aufrunden können. Bei ihnen entsteht so etwas wie eine *heuristische* Form des Lernens, die auf Adaptationsprozesse setzt.[26] Letztlich geht es hier um eine Imitierung von menschlichen Denkprozessen, die eher adaptiv funktionieren. Es ist freilich bis heute nicht ausgemacht, ob kognitive Prozesse wie die Wahrnehmung tatsächlich immer den Weg von der kleinsten zur größeren Einheit nehmen und sich gewissermaßen vom Detail auf das Ganze hin adaptieren.[27] Sicher ist man sich freilich darin, dass Wahrnehmung bzw. Einschätzung von Situationen ein Errechnen aus Bekanntem ist.

Der Kybernetiker Ranulph Glanville schärft den Blick dafür, dass unsere kulturelle Vorstellung von Ordnung es uns fast unmöglich macht, in Regelkreisen, Wechselwirkungen und nicht-hierarchischen Kontrollverhältnissen zu denken. Gerade die «künstlichen» maschinenlernenden Apparate vermitteln uns wohl einen Eindruck davon, dass auch die «Natur» nicht nach dem klaren Oben-Unten-Prinzip hierarchischer Gattungs- und Steuerungsordnungen aufgebaut ist, sondern selbstadaptiv für Strukturen sorgt. Wie hieß es bei Heidegger? Auch vor dem Menschen (und der «Natur») mache die kybernetische Idee des Regelkreises und der entsprechenden Ordnungsform nicht Halt, die letztlich in völliger Selbstreferenz sich auflöst. In den Worten von Glanville: «[...] wir können nicht länger davon ausgehen, daß der Kontrolleur (oder der Beobachter) ‹oberhalb› des Kontrollierten (oder Beobachteten) steht, da der Prozeß zirkulär ist. Daß der Kontrolleur (oder Beobachter) lange so beschrieben wurde, war wohl nur aufgrund einer psychologischen Gewöhnung möglich»[28] – eher wohl aufgrund einer kulturellen Konvention, die sich die Welt deduktiv-nomologisch erschlossen hat, was dann ja auch das entsprechende Wissenschaftsideal begründete.

Abduktives Maschinenlernen ist eine kognitive Operation, die

sich auf die Selbstreferenz von Datenoperationen bezieht, will heißen: in einer operativ geschlossenen Weise. Wie das Gehirn nur mit
internen Daten arbeitet und sich an sich selbst anpasst, so ist auch
machine learning so aufgebaut, dass die Maschine die Welt nur in Form
interner Signale registriert und sich damit an diejenige Umwelt anpasst, die sie nur aufgrund der eigenen Operationen kennen kann.
«Daten» sind dann genau genommen nichts anderes als die internen
Zustände, die «Identitäten», also Bestimmtheiten, nur in Form von
«Differenzen» zu anderen Formen registrieren und berechnen können. Dieser Vorgang kommt der de Saussureschen Sprachtheorie
sehr nahe, die die Identität des konkreten Ausdrucks durch die Differenz zu anderen Ausdrücken bestimmt. Da Datensätze solche internen Differenzstrukturen haben, also nicht jedes Datum mit jedem
anderen verknüpft ist, mithin also eine Struktur vorliegt, ist es auch
möglich, die interne Struktur von Datensätzen als Indikator für das
zu verwenden, wofür diese Daten stehen – was sie also, diesen Begriff habe ich inzwischen vorbereitet, *verdoppeln*. Für die Natur-, vor
allem die Technikwissenschaften ist dies zunächst auch keine
Katastrophe im Sinne einer völlig neuen Situation. Dass die Welt
datenförmig vorliegt, ist letztlich die Konstitutionsbedingung einer
mathematisierbaren empirischen Naturwissenschaft.

Dem permanenten Lernen, der steten Neubestimmung von Hypothesen sind auch *deep learning systems* ausgesetzt, die ihre eigene Operationsweise in der Zeit verfeinern und letztlich keine interne Stoppregel haben, weil sie eben stets in der Vorläufigkeit ihrer eigenen
Möglichkeit sich vorfinden. Das ist zugegebenermaßen ein allzu abstrakter Gedanke, aber er ähnelt dem klassischen kulturkritischen
Gedanken der Unmäßigkeit der Moderne, des völligen Fehlens interner Limitationen. Und erneut erweist sich, dass die Digitaltechnik,
hier in ihrer dynamischen, selbstlernenden Variante, keineswegs
ein Fremdkörper ist, sondern von gleicher Art, von derselben Struktur, von ähnlichem Ordnungsaufbau wie die moderne Gesellschaft
selbst. Deren Intelligenz, die Intelligenz eines dynamischen, in sich
differenzierten, in Echtzeit operierenden Systems zur Referenzgröße
für die Einschätzung der Intelligenz der KI zu machen, ändert wo-

möglich den Fokus. *Auch in diesem Fall der Architektur unterschiedlicher Intelligenzen folgt die digitale Technologie letztlich Modellen, die es bereits in der gesellschaftlichen Struktur gibt. Wie ich im ersten Kapitel bereits als Grundidee meines Arguments ausgeführt habe, ist das Bezugsproblem der Digitaltechnik tatsächlich die Struktur der Gesellschaft selbst.*

Anthropologische und technologische Fragen

Wie intelligent sind nun *smart technologies*, *neural networks* und *deep learning systems*? Sowohl die affirmative als auch die kritische Einschätzung der Digitaltechnik kapriziert sich auf die Frage der Intelligenz und auf die Frage der Einschätzung ihrer Autonomie – und selbstverständlich auf die Referenzgröße der menschlichen Intelligenz/Bewusstheit. Dass die Digitalisierung als eine disruptive Technologie erlebt wird, hat vor allem damit zu tun, dass sie eine unsichtbare Technik ist. «In den Computern verbergen sich unsichtbare Maschinen», habe ich oben Niklas Luhmann zitiert, der das Besondere an der Digitaltechnik darin sah, was ich in das Bild einer besonderen Dunkelheit der Black Box gebracht habe. Das Unbehagen an der Digitaltechnik, aber auch das Faszinosum, scheint daher zu rühren, dass man einer Black Box desto mehr Variation bei der Zurechnung zumuten kann, je dunkler, unsichtbarer, intransparenter sie ist. *Jedenfalls ähnelt zumindest darin die Digitaltechnik eher dem menschlichen, für Alter Ego intransparenten Bewusstsein als einem sichtbaren Getriebe mit Zahnrädern, die ineinandergreifen und keine Variationsmöglichkeit haben, außer dass sie funktionieren oder defekt sind.* Was in einem Computer geschieht, ist kaum zu überblicken – und selbst noch der simpelste deduktiv gebaute Algorithmus kann insofern erstaunen, als er durch die schiere Menge verarbeitbarer Daten vergleichsweise intransparent zu seinen Ergebnissen kommt. Intransparenz und Unsichtbarkeit freilich stacheln Reflexion (und Unbehagen) erst an.

Intelligente Computerarchitekturen oder smarte Objekte treffen autonome Entscheidungen. Ob sie das wirklich tun, ist noch die Frage, aber das Besondere solcher Technik ist die Zurechnung autonomer Entscheidungen und, ganz im Sinne der abduktiven Methode, die Berechnung von Neuem, das nicht unmittelbar in die Programmierung eingeschrieben war. Die im Hinblick auf die Kulturbedeutung der Digitaltechnik relevante Frage ist tatsächlich die nach ihrer Autonomie. Die moderne Technikentwicklung ist ohnehin durch eine zunehmende Abhängigkeit menschlichen Lebens von technischen Apparaturen geprägt. Das muss nicht weiter erläutert werden. Aber vielleicht tritt mit der Digitaltechnik eine neue Form der Maschinerie auf, die eine neue, eine andere Abhängigkeit des Menschen von der Technik erzeugt. Sicher lässt sich die Entwicklung menschlicher Gesellschaften nicht allein mit der Entwicklung der Produktivkräfte erklären, schon weil die Entwicklung der Produktivkräfte selbst das Ergebnis gesellschaftlicher Entwicklung ist. Meine These lautete, dass die Digitaltechnik deshalb einen solchen Siegeszug antreten konnte, weil die Gesellschaft selbst schon Dispositionen aufweist, die nur digital zu erfassen sind. Das gilt auch für die Frage der *smart technologies*. Die Komplexität von Großstädten, die Fragen der Prozesssteuerung von Energie, Verkehr, Produktion, Börsen, Medizin, Kommunikationstechnik und Informationsverarbeitung erfordern geradezu Technologien, die nicht mehr einfache Bewirkungsformen sein können, sondern deren Parameter sich während der Prozesse verändern. Deshalb sind *intelligente Technologien* in die Autopoiesis der Gesellschaft als zurechnungsfähige Akteure eingebaut und erhalten damit einen anderen Status als frühere Technologien.

Womöglich entsteht das Unbehagen an dieser Technik dadurch, dass man sie nicht mehr nur als Technik ansehen kann – oder, nimmt man Heideggers Denkfigur des «Ge-Stells» wirklich ernst, wie ich sie im zweiten Kapitel beschrieben habe, wird ihr technischer Charakter erst jetzt besonders sichtbar, weil die Technik den Menschen tatsächlich in konkreten Situationen stellt und zum geradezu unvermeidlichen Kommunikationspartner wird. Die kybernetische Technik ist so gesehen die konsequenteste Form der Technik, weil sie ein Potential hat, selbst zurechnungsfähig zu sein. Heidegger hatte noch angemerkt, dass die kybernetische Denkungsart auch nicht davor Halt macht, die Natur und den Menschen gewissermaßen kyber-

netisch zu verstehen. Um ihn noch einmal zu zitieren: «In der kybernetisch vorgestellten Welt verschwindet der Unterschied zwischen
den automatischen Maschinen und den Lebewesen. Er wird neutralisiert auf den unterschiedslosen Vorgang der Information.»[29] In diese
«Einförmigkeit» werde «auch der Mensch eingewiesen.»[30]

Nun ist diese Kritik noch ganz im Duktus einer klassischen Tech-
nik- und Zivilisationskritik formuliert. Heute stellt sich die Frage womöglich andersherum. Ist nicht die kybernetische Technik selbst inzwischen von geradezu menschlicher Qualität, also so komplex, dass
sie gar nicht mehr als Technik sichtbar wird, sondern ihren Charakter
geradezu kaschiert? Die Unsichtbarkeit der digitalen Maschine und
die Komplexität ihrer Anwendungsmöglichkeit lassen den Eindruck
entstehen, dass tatsächlich so etwas wie eine Humanisierung der
Technik, nicht eine Technisierung des Menschen sich andeutet. Vielleicht ist Humanisierung eine missverständliche Formulierung, vielleicht müsste es besser heißen: *Mentalisierung.*

Eines der interessantesten Dokumente in diesem Zusammenhang
ist das Buch *Superintelligenz* des Oxford-Philosophen Nick Bostrom.
Superintelligenz definiert der Philosoph als eine Intelligenz, die dem
Menschen überlegen ist – entweder schlicht schneller oder von
höherer Qualität. Beides wird durch Maschinen möglich, und beides
ändert, so Bostrom, das Selbstbild des Menschen und der Gesellschaft
radikal. Bostrom spielt in seinem Ansatz die Frage durch, ob und wie
es einer künstlichen Superintelligenz gelingen könnte, die Weltherrschaft zu übernehmen. Dabei argumentiert er nicht einfach naiv in
dem Sinne, dass Algorithmen quasi Supermenschen werden könnten, deren Geschwindigkeit und kognitive Qualität dem Menschen
radikal überlegen wären. Das wäre ein allzu simpler Gedanke. Er
kehrt das Argument um und sieht in einer Vermenschlichung der
technischen Intelligenz eher eine Verniedlichung des Problems. Er
schreibt: «Selbst wenn wir erkennen, dass einer Superintelligenz
prinzipiell alle menschlichen (und weitere übermenschliche) Fähigkeiten und Anlagen zur Verfügung stehen, kann die Tendenz zur Vermenschlichung uns immer noch unterschätzen lassen, *wie* überlegen
eine maschinelle Superintelligenz dem Menschen tatsächlich ist.»[31]

Bostroms Argument besteht darin, der KI gar keine menschlichen Fähigkeiten zu attestieren, die für ihn so etwas wie Stoppregeln immer schon beinhalten. Er sagt es an keiner Stelle explizit, aber eine technisch gestützte Superintelligenz, auch als kollektive Intelligenz im Zusammenspiel von Menschen und Maschinen, wäre unfassbar leistungsfähig und könnte ihre Ziele und Aufgaben sehr effizient erreichen. Er traut der technischen, der künstlichen Intelligenz eine unvorstellbare Intelligenz im Sinne von Problemlösungskapazität zu, ähnlich wie sie auch in menschlichen Intelligenztests getestet wird. Er skaliert etwa so: Das Verhältnis zwischen Mensch und Maschine entspricht etwa dem Verhältnis zwischen Wurm und Mensch, was die Problemlösungskapazität angeht: «Die Vorteile [der maschinellen Intelligenz – A. N.] sind derart groß, dass man eine superintelligente KI nicht schlau in dem Sinn nennen sollte, wie es ein wissenschaftliches Genie im Vergleich zu einem Durchschnittsmenschen ist. Es dürfte eher um einen Unterschied von der Art gehen, wie er zwischen einem Durchschnittsmenschen und einem Käfer oder einem Wurm besteht.»[32]

Was die Maschine aber nicht hat – und der Wurm wohl auch nicht –, das ist so etwas wie *Vernunft*. Bei Bostrom kommt dieser Gedanke nicht explizit vor, ist aber der Subtext der beschworenen Gefahr der technischen Superintelligenz. Vernunft wäre gewissermaßen die eingebaute Stoppregel, die Urteilskraft zum Beendigen von Prozessen. Bostroms Beispiele sind stets solche Beispiele, die sich auf fehlende Stoppregeln beziehen. Die Weltherrschaft des Computers bzw. der KI wäre keine Supervernunft zur Unterdrückung der menschlichen Zivilisation, sondern eher so etwas wie ein gut trainierter Kampfhund, der das tut, wofür er trainiert wurde: *kämpfen*. Bostroms Warnung besteht darin, dass sich die KI, die Superintelligenz verselbständigt und nicht mehr zu stoppen ist, weil sie stumpf und stupide tut, wofür sie programmiert wurde. Sein schon sprichwörtliches Büroklammerbeispiel ist eine Parabel auf diese Idee: Wenn eine Maschine darauf programmiert ist, nichts anderes zu tun, als Büroklammern zu bauen, dann ist ihr Antrieb zur totalen Herrschaft über den Menschen nicht eine Ideologie oder eine Überzeugung oder irgendein Versprechen. Die

Diktatur dieser Maschine gründet nicht auf Vernunft oder wenigstens dem Anschein von Vernunft, sondern auf der verselbständigten, nicht mehr zu begrenzenden Möglichkeit der Produktion von Büroklammern, bis alles von Büroklammern kolonialisiert ist.

Dieses Gedankenexperiment ist Unsinn, aber es trifft den Charakter auch der «intelligentesten» Maschine ziemlich genau. Bostrom beschreibt zwar ein ziemlich unrealistisches und fatalistisches Szenario, das mit der technischen Realität nicht viel zu tun hat, aber sein Argument kann (womöglich ungewollt) geradezu dialektisch dazu dienen, den Diskurs über die intelligente Maschine zu entmythologisieren. Er wehrt sich letztlich *gegen eine Mentalisierung des Computers.*

Ich habe oben auf die *Theory of Mind* hingewiesen, also auf die Alltagspraxis, *Alter Ego* ein Geistkonzept zu unterstellen, um mit ihm umgehen und ihn verstehen zu können. Dass *Theories of Mind* auch nicht vor nichtmenschlichen Entitäten Halt machen, dürfte nicht überraschen. Göttern, Engeln, Tieren, sogar den Sternen lassen sich Intentionen unterstellen – und so liegt es gerade aufgrund der *Unsichtbarkeit* der Computertechnik nahe, einer entsprechend intransparenten Technik Mentalität zu unterstellen, also Handlungsspielräume und Entscheidungskompetenz, womöglich Intentionen und vielleicht sogar Bewusstsein. Wenn also mit Bostrom auf die fehlende Stoppregel der programmierten Maschine hingewiesen wird, also explizit auf die Nicht-Menschlichkeit dieses Akteurs, welcher Art ist dann ihre Intelligenz?

Erlebende und handelnde Maschinen

Was für ein Akteur ist ein Algorithmus? In der Soziologie ist die Frage inzwischen einfach zu beantworten, weil ja spätestens mit Bruno Latour alles zum Akteur erklärt wird, was irgendwie in Handlungsketten und Prozesse einwirkt. Die Idee Latours besteht darin, auch nicht-menschliche Entitäten als Akteure zu bezeichnen, wenn sie sich auf Handlungsprozesse auswirken und wenn sie jemanden dazu

bringen, etwas zu tun.[33] Aber damit ist die Frage noch nicht beantwortet, was für ein Typus von Akteuren eine intelligente Maschine
ist. Darüber sollte man nachdenken, wenn die Frage danach beantwortet werden soll, welcher Art Intelligenz ihr inhärent ist.

In der systemtheoretischen Soziologie wird dafür die Unterscheidung von *Erleben* und *Handeln* angeboten.[34] Die Unterscheidung dient
dazu, Zurechnungspraxen zu unterscheiden. «Wenn eine Selektion
(von wem immer) dem System selbst zugerechnet wird, wollen wir
von *Handlung* sprechen, wird sie der Umwelt zugerechnet, von *Erleben*.»[35] Um es noch einmal deutlich zu sagen: Es geht darum, was
einem System *zugerechnet* wird – und wenn man das auf Algorithmen
und KI überträgt, wird man diese Unterscheidung als eine grobe Differenzierung verwenden können. Eine Anwendung, die bloß Muster
in einem bestimmten Datensatz oder in der Kombination unterschiedlicher Datensätze detektiert, dürfte eher ein *erlebender* Algorithmus sein. Die Struktur dessen, was der Algorithmus findet, wird
eher der Umwelt, also dem Datensatz entnommen. Zwar spielt der
Vorgang selbst durchaus eine aktive Rolle, aber es geht darum, mit
digitalen Mitteln ein Muster in den Daten zu ermitteln. So hatte ich
die Anfänge der digitalen Technik charakterisiert: Die Digitaltechnik
entdeckt die Gesellschaft, indem sie auf Muster in der Umwelt der
Technik aufmerksam macht und auf Zusammenhänge hinweist, die
mit bloßem Auge nicht wahrnehmbar sind.

Einer *deep learning*-Anwendung – das, was LeCun, Bengio und Hinton *unsupervised learning* nennen – wird eine selektive Eigenaktivität
zugerechnet. Ein solcher Algorithmus erlebt nicht, sondern *handelt*,
indem er zwischen unterschiedlichen Möglichkeiten diskriminiert,
nicht-triviale Entscheidungen trifft und unerwartete Ergebnisse
erzeugt. Solchen Digitalsystemen wird Handeln zugerechnet, und es
wird Handeln von ihnen erwartet. Handeln meint: Es wird auf eine
Eigenaktivität geschlossen, was wiederum auf «Intelligenz» schließen lässt.

Erlebende Algorithmen erfüllen letztlich alle Bedingungen von
Technik, weil sie wiederholbare, kalkulierbare und eindeutige Operationen ausführen, da ihre Struktur letztlich eher der Umwelt

zugerechnet werden kann. Für *handelnde* Algorithmen gilt das nicht. Ihnen geht damit sogar ein wesentlicher Charakter der sozialen Funktion von Technik ab, nämlich die Möglichkeit des Verzichts auf Konsens. Klassische Technik ist immer zustimmungsfähig – nicht in dem Sinne, dass es keine Technikkritik gegeben hätte oder gäbe. Das wäre ein unsinniges Argument. Sobald die Technik aber angewandt wird, kann sie ohne weitere Zustimmungsfragen eingesetzt werden, weil ihr das fehlt, was Zustimmung oder Ablehnung nur sinnvoll macht: *Handlungsspielräume*. Um es auf eine Formel zu bringen: Man kann (und muss manchmal) einer bestimmten Technik die Zustimmung verweigern, aber die Funktionsweise der Technik selbst ist nicht von Zustimmung abhängig.

Handelnde KI kann Konsensbedarf nicht ausschalten und auch nicht aus dem kommunikativen Prozess eliminieren, innerhalb dessen das technische Objekt zum Akteur wird. Ist man mit der vorgeschlagenen Route eines Navigationsalgorithmus einverstanden? Das mag noch fast an eine Trivialmaschine erinnern. Aber wenn es darum geht, wie ein selbstfahrendes Fahrzeug mit Risikosituationen umgeht, wie es heikle Situationen einschätzt, für welche Strategie der Vermeidung eines Unfalls es optiert usw., stellt sich der Fall schon anders dar. Hier stellt sich tatsächlich eine Intelligenzfrage in dem Sinne, dass der technischen Anwendung selbstverständlich keine umfassende oder menschliche Intelligenz unterstellt wird, aber doch ein Handlungskonzept, das Folgen für kommunikative Prozesse hat. Die Intelligenzfrage ist diejenige nach dem Verhältnis von Programmierung und Output. Wem kann wie ein Ergebnis zugerechnet werden, das selbstverständlich auf die wohldefinierten Aufgaben des technischen Systems reduziert ist, aber innerhalb dieses Rahmens Zurechnungs-, Verantwortungs-, Rechts- und sogar Willensfragen provoziert?

Die Frage der Zurechnung, vor allem einer konsentierbaren Zurechnung, stellt sich zunehmend im Wissenschaftssystem, sobald in dem hier entwickelten Sinne *handelnde* Maschinen in den Erkenntnisprozess eingebaut sind und womöglich den entscheidenden Beitrag für die wissenschaftliche Wertschöpfung, also für den Erkenntnisprozess liefern. Beim Einsatz einer *erlebenden* Technik, etwa einer statistischen Berechnung, eines Mikroskops oder eines Oszillographen, stellt sich diese Frage nicht. Sobald aber einer kognitiven Maschine etwa bei einem Datenerhebungsprozess eigene Entscheidungen zugerechnet werden könnten, die nicht eindeutig nachvollziehbar sind, stellt sich die Frage nach der Zurechnung. Welche Rolle spielt dann der Forscher oder die Forscherin? Wie verhält es sich mit der Autorenschaft, wie mit dem Verhältnis von Fragestellung und Ergebnis? Diese Fragen lassen sich hier nicht beantworten, aber es sind Fragen, die sich spätestens dann ergeben, wenn die Zurechnungsroutinen nicht mehr unbefragt bleiben können.[36]

Was ist das also für eine Intelligenz, von der hier die Rede ist? Zunächst handelt es sich in jedem Falle um ein formales System – wenn man es von einem nicht-formalen, lebenden, natürlichen System unterscheiden will. Der Begriff des formalen Systems ist ein Begriff aus dem Bereich der Logik. Unter formaler Logik sind logische Beziehungen zu verstehen, die in einer formalen, also vollständig mathematisierbaren Sprache ausgedrückt werden können – im Unterschied zu Sätzen in natürlicher Sprache, die auf sinnhaften Verweisungen aufgebaut sind und nicht vollständig in eine formale Sprache überführt werden können.[37]

Unvollständigkeit, Vorläufigkeit, systemische Paradoxien

Da Algorithmen stets in formaler Sprache ausgedrückt werden müssen, kann diese Intelligenz schon aus logischen Gründen keine menschliche Intelligenz im engeren Sinne sein, was seit Kurt Gödels Unvollständigkeitssatz in den 1930er Jahren als bewiesen gelten kann. Gödels Unvollständigkeitssatz besagt, dass es logische Sätze in formalen Systemen gibt, die nicht arithmetisch und im Hinblick auf das engere Funktionenkalkül, also rein formal bewiesen bzw. berechnet werden können.[38] Daraus folgt, dass nicht einmal formale Systeme völlig widerspruchsfrei gedacht werden können, was dann auch heißt, dass das, was wir Denken und menschliche Intelligenz nennen, in seiner Ganzheit nicht algorithmisch dargestellt oder simuliert werden kann – und auch die Welt letztlich nicht algorithmisch strukturiert ist. Darauf aufbauend wird in der Diskussion um die KI und den Status ihrer Intelligenz dann ein nachvollziehbarer Schluss gezogen. Der Philosoph Julian Nida-Rümelin hat ihn kürzlich so formuliert: «Menschliche Vernunft, die menschliche Fähigkeit, Überzeugungen, Entscheidungen und emotive Einstellungen zu begründen und auf dieser Grundlage ein kohärentes Weltbild und eine kohärente Praxis zu entwickeln, lässt sich nicht im Modell eines digitalen Computers erfassen. Es wird nie gelingen, die hohe Komplexität unserer lebensweltlichen Begründung vollständig und in adäquater Weise formal zu erfassen. Roboter und Softwaresysteme funktionieren nach einem Algorithmus, Menschen nicht. Darin liegt einer ihrer zentralen Unterschiede begründet.»[39]

Diesem Argument kann man kaum widersprechen, zumindest was den qualitativen Unterschied zwischen menschlicher Intelligenz und künstlichen Intelligenzformen angeht – und für eine ethische Perspektive ist es sicher zumindest als regulative Idee stichhaltig. Es geht hier gewissermaßen darum, auf den Spielraum menschlicher Intelligenz bzw. menschlicher kognitiver Fähigkeiten im Vergleich zur Fundierung der KI in der formalen Logik hinzuweisen. Es sind die Handlungsspielräume, die der Computer am Ende nicht ausfüllen kann, weil die menschliche Intelligenz nicht algorithmisch begrenzt ist.

Aber unter logischen oder besser: operativen Gesichtspunkten kann dies trotzdem nicht das letzte Wort dazu sein, denn die Rede von einem «kohärenten Weltbild» ist selbst ein Selektionsprinzip. Und selbst wenn es nicht darum geht, diese Kohärenz in formaler Sprache auszudrücken, was nach Gödel unmöglich ist, so ist die Kohärenz selbst eine unbeweisbare Unterstellung – wenn man so will eine transzendentale Bedingung des Arguments, also eine empirisch nicht vollständig ausweisbare Form. Es stimmt, dass ein formales System niemals vollständige Transparenz über sich erlangen kann – das gilt aber für alle Systeme, nicht nur für solche, die in formaler Sprache modelliert werden können, also genau genommen auch für psychische und soziale Systeme, für die ein «kohärentes Weltbild», wie schon bemerkt, auch nur eine selektive Hinsicht ist und keine vollständige (Selbst-)Transparenz.

Auf diesem Argumentationspfad wird sich erweisen, dass die operativen Unterschiede zwischen formalen Algorithmen und ihrer Praxis und den Operationen von sinnhaft operierenden Systemen wie Bewusstseinssystemen und sozialen Systemen geringer sind, als es zunächst den Anschein hat – und in einer anderen Hinsicht dann wieder extremer, als es den Anschein hat.

Systemtheoretisch gesprochen, geraten selbstbezügliche Systeme in Paradoxien, weil sie sich in ihren Operationen, in denen sie sich auf sich selbst beziehen, nicht vollständig beobachten können – das ist von der logischen Struktur her ähnlich gedacht wie Gödels Unvollständigkeitssatz. Es geht der Systemtheorie dabei nicht um eine abstrakt-theoretische Figur, sondern ganz im Gegenteil um die theoretische Deutung einer empirischen Erfahrung. Schon weil man irgendwo beginnen muss und damit der Beginn nicht vollständig transparent sein kann, muss ein operierendes System dies unsichtbar machen.[40]

Die empirische Frage lautet, «wie Systeme, die sich selbst beobachten können, die dabei auftretenden Paradoxien ‹invisibilisieren›.»[41] Es geht also hier nicht um die Betonung, wie fragil alle Perspektiven und Möglichkeiten aus logischen Gründen immer schon sind, sondern es geht um die Frage, wie soziale und psychische Systeme trotz dieser Fragilität zu stabilen, zeitfesten Strukturen kommen und eben nicht vor der Paradoxie erstarren, sondern weiter operieren. Wie kann ein sich selbst beobachtendes System, also ein Beobachter zweiter Ordnung, die Einheit des Systems herstellen, wenn die Beobachtung selbst Teil dieser Einheit ist? Aus rein logischen Gründen ist das unmöglich – was ein Hinweis darauf ist, dass man mit Logik nicht weiterkommt, zumindest nicht mit einer allzu bewegungsfrei gedachten, nicht-reflexiven Logik. Worum es geht, ist vielmehr eine Logik des Operierens selbst, und diese Logik verweist auf eine Einheit des Systems, die nicht immer schon vorausgesetzt wird, sondern die operativ *erzeugt* werden muss. Diese Einheit des

Systems «ist Einheit aufgrund der im System selbst produzierten Anschlußfähigkeit der systemeigenen Operationen. Sie ist das, was sich ergibt, wenn das System rekursiv operiert.»[42] *Was sich ergibt*, heißt: Diese Einheit entsteht in der Zeit und ist nicht präoperativ immer schon da. Auch die Unterstellung eines «kohärenten Weltbildes» unterliegt dieser Paradoxie der Operation und des Anfangs.

Letztlich wird die Paradoxie dadurch aufgelöst, dass das System weiter operiert. Ich habe das an anderer Stelle ausführlich als *Entparadoxierung durch Zeit* entwickelt.[43] Die Auflösung des Zirkels der Reflexion in der Theorie temporalisierter Systeme stellt von *Substanz* auf *Zeit* um. Während traditionelle Lösungen des Problems eine *invariante Substanz* als Entparadoxierung annehmen, die den Akt der Selbstbeobachtung immer schon enthält, *entparadoxieren sich ereignisbasierte, autopoietische Systeme durch Zeit*. Sobald ein neues Ereignis auftritt, gehört die Beobachtung, die durch gleichzeitige Zugehörigkeit und Nichtzugehörigkeit zum System eine Paradoxie verursacht hat, nun eindeutig zum System, wie eine neue Beobachtung sehen kann. Doch diese produziert dann selbst auch wieder eine neue Paradoxie. Eine erste Unterscheidung kann nur operativ eingeführt werden, und die Bedingung ihrer selbst bleibt im Dunkeln. Die *logische* Aufhebung der Paradoxie der Selbstbezüglichkeit erfolgt demnach durch die Zeit, d. h. *zeitweise*, nämlich von Ereignis zu Ereignis. Das System strukturiert sich gewissermaßen von Ereignis zu Ereignis – von Gedanke zu Gedanke oder Empfindung zu Empfindung in psychischen Systemen, von Handlung zu Handlung bzw. Kommunikation zu Kommunikation in sozialen Systemen. So tastet sich ein System gewissermaßen an die eigene Realitätsunterstellung heran. Die «Intelligenz» des Systems ist vollständig und unvollständig zugleich – unvollständig deshalb, weil es immer selektiv ist, vollständig, weil es keinen anderen Halt hat als sich selbst. Und all das entfaltet sich in der Zeit – es entsteht eine Intelligenz, die sich an sich selbst orientiert, durch sich selbst eingeschränkt und ermöglicht wird. Untechnisch gesprochen: Es stabilisiert sich an eigenen Erfahrungs- und Bewährungswerten. Es gewöhnt sich an sich selbst. Es programmiert sich gewissermaßen durch eigene Pfade und Pfadabhängigkeiten und wird dann so, wie es ist. Es ist nicht festgelegt, sondern muss seine eigenen Spielräume managen – explizit und implizit. Es ist zustandsdeterminiert, also auf sich bezogen – und in diesem Modus richtet es sich auf seine Umwelt.

Das Argument lautet nun, dass *deep learning* genauso vonstattengeht: Es testet aus und baut nicht nur eine sachlich-systematische, sondern vor allem eine zeitliche Ebene ein, indem es Lösungen an eigenen Lösungen abgleicht, aus bereits Berechnetem berechnet. Das ist von der logischen Struktur her dem Bewusstsein und auch sozialen Systemen nicht unähnlich. *Handelnde* Algorithmen in dem oben angedeuteten Sinne sind also solche, die tatsächlich irgendwo beginnen müssen. Damit ist nicht gemeint, dass man sie mit einem Schalter anstellt. Sie müssen *selbst* beginnen, deswegen spreche ich in diesem Falle von *handelnden* Algorithmen. Ein Objekterkennungssystem etwa muss irgendwo beginnen, es muss Halt in der eigenen Komplexität finden, und es muss dann zu Folgeselektionen kommen. Es kann eben nicht das Einzelereignis auf Vollständigkeit testen, sondern muss sich in die Zeit hinein stabilisieren, deshalb etwa die unterschiedlichen Ebenen gleichzeitiger Berechnung.

Luciana Parisi argumentiert ähnlich, indem sie betont: «Nach Gödels Ansicht hat sich Hilberts Forderung nach einem ultimativen Algorithmus, der dazu fähig ist, bezüglich der ursprünglichen prädikativen Formel, aus der er hervorgeht, eine endgültige Aussage im Sinne von richtig und falsch zu treffen, als sinnlos erwiesen. Das Problem der axiomatischen Unvollständigkeit bestätigt stattdessen, dass keine Entscheidung und somit keine finite Regel dazu genutzt werden kann, den Status von Dingen zu ermitteln, *bevor sie ihren Lauf nehmen.*»[44]

Die Intelligenz der KI ist keine räsonierende Intelligenz, sie ist nicht in der Lage zu sinnhaften Verweisungen, aber sie ist in der Lage dazu, sich durch die eigene Praxis zu entparadoxieren und damit zu Strukturen, zu Entscheidungen und vielleicht sogar zu so etwas wie Urteilen zu kommen. Sie kann selbst von Gegenwart zu Gegenwart operieren und damit eine eigene Struktur aufbauen, die die Basis ihrer Entscheidungen wird. Gerade *neuronal systems* und *deep learning machines* arbeiten nicht einfach einen Algorithmus deduktiv ab, sondern erzeugen mit neuen Informationen neue Hypothesen, die sich vor allem in Mehrebenenarchitekturen an die Erfüllung stochastischer Grenzwerte halten. Sie müssen darin nicht begründen, was sie tun, sondern funktionieren.

Darin sind sie übrigens nach wie vor *Technik*. Man könnte den Status des Technischen durchaus in Zweifel ziehen, weil dieser Art Technik das Kriterium des einfachen Funktionierens fehlt. Aber genau besehen wird auch das in der Zeit aufgelöst. Parisi formuliert sehr schön, dass «nicht-monotone» wissensbasierte Systeme «statt intelligentes Lernen zu erklären, es einfach nur in die Praxis umsetzen.»[45] Solchen Systemen ist ein Vorrang der Praxis vor der Erklärung inhärent. Es sieht aus wie eine Latenzfunktion, die die eigenen Operationen ermöglicht – darin der menschlichen operativen Intelligenz nicht unähnlich. Man könnte auch sagen: ein Vorrang des Funktionierens vor der Transparenz. Das war eines der wichtigsten Kriterien für das Technische. «Ob diese Maschinen ‹denken›, tut wenig zur Sache. Sie funktionieren,»[46] schreibt Bernhard Dotzler lapidar – und man möchte hinzufügen, dass das für die meisten menschlichen Agenten in den meisten Alltagssituationen auch gilt, zumindest so lange die Frage des Denkens nicht thematisiert wird oder werden muss.

Auch für die Alltagspraxis gilt ein Latenzschutz: Das Meiste muss schlicht unthematisch vorausgesetzt werden, um zu funktionieren.[47] Auch im Alltag gilt der Unvollständigkeitssatz von Gödel: Auch die natürliche Intelligenz und auch kommunikative Prozesse können keine vollständige formale Präsenz ihrer selbst herstellen, schon weil sie sich selbst immer schon voraussetzen müssen. Nun ist diese Behauptung mathematisch nicht ganz richtig, denn es geht gerade im Alltag nicht um die Hilbertsche Frage nach dem vollständigen Algorithmus, der sich gegenüber vollständig transparent werden könnte. Es geht vielmehr darum, dass die Kritik an der Idee eines vollständig intelligenten Algorithmus – was immer das bedeutet – ihre Grenzen auch darin findet, wie die natürliche Intelligenz in ihre eigene Praxis eingebettet ist. Letztlich ist das Maß für die Frage nach der Intelligenz der KI eine unrealistische Vorstellung dessen, was dem als natürliche Intelligenz entgegengestellt ist. Auch diese ist nicht vollständig begründbar, sondern an ihre eigene Praxis gebunden, die sich vor allem an der Praktikabilität ihrer eigenen Operationen orientiert – einen anderen Halt hat sie nicht.

Ein menschliches Bewusstsein ist so sehr an seine eigenen Operationen gebunden, dass es diese nicht vollständig überblicken kann, weil auch das Überblicken zur eigenen Bewusstseinstätigkeit gehört. Es würde in eine logisch paradoxe Schleife geraten – und rettet sich, wie ich es oben gezeigt habe, durch die Zeit. Das Paradoxon bleibt unbeobachtet, weil es eben immer weiter geht und die Zeit nicht angehalten werden kann. Alles bleibt im Zustand seiner eigenen *Vorläufigkeit*. Und das gilt nicht nur für das natürliche Bewusstsein, sondern auch für die Operationen sozialer Systeme wie für die Operationen algorithmischer Systeme, die sich abduktiv an jene Lösung herantasten, die im nächsten Schritt die Basis für den nächsten Schritt ist.

Künstliche, leibliche, unvollständige Intelligenz

Dass immer mehr sinnhafte Verweisungen, immer mehr Praktiken, immer mehr Strukturen, immer mehr Systemprozesse auf die Selektionsleistungen von KI-Systemen zurückgreifen, muss dann zu der Frage führen, wie denn ein intelligenter Einsatz dieser Technik aussehen kann. Keines der Funktionssysteme kommt jedenfalls mehr ohne diese Technik aus – was wiederum nur ein Hinweis auf die Komplexität der sozialen Welt ist. Die Wirkung dieser Maschinen geht jedenfalls weit über das hinaus, was Diskussionen über die Quantifizierung und Metrisierung sozialer Praxis nahelegen. Schon längst ist KI, sind *handelnde* Maschinen mit ihren Operationen Zurechnungspunkte in der Autopoiesis der Gesellschaft, ihrer Funktionssysteme, ihrer Organisationen und der konkreten Alltagspraxis. In diesem Sinne hat sich längst erfüllt, was in prominenter Weise von Bruno Latour in die sozialwissenschaftliche und öffentliche Dis-

kussion eingebracht wurde: dass nicht-menschliche Aktanten gleichsam auf Augenhöhe agieren,[48] darunter eben auch algorithmisch operierende Rechner.

Mir ist es nun nicht um diese Symmetrisierungsleistung zu tun,
auch nicht darum, den Menschen der Maschine anzugleichen,
genauso wenig wie diese jenem. Mir geht es darum, die KI zu ent-
dämonisieren, indem ich eine eher kontraintuitive Parallele zur
menschlichen und sozialen Prozessierung von Intelligenz vornehme.
Entscheidend ist jedenfalls, dass alle intelligenten, also zurechnungsfähigen, also in diesem Sinne *handelnden* Operatoren eng gebunden sind an ihr operatives Substrat. Die KI ist und bleibt *künstliche*
Intelligenz, weil sie auf Algorithmen, auf formale Logik und auf
einen Rechner angewiesen ist, dem man die Energie ebenso entziehen, wie man ihn umprogrammieren kann. Wiewohl er keine
natürliche Intelligenz ausbilden wird, so ist und wird KI ein operativer Zurechnungspunkt für immer mehr kommunikative Knoten,
die zuvor Menschen erzeugt haben – mit höherer Rechenkapazität,
aber geringerer Abweichungsmöglichkeit, wobei das insofern relativiert werden muss, als die Abweichungswahrscheinlichkeit mit der
Komplexität der Maschine selbst wächst – sie kann dann stärker *überraschen* in dem Sinne, dass ihre Entscheidungen tatsächlich einen
Unterschied machen. Geringer ist die Abweichungswahrscheinlichkeit aber in dem Sinne, dass die KI eben nur kann, was sie kann –
Nick Bostroms Büroklammer-Parabel bringt das auf den Punkt: *Eine
Maschine, die nur Büroklammern herstellen kann, kann eben nichts anderes als
dies. Und selbst wenn man einen multitaskingfähigen Algorithmus erzeugen will,
muss doch relativ klar definiert sein, welche Tasks hier erfüllt werden sollen.*

Vielleicht wird die Kulturbedeutung der rechnergestützten Intelligenz erst dort deutlich, wo genauer bestimmt werden kann, wie
viel Eindeutigkeit und Uniformität durch rechnergestützte Praktiken erzeugt werden und wie viel Abweichungsmöglichkeiten der gesellschaftlichen Praxis bleiben. Es ist eine Differenz von Quantität
und Qualität, die hier aufscheint. Schon bei Norbert Wiener findet
sich in den 1960er Jahren ein Satz wie dieser: «It is hard to believe
that, as compared with existing computing machines, the brain does

not have some advantages corresponding to its enormous operational size, which is incomparably greater than what we might expect of its physical size.»[49] Und doch ist die Qualität von KI eine andere als die der natürlichen Intelligenz.

Vielleicht sollte man den Begriff der natürlichen Intelligenz reflektieren. *Natürlich* ist an ihr allenfalls, dass sie an den Menschen gebunden ist. Aber dessen Intelligenz hängt nicht an seiner Natur, sondern vor allem daran, dass das Material seines Denkens, gewissermaßen die Inhalte und sinnhaften Verweisungsstrukturen sozialer und kultureller Natur sind. Ein soziologisches Verständnis von Intelligenz oder Kognition im weitesten Sinne muss stets in Rechnung stellen, dass sowohl das *Was* als auch das *Wie* der menschlichen und sozialen Kognitionen sozialen, kulturellen, gesellschaftlichen Ursprungs sind – bei Max Weber ist die Sinnhaftigkeit von Motiven an deren Kulturbedeutung gebunden, im Pragmatismus á la George Herbert Mead an die Fähigkeit der Rollenübernahme, in der phänomenologischen Soziologie an lebensweltliche Sinnstrukturen und in der Systemtheorie Niklas Luhmanns an Sinn als Verweisungszusammenhang, um nur wenige zu nennen. Wiewohl diese unterschiedlichen theoretischen Begrifflichkeiten innerhalb der Soziologie sehr unterschiedlich sind, so besteht doch Einigkeit darüber, dass das sinnhafte, also bedeutungsförmige Material, mit dem Akteure umgehen, jene Daten sind, mit denen psychische und soziale Kognitionen arbeiten. Diese bedeutungsförmigen, kulturellen, oft zeichenhaften, oft sprachförmigen Bedeutungsverweisungen sind jenes «Verdoppelungs»-Material, von dem ich oben gesprochen habe – und dieses Material enthält kaum begrenzte Rekombinationsmöglichkeiten. Schon deswegen ist die soziale und die psychische Welt nicht vollständig programmiert, und deswegen kann sie Stoppregeln einbauen, kann Orientierungen wechseln, kann in diesem Sinne *vernünftig* sein und sich mit Gründen ausstatten. Nur dort, wo soziale Prozesse eindeutig, binär codiert sind wie im Falle von codierten Funktionssystemen, gibt es diese Stoppregel nicht.

Diese Möglichkeit, anders zu rekombinieren, freier, als es durch algorithmische Programmierung möglich wäre, ist an sinnhaft operierende Systeme gebunden, auch wenn durchaus Algorithmen in die Autopoiesis, in die Prozessweise sozialer Systeme eingebaut werden können – ob an Börsen, in medizinischen Diagnosesystemen oder in bürokratischen Bewertungssystemen. Die Prozesslogik ist in all diesen Fällen eine sinnhafte Prozesslogik des sozialen Systems selbst und muss nicht in beteiligte algorithmische Technik eingebaut sein. In KI-Systemen kommen sinnhafte Verweisungen nicht als solche vor, sondern zeichenhaft vermittelt und damit eben digitalisiert – ich habe das oben dargestellt, dass der Eigensinn von Daten ein datenförmiger Eigensinn ist. Selbst semantisch arbeitende Maschinen müssen die Semantik in Regelmäßigkeiten, in Muster zerlegen, die für sich selbst nicht auf sinnhaften Verweisungen beruhen. Deshalb, man muss es in dieser Drastik formulieren: *Die KI ist nicht intelligent im engeren Sinne eines sinnverarbeitenden Systems. Sie ist allenfalls intelligent in dem Sinne, dass sie eine so hohe Komplexität von Rekombinationsmöglichkeiten von Daten verarbeiten kann, dass sie als Black Box immer unsichtbarer wird und deshalb eine zurechnungsfähige handlungsfähige Maschine wird. Am Ende arbeitet sie aber nur das ab, wofür sie konzipiert wurde, selbst wenn sie zu Ergebnissen kommt, die nicht unmittelbar mitkonzipiert wurden.*

Dies ist der entscheidende qualitative Unterschied zwischen KI und dem, was man in Abgrenzung dazu *natürliche* Intelligenz oder die *sinnhafte* Intelligenz psychischer und sozialer Systeme nennen könnte. Nicht zufällig übrigens ist die besondere Herausforderung für das Bestehen des Turing-Tests, dass der Rechner *sinnhafte* Verweisungen oder Entscheidungen simulieren kann – so war der Versuch des Google-Duplex-Tests vom August 2018 ein Telefonanruf in natürlicher Sprache.[50]

Neben der Frage der Sinnhaftigkeit von Verweisungen spielt für die *natürliche* Intelligenz freilich eine in besonderer Weise vermittelte Natur eine Rolle. Denn ein Unterschied zwischen der Intelligenz der Maschinen und der Intelligenz des Menschen liegt in dessen *Leiblichkeit.*[51] Glaubt man der Hirnforschung, so ist die Komplexität und Leistungsfähigkeit des menschlichen Gehirns insbesondere im Hinblick auf die Rekombinationsfähigkeit von Neuronen jedem Rechner quantitativ überlegen. Ich verweise nochmals auf das Buch von Michael

Gazzaniga, der darauf hinweist, wie wenig uns in unserer Bewusstseinstätigkeit bewusst wird, welche Hirnaktivitäten in komplexester Weise zusammenspielen, um die ungeheure Plastizität unserer Verhaltensmöglichkeiten zu gewährleisten – ohne dass dies formal berechnet werden könnte und müsste. Wir sind uns selbst intransparent. Was ich zuvor logisch und unter Rekurs auf die Frage der Paradoxie der Selbstbezüglichkeit entfaltet habe, findet seine organische Entsprechung in der Tiefe des Gehirns. Beliebt ist dabei die Eisbergmetapher. Gazzaniga schreibt: «Our conscious awareness is the mere tip of the iceberg of nonconscious processing. Below our level of awareness is the very busy non-conscious brain hard at work.»[52]

Und alle menschliche Intelligenz ist situiert in den leiblichen Praktiken eines Körpers, der nicht nur endlich ist, sondern auch an eine brutal gegenwartsbasierte, leiblich-praktische Zeitlichkeit gebunden ist, die sich nicht wie soziale Systeme oder algorithmisierte Systeme intern differenzieren, unterbrechen, neuprogrammieren und stillstellen lässt. Vielleicht macht dies die Differenz der menschlichen Intelligenz gegenüber künstlicher, aber auch sozialer Intelligenz aus. *Die Urteilskraft des Menschen ist situiert.* Und das, was dem Philosophen als *kohärentes Weltbild* erscheint, ist nichts anderes als ein Erfahrungs- und Praxiskorrelat, das sich selbst nicht vollständig verfügbar ist. Vielleicht ist es die Unverfügbarkeit, die die menschliche Existenz als Paradoxie ihres Anfangs ausmacht – und vielleicht findet auch sie in der nicht vollständigen Berechenbarkeit formaler Systeme ihre Parallele.

Ich habe oben darauf hingewiesen, es sei das Privileg des Menschen, dass man ihm Fehler zurechnet und verzeiht. Wäre die Maschine ein leiblicher Mensch, würde sie es wahrscheinlich als Fluch empfinden, dass sie aufgrund ihrer Struktur und ihrer logischen Unvollständigkeit nicht fehlerlos sein *kann*, ihr aber Fehler nicht zugestanden werden. Aber sie ist eben doch eine Maschine, und ihre Empfindsamkeit wird ausschließlich über einen Skaleneffekt erschließbar sein. Je komplexer die Maschine ist, desto eher wird sie ein Zurechnungspunkt für Empfindsamkeit sein, aber faktisch fehlt ihr dazu die innere Unendlichkeit der gehirnlichen/leiblichen Existenz der biologischen Maschine Mensch. Vielleicht ist es allzu kontraintuitiv, die entscheidende Differenz zwischen Mensch und Maschine weniger in den kognitiven Operationen selbst, sondern in ihrem medialen Substrat aufzufinden. Während das maschinelle Medium auf die Exaktheit einer formalen Mathematik angewiesen ist, die nur dadurch unsichtbar werden kann, dass die internen Verweisungen unübersichtlich werden, sind selbst übersichtliche Verweisungen menschlicher Existenz an die weniger formal gebaute Verknüpfungsfähigkeit neuronaler Vernetzungen und leiblicher Situiertheit gebunden. Vielleicht ist es schlicht das Leben als Grundlage, das die beiden Maschinen unterscheidet, nicht die Intelligenz.

Für all das, also sowohl für die *sinnhaft-soziale* als auch für die *sinnlich-leibliche* Differenz zu den technischen Maschinen künstlicher Intelligenz, Reflexionsformen und Reflexionstheorien zu finden, ist wahrscheinlich eine der wichtigsten Aufgaben für das Verständnis der Kulturbedeutung digitaler Maschinen, aber auch bei der Gestaltung von digitaler Technik und von Praktiken in der digitalen Gesellschaft. Es wäre jedenfalls eine unerwartete Ironie, wenn die Digitaltechnik und die KI zu einer *reflexiven Aufwertung nicht-künstlicher Intelligenz* führen könnten.[53] Das muss nicht am Menschen selbst festgemacht werden, sondern auch an der Sinnverarbeitung sozialer Systeme. Wie bei allen neuen Technologien ging es stets darum, welche sozialen Spielräume die technischen Eindeutigkeiten und Zugzwänge ermöglicht haben. Das galt für das gesprochene Wort nach Erfindung des Buchdrucks, das galt für nicht-kapitalistische Verwertungsformen nach Erfindung des technikinduzierten Betriebskapitalismus und das gilt auch für die gesellschaftlichen Spielräume, die sich der formierenden Kontrolle der KI entziehen.

7

Das Internet als Massenmedium

Ob das Internet ein Massenmedium sei,[1] ist eine merkwürdige Frage. Erstens *ist* das Internet letztlich nichts in dem Sinne, dass es konkrete Eigenschaften wie ein Ding hätte. Es ist ein *Medium für Formen.* Zweitens ist das Internet selbstverständlich ein Massenmedium. Wenn es ein Medium ist, dann ist es in jedem Falle auch ein Massenmedium, weil es tatsächlich weltumspannend ist, was sich schon im Namen *World Wide Web* eingeschrieben hat. Bevor ich mich allerdings an die Frage mache, welcher Art Massenmedium *das* oder *im* Internet sei, ist eine Vorbemerkung vonnöten:

Die Digitalisierung der bereits digitalen Gesellschaft hat viele ihrer Praktiken alltagstauglich auf die Integration digitaler Technik eingestellt. Das gilt sowohl für die selbstverständliche digitale (Mit-) Steuerung von Alltagstechnik (Straßen-, Schienen-, Flugverkehr, Energieversorgung usw.) als auch für das Vertrauen in digital gesteuerte Alltagsroutinen. Dass wir Suchmaschinen verwenden und mit den Ergebnissen umgehen, hat zum einen seinen Grund darin, dass es funktioniert – was ich ja oben als das vielleicht entscheidende Kriterium dafür genannt habe, dass sich Technik quasi unsichtbar durchsetzt. Andererseits hat es seinen Grund darin, dass wir diesem Funktionieren vertrauen, und zwar blind. Ich meine damit, dass wir die Ergebnisse verwenden – ob es nun um Konsumentscheidungen geht, um die Diagnose von Symptomen am eigenen Körper oder um die Recherche für irgendetwas. Man kann sogar das Wissen ausblenden, dass es kein Zufall ist, welche Ergebnisse auf welche Anfragen ganz oben sichtbar angezeigt werden – wenn man es denn weiß. Das Funktionieren schaltet alle anderen Zweifel aus – deshalb wird man auch Techniken, die man vielleicht loswerden sollte, nicht so leicht los, wenn sie sich mit ihrem Funktionieren einmal in einer Alltagsroutine etabliert haben. Technik wird gewissermaßen zum Teil des Habitats, und bestimmte Technik sogar Teil von Handlungs- und Kommunikationsketten.

Sinnüberschussgeschäfte

Bevor freilich die massenmedialen Formen und Funktionen des Internets oder im Internet verhandelt werden können, sind einige Bemerkungen zu den Bedingungen der (halb-)öffentlichen Kommunikation mittels des Internets vonnöten. Und hier stoße ich wieder auf die Funktion des Technischen: Das Funktionieren schaltet das Räsonieren über Technik aus. Wenn es funktioniert, dann funktioniert es. Mehr Informationen braucht es nicht – und weil das so ist, ist die Digitaltechnik eine Technik, die stets mehr bedeutet, als sie vordergründig tut. Mit einem Blick auf konventionelle, besser: nichtdigitale Technik wird das erst deutlich. Ich nehme wieder eine der Leittechniken des 20. Jahrhunderts als Beispiel: Wozu ist ein Automobil gut? Die Frage ist leicht zu beantworten: Um von A nach B zu kommen, und das in einem selbstgesteuerten Gefährt, das individuelle An- und Abfahrtszeiten an den Punkten A und B ermöglicht und Handlungskoordination zwischen den Verkehrsteilnehmern auf ein Minimum beschränkt. Was man braucht, ist eine gewisse Erwartungssicherheit, dass es funktionierende (sic!) Regeln gibt, an die sich alle Verkehrsteilnehmer halten, auch weil sie rechtlich abgesichert werden. Die Technik des Automobils wird durch habitualisierte Technik von Fahrern und Regulierungen flankiert. Wenn man sich nicht zu dumm anstellt, dann ist das Halten an einer roten Ampel, der Gebrauch des Blinkers oder die Einhaltung der Rechts-vor-links-Regel technisiert – und kann deshalb vorausgesetzt werden. Wenn auch das Automobil von vielen Voraussetzungen abhängig ist – Straßenbau, Finanzierung der Infrastruktur, Bereitstellung von Energieträgern usw. –, so ist sein Sinn relativ übersichtlich. Es mag zum Beispiel für die deutsche Volkswirtschaft eine Schlüsseltechnologie darstellen, und es mag kulturell als Symbol für Freiheit und freie Fahrt gelten, selbst wenn man im Stau steht – aber es ist am Ende nur ein Auto.

Das Auto erzeugt wenig Sinnüberschuss. Es hat einen Sinn und es hat Folgen und eine Menge Implikationen – wie jede andere Kulturerscheinung auch –, aber es ist und bleibt ein Gefährt. *Ich möchte behaupten, dass das für viele digitale Techniken und ihre Anwendungen nicht gilt.* Ganz im Gegenteil ist hier womöglich der vordergründige Gebrauchswert der Technik nur der kleinste Teil dessen, was sie an Sinnverweisungen ermöglichen kann. Am deutlichsten wird das in den sogenannten *Social-Media*-Plattformen. Eine Plattform wie Facebook oder Instagram erscheint auf den ersten Blick wie ein Kommunikationsund Verbreitungsmedium, in dem es möglich ist, mit anderen in Kontakt zu treten, Informationen zu senden und zu empfangen und Aufmerksamkeitsräume zu erzeugen. Und dieser erste Blick trügt nicht.

Aber diese Technologie ist nicht für diesen ersten Blick gemacht. Der Sinnüberschuss solcher Technik besteht darin, dass mit den Praktiken der Nutzer Datensätze anfallen, die mit den Praktiken der Nutzer nicht unmittelbar zu tun haben, die aber Muster freilegen, die für unterschiedlichste Anwendungen von Interesse sein können und es auch sind. Das reicht von Marketinganalysen bis hin zu gezielten Marketing- und Werbeaktionen bis hin zur verwertbaren Analyse der Dynamik von Themen und semantischen Formen. Wer über die Stimmung einer bestimmten Gruppe etwas erfahren will, über die Konfliktlagen bestimmter statistischer Gruppen oder deren Vernetzungsbedingungen, kann auf Muster zurückgreifen, die in sozialen Netzwerken anfallen. Dass gerade solche datenintensiven Technologien zu einer geradezu beispiellosen, zuvor nur mit dem Ölenergiemarkt vergleichbaren Konzentration auf wenige Spieler neigen, ist auch technologisch bedingt. Denn es ist gerade die Konzentration von großen Big-Data-Datensätzen, die diese Sinnüberschüsse – und damit: Wertschöpfung – ermöglichen. Es ist kein Zufall, dass der Facebook-Konkurrent Google seinen Facebook-ähnlichen

Dienst *Google+* im Jahre 2019 nach 8 Jahren einstellt.[2] Vordergründig war es auch eine Sicherheitslücke, die dem Dienst den Garaus machte, aber dass es dazu kam, ist auch ein Hinweis darauf, wie wenig sich die Sache für Google gerechnet hat. Ein solcher Social-Media-Dienst kann seinen Sinn, ich sollte besser sagen: seinen erwarteten Sinnüberschuss nur erfüllen, wenn es möglichst viele Nutzer gibt, sonst fallen weder genug noch ausreichend differenzierte Daten an.

So ist der Trend des Plattform-Kapitalismus zur Konzentration zu verstehen, den der britische Ökonom Nick Srnicek in seiner Analyse als Konvergenzentwicklung beschreibt: «Die Expansion von Plattformen ist von dem Bemühen um immer mehr Daten getrieben, und das Ergebnis könnten wir als Konvergenzthese bezeichnen: die Tendenz unterschiedlicher Plattform-Unternehmen, immer ähnlicher zu werden, weil sie nach denselben Märkten und Daten greifen.»[3] Das macht es zumindest wahrscheinlicher, dass sich der Trend zu Konzentrationen fortsetzen wird, auch weil ein bestimmter Modus des klassischen nachfrageorientierten Kapitalismus auf solchen Plattformen nur begrenzt funktioniert. Man kann Automobile, die sich kaum voneinander unterscheiden, in ihren Markenwerten zu Identitäten aufbauen. Der Nutzen des einen Automobils ist so gut wie der des anderen, aber es macht durchaus einen ökonomischen Sinn, dass da unterschiedliche Anbieter um Lösungen und damit um Kunden ringen. Die Idee des Automobils jedenfalls wird nicht dadurch in Frage gestellt, wenn es viele unterschiedliche Anbieter gibt. Im Gegenteil: Eine der Grundregeln des Kapitalismus klassischer Prägung heißt nicht nur, der Wettbewerb belebe das Geschäft, sondern auch: Wettbewerb senkt die Preise.

Auf Plattformen, bei denen es kaum darauf ankommt, was da angeboten wird, sondern bei denen es darum geht, welche Daten anfallen, vollzieht sich eher ein evolutionäres Geschehen als eine Form der Konkurrenz um das besser passende Modell, das den Markt schließlich bestimmt. Da es dem Anbieter fast egal sein kann, was sein Produkt dem Nutzer bringt, weil das nur das Vehikel zur Abschöpfung von Daten für weitere Geschäfte ist, ist die Konzentration nicht der Effekt eines besonders guten Angebots, sondern eher die Voraussetzung für das Geschäftsmodell. Es ist eher ein Verdrängungs- als ein Konkurrenzwettbewerb, der in dieser Form des Kapitalismus stattfindet – und er ist deshalb von so großen Kapitalmengen abhängig, weil der Verdrängungswettbewerb derzeit noch in vollem Gange ist. Glaubt man der Analyse von Srnicek, dann ist der Konzentrationswettbewerb noch in einem Stadium, in dem man nicht genau weiß, wie er sich entwickeln wird. Deshalb ist Konzentration in der derzeitigen Phase wichtiger als ökonomischer Gewinn. Er bringt das aus der Perspektive des einzelnen Spielers auf die Formel: «Wachstum vor Profit».[4]

Die amerikanische Ökonomin Shoshana Zuboff schreibt in einer furiosen Analyse des «Überwachungskapitalismus» von einer Tendenz, dass der Plattformkapitalismus vor allem in den sozialen Medien dazu dient, die Absatzmärkte für Produkte und Dienstleistungen nicht nur zu finden – also nicht nur Muster von bereits Bestehendem zu detektieren –, sondern durch die Entbergung von Mustern ein bestimmtes Verhaltensmuster zu provozieren, zu erzeugen. Bei Zuboff heißt es: «Nach und nach beginnen die Imperative des Überwachungskapitalismus und seine materiellen Infrastrukturen für Extraktions- und Exekutionsoperationen als geschlossenes Ganzes zu funktionieren und ein ‹Verhaltensmodifikationsmittel› des 21. Jahrhunderts zu produzieren. Ziel des Unterfangens ist nicht etwa, uns Verhaltensnormen etwa im Sinne von Konformität oder Gehorsam aufzuzwingen, sondern Verhalten zu produzieren, das zuverlässig und definitiv zu erwünschten kommerziellen Ergebnissen führt.»[5] Zuboff spricht nicht von Sinnüberschuss, sondern zielt auf Verhaltensdispositionen. Ziel der Sozialen Medien sei es, einen «Verhaltensüberschuss» zu erzeugen, also etwas, dem wir in unserem Verhalten gewissermaßen unmerklich ausgeliefert sind. Sie spricht von einer «Metamorphose der digitalen Infrastruktur *von einem Etwas, das wir haben, zu einem Etwas, das uns hat.*»[6] Das ist insofern gut beobachtet, als es darauf abstellt, dass tatsächlich die konkreten Praktiken und der Ertrag dieser Praktiken für andere, also für Anbieter datengestützter Medien, von ganz unterschiedlicher Art sind.

Was die Anwender tun, ist gewissermaßen nur der Anlass, um Daten zu erfassen, mit denen dann Geschäfte möglich sind und mit denen sich das Verhalten der Anwender entsprechend steuern lässt.

Man darf das nicht als Umsetzung einer Intention missverstehen. Ohnehin erzeugen (kommerzielle und nicht-kommerzielle) Produkte stets neue Verhaltensdispositionen – das Buch ein Lesepublikum, aber auch ein bestimmtes Herrschaftswissen sowie Kritikformen am Herrschaftswissen, die Eisenbahn das Denken in größeren Räumen, das Automobil die individuelle Mobilität und die Waschmaschine Zeit für Geschlechterkonflikte.

In diesem Kapitel soll es nun nicht um eine Analyse des digitalen Kapitalismus, um seine Geschäftsmodelle und Konzentrationstendenzen gehen. Ich will nur darauf hinweisen, dass man die Massenmedialität des Internets bzw. im Internet nur verstehen kann, wenn man auf diesen Sinnüberschuss der medialen Praktiken im Netz hingewiesen hat. Ganz ohne Zweifel aber funktioniert dieses Verhältnis von Praktiken und Sinnüberschuss nur, weil diese Praktiken sich als funktionierende und damit reflexionsentlastete und -entlastende Selbstverständlichkeiten durchgesetzt haben. Der Sinnüberschuss ist ein Effekt von Sinnvermeidung. Das, was in sozialen Medien im Netz abgeschöpft wird, ist den Nutzern nicht ansichtig.

Insofern treffen radikale Diagnosen wie die von Zuboff typischerweise auf ein Publikum, das die Kritik begierig aufnimmt – Kritik am Mediengebrauch im Internet, aber auch an anderen Praktiken, die verwertbare Datenspuren hinterlassen –, dann aber dadurch korrumpiert wird, dass die Praktik selbst für Konsensfragen immun ist. Dass etwas funktioniert, ist das beste Argument, weil es eben zunächst konsens- und zustimmungsunsensibel ist. Die beste Kritik am Internet lässt sich im Internet platzieren – schon weil die Verbreitung da besser funktioniert. Das Buch von Zuboff habe ich übrigens als E-Book gelesen und damit den Gegenstand selbst befeuert, da mein Leseverhalten dadurch detektierbar ist, was sich vielleicht nicht unmittelbar auf mich auswirkt, aber dem Verlag womöglich zeigt, ob es sich heute noch lohnt, 700-Seiten-Bücher auf den Markt zu bringen – und woran es vielleicht liegt, dass der Zugang dazu schwieriger ist als bei halbem

Umfang. In der gedruckten Variante wäre mit dem Kauf (und der Zahlung) der Kontakt zum Verlag beendet – in diesem Fall ging er nach der Zahlung erst richtig los.

Aber nun gilt es, einen Schritt zurückzutreten und zunächst die Medialität der Massenmedien genauer zu bestimmen. Man beginnt zumeist so: Buch, Zeitung, Rundfunk, Fernsehen – in dieser Reihenfolge haben die entscheidenden Medienformate moderner Gesellschaftlichkeit dominiert. Man lernt im Sozialkunde-Unterricht: Ohne die Zeitung, ohne den Rundfunk, ohne das Fernsehen wäre moderne Staatlichkeit nicht möglich gewesen, ohne den Buchdruck hätte es kein Lesepublikum gegeben, an das die anderen Medien hätten anschließen können. Die kulturelle Selbstvergewisserung durchs Aufschreiben erst nachhaltig ansprechbarer «Nationen», durch Meldungen und Informationen synchronisierte Ereignis- und Personenwelten und die Erzeugung eines Publikums für politische, ökonomische, kulturelle, medizinische und Bildungszumutungen wäre ohne diese Massenmedien nicht denkbar gewesen.

Synchronisationsfunktion

Die gesellschaftliche Leistung der Massenmedien besteht weniger darin, Orientierung, Klarheit und Konsens zu vermitteln, sondern einen Ort zu bieten, an dem so etwas wie politische Überzeugungen repräsentiert werden können (und dadurch erst entstehen) und Märkte sich selbst beobachten können (durch Publikation von Kursen, Preisen, unrealistischen Geschichten über Produkte und Dienstleistungen, vulgo: Werbung etc.). Ohne die medial verbreitete Literatur- und Musikkritik, medizinische und erzieherische Aufklärung wäre jener informierte Bürger nicht entstanden, dessen Inklusion in die Gesellschaft vor allem dadurch erfolgte, dass er mitreden kann – und all das noch entsprechend differenziert für ökonomische Klassen, Bildungs- und kulturelle Milieus. Die besondere Leistung der klassischen Massenmedien ist also eine Synchronisationsleistung.

Das macht die Modernität der Massenmedien aus, wenn man eines der ausgezeichneten Bezugsprobleme oder Charakteristika moderner Gesellschaften tatsächlich als das Synchronisationsproblem bezeichnen will.[7] Damit hatte ich ja oben die besondere «digitale» Form moderner Gesellschaftlichkeit begründet: Die brutale und einfältige Grundcodierung der gesellschaftlichen Funktionen ermöglicht den Funktionssystemen geradezu ungehemmte Möglichkeiten der Programmierung. Alles ist möglich – im je engen Rahmen der binären Codierungen der Funktionssysteme. Es macht einen Unterschied aus, ob man sich der Welt ökonomisch oder politisch nähert. Als wissenschaftliche Herausforderung sehen wir eine andere Welt als unter religiösen Aspekten. Und die rechtliche Regulierung von Normkonflikten unterscheidet sich bisweilen von moralischen Orientierungen, die ihrerseits differieren können. Doch es sind nicht nur sachliche Differenzen unterschiedlicher Logiken, sondern auch unterschiedliche Geschwindigkeiten, die Gleichzeitigkeit erschweren – man denke etwa an die Schnelligkeit ökonomischer Dynamiken und die Langsamkeit demokratischer Entscheidungsverfahren oder an den Zeitbedarf von Forschung und Bildung, während sich medizinische Fragen stets jetzt stellen und gelöst werden müssen. Auch konkrete Bedürfnisse des Lebens können nicht warten, sondern müssen gleich bearbeitet werden. Diese Disparitäten machen moderne Gesellschaften zeitlich und sachlich komplex.

Man kann so weit gehen, den Synchronisationsbedarf moderner Gesellschaften als deren operatives Grundproblem anzusehen – und das wird besonders dann deutlich, wenn man es nicht auf der Abstraktionsebene von Funktionssystemen betrachtet, sondern in konkreten Lebens- und Arbeitsformen. Die Dynamik moderner Lebensformen besteht gerade darin, dass Disparates zusammengebracht werden muss. Die großen normativen Ideen, die uns unser Leben selber führen lassen, die uns gut protestantisch nicht nur eine kontinuierliche Lebensführung, sondern auch eine konsistente Geschichte dazu abverlangen, sind das Ergebnis einer diskontinuierlichen Welt. Erst wo die Anforderungen des Lebens nicht mehr zusammenpassen, muss das Leben aktiv geführt und synchronisiert werden.

Das gilt auch für betriebsförmige Tätigkeiten. Der Klassiker ist die ökonomische Arbeitsteilung. Wer halbfertige Teile zusammenbringen will, muss synchronisieren – Stoffliches, Unterschiedliches, räumlich Auseinanderliegendes, verschiedene Tätigkeiten usw. All das muss synchronisiert werden, gerade weil es nicht dasselbe ist. Die eigentliche Leistung dessen, was man «Management» oder «Organisation» nennt, ist es, Disparates handhabbar zu machen.

Dass wir dann sowohl das gelebte Leben als auch die organisierte Organisation gerne normativ im Hinblick auf Konsistenzanforderung, Identitätsbildung und Widerspruchsfreiheit aufladen, ist nur ein Effekt einer Welt, die eben nicht aus einem Guss ist. Ihre Handhabbarkeit muss hergestellt werden. Genau das nenne ich die Synchronisationsleistung.

Synchronisation und Sozialisation

Erst vor diesem Hintergrund wird die Erwartung an die Leistung von Massenmedien deutlich. Medien bilden nicht ab, was ist – oder besser: das ist eher ein Nebeneffekt. Sie synchronisieren Unterschiedliches in Informationsform. Schon die Ressortaufteilung einer Zeitung bildet das ab: Politik, Wirtschaft, Feuilleton/Wissenschaft, Sport, Lebensführung/-beratung, inzwischen sogar Medien selbst. Bruno Latour hat einmal gemeint, wir seien nie modern gewesen – und er hat das am Beispiel einer Zeitung zu zeigen versucht, in der wir zwar die Ressorts säuberlich trennen, aber alle Themen in gewissermaßen unreiner Form in den «falschen» Ressorts wieder auftauchen.[8] Freilich hat Latour offensichtlich eine allzu reine Form des Modernen im Sinn – denn das macht die Erfahrung mit Modernität gerade aus: dass das Unterschiedliche aufeinander bezogen werden muss, dass es sich eben nicht störungsfrei trennen lässt, dass permanent synchronisiert werden muss. «Modernität» wäre dann jene Illusion einer Arbeitsteilung ohne Reibungsflächen und -verluste. Gesellschaft freilich ist genau das: die permanente, nicht stillzustellende Form von Reibungsflächen und Verlusten.

Hier setzen Medien an. Sie trennen und verbinden, sie orientieren und verunsichern, melden und verschweigen, sie reden über alles und wählen doch aus, sie erzählen konsistente Geschichten über eine diskontinuierliche Welt. Sie bringen Dinge in Informations- und Aktualitätsform zusammen und machen damit die Welt erzählbar. Niklas Luhmanns Satz «Was wir über unsere Gesellschaft, ja über die Welt, in der wir leben, wissen, wissen wir durch die Massenmedien»[9] ist inzwischen zum geflügelten Wort geworden. Und dass es buchstäblich «alles» ist, bedeutet auch, dass wir tatsächlich alles mit Bildern und semantischen Formen abgleichen, die wir aus den Medien kennen – also auch das, was wir konkret erfahren haben und wissen, unmittelbar und nicht auf einem Bildschirm wahrnehmen, selbst interpretieren und nicht lesen, sogar unsere eigenen Gefühle und Stimmungen. Selbst das Sentiment kennen wir aus den Medien – schon wenn wir es als typisch oder atypisch einordnen wollen, müssen wir die Maßstäbe dafür kennen.

Eine solche unmerkliche Form der Formung nennt man *Sozialisation*. Medien sind eine Sozialisationsinstanz – und das wissen vor allem diejenigen, die sich der Medien bedienen, um ihre Botschaft eher indirekt als direkt unter die Leute zu bringen, durch die Distribution von Bildern und Sprechweisen, von Wahrheiten und Plausibilitäten usw. Die moderne individualisierte Lebensform mit ihrer Erfindung des autonom entscheidenden souveränen Subjekts ist sicher ein Effekt religiöser Veränderungen, auch das Ergebnis rechtlicher Anspruchs- und Schutzformen, nicht zuletzt das Ergebnis eines frei entscheidenden Konsumenten, der einen eigenen Geschmack und Kaufpräferenzen ausbilden soll. Diese Lebensform ist in erster Linie ein Effekt einer Gesellschaft, deren Dynamik es geradezu erfordert, dem Einzelnen keinen konsistenten Platz in der Gesellschaft zuzuweisen. All das, was normativ als Lebensführung, als konsistente biographische Entscheidung, als Individualität, als Souveränität und nicht zuletzt als individuelle Unverwechselbarkeit zugemutet wird, ist ein direktes Korrelat einer Gesellschaft, in der Lebenslagen bzw. die Lebenswege des eigenen Personals eben nicht mehr gesellschaftsstrukturell eindeutig festgelegt sind. Das könnte sich eine moderne, funktional differenzierte Gesellschaft gar nicht leisten, weswegen sie das Individuum letztlich als Kulminationspunkt «erfindet».

Dieses Individuum braucht Massenmedien – gerade um mit der Welt synchronisiert werden zu können. Medien statten uns gewissermaßen mit dem Spielmaterial für individuelle Entscheidungen, mit einem semantischen Vorrat für eigene Gedanken und mit einer Variationsbreite für Unterscheidungsmöglichkeiten aus. In der Soziologie hat man die Unterscheidung von primärer und sekundärer Erfahrung eingeführt, um zu zeigen, dass der Haushalt dessen, was wir wissen und was uns als plausibel erscheint, immer weniger auf unmittelbar Erlebtes zurückgeführt werden kann.[10] Vielleicht unterschätzt diese Unterscheidung die Massenmedien aber allzu sehr, denn das Lesen bzw. Sehen von Text, Bildern, Filmen usw. ist durchaus eine primäre Erfahrung. Wissen wird in diesem Sinne selbst ein Medienformat – man muss nur Kindern dabei zusehen, wie sie beim Fußballspielen das eigene Tun im Tonfall und in den Semantiken von Sportreportern/Fußballkommentatoren begleiten.

Medien synchronisieren die Mannigfaltigkeit der Welt zu einem wahrnehmbaren Bild – und empirisch gesehen tun sie das auf sehr unterschiedliche Weisen. Sie werden dabei sogar instrumentalisiert, eingeschränkt, gestört usw., aber das hebt ihre Medialität nicht auf, sondern das geschieht ihnen als Medien. Selbst gleichgeschaltete Medien erfüllen ihre Funktion, sonst würde sich die Gleichschaltung nicht lohnen.

Wie alle Funktionen einer modernen Gesellschaft, wird auch diese eher dezentral erfüllt. Wie die Ökonomie kein Zentrum hat, sondern mehr oder weniger mächtige und einflussreiche Unternehmen, wie ein Wissenschaftssystem sich vor allem durch die Kumulation von Zitationen und Anschlüssen strukturiert, wie ein Rechtssystem Entscheidungslagen durch Wiederholung und Entscheidungsgeschichten generiert, wie ein einzelnes Kunstwerk die Kunst nicht ändern kann und wie auch im politischen System zwar eine gewisse Zentralität durch Staatlichkeit hergestellt werden kann, aber die Macht sich stets im Kreislauf von Entscheidungen und den Reaktionen des politischen

Publikums testen muss, so gilt eben das auch für die Medien, die ihre Funktion dezentral erfüllen – wenigstens dort, wo Meinungsvielfalt und Informationspluralismus demokratisch geschützt werden. Dass auch in den Medien dann so etwas wie ein Mainstream entsteht, dass es Konjunkturen nicht nur von Themen, sondern auch von Auffassungen gibt, dass die Bandbreite des Sagbaren sich umgekehrt proportional zur Reichweite der jeweiligen Medienorgane verhält, ist eine Art doppelter Medieneffekt – denn was in den Medien steht, orientiert sich letztlich zu einem großen Teil auch an den Medien.

All das setzt Praktiken voraus, in denen geschulte Gate-Keeper und eine Unternehmensstruktur, die die Infrastruktur bereithält, für methodisch kontrollierte Formen der Distribution von Informationen, von Unterhaltung usw. sorgen, je nach Programmeigenschaften und Medienformat. Hier gibt es programm- und länderspezifische Unterschiede – über dasselbe Ereignis berichtet die F.A.Z. anders als die BILD-Zeitung, der Kommentar eines eher linken Journalisten unterscheidet sich womöglich von dem eines eher konservativen. Und es macht einen Unterschied, ob über etwas in der Fachpresse berichtet wird oder in einer Tageszeitung. Und was die Zeitung erst am Tag danach berichtet, bezieht sich womöglich explizit auf das, was Rundfunk oder Fernsehen schon zuvor daraus gemacht haben. Ich belasse es bei diesen Andeutungen. Gezeigt werden soll nur, dass die klassischen organisierten Verbreitungsmedien mit ihrer Synchronisation von Informationslagen und der Herstellung von Bildern sowie mit ihrer Sozialisation des Publikums erst so etwas wie die Selbsterfahrung der Gesellschaft *als Gesellschaft* ermöglichen. Abhängig ist all das von der merklichen und unmerklichen Selektivität des Gemeldeten bzw. dessen, was als Information vorgehalten wird und werden kann.

Die Selektionsfunktion der (v. a. professionalisierten) Medien erzeugt gewissermaßen die Thematisierungs- und Selbstbeschreibungsformen und -konjunkturen, die intern mehr oder weniger stark differenziert sind und deren Gestalt je nach Adressat wechselt. Und das ist der primäre (sic!) Sozialisations- und Erfahrungsraum in einer Gesellschaft, in der nicht nur gilt, dass ihr Personal fast alles, was es weiß, aus den Medien kennt. Letztlich sind Medien der Selbsterfahrungsraum der Gesellschaft selbst. Wenn sich Dinge in der Gesellschaft neu ordnen, dann ordnen sie sich letztlich an dem Bild, das die unterschiedlichen Instanzen der Gesellschaft über die Medien vermittelt bekommen. Im Wirtschaftssystem, um nur ein Beispiel zu nennen, erfolgen Entscheidungen selbstverständlich über die Beobachtung von Preisen, Kursen, Angeboten und Nachfragen. Und selbst wenn Entscheider Zugriff auf Daten darüber haben, erfolgt jede Entscheidung auch im Hinblick auf ihre Sagbarkeit und im Hinblick auf das, was die anderen, die Konkurrenten und der «Markt», wohl tun und tun werden. Um genau solche möglichst ergebnisoffenen Formen der Information und der Differenz widersprüchlicher Informationen vorzuhalten, gibt es Massenmedien. Sie erzeugen kein einheitliches Bild der Welt, sondern das widersprüchliche Bild der Welt wird gerade durch die Variationsbreite möglicher Sätze in den Medien repräsentiert, nein: erzeugt. Die Massenmedien erbringen ihre Leistung freilich durch professionelle Formen der Selektion von Inhalten, durch Auswahl von Themen und Bereitstellung von Interpretationsmöglichkeiten. *Die Medien berichten alles, aber selektiv. Das ist kein Widerspruch.*

Selektivität, Medialität und Voice im Netz

Die klassischen Medien in Text-, Ton- und Bildform haben ihre technische Infrastruktur verändert. Sie sind ins Internet gewandert, ohne die vorherigen Verbreitungsformen damit abgeschafft zu haben. In Deutschland sind die erfolgreichsten Nachrichtenportale *Focus online*, *Bild.de* und SPIEGEL-online mit Reichweiten, die weit über Printformate hinausgehen. Obwohl sich damit durchaus manche Textformen verändert haben – es gibt dann Anlass für erheblich kürzere, aber auch längere Formate –, sieht man schon an den Anbietern, dass hier alle Charakteristika der klassischen Medien weiter gelten. Das Netz ist ein lohnender Distributor für bestehende Formate – auch durch die Fähigkeit des Internets, über Such- und Archivformate an Texte zu geraten, die man physisch nicht gefunden hätte. Aber auch das ändert letztlich nichts Wesentliches an der Grundstruktur dieser Formate.

Am stärksten hat sich durch die Abwanderung ins Netz womöglich der Rundfunk verändert. Ist der Rundfunk – auch das Fernsehen – über terrestrische Frequenzen und 1:1-Rezeption vor allem ein Echtzeitmedium, wird es nun durch die Abrufmöglichkeit aus Mediatheken zu einem zeitstabilen Archiv, was sich sicher auch auf die Art und die Form der Beiträge auswirken dürfte. Aber an der prinzipiellen Form der klassischen Medien ändert dies nichts.

Diese klassische Form lebt von einer eindeutigen Trennlinie zwischen Sender und Empfänger. Die Charakteristika lauten:
— wenige Sender
— viele Empfänger, strukturiert parallel zum Sender
— eher einseitige Kommunikation
— hochschwelliger Zugang zu Sendefunktionen
— Professionalisierung/Verberuflichung der Senderfunktion.

Im Netz kehren sich diese Verhältnisse um:
— viele Sender
— viele Empfänger, weniger strukturiert
— multidirektionale Kommunikation
— niedrigschwelliger Zugang zu Sendefunktionen
— voraussetzungsloser Zugang zu Senderfunktionen.

Um einem Missverständnis vorzubeugen: Hier wird nicht über «das Internet» verhandelt, das zunächst nichts weiter als eine technische Infrastruktur der Verbindung von Servern und der Verbindung von Endgeräten mit Servern ist. Es geht mir hier nicht darum, das Internet zu erklären, und man unterschätzt dieses Medium, wenn man es nur für ein Distributionsmedium für Text und Bilder hält. Es geht hier nur um die Frage, welche Auswirkungen diese Infrastruktur auf *Massenmedialität* hat.

Zunächst fällt auf, dass das Senden einfacher wird – alle können alles senden. Besser: fast alle fast alles. Man braucht schon ein paar Kenntnisse und wenigstens einen Rechner und einen Internetzugang; es gibt rechtliche Grenzen (die aber schwer zu überwachen sind); es gibt auch hier Grenzen der Erreichbarkeit; intern ist das Netz keineswegs ein homogener Raum, sondern durchzogen von Grenzen, Verbreitungsstrukturen und nicht zuletzt Durchsetzungsmöglichkeiten (und ich rede hier nur über die sichtbare Form der Kommunikation an ein Publikum). Dass sich im Internet soziale Strukturen abbilden, ist ein Gemeinplatz. Die sozialwissenschaftliche Auseinandersetzung mit dem Internet hat – o Wunder! – bereits vor fast 20 Jahren entdeckt, dass sich Ungleichheitsstrukturen, Gruppenbildungen, Partizipationsmöglichkeiten, ökonomische und kulturelle Formen auch im Netz abgebildet haben.[11] Noch zehn Jahre früher rechnete man mit der Heraufkunft einer virtuellen Gemeinschaft mit großen (Basis-)Demokratieerwartungen, die sich vor allem darauf stützten, dass die Zahl der Sender steigt, dass jeder Nutzer potentiell Sender sein kann und jeder Empfänger eine größere Auswahlmöglichkeit hat. Typisch war natürlich die Idee, dass hier eine *Gemeinschaft* entsteht, also ein Zusammenhalt, der durch offene Kommunikation gestiftet werden sollte.[12]

Es gibt wenige allgemeine Regeln im Bereich des Sozialen. Alles ist historisch relativ und von einer Unzahl von empirischen Randbedingungen abhängig. Aber ich würde tatsächlich so weit gehen und sagen: Wenn sich etwas wirklich ausschließt, dann ist es offene und freie Kommunikation und die Möglichkeit der Vergemeinschaftung. Vergemeinschaftung ist eher ein Effekt, auf Kommunikation verzichten zu können. Auch Vergemeinschaftung ist ein Selektionsprinzip. Auch Analogien von unmittelbarer Lebenserfahrung und gesellschaftlichen Strukturen sollte man eher reserviert gegenüberstehen – aber man kann schon aus der Erfahrung engerer Gemeinschaften wie religiöser Gruppen, sektenähnlicher Formen, politischer Vereinigungen, stark integrierten Freundeskreisen und vor allem Familien heraus generalisieren, dass der Vergemeinschaftungseffekt auch die Folge selektiver Kommunikationsmöglichkeiten ist. Gemeinschaften werden vor allem dadurch gestiftet, dass bestimmte kommunikativen Inhalte, Ansprüche, Formen und Abweichungen gerade *nicht* vorkommen.

Genau diese Funktion haben die Massenmedien für unpersönliche Formen der Vergemeinschaftung seit der Mitte des 18. Jahrhunderts, vor allem aber seit dem 19. Jahrhundert erfüllt. Ich habe es oben schon erwähnt: Eine der Funktionen der Massenmedien besteht darin, so etwas wie einen gemeinsamen Kommunikationsraum *selektiv* zu erzeugen, durch Auswahl und Ausschluss von Themen – wobei Auswahl und Ausschluss mehr oder weniger das Ergebnis intentionaler Handlungen sein können. Nicht einmal die Gleichschaltung von Medien durch autoritäre Regime verhindert die Medienfunktion, sondern weist besonders auf die limitierenden Bedingungen des Medialen hin. In gesellschaftlichen Konfliktlagen fällt dann auf, dass auch in freiheitlichen, liberalen, rechtlich abgesicherten Medienkonstellationen Themen- und Sagbarkeitskonjunkturen entstehen.

Die unpersönliche Gemeinschaftlichkeit, sagen wir besser: ansprechbare Kollektivität etwa nationaler, aber auch milieuförmiger, politischer oder sonstig interessenverbundener Medienkommunikation muss vor allem Sagbarkeiten gewährleisten – wieder ein Selektionsprinzip. Ansprechbare Gemeinschaften müssen gewissermaßen eine Amplitude möglicher kommunikativer Ausschläge und Abweichungen praktisch definieren – und erweitern sich durch Ausprobieren und durch Testen von Anschlusschancen. Und insofern hatte die unidirektionale Form der Massenmedien klassischer Provenienz nicht nur einen technischen Grund, sondern auch eine soziale Bedeutung: Das Publikum hat dann letztlich nur die Optionen von *Exit, Voice* und *Loyalität*, um Albert O. Hirschmans berühmte Theorie der Reaktionsmöglichkeiten unzufriedener Kunden aufzurufen.[13] Die Exit-Option würde bedeuten: Man liest die Zeitung nicht mehr; die Voice-Option würde bedeuten, dass man sich beschwert und auf Besserung hofft; und Loyalität wäre trotz Unzufriedenheit möglich – oder eben der Wechsel des Anbieters, eine andere Zeitung, ein anderer Radiosender usw.

Im Hinblick auf das klassische Mediensystem ist es besonders die Voice-Option, die geradezu ausgeschlossen ist – es bleiben Exit und am Ende schon aufgrund des begrenzten Angebots Loyalität. Das Internet dagegen erhöht die zuvor schwächste Form, nämlich die Voice-

Option, geradezu epidemisch, weil aus Empfängern selbst Sender werden. Man muss gar keine dramatischen Formatveränderungen bemühen, um diesen Wandel zu verstehen. Schon die Kommentarspalten unter Zeitungsbeiträgen im Internet weisen auf die Bedeutung der *Voice*-Option hin – und sie weisen darauf hin, welche Bedeutung die Selektivität des Medialen hat.

Um es plakativ zu sagen: Frei flottierende Kommunikation im Netz kennt wenig Selektionsdruck, weil die Verheißung, dass jeder prinzipiell alles sagen kann, eben auch dazu führt, dass gemeinschaftsstabilisierende Formen der Selektion außer Kraft gesetzt werden. Wer sagen kann, was er will, wird das auch tun – und wenn das geschieht, nehmen Kommunikationsverläufe eher polemogene als gemeinschaftsstiftende Wege. Wer das für eine Krisendiagnose hält, hatte zuvor unrealistische, nachgerade naive Erwartungen.

Im Sinne von Zuboff könnte man hier anschließen und betonen, dass es erst der fehlende Selektionsdruck ist, der dafür sorgt, dass Daten mit hoher Varianz anfallen. Damit bestätigt sich ihre These, dass die Praktiken im Netz – das gilt nicht nur für soziale Medien – tatsächlich in ihrem operativen Sinn davon abgekoppelt sind, wofür sie technisch nutzbar sind. Selbstverständlich wird auch eine Tageszeitung nicht nur gedruckt, damit Bürgerinnen und Bürger informiert sind. Der Verlag will damit auch Geld verdienen und hat womöglich ein gesellschaftspolitisches Interesse daran, bestimmte Informationen, Haltungen oder Überzeugungen unters Volk zu bringen. Aber all das sind relativ transparente Zusammenhänge. Dass damit Geld verdient werden soll, kann man schon daran sehr transparent erkennen, dass die Zeitung Geld kostet, und wie die Inhalte beschaffen sind, kann man an den Inhalten sehen, und sind die Einflussnahmen auch noch so subtil gestreut.

Bei den Sozialen Medien verhält es sich völlig anders. Nicht nur der unmittelbar ökonomische Sinn bleibt relativ unsichtbar, sondern auch der Zweck, zu dem Daten, Verbindungen, Wiederholungen, Muster usw. gesammelt und rekombiniert werden. Deren Sinn ist selbst im Moment der Erhebung noch nicht ausgeschöpft und selbst den Anbietern noch nicht transparent, aber für den Nutzer bleibt völlig im Dunkeln, wie multicodiert all das ist, was er hier zur Aufrechterhaltung des Kommunikationsflusses beiträgt. Ich habe oben die Computertechnik eine unsichtbare Technik genannt, weil von außen viel weniger als bei einer mechanischen Maschine gesehen werden kann, was die Maschine tut und vor allem wie sie zu ihren Ergebnissen kommt. Die Technik hinter den sozialen Medien und hinter den anderen Spurentechniken ist noch unsichtbarer, noch dunkler, weil ihr Sinn sich kategorial von dem unterscheidet, was die spurenerzeugende Praxis sozial bedeutet.

Um es etwas zu veranschaulichen: Wenn bestimmte Schlüssel-wörter auftauchen und in unterschiedlichen Zusammenhängen andocken, kann eine intelligente Software nach Kombinationen suchen und im Sinne von *deep learning*-Strategien womöglich selbst auf Zusammenhänge kommen, die sich ein Marketingkonzept oder eine Strafverfolgungsbehörde, so sie denn Zugriff auf die Daten hätte, nicht ausdenken kann. Die Maschine erzeugt einen Sinnüber-schuss, der dunkler ist als das Geschehen der Maschine selbst, weil die Praktiken der Nutzer selbst eigentlich irrelevant sind. Wenn man es böse ausdrücken will, dann lassen solche Plattformen die Puppen tanzen, möglichst vielfältig, möglichst unterschiedlich, möglichst viel. Dieser Tanz ist das Spielmaterial, aus dem verwert-bare Daten entstehen.

Wenn ein verwegenes Beispiel erlaubt ist: Wenn Daten das neue Öl sind, dann sind die geradezu unverdächtigen Alltagsaktivitäten der Nutzer wie jene Pflanzen, Wälder, Tiere und Erden, die in frühe-ren Zeiten durch den Dauerzerfall ihrer Existenz die Grundlage für den dickflüssigen Brenn- und Schmierstoff bildeten. Heute sorgt der Dauerzerfall von Kommunikationsereignissen im Netz und an den Sensoren, die überall Ereignisse aufzeichnen, für das Reifen des Roh-stoffs.

Wenn man also darüber nachdenkt, ob das Internet ein Massen-medium ist, dann ist in diesem Kompositum zunächst der erste Teil relevant. Dass es soziale Netzwerke überhaupt gibt – und nicht nur schlicht im Netz verfügbare Textinhalte, wie sie von den Buch- und Zeitungsverlagen angeboten werden, zum Teil immer noch mit Ge-schäftsmodellen, die nur Derivate von Print-Medien sind –, liegt nicht daran, was die *user* damit tun können, sondern was die *provider* mit den Folgen anfangen können.

Genau dafür entsteht eine Medienform, die Vernetzung schon praktisch herstellt. Praktisch heißt: Die technische Infrastruktur gibt gewissermaßen den Blick vor, den jeder und jede im Netz fast automatisch einnimmt. Eine Nachricht von einer Person an eine andere oder ein Post an eine selbst definierbare Gruppe (nur «Freunde», eine durch den Algorithmus definierte «Öffentlichkeit», an «Follower» usw.) unterscheidet sich von einer E-Mail kategorial. Die E-Mail-Kommunikation ist eine Kommunikation zwischen Ego und Alter Ego, der Post in sozialen Netzwerken ist eine Kommunikation vor anderen und für andere: *tertii et tertiae dantur!*

Beim Zuschauen zuschauen

Medial werden einzelne Statements dadurch, dass hier Kommunikation zwischen einem Sender und einem Empfänger, der damit zum Sender wird, *von Dritten beobachtet werden kann.* Das ist auch das Prinzip der sogenannten *Sozialen Medien*, in denen zwei Prinzipien gelten: Es entstehen *erstens* soziale Gruppen im Netz, deren Mitglieder füreinander sichtbar sind (und deren Sichtbarkeit algorithmisch und interessengeleitet durch Provider gestaltet wird). Hier wird jeder zum möglichen Sender auch für solche, die nicht unmittelbar gemeint sind. Und *zweitens* entsteht eine neue Beobachterposition, nämlich das, was man in der Systemtheorie – auch inzwischen ein geflügeltes Wort – *Beobachter zweiter Ordnung* nennt, also Beobachter von Beobachtern. Es wird ein Publikum sozialisiert, das nicht mehr einfach Meldungen sieht oder geschulten Beobachtern beim Beobachten zusieht. Das Feuilleton in einer sogenannten Qualitätszeitung etwa zeichnet sich dadurch aus, dass es nicht einfach nur etwas meldet und wiedergibt, sondern dass die Leserin und der Leser mitsehen, dass man die Dinge so beobachtet und nicht anders.[14] In den Sozialen Medien aber nun wird das Beobachten des Beobachtens gewissermaßen auf Augenhöhe gebracht. Eine *Observer*-Option fällt mit der *Voice*-Option zusammen und erzeugt damit eine dynamische Form der Kommunikation, die kaum mehr kontrollierbar ist – und ebenso oft aus dem Ruder gerät (wie alle wissen, die ihre Kommentarspalten unmoderiert öffnen oder die Reizthemen auf Facebook konsultieren), wie es durchaus eine produktive Form annehmen kann, gewissermaßen exemplarisch und sichtbar für andere zu kommunizieren.

Vielleicht ist das der entscheidende Unterschied oder die entscheidende Erweiterung der klassischen Massenmedien. Es gibt tatsächlich eine geradezu unübersichtliche Fülle von Sendern, die niedrigschwellig Kommunikationsangebote machen können. Solche Sender müssen übrigens nicht unbedingt «Leute» sein, solche Leute können auch Algorithmen sein, die für manche Leute von großem Interesse sind – man denke an Märkte, an Wähler oder an sonstige unstrukturiert aussehende Empfängerkollektive. Aber auch diese simulieren zumindest als Person zurechenbare Kommunikanden, denen man tatsächlich beim Beobachten zusieht. Das Netz ist ein Medium, in dem Strukturen entstehen, die weniger durch eine professionalisierte Senderstruktur geprägt sind, sondern durch ein geradezu evolutionäres Geflecht möglicher Anschlüsse.

Auch diese Funktion der Digitalisierung trifft auf eine aufnahmebereite Gesellschaft. Die Geschäftsmodelle der sozialen Medien können nur deshalb auf die Spuren jener Praktiken im Netz zurückgreifen, weil sie auf eine Gesellschaft treffen, die eine doppelte Erfahrung macht: Kommunikation ist einerseits der Grundstoff einer Gesellschaft, deren Volatilität in der geradezu unbegrenzbaren Form der Variationsbildung, der evolutionären Kommunikationspfade und des Ausprobierens von Anschlusssphären von Kommunikation begründet liegt, aber auch darin: in der prinzipiellen Folgenlosigkeit von Kommunikation. Es wird oft beklagt, dass User der sozialen Medien geradezu fahrlässig darin sind, persönliche Informationen ins Netz zu stellen, und es wird beklagt, wie wenig vorsichtig wir im Alltag mit der Weitergabe von Spuren unseres Alltagsverhaltens sind – abgesehen davon, dass manche dieser Handlungen schlicht unvermeidlich sind, wenn man etwa an Zahlungsvorgänge denkt, daran, dass wir uns auf Bahnhöfen und Flughäfen herumtreiben usw.

Diese Sorglosigkeit hängt mit der technischen Funktion des Funktionierens zusammen, die dem Vorrang der Praxis vor der Reflexion in unserem Alltagsverhalten entgegenkommt. Wenn man es genau nimmt, ist Technik unserem alltäglichen Verhalten viel näher als reflexive und kognitiv anspruchsvolle, weil auf Abweichungsverstärkung setzende Praktiken. Vielleicht wird hier noch einmal deutlich, warum es eine so große Lücke gibt zwischen der veröffentlichten Kritik und den Gefahrenszenarien des Digitalen auf der einen und den konkreten Alltagspraktiken auf der anderen Seite.

Eine zweite Erklärung freilich geht in die Richtung, dass das Internet mit seinen Verbreitungsmöglichkeiten für kommunikative Angebote auf eine Gesellschaft trifft, die sich an *kommunikative Verflüssigung* ebenso gewöhnt hat wie an die ästhetische Selbstdarstellung. Die exponentielle Steigerung der Zahl von Sendern hat auch diese verändert. Eine junge Generation von *digital natives* ist vor allem geübt darin, sich in Schrift und Bild in einer für dieses Medium sichtbaren und angemessenen Form darzustellen und zu präsentieren. Dieser Art *impression management* ist durchaus eine bestimmte Form der Literalität – also der Fähigkeit, sich sowohl auszudrücken als auch zu lesen. Dass daraus auch merkwürdige Formen entstehen, ist der konkreten Analyse wert, aber nicht der Erwähnung, wenn es um das Verständnis der Medialität dieser Medien geht.

Das Besondere in dieser Situation entfesselter Kommunikation ist tatsächlich das antinomische Verhältnis zwischen entgrenzter Kommunikation und ihrer tentativen Bedeutungslosigkeit. Man muss sich *time-lines* in den sozialen Medien ansehen, um einen Eindruck davon zu bekommen, wie sich hier ein Dauerzerfall von Ereignissen ereignet, dem oft kaum eine Struktur anzusehen ist. Ich ziele hier nun nicht darauf ab, diese Praktiken näher zu untersuchen, sondern interessiere mich dafür, dass sich am Takt der *time-lines* die Gegenwartsorientierung dieser Ereignisreihen ansehen lässt. Wir haben es mit einer in Echtzeit vorbeiziehenden Form der niedrigschwelligen Anschlussfähigkeit zu tun. Und das gilt nicht nur für sinnloses Gedaddel, für sich selbstverstärkende Formen der Aggressionsverstärkung oder die sprichwörtlichen Selbstbestätigungsblasen, sondern auch für durchaus ernsthafte Diskussionen, die es etwa auf Facebook gibt – auch hier kann man als Beobachter von Kommunikation mitsehen, was für ein echtzeitliches Nacheinander Kommunikationsverläufe sind. Wenn man irgendwo Autopoiesis beobachten kann, dann dort.

In den sozialen Netzwerken wird Dauerzerfall sichtbar. Die Dinge tauchen auf, und sie verschwinden wieder. Sie sind den urimpressionalen Gegenwarten ähnlich, wie ich sie im zweiten Kapitel an Edmund Husserls Melodiebeispiel gezeigt habe, die protentionale und retentionale Formen entwickeln, aber in je neuen Gegenwarten sich verlieren und geradezu haltlos werden. Was man zu sehen bekommt, heißt nicht zufällig *time-line*.

Komplexität und Überhitzung

Eine weitere gesellschaftliche Voraussetzung für den Erfolg der Medialität des Internets dürfte die Grunderfahrung der Komplexität der Welt sein. Wenn man unter Komplexität versteht, dass sich nichts mehr ohne den Gedanken verstehen lässt, dass es aus unterschiedlichen Perspektiven auch unterschiedlich aussieht, dann ist das Internet eine Komplexitätserzeugungs- und Komplexitätsbewältigungsmaschine in einem. Sie erzeugt ungeahnt viel Komplexität, weil man auf Unterschiedlichstes zugreifen kann, weil Recherchen zwar schneller, aber auch länger werden, weil sich noch mehr Nuancen abrufen lassen. Sie bewältigt aber auch Komplexität, weil man hier in der Lage sein kann, ebenso schnell wie niedrigschwellig auf Formen zu stoßen, die mit der Komplexität auf einem Niveau umgehen, das man aufgrund der Selektivitäten der klassischen Massenmedien dort kaum erreichen kann. Im Übrigen versetzt das die klassischen Massenmedien mit ihrer geballten Kompetenz in die Lage, über die neuen Medienformate exakt solche eher kleinen Gruppen mitzubedienen und hier ein Spieler unter anderen zu werden. Man denke etwa an den Erfolg sogenannter *longreads*, die man vielleicht eher im Netz distribuieren und diskutieren kann als auf Papier oder im Radio. In diesem Sinne gehen den klassischen Medien auch neue Schichten von Usern ins Netz.

Beim Zuschauen zuzuschauen – das ist vielleicht die entscheidende Kompetenz für eine Gesellschaft, deren Komplexität sich dadurch auszeichnet, dass sie explizit mit Perspektivendifferenz umgehen muss.[15] Das Internet ist dort Massenmedium, wo es neue Formen der Verarbeitung von Perspektivendifferenz ermöglicht. Der Anpassungsprozess, welche Formate dafür etwa die erfolgreichsten sind, welche Geschäfts-/Einkommensmodelle für Publizisten sich daraus ergeben und wie die Distributionswege zu gestalten sind, auch ob und wie sich (ökonomische und inhaltliche) Formen der Zentralisierung und Dezentralisierung zueinander verhalten, läuft gerade.

Zusammenfassend kann man also durchaus behaupten, dass das Internet ein Massenmedium ist. Die Funktion, nämlich Synchronisation zu ermöglichen, ist von der Funktionsbestimmung her dieselbe wie bei anderen Massenmedien. Die Form der Leistung aber verändert sich. Man kann es geradezu gegenläufig so formulieren:

Während die klassischen Massenmedien wie die Zeitung, der Rundfunk und das Fernsehen parallel zur Etablierung von Nationalstaaten als Referenzräumen für Öffentlichkeit und Entscheidungen noch dafür sorgen mussten, so etwas wie eine vergleichsweise einheitliche Sicht auf die Dinge zu vermitteln, ist das Bezugsproblem des Massenmedialen im Internet eher die Frage, wie sich Perspektivendifferenz abbilden, organisieren und medial darstellen lässt. Ungeklärt ist dabei die Frage, was die Komponente des Massenhaften in der Formel des Massenmediums bedeutet. Es zeichnet sich ab, dass das Mediengeschehen sich nicht von der einen zur anderen Form verändert, sondern die im massenmedial gebrauchten Internet sich abzeichnenden Formen die klassische Medialität geradezu voraussetzen, damit die Perspektivendifferenz in einer medial vermittelten Illusion einer gemeinsamen Welt erfolgen kann.

Man kann an dieser Stelle in zwei Richtungen weiterdenken. Die eine würde das Netz als Komplexitätsverarbeitungsmedium ansehen, als Rekombinationsmedium, als ein Medium, in dem zusammenkommt, was sonst nicht zusammenkommt, als produktives Labor des

Zusammenstellens von Formen, die sich sonst nicht träfen. Man kann nicht nur suchen, sondern auch finden, man kann Algorithmen verwenden, um in Suchmaschinen, in Expertensystemen oder sonstigen Angeboten der Komplexität der Gesellschaft wenigstens einigermaßen hinterherzukommen. In diesem Sinne ist das Netz nicht Massenmedium, indem es Massen im Sinne einer Einheit erreicht, sondern es ist Massenmedium, weil es Massen von Informationen in geradezu individuellen Suchbewegungen anpassungsfähig macht für die jeweiligen Perspektiven, unter denen gesucht wird. Das Netz ist eine Brutstätte, die selbst Formen gebiert. Man kann finden, was man nicht gesucht hat, man kann beim Finden die Suchstrategien korrigieren. Für eine komplexe Gesellschaft ist dies das geradezu passende Problemlösungstool für Informationsverarbeitung. Das Massenmedium Internet ist ein Medium der Mustererkennung und der Rekombination von Elementen. Während der Suche entsteht erst, was man suchte. Das Netz ist gewissermaßen ein Medium der Selbstbeobachtung der Gesellschaft – es ist jenes Verdoppelungsmedium, das ich ausführlich dargestellt habe. Das Internet ist eine unerschöpfliche Quelle von Daten, in denen gesellschaftliche Praxis dokumentiert und angeleitet wird. Es ist ein komplexes Beobachtungsinstrument – und wahrscheinlich die einzige Möglichkeit, sich noch ein realistisches Bild von komplexen Prozessen zu machen, je nach konkreter Fragestellung. Herausforderungen wie der Klimawandel oder soziale Ungleichheit, die Effekte von wirtschaftlichen, gesundheitsrelevanten, politischen und wissenschaftlichen Prozessen lassen sich im Netz nachverfolgen – hier erfährt die Gesellschaft mehr über sich, als sie es je zuvor konnte. Und hier erfährt sie zugleich weniger als je zuvor, weil die Rekombinationsmöglichkeiten und damit Variationsmöglichkeiten exponentiell steigen.

Die andere Richtung, in die weitergedacht werden muss, ist weniger temperiert als die erste. Es ist eher die Richtung einer radikalen Erhitzung. Wie dieses Medium die Gesellschaft mit Repräsentationen ihrer selbst versorgt, versorgt sie sich auch mit einer unzähmbaren Daueraufmerksamkeit. Massenmedien waren stets nervöse Medien. Der Buchdruck und die Zeitung haben für Nervosität gesorgt, Bildmedien und elektronische Echtzeitmedien erst recht – das Netz steigert das noch. Nervosität heißt: Mehr Reize als verarbeitet und abgelegt werden können. Nichts ist vor Kommentaren, Nein-Stellungnahmen und Ähnlichem sicher. Am frappierendsten ist vielleicht die Wiederholung. Millionenfach können Informationspartikel bestätigt, weitergegeben, wiederholt, exponentiell verstärkt werden. Keine Information geht verloren, obwohl es zum Dauerzerfall von Ereignissen kommt.

Claude Levi-Strauss hat 1962 die Unterscheidung kalter und heißer Gesellschaften eingeführt.[16] Kalte und heiße Gesellschaften unterschieden sich im Hinblick auf ihre Einstellung zum sozialen Wandel: Kalte Gesellschaften verwenden ihre Energie darauf, den Status quo zu erhalten; heiße Gesellschaften streben dagegen nach dem Neuen, sind wachstumsorientiert, geben sich mit dem Status quo nicht zufrieden. Damals, in den 1960er Jahren, unternahm man mit solchen Unterscheidungen auch den Versuch, die allzu eurozentrische, abwertend konnotierte Unterscheidung von «primitiven» und «zivilisierten» Kulturen zu vermeiden – und sie dann sachlich doch zu verwenden. Der industriegesellschaftliche Westen war gewissermaßen der Idealtypus heißer Gesellschaften, anpassungs- und veränderungsbereit, flexibel, heterogen, innovativ, vor allem an kognitiven Lernstilen orientiert. Wenn sich die Verhältnisse ändern, sind heiße Gesellschaften bereit, auch ihr Verhalten zu ändern. Sie haben das, was man in der Sozialpsychologie einen kognitiven Erwartungsstil nennt, und sind lernbereit. Demgegenüber pflegen kalte Gesellschaften einen normativen Erwartungsstil und halten sich an bewährte Kategorien.

Der Buchdruck und die Massenmedien sind klassische Treiber heißer Gesellschaften – sie zwingen dazu, sich mit Neuem auseinanderzusetzen, zu lernen, Abweichungen zu tolerieren. Sie machen Wandel sichtbar und goutieren ihn, weil man nur das Neue in die Zeitung schreiben kann. Eine kalte Gesellschaft braucht keine Zeitung. Mit dem Internet freilich wird die Hitze potenziert. Was das Netz ermöglicht, sind *überhitzte* Gesellschaften. Heiße Gesellschaften lernen systematisch; überhitzte Gesellschaften lernen nicht, sondern kollabieren an ihrer eigenen Dynamik. Wenn es weder ums bloße «kalte» Bewahren geht noch ums «heiße» Gestalten und um Strategien, sondern wenn es bei jeder Detailfrage ums Ganze geht, dann haben wir es mit überhitzten Gesellschaften zu tun.[17] Wenn es bei jeder Frage ums Ganze geht, zählt nur noch die totale Gegenwartsorientierung, pulsieren Ereignisse so stark, dass sie kaum mehr Informationswert haben können.

Die Risiken dieser Erhitzung für demokratische Deliberationsprozesse, für die Entfachung von Kommunikationsinhalten, für politischen, wissenschaftlichen und kulturellen Populismus, für die Stimmungsabhängigkeit von Debatten werden breit diskutiert. Vielleicht ist der Kurznachrichtendienst Twitter ein besonders eindringliches Beispiel, wie die Medialität und Materialität der Praktiken Überhitzung geradezu triggert. Einer Studie am MIT ist zu entnehmen, dass sich auf Twitter falsche Informationen schneller ausbreiten als in jedem anderen Medium und falsche auch erheblich schneller als richtige.[18] Es ist sicher auch die Begrenztheit der Informationen auf 280 Zeichen, die die Überhitzung und die Konzentration auf geradezu exklusive Zirkel befördert. Wer je gesehen hat, wie sich eine Selbstbestätigungsmaschinerie auf Twitter in kurzer Zeit hochfährt und wie sich die Form der wechselseitigen Bestätigung zu einer beinahe ungeschützten Form einer Art Privatsprache vor Publikum hochschaukelt, kann Überhitzung geradezu am offenen Herzen beobachten. Nicht umsonst ist gerade Twitter ein Ort, an dem sich partikulare Gruppen etablieren können, die aufgrund der Beobachtbarkeit durch Dritte so aussehen, als wären sie eine veritable Öffentlichkeit, die aber letztlich nur eine Selbstbestätigungsform ist. Dass diese kulturelle Form entstanden ist, ist nicht das Ergebnis einer irgendwie gearteten Medienstrategie, sondern das Ergebnis einerseits der gerade durch die Medialität und Materialität von Twitter ermöglichten Kommunikationsform, andererseits der Indifferenz des Anbieters für das, was mit seiner Plattform geschieht – wenn nur Daten anfallen.

Ich habe schon in der Einleitung darauf hingewiesen, dass sich die sozialwissenschaftliche Intelligenz fast nur für diese Praktiken interessiert, also letztlich für die Selbsterfahrung eines Milieus, dessen Kontakt zur Digitalisierung weniger durch die Gefahr des drohenden Arbeitsplatzverlustes oder neuer logistischer Formen geprägt ist als durch den Blick aufs eigene Smartphone. Was man mit dieser Perspektive nicht sehen kann, ist die merkwürdige Voraussetzung solcher Praktiken: dass diese gewissermaßen aus sich selbst heraus entstehen und nichts mit den technischen Anbietern zu tun haben, die alles tun würden, um eine Datenerhebungsmaschine am Laufen zu halten.

Dass sich der politische Ton verschärft und die Nervosität öffentlicher Kommunikation zunimmt, kann allerdings direkt dem Netz zugerechnet werden. Hatten die klassischen Schriftmedien schon durch ihre professionalisierte Form und nicht zuletzt durch ihre Materialität eingebaute Gate-Keeper, fällt diese Funktion nun fast vollständig weg. Das Netz oszilliert zwischen Komplexitätsverarbeitungskapazitäten und Überhitzungsrisiken. Wie die Server müssen auch die Outcomes sich Gedanken um angemessene Kühlung machen.

Das Netz als Archiv aller möglichen Sätze

Zum Schluss sei noch auf ein besonderes Charakteristikum des Internets hingewiesen, das meine obige Behauptung der radikalen Gegenwartsorientierung der Sozialen Medien geradezu konterkariert – eine Gegenwartsorientierung übrigens, die auch den klassischen Medien eignet. Die Zeitung wird weggeschmissen oder startet eine Zweitkarriere als Fischeinwickelpapier oder Unterlage für Wohnungsrenovierungen.

Im Internet aber bleibt alles stehen – übrigens inzwischen auch in den Archiven derer, die hauptberuflich Zeitungspapier bedrucken. Das Netz wird zu einem exponentiell wachsenden Archiv aller möglichen Sätze über alle möglichen Sachverhalte. Die Selektivität der klassischen Medien muss immer wieder neu hergestellt werden. Da (potentiell) alles archiviert wird, findet man auch alles – auch Widersprüchliches. Wer jemals in einer Suchmaschine den Zusammenhang zwischen zwei *items* recherchiert hat, wird sehen, dass es auf diese Frage ganz unterschiedliche Antworten gibt. Und selbst wenn es keinen Zusammenhang gibt, wird man jemanden finden, der diesen Zusammenhang hergestellt und irgendwo archivfähig aufgeschrieben hat. Bei denen, die aus welchen Gründen auch immer lieber deutsche als englische Begriffe für alles verwenden wollen, heißt das Internet *Weltnetz*. Wenn man unter der Welt die Gesamtheit des Seienden versteht, dann ist das kein schlechter Begriff, weil das Internet eben auf die Speicher zugreifen kann und man damit auf die Gesamtheit des (in Dateien stehenden) Seienden zugreifen kann. Das Medium selbst kennt keine Selektivität – aber das galt auch schon für frühere Medien. Die Schrift ist kein Selektionsprinzip, sie ist ein Medium, mit dem man Selektionsprinzipien umsetzen kann, indem man dies und nicht jenes aufschreibt. Das Internet freilich ist, man erwartet es eigentlich nicht, viel stofflicher als die Potentialität der Schrift.

In den Speichern der Welt sind die Dinge aufgehoben, die man per Internet aufheben kann (das war hegelianisch). Insofern stellt sich auch dem Internet, wenn man es in seiner massenmedialen Form beobachtet, ein Selektionsproblem. Die selegierenden Akteure freilich sind andere geworden – es sind nicht mehr nur die Redaktionen und nicht mehr nur die Formen der Sagbarkeit einer öffentlichen Sphäre, sondern immer mehr Leute, von denen einige nicht als biologische Individuen agieren, sondern als Algorithmen. Wenn sich gerade etwas neu ordnet, dann die Frage nach der Selektivität des Sagbaren, Hörbaren und Lesbaren.

Ich habe oben ausführlich ein Theorem der *Verdoppelung der Welt* entwickelt, das für Medien, für Systeme und speziell Funktionssysteme, aber auch für Daten gilt. Soziale Medien und Netzwerke sind deshalb so attraktiv für die Provider, weil sich in dieser Verdoppelung in Datenform jenes Material zeigt, mit dem sich ein verwertbarer Sinnüberschuss produzieren lässt. Das gilt, auch darauf habe ich hingewiesen, nicht nur für Soziale Medien, sondern für fast alle Praktiken, die irgendwie technikgestützt oder -überwacht sind. Und hierin besteht das Material für jene intelligenten Anwendungen, die selbst eine Struktur in den Daten finden und suchen und nicht mehr nur Fragen beantworten und Muster finden, sondern neue Fragen stellen und Muster provozieren können.

Es war ein langer Weg von dem Aufweis der *dritten Entdeckung der Gesellschaft* bis an diese Stelle. Die Digitalisierung der Gesellschaft hat dort begonnen, wo man Regelmäßigkeiten und Muster gesellschaftlicher Prozesse nur noch mit digitalen Mitteln verstehen kann. Jetzt zeigt sich, dass mit der Weiterentwicklung der Digitalisierung digitale Techniken nicht mehr nur *erleben* und Strukturen entbergen, sondern aktiv *handeln*, indem sie *selbst* jene metadatenförmigen Kriterien erzeugen, mit Hilfe derer sich nun Muster handelnd erzeugen lassen – auf Märkten, in Verkehrswegen, in Energieversorgungsprozessen und vielen anderen Feldern mehr. Die *kulturelle* Bedeutung der Datenpraktiken, auch der datenförmigen Selbstpraktiken (Self-Tracking, Selbstbeobachtungen, Quantifizierungen der Alltagspraxis), für die sich die meisten sozialwissenschaftlichen Analysen des Digitalen interessieren, sind nur der sichtbare Teil einer unsichtbaren Technik, deren kulturelle Folgen man fast als unbeabsichtigte Nebenfolgen betrachten kann. Der Sinnüberschuss braucht den Primärsinn gar nicht, er braucht nur den Anlass, möglichst viele Daten zu hinterlassen. Das macht diese Praktiken freilich nicht weniger bedeutsam.

Intelligenz im Modus des Futur 2.0

Indem das Internet das Archiv aller möglichen Sätze ist, ist es auch die Quelle einer besonderen Intelligenz. Das Archiv aller möglichen Sätze ist niedrigschwelliger erzeugt als das Buch, das zumindest auf der Produktionsseite eine elitäre Kulturtechnik verlangt, während soziale Medien massentauglich und wenig voraussetzungsreich in der Anwendung sind. Das ist ein großer Vorteil, weil nicht nur gepflegte Semantiken gespeichert werden, sondern (auch) jeder mögliche Bullshit. Das ist eine großartige Intelligenzquelle, die eine Parallele zur Forschung über die Analyse von technischen Unfällen aufweist. Charles Perrow hat in den 1980er Jahren gezeigt, dass verunfallte komplexe technische Systeme kausal gut rekonstruiert werden können.

Man kann also die Kausalkette des Unfallhergangs aus den übrig ge-
bliebenen Komponenten etwa eines Flugzeugcrashs rekonstruieren.
Man kann aber nicht aus den zuvor schon bekannten Komponenten
die Unfälle vorhersagen.[19] Kausalität ist also ein Schema, das nur im
Nachhinein funktioniert, nicht im Voraus.

So etwas Ähnliches ermöglicht das Archiv aller möglichen Sätze.
Im Modus des Futur II wird das Internet uns zeigen, dass die Mensch-
heit eindeutig klüger, vorausschauender und weiser geworden ist.
Denn für alles, was in der Zukunft geschieht, wird sich in den Archiven eine ziemlich präzise Prognose finden lassen. Dass das vor allem
daran liegt, dass es so viele Prognosen gibt, dass die richtige stets
dabei ist, ist eine Sache, dass diese Prognosen nun alle *post factum*
zugänglich sein werden, wird uns eine Verheißung erfüllen – im
Futur II eben: *Wir werden es gewusst haben!* Es ist sogar noch besser:
Man weiß es schon jetzt, man weiß nur nicht: *wer?* Wenigstens die
Linearität der vergehenden Zeit kann auch das Internet nicht aufheben. Also für alles, was in einer Gegenwart geschieht, wird man in
den Archiven die korrekte Prognose finden. Zwar könnte alles auch
anders geschehen, aber dass es schon einmal prognostiziert wurde,
ist durchaus wahrscheinlich. Man kann dann ganz perrowesk die
Kausalkette der Weltereignisse kennen – im Nachhinein.

Der große Traum der datengestützten Intelligenz freilich dürfte
darin bestehen, dass die hohen Rechenkapazitäten in der Lage sein
werden, Prognosen nicht nur aus der Vergangenheit in die Gegenwart zu projizieren, sondern sogar von der Gegenwart in die Zukunft.
Aber selbst wenn das gelingen sollte, setzt es den Mechanismus der
Zeit nicht außer Kraft. Man wird erst später wissen, ob die Prognose
wirklich gestimmt haben wird. Das ist dann so eine Art Futur 2.0.

Gefährdete Privatheit

Wenn es stimmt, dass soziale Medien nur ein Anlass für das Detektieren, Speichern, Rekombinieren und Auswerten von individuell erzeugten Daten sind, und wenn es weiterhin stimmt, dass sich aufgrund der Registrierung der meisten Alltagspraktiken in unterschiedlichsten Datensätzen tatsächlich ein weltweites Netz von Daten herausbildet, dann hat das erhebliche Konsequenzen für die Frage nach dem Schutz der individuellen Daten. Man kann mit Fug und Recht sagen, dass die Bundesrepublik zu den sensibelsten Ländern gehört, was das Recht auf informationelle Selbstbestimmung angeht. Das weltweit erste Datenschutzgesetz ist tatsächlich 1970 in Hessen erlassen worden. Der Impetus rechtlichen Datenschutzes stammt aus der klassischen Diskussion um die Schutzrechte des Individuums dem Staat gegenüber. Datenschutz soll staatliche Instanzen daran hindern, personenbezogene Daten zu unangemessenen Zwecken zu verwenden. Es ist gewissermaßen ein Derivat des Grundsatzes der Unverletzlichkeit der Wohnung, der Meinungsfreiheit und des Rechts auf Privatsphäre.[1]

Unter Bedingungen der Digitalisierung stellt sich die Frage des Datenschutzes neu und anders, denn es sind nun nicht mehr nur staatliche Akteure, die von personenbezogenen Daten profitieren, sondern Akteure ganz unterschiedlichen Typs. Schon der Anwender eines handelsüblichen Textverarbeitungsprogramms, das seine Dateien in einer Cloud verwaltet, lagert personenbezogene Daten/Dateien aus und darf diese nicht verwenden. Mobilfunkanbieter verfügen über fast flächendeckende Informationen über den Sprach- und Datenverkehr, und jedes handelsübliche Smartphone mit GPS-Technik ist technisch gesehen etwas Ähnliches wie eine elektronische Fußfessel und Detektor für Bewegungsprofile – und mit entsprechenden Zusatzgeräten womöglich sogar für die Herzfrequenz und das Blutzuckerprofil seines Anwenders, von Zahlungsverkehr, Detektieren von maschinenlesbaren Autonummern oder Gesichtserkennung auf öffentlichen Plätzen ganz zu schweigen. Selbstverständlich bedeutet das keineswegs, dass diese anfallenden Daten für jedermann zu jedem Zweck verfügbar sind. Das ist in der Tat rechtlich beschränkt und Gegenstand politischer Debatten, wobei die Varianz in der Frage der Zugriffsmöglichkeiten international enorm variiert. Üblicherweise wird an dieser Stelle der Diskussion etwa auf das chinesische Punktemodell hingewiesen, das geradezu eine Totalkontrolle der Privatperson durch staatliche Tugendwächter erlaubt.[2] Es ist freilich kein Zufall, dass dies in einem eher autoritären Politikmodell wie dem chinesischen eher erwartbar ist als in liberalen Demokratien. Aber prinzipiell sind die Möglichkeiten gegeben.

Die Unwahrscheinlichkeit informationeller Selbstbestimmung

Hier soll nun nicht die rechtliche und die politische Frage des Datenschutzes diskutiert werden – die Literatur dazu ist Legion. Hingewiesen sei auf etwas anderes: auf den Zielkonflikt zwischen *privacy policies* und der Abhängigkeit vieler Geschäftsmodelle von der Verfügung über entsprechende Datensätze, die sich eben nicht nur für den statistischen *homme moyen* interessieren, sondern für den ansprechbaren Fall, dessen Ansprache sich aus der Mustererkennung aggregierter Daten vieler Fälle ergibt.

Der Zielkonflikt besteht auch darin, dass manche Technik nur funktioniert, wenn personenbezogene Daten zur Verfügung stehen – selbst wenn das konkrete Individuum etwa als potentieller Kunde, als Nutzer sozialer Netzwerke oder als Wählerin oder Wähler gar nicht *in persona* ermittelt wird, sondern als Element eines Clusters. Das Individuum ist dann zumeist gar nicht Mitglied einer sozialen Gruppe, sondern nur einer statistischen Gruppe – darin aber im Zweifels- (und im

Wissens-)Fall individuell ansprechbar und identifizierbar. Damit lässt sich vieles machen, auch Illegales und im Hinblick auf Kontrollmöglichkeiten Bedenkliches. Die schöne Formel von Dirk Baecker, die Buchwelt der Lesepublika habe an einem Kritiküberschuss laboriert, während die digitale Welt an einem Kontrollüberschuss laboriere, findet hier einen beredten Ausdruck.[3] Es ergeben sich hier Möglichkeiten, was den Blick auf Selektivitäten verändert. Wenn man sich daran erinnert, welche Proteste Volkszählungen in Deutschland in den 1980er Jahren noch ausgelöst haben, wird daran die Veränderung der Ausgangslage deutlich. Das eigene Smartphone anzuschalten, erzeugt mehr personenbezogene Daten, als es die Volkszählung vermochte. Man stelle sich vor, die Zähler hätten damals solche Dinge abgefragt, die nun gewissermaßen von selbst anfallen.

Ich diskutiere das hier nicht weiter, nicht weil es nicht legitime und notwendige Fragestellungen wären, sondern weil es nicht mein Thema ist. Was mich eher interessiert, ist der epistemologische und der soziologische Aspekt der Frage nach *privacy*. Zunächst lohnt es sich, dem Begriff der *informationellen Selbstbestimmung* einige Aufmerksamkeit zu widmen. Der Begriff enthält eine *contradictio in adiecto*, denn eine Selbstbestimmung gerade im Hinblick auf Informationen kann es schon aus kategorialen Gründen nicht geben. Information ist ein Beobachtungskorrelat. Ob etwas als Information taugt oder registriert wird, liegt im Auge des Rezipienten, nicht in dem Beobachteten. Wenn man es so formulieren will: *Informationen über die Umwelt werden im System gebildet.* Oder so: *Das Beobachtete wird durch den Beobachter erzeugt.* Ich verweise auf meine Ausführungen über die *Verdoppelung der Welt*. Informationelle Selbstbestimmung ist also eine Zielgröße, die gerade unter Bedingungen komplexer Beobachtungsverhältnisse nachgerade unmöglich ist.

Epistemologisch ist *privacy* also letztlich ausgeschlossen – diskutieren könnte man eher so etwas wie eine Kontrolle über die eigenen Daten. Aber auch hier stellen sich kategoriale Fragen, denn Daten fallen in einem modernen vernetzten Alltag ohnehin an. Die Frage ist dann wiederum, für wen diese welchen Unterschied machen, vulgo: worüber sie informieren. Denkt man an die breit diskutierte

Datenschutzgrundverordnung (DSGVO), die 2018 europäisches Recht in der Bundesrepublik umgesetzt hat, so changiert sowohl die Diskussion dazu als auch die operative Frage selbst zwischen einer tatsächlichen Kontrolle der Daten und der rechtlichen Figur der Zustimmung. Die DSGVO sowie das gesamte Datenschutzrecht versuchen sich tatsächlich an einer rechtlichen Regulierung von Datenflüssen, können aber genau besehen eben nur das, was das Recht vermag: *normative Erwartungssicherheit* herstellen. Etwa Dienste von Anbietern als Kunde in Anspruch zu nehmen, wird nun durch eine mehr oder weniger generelle Zustimmung mit einer kurzen Handlungshemmung versehen, wobei die Zustimmung selbst dann umso deutlicher dafür sorgt, dass Daten legale Mittel der Beförderung von Wertschöpfungsketten nicht nur geldwerter Natur sind. Handlungshemmungen, so formulierte es der amerikanische Soziologe George Herbert Mead in seiner Handlungstheorie schon vor einhundert Jahren, sind diejenigen Stellen im Handlungsprozess, an denen sich eine konkrete Praxis nicht einfach entfaltet, sondern gehemmt wird. Eine Handlungshemmung tritt nur dort auf, wo es zu Anpassungs-, Entscheidungs- oder Justierungsfragen kommt. Der größte Teil unseres Alltagshandelns kommt ohne Handlungshemmungen aus – es geschieht sehr routiniert, was geschieht. In der Soziologie nennt sich solches Handeln *Praxis*.[4] Erst wo die Praxis unterbrochen wird, kommt es zur expliziten Beteiligung des Bewusstseins, besser müsste man sagen: der Bewusstheit. Dann wird es nötig, dass man sich Handlungsfolgen vorstellt, dass man explizit einschätzt, wie Alter Ego reagiert, oder dass man räsonieren muss, was zu tun sei. Bewusstsein ist, so Meads wunderbare Formulierung, nicht die Voraussetzung, sondern die Folge des Handelns.[5]

Ich referiere dieses theoretische Modell deshalb, weil es noch einmal deutlich machen kann, dass man die Frage der Regulierbarkeit etwa von *privacy*-Aspekten des Datenverkehrs nur verstehen kann, wenn man den *technischen* Aspekt der Datenwelt im Blick hat. Versuche der Herstellung rechtlicher Erwartungssicherheit wie etwa die DSGVO von 2018 unterbrechen die Praxis der technischen Nutzer nur kurz. Sie erzeugen so etwas wie *lucida intervalla* im Bewusstseins- und

Praxisstrom von Anwendern informationsrelevanter Technik. Ein *lucidum intervallum* nennt man bei bestimmten psychiatrischen Krankheitsbildern kurze Phasen der Bewusstheit, bevor der Patient wieder in den abgeschatteten Zustand seiner Morbidität zurückkehrt. Ich will nun nicht die Nutzer von Datentechnik pathologisieren – das würde zu weit führen. Aber tatsächlich ähnelt die Beteiligung von Bewusstsein/Bewusstheit im Alltag solchen unterschiedlichen habitualisierten Phasen, unterbrochen durch Handlungshemmungen. Man kann diese Handlungshemmungen auch bewusstes Nachdenken (oder im Bereich der Kommunikation: die Thematisierung von Dingen, die üblicherweise *anathema* bleiben) nennen – und genau das macht zum Beispiel die Zustimmungslösung im Bereich des Datenverkehrs.

Das ist rechtlich sinnvoll, politisch wahrscheinlich unvermeidlich und verhindert sicher manche unangemessene Verwendung von Daten. Aber genau genommen sind solche kurzen Handlungshemmungen vergeblich, denn sie müssen sich gerade gegen die besondere Potenz von Technik durchsetzen: *dass sie funktioniert und darin dissensresistent ist und keine Fragen stellt.* Das Funktionieren ist der Feind der Reflexion – deshalb ist ein Alltag mit Techniken möglich, die man selbst nicht durchblickt, nicht versteht, nicht einmal benennen kann, aber die anzuwenden man in der Lage ist. Man kann daran übrigens sehen, dass es womöglich eine grobe Verkürzung von Kommunikationsprozessen ist, wenn man sie ans Verstehen, an Verständigung und an Konsens bindet. Das ist sicher auch das Ergebnis einer Festlegung akademisch-sozialwissenschaftlicher Vorstellungen, die üblicherweise auf solche Kommunikationsziele festgelegt sind, statt schlicht auf die Bedingungen kommunikativer Anschlüsse zu achten. Bei der Beteiligung von Technik – das gilt für Digitaltechnik, aber auch für habitualisierte Formen technisierter Kommunikation – ist gerade die Ausschaltung von Verstehens-, Verständigungs- und Konsensrisiken durch vereinfachte Anschlüsse zentral. Dazu gehört übrigens auch die codierte Kommunikation der Funktionssysteme, wie ich im vierten Kapitel gezeigt habe.

In der digitalen Gesellschaft zu behaupten, das rationale Zeitalter der Moderne (Auguste Comte) sei transparenter und weniger geheimnisvoll als frühere Zeiten, hält einer genaueren Betrachtung nicht Stand. Nur ist der Bereich des Unbekannten, des Geheimnisvollen, des Dunklen und Unsichtbaren nun nicht mehr Göttern, Dämonen, dem Schicksal oder anderen dunklen Mächten zurechenbar, sondern einer auf Reflexion verzichtenden Technik. Einer technisierten Wiederverzauberung der Welt fehlt der Zauber, den man entzaubern könnte. Es bleibt der Versuch der Kontrolle, der aber gerade deshalb an Grenzen stößt, weil Informationstechnik eine Technik ist, die die Nutzbarkeit der eigenen (sic!) Daten auf andere Beobachter auslagern muss. Wie die Buchwelt Kritik nie recht in den Griff bekommt, sie geradezu fetischisiert, die Nein-Stellungnahme von einem Risiko zu einer Würde aufgewertet hat, muss sich die Digitalwelt mit Kontrollfragen herumplagen, wohl wissend, dass sich die Beobachtungsverhältnisse verändert haben. Jedenfalls ist das klassische Schema von Subjekt und Objekt – also der Kontrolle des Objektiven durch den subjektiven Blick durch Teilhabe des Subjektiven am Objektiven – einer Form gewichen, in der das Subjekt immer stärker das Objekt von Kontrolle wird, die in digitaler Form als Selbstkontrolle firmiert.

Diesen Ausschnitt haben die meisten Diagnosen eines Überwachungskapitalismus, einer Kolonialisierung der Welt durch Zahlen oder des Zwangs zur Selbstoptimierung im Blick, für die sich die sozialwissenschaftliche Literatur vor allem interessiert. Dies reiht sich ein in einen generationstypischen Topos soziologischer Diagnosen, die die Subjektivierung des Individuums durch gesellschaftliche «Anrufung»[6] thematisieren – mit geradezu aufgerissenen Augen geben sie sich überrascht, dass die Individualität des Individuums eine Folge sozialer Praxis ist.[7] Ich kann nicht verhehlen, den Großteil solcher Diagnosen für hoffnungslos naiv zu halten, denn sie operieren mit einer merkwürdigen normativen Unterstellung eines Selbst, das in Ruhe gelassen werden sollte, als wäre nicht die Arbeit am Selbst die Grundlage einer Gesellschaft, die Menschen nicht vollständig durch alternativlose Gruppenzugehörigkeit konditionieren kann und will. Dass digitale Techniken hier neue mediale Formen für die Operationalisierung von Selbstkontrolle anbieten, nämlich metrische Vergleichsgesichtspunkte, ist eben nur eine digitalisierbare Form eines längst bekannten Musters, als hätte es den quantifizierten Vergleich in Form von Schulnoten oder die Quantifizierung von Ergebnissen im Sport oder Bildungszertifikate oder gar den Vergleich von Einkommensunterschieden nie gegeben und als wäre die gesamte, auf Bildung setzende Persönlichkeitssemantik seit der bürgerlichen Gesellschaft kein Selbstoptimierungsprogramm und kein Distinktions-, i. e. Vergleichsmittel. Eine Form *informationeller Selbstbestimmung* war es jedenfalls nicht.

Ich habe diese Diagnosen schon ganz am Beginn dieses Buches mit dem Milieu ihrer Autorinnen und Autoren zu erklären versucht: Bildungsdistinktion gilt in diesem Milieu als der blinde Fleck. Bildung wird schon immer vorausgesetzt, weswegen die Selbstoptimierungspraktiken des Bildungsprogramms gar nicht als solche wahrgenommen werden, sondern vielleicht eher als das Allgemeinmenschliche schlechthin, was dieses Milieu ja gerne den *alten weißen Eliten* zuweist, die in der Tat ihre Partikularität als universales Modell hypostasierten.

Das scheint sich hier zu wiederholen – und wie der klassische Bürger über die unteren Schichten gespottet hat und sie durch Bildung emanzipieren wollte, emanzipiert nun die sozialwissenschaftliche Intelligenz den vermessenen Bürger, der sich in Körper-, Gesundheits-, Arbeits-, Skill- und ästhetischer Optimierung übt. Die Digitalität der digitalen Mittel, mit denen das auch begründet wird – Metriken, Quantifizierung usw. –, kommt dabei gar nicht in den Blick. Deshalb wird bei aller Berechtigung von *privacy policies* und von Vermeidungsversuchen von datengestützten Überwachungs- und Kontrollüberschüssen eine Privatheit gerettet, die es so womöglich nie gegeben hat. Der *sensus communis* lautet dann einhellig und unwidersprochen: *Big Data gefährdet unsere Privatheit, unsere Privatsphäre, unsere persönliche Autonomie.* Es lohnt sich also, den Fokus versuchsweise auf Privatheit zu richten, denn die Debatte kennt Privatheit tatsächlich zunächst nur als schützenswerten Raum, an dem die Macht zu brechen ist. Sie fokussiert sich derzeit vor allem auf Repolitisierung.[8]

Ein neuer Strukturwandel der Öffentlichkeit?

Wenn die Privatsphäre der Raum unserer persönlichen Autonomie ist, dann ist Öffentlichkeit der Raum, der sich von dieser ursprünglichen Form dadurch entfernt, dass er einsehbar wird für andere – wie wir sozialhistorisch wissen, zunächst in Form von bürgerlichen Lesegemeinschaften, später in Vereinen und anderen Zusammenschlüssen, schließlich in medial vermittelten Diskussionsöffentlichkeiten von belesenen Lesern, heute von bebilderten informierten Bürgern, die über die Gesellschaft das wissen, was in solchen Öffentlichkeiten sichtbar wird.[9] Der Nationalstaat moderner Prägung seit Beginn des 19. Jahrhunderts hat letztlich die Bühnen der bürgerlichen Gesellschaft als System der Bedürfnisse und als Raum öffentlich zugänglicher Informationen wie als realer Staat, als Polizey, d. h. als öffentliche Ordnung zur Verfügung gestellt und gestaltet.

Über die Öffentlichkeit wird viel räsoniert – kann sie die normativen Energien freisetzen, die dafür sorgen, dass sich so etwas wie ein demokratisch gebildeter Wille durchsetzt? Kann sie zugänglich machen, was in früheren Gesellschaften nur für Eliten erreichbar war? Kann sie das Korrektiv für illegitime Macht und Herrschaft sein? Kann sie kulturelle Praktiken und Selbstverständlichkeiten öffnen, indem sie uns mit Alternativen versorgt? Bringt sie den kritischen Staatsbürger hervor, der wenigstens in Demokratietheorien noch nach dem Agora-Modell der attischen Demokratie imaginiert wird? Und was geschieht mit der Öffentlichkeit, wenn sie medial vermittelt wird? Seit dem Buchdruck gibt es überhaupt erst so etwas wie einen entfernten, einen imaginären Rezipienten in einer Vorform von Öffentlichkeit, die als Leserschaft imaginiert werden konnte. Und erst mit der Zeitung ist so etwas wie eine gemeinsame Realität einer Gesellschaft simulierbar, ist eine öffentliche Sprechergemeinschaft unter Fremden zumeist im Rahmen nationalstaatlicher Ordnung erst möglich. Medien sind stets der Filter, durch den das diffundiert, was als Thema in öffentlichen Räumen verhandelbar wird. Sie sind also zugleich Ermöglicher und Verhinderer, sie sind der

Gate-Keeper von Öffentlichkeiten – und mit jeder Medienrevolution ändern sich die Bedingungen dessen, was wir Öffentlichkeit nennen, also die Bedingungen im System der Bedürfnisse und im Staat. Das galt für das Radio ebenso wie für das Fernsehen, und es gilt auch für das Internet. Und stets hat man mit einem neuen Verbreitungsmedium ebenso große Erwartungen wie Befürchtungen verknüpft.

Bezogen aufs Internet reicht die Spanne von der Euphorie eines Howard Rheingold 1993, der eine neue demokratische Kultur in «virtuellen Gemeinschaften»[10] am Horizont sah, bis zu Sascha Lobos Klage, das Internet sei inzwischen kaputt, weil es all diese Verheißungen praktisch dementiert. Grundtenor in der Reflexion des Internets ist aber nach wie vor das Rheingoldsche Motiv der Vergemeinschaftung und des *social networks*, der Möglichkeit von Gegenöffentlichkeiten und des Zusammenbringens von Teilpublika, die ohne das Netz nicht erreichbar wären. Es ist letztlich ein Diskurs darüber, wie man den Vorteil schwacher Netzwerke ausnutzen kann: Das Netz bringt Leute zusammen, die sonst nicht zusammenkämen und erzeugt dadurch adressierbare Räume, die andere Medien nicht in dieser Geschmeidigkeit herstellen können. Aus dem öffentlichen Raum der bürgerlichen Gesellschaft mit ihrem Wunsch nach dem einen legitimen Geschmack, der einen legitimen Lebensform, der einen sozialmoralischen Intuition und der Vereinheitlichung politischer Konfliktlinien entsteht ein *Pluralismus von communities*, die sich operativ neu bilden und nicht mehr die Gesellschaft repräsentieren, sondern letztlich ihre je eigene Sphäre in thematischer, ästhetischer und sozialmoralischer Absicht.

Das Internet wurde bis vor kurzem von Aktivisten erwartungsfroh und mit großem Vertrauen in neue Vergemeinschaftungs- und Demokratieformen gefeiert, während die akademische Beobachtung des Internets zwar eine gewisse Skepsis an den Tag legte, aber doch auch vor allem an den Fragen der Chancen neuer Vergemeinschaftungsformen interessiert war. Sozialwissenschaftliche Beobachter bleiben eben am Ende doch Anwälte einer besseren Welt, die sie sich vor allem als eine Welt mit hoher Konsensrate bei gleichzeitiger Diversifizierung von Möglichkeiten vorstellen. Was noch dazu kommt, sind neue Praktiken, die das Private und Öffentliche, das Persönliche und das Sachliche in neuen Formen authentischer Gelegenheitskommunikation im Internet geradezu verschwimmen lassen – hin zu einer Netzwerkgesellschaft, in der wir anders leben können. Howard Rheingold spricht inzwischen von *Smart Mobs*,[11] die nicht nur *virtual communities* von Individuen sind, sondern auch kollaborative Systeme mit kollektiver Intelligenz werden können.

Big Data ist anders. Vielleicht erzeugt Big Data tatsächlich so etwas wie Kollektivität – aber letztlich nur in Form von *collected collectivities*. Big Data erzeugt keine sozialen Gruppen, sondern statistische Gruppen. Soziale Gruppen sind auch im Internet *analoge* Phänomene, also sichtbar, deutlich adressierbar, identitätsstiftend, an natürlicher Sprache und Alltagspraktiken orientiert. Big Data macht aus analogen Anwendern *digitale* Phänomene. Big Data digitalisiert die Spuren analoger Praktiken – Bewegungsprofile auf Straßen und im Netz, Kaufverhalten, Gesundheitsdaten, Freizeitverhalten, Teilnahme an *social networks* etc. – in der Weise, dass zum einen Daten rekombiniert werden können, die gar nicht für die Rekombination gesammelt wurden. Zum anderen entstehen dadurch *statistische Gruppen*, die in der analogen Welt so gar nicht vorkommen – etwa potentielle Käufer bestimmter Produkte, Verdächtige in Rasterfahndungen oder gesundheits- und kreditbezogene Risikogruppen. Hier dreht sich nun die Argumentationsrichtung um. Big Data ist das, was das Unsichtbare am *social networking* im Internet abschöpft. Lebte dies noch von dem Traum, Ressourcen privat-authentischer Kommunikation in öffentliche Kommunikation zu speisen und aus Gesellschaft wieder mehr Gemeinschaft zu machen, dringt nun das Netz umgekehrt von außen in die Privatsphäre ein – wo es nichts zu suchen hat, es aber viel zu finden gibt.

Gefährdungen

Vielleicht ist diese Diagnose einer *Gefährdung von Privatheit* jener Umschlagspunkt, an dem die Diskussion aus den Expertenkulturen auswandert und jene Dichte bekommt, die wir gerade beobachten. Die

Feuilletons versorgen uns mit technischen Details, informieren über ökonomische Strategien, politische Möglichkeiten, militärische Innovationen, medizinische Beobachtungs- und Kontrollmöglichkeiten etc., die alle die Kumulation von gesammelten Daten und ihrer Rekombination und Verarbeitung als Grundlage verwenden. Auf einmal werden *Social Media* als Geschäftspraktiken sichtbar, und es entsteht eine Sensibilität dafür, dass all das harmloser aussieht, als es ist. Es wird vor Machtkonzentration gewarnt, auch davor, dass man zwischen ökonomischen und politischen Akteuren kaum mehr unterscheiden kann.

Die Alltagsreaktion auf die Big-Data-Bedrohung ist also eine sehr traditionelle: Es ist der Versuch, die eigene Privatsphäre gegen Zugriff von außen zu schützen, gewissermaßen den persönlichen Nahraum von der Öffentlichkeit abzugrenzen und wenigstens hier selbst bestimmen zu können, was die oftmals unsichtbare Membran zwischen dem privaten Nahraum und der Welt passieren kann und darf. Letztlich ist Privatheit das normative Kriterium der Kritik an den neuen Möglichkeiten des Internets und der Big-Data-gestützten neuen Such- und Findepraktiken. Der private Nahraum ist letztlich die Welt, in der wir lebensweltlich geschützt leben wollen – und so verliert alle Kritik der «neuen» Medien ihre Abstraktion, wenn dieser private Nahraum unter Beschuss und Beobachtung gerät.

Dahinter steckt ein Narrativ, an das wir uns gewöhnt haben: dass es eine klare Grenze gibt zwischen dem privaten Raum der Selbstbestimmung und idiosynkratischen Lebensformen und dem öffentlichen Raum der Erreichbarkeit für andere. Aus der Perspektive gelebter Lebensformen selbst erscheint die Gesellschaft tatsächlich als eine konzentrisch gebaute Form, in der die Bedeutung und Unverwechselbarkeit von Personen mit zunehmender Ferne abnimmt. Letztlich richten sich Lebensformen in Familien, Freundesnetzwerken und konkret erreichbaren Personen ein, während der Raum der «Gesellschaft» wie ein öffentlicher Raum erscheint, in dem eher universalistische Spielregeln gelten – von Höflichkeitsroutinen über Straßenverkehrsregeln bis hin zu einem allgemeinen Set von Verhaltensstandards für jenen Raum, den wir eher Öffentlichkeit nennen.

Die Grenze zwischen diesen Räumen wird architektonisch durch die Haus-/Wohnungstür und sozial durch die Sichtbarkeit von Idiosynkrasien markiert. So kann es sogar gelingen, dass man unter vielen privat sein kann, wie Kommunikationspraktiken des Lautstärkemanagements, des bewussten Weghörens und des Takts gegenüber privaten Fragen belegen. Privat ist das, was anderen nicht zugänglich gemacht wird – es ist gewissermaßen der Raum der geringsten Allgemeinheit und der größten Besonderheit. Und es wird als der Raum eines unmittelbaren, ursprünglichen, wirklich an der konkreten Person erlebten Lebens erlebt.

Unser Bild von der Privatheit ist gewissermaßen die fleischgewordene Idee der Sittlichkeit aus Hegels Rechtsphilosophie. Hegel unterscheidet drei Ebenen der Sittlichkeit, die Familie, die bürgerliche Gesellschaft und den Staat, wobei die Familie als die ursprüngliche Form die partikularste Form der Sittlichkeit darstellt, in der sich unverwechselbare Personen bis zur physischen Symbiose begegnen, während in der bürgerlichen Gesellschaft, im «System der Bedürfnisse», (Wirtschafts-)Subjekte ihre Interessen vertreten und als selbstbewusste Individuen auftreten. Der Staat als «Wirklichkeit der sittlichen Idee» dagegen verlangt von diesen Individuen dann wiederum weniger Selbstbewusstsein als Unterwerfung aus freien Stücken unter ein Allgemeines – Unterwerfung als Freiheitsgeste. Die Versöhnung dieser drei Stufen der Sittlichkeit stellen wir uns wie Hegel so vor, dass die Unterwerfung unter den Staat letztlich dadurch erkauft wird, dass die symbiotische Form der Familie in Ruhe gelassen wird und wir in der bürgerlichen Gesellschaft unser Aus- und Einkommen finden. Familie und Privatheit sind darin als die zwar partikularste, aber auch ursprünglichste, sinnlichste Form der Sittlichkeit gedacht. Dies, die Authentizität und Ursprünglichkeit, man könnte fast sagen: die unmittelbarste Menschlichkeit, die sich in dieser partikularen Sphäre der Sittlichkeit ausdrückt, ist so etwas wie die Grundintuition öffentlicher Debatten über den Schutz der Privatheit. Zu dieser Grundintuition gehört auch, dass Privatheit ein fast gesellschaftsfreier Raum ist, wenn nicht real, dann wenigstens als normative Vorstellung.

Es lohnt sich deshalb, der Privatheit mehr Aufmerksamkeit zu widmen. Oder so gesagt: Wer sich für *Privatheit 2.0* interessiert, sollte zunächst genauer wissen, was eigentlich *Privatheit 1.0* war. Es gehört zu den Grunderfahrungen der sozialen Evolution, dass Diskurse über gegenwärtige Veränderungen oft ein erstaunlich einfaches Bild der Vergangenheit imaginieren, um die Veränderung klarer auf den Begriff bringen zu können. Deutlicher formuliert: Oft wird der Verlust von etwas beklagt oder etwas zu retten versucht, das es so nie gab. So tun manche Klagen über die Säkularisierung oder die Gottlosigkeit der modernen Welt so, als wären frühere Zeiten wirklich religiös integriert gewesen; so treten Kritiken an der Komplexität, an der Arbeitsteilung, an der Unübersichtlichkeit der modernen Welt oftmals mit einer sehr schlichten Vorstellung über geteilte Weltbilder und nahezu konfliktfreie Lebensformen der Vormoderne an; die gegenwärtig beliebte Beschleunigungskritik, die sich gerne als eine Art neuer Kritischer Theorie geriert, imaginiert frühere Zeiten als ruhigere Zeiten; die Kritik der industriellen Produktion glaubte oft, dass die Überlebensstrategien in früheren Mangelgesellschaften weniger entfremdete Verhältnisse waren; Urbanitätskritik lebte stets von einem romantischen Bild ländlicher Idylle; gegen die Hirnforschung und ihre zum Teil aufregenden Ergebnisse wird ein freier Wille gerettet, den man vorher in dieser Form nicht kannte; und Technikkritik übersieht gerne, woran frühere Sozialformen oft gekrankt haben. So ähnlich könnte es auch der Kritik an der *Privatheit 2.0* gehen, deshalb widme ich mich zunächst der *Privatheit 1.0* – und das übrigens keineswegs, um die Kritik an der Gefährdung von Privatheit durch Big Data zu korrumpieren, sondern ganz im Gegenteil: um genauer zu wissen, was wir da kritisieren und verteidigen.

Privatheit 1.0

Privatheit ist schon länger ein öffentliches Kampffeld. Dass das Private politisch sei, war eine der wirksamsten Kritiken sozialer Bewegungen, etwa der Kulturrevolution der sogenannten 68er oder später der Frauenbewegung. Sie entdeckten gewissermaßen die Gesellschaftlichkeit des Privaten, in der sich die Vermittlung von Allgemeinem und Besonderem zeigt – was ja letztlich schon in Hegels Legeshierarchie der drei Sittlichkeitsformen angelegt ist und bis heute in dieser Weise diskutiert wird, wenn es heißt, Lebensformen und ihre Legitimation seien explizit keine Privatsache.[12] Aber gerade im Konflikthaften dieses Anspruchs bestätigt sich die Grundintuition, das Private sei etwas, das dem gesellschaftlichen Zugriff entzogen sei, das ganz Andere, in dem wir die sind, die wir wirklich sind.

Um der Entstehung von Privatheit, wie wir sie kennen, auf die Spur zu kommen, möchte ich Michel Foucaults Studie *Sexualität und Wahrheit* zu Hilfe nehmen, weil Sexualität vielleicht als der privateste Bereich der Gesellschaft anmutet, insbesondere in der bürgerlichen Gesellschaft, die von einer merkwürdigen Gleichzeitigkeit von Prüderie und Sexualisierung gekennzeichnet ist. Dass Sexualität in der bürgerlichen Gesellschaft zur Individualisierung der Person beiträgt, hängt auch damit zusammen, dass sexuelles Begehren als die authentischste und individuellste Form des Begehrens gilt – letztlich bis heute in den bürgerlich-antibürgerlichen *queer-studies*, die nach authentischem Begehren suchen, soweit es nur nicht zu konventionell dem Diktat der «Zwangsheterosexualität» folgt.

Foucault beschreibt, dass die bürgerliche Gesellschaft des 19. Jahrhunderts eine «Gesellschaft der blühendsten Perversion»[13] gewesen sei, in der die Einhegung der Sexualität in der Ehe zugleich dafür gesorgt habe, so etwas wie Gegenkräfte aufzubauen, gegen die wiederum bestimmte Sozialtechniken helfen sollten. Foucault nennt als die entscheidende Technik das Geständnis. Um den Sex herum, schreibt Foucault, hat man «einen unübersehbaren Apparat konstruiert [...], der die Wahrheit produzieren soll»[14]. Die Vorläufer des modernen Geständnisses sind etwa die Ausgestaltung des Bußsakraments durch das Vierte Laterankonzil von 1215, aber auch andere Ermittlungsmethoden, etwa die Inquisition, die nicht einfach Schuld nachweisen wollte, sondern ein Geständnis von Beschuldigten anstrebte. Die neue Instanz, die diese Aufgabe übernimmt, ist nun die Wissenschaft, eine *scientia sexualis*, die den Geständigen mit Kriterien darüber versorgt, was eine Perversion ist und was nicht und damit eine spezifische Macht erzeugt, die jene Sexualität erst formt, die als sozialverträgliche Variante einer wirklich authentischen privaten Lebensform gelten kann und die allgegenwärtige Perversion zu einem Anlass für Geständnisse macht, in denen das Individuum zu jenem Subjekt wird, das sich selbst regiert und in einer Weise vernünftig wird, dass die Gesellschaft einen *privat* genannten Bereich des Lebens vorsehen kann. Die Haus- oder Wohnungstür kann man nur schließen und den Bereich dahinter unbeobachtet lassen, wenn man weiß, dass sich die Subjekte dahinter selbst beobachten. Sie werden bürgerliche Subjekte dadurch, dass sie sich selbst regieren bzw. dadurch, dass sie wollen, was sie sollen. Diese Versöhnung von Wollen und Sollen hatte übrigens auch Hegels Legeshierarchie im Blick, die das Besondere mit dem Allgemeinen vermittelt. Wie Marx freilich Hegel vom Kopf auf die materialistischen Füße gestellt hat, hat Foucault Hegel (natürlich implizit) von der Vermittlung des Geistes auf die Kontrolle des Körpers umgestellt.

Was der Grundintuition des Bürgers als Freiheit und Abwesenheit äußerer Kontrolle erscheint, ist in Foucaults Interpretation das Ergebnis eines neuen Sozialtyps, der sich rechtfertigen muss. *Er ist frei zu tun, was er will, soll aber wollen, was er soll.* Deshalb wird er immer wieder Situationen ausgesetzt, Auskunft über sich selbst zu geben – über das, was er will. Foucault schreibt sehr deutlich: Nun «liegt die Herrschaft nicht mehr bei dem, der spricht (dieser ist der Gezwungene), sondern bei dem, der lauscht und schweigt; nicht mehr bei dem, der weiß und antwortet, sondern bei dem, der fragt und nicht als Wissender gilt.»[15]

Privatheit 1.0 ist nach diesem Verständnis das Ergebnis von Überwachungstechniken, die Daten in Anspruch nehmen, um so etwas wie eine Normalität und Normalisierung der individuellen Lebensführung hervorzubringen. Was Foucault mit seinem berühmten Topos der *Biopolitik der Bevölkerung* beschreibt, ist im Wortsinne *collected collectivity*, gesammelte Kollektivität, in Foucaults Formulierung «die sorgfältige Verwaltung der Körper und die rechnerische Planung des Lebens»[16], die vor allem durch Organisationsmitgliedschaft in

Schulen, Kasernen, Betrieben usw. vermittelt wird. Foucaults Formulierungen wie die, es gehe um die «Lebenskraft des Gesellschafts-
körpers»[17], werden gerne mit einer Art wohligem Schauer über ver-
gangene Disziplinarzeiten zitiert. Aber ganz im Gegenteil sind sie an
Aktualität kaum zu überbieten. Dass Sexualität der größte Macht-
produzent in der bürgerlichen Gesellschaft war und dass gerade die
Sexbesessenheit traditioneller Moralinstanzen wie Kirchen nach wie
vor statthat, mag der besonderen historischen Situation geschuldet
sein. Heute hat die Körperkontrolle das enge Feld der Sexualität
längst verlassen und richtet sich auf Schönheit, Gesundheit, Authentizität des Wollens und Begehrens und nicht zuletzt auf die Erlebnis-
fähigkeit einer erholungsbedürftigen und erschöpften Subjektivität – erschöpft von der Schnelligkeit und Komplexität der Welt und
nicht zuletzt erschöpft als theoretisches und normatives Konzept zur
Erklärung der Welt. Das Subjekt ist das Ergebnis von Selbsttechniken, die eine Reaktion auf äußere Erwartung und Sammeltechniken
sind.[18] Die Ordnung der Subjektivität wie die Ordnung der Privatheit
sind erwartungsgeleitete Normalisierungsstrategien, die sich letztlich Erwartungsstrukturen verdanken, die durch Big Data zustande
kommen.

Privatheit 1.0 als Ergebnis von Big Data?

Was ich mit Foucault als Privatheit 1.0 beschreibe, ist genau genommen die Frage nach der Anwendung von Big Data. Die «Biopolitik
der Bevölkerung» kann man fast mit denselben Kategorien beschreiben, mit denen man auch die heutigen Big-Data-Strategien beschreiben kann. Die Entstehung staatlicher Kontroll- und Normalisie-
rungsinstanzen, die Sammlung von Daten über die Bevölkerung, die
Steuerung kollektiver Verhaltensweisen, die datengestützte Form
der Sozialplanung, die Versorgung von Bevölkerungen, die auf
arbeitsteilige Produktion von Konsum- und Substitutionsgütern angewiesen sind, all das erforderte eine Sammlung von Daten, für die
neue Instanzen gesucht wurden, die genau das gemacht haben, was

Foucault beschrieben hat: Sie haben nicht gesprochen, sondern geschwiegen. Ähnlich wie der Beichtvater zuvor zugehört und damit Macht ausgeübt hat, ist es nun der Staat, der still und leise sammelt und daraus seine Schlüsse zieht. Als 1872 das «Statistische Amt des Deutschen Reiches» gegründet wurde, galten die Daten nicht umsonst als Staatsgeheimnis. Sie wurden nicht veröffentlicht, weil man genau wusste, dass sie das eigentliche Machtmittel zur Steuerung der Gesellschaft sind. Und man musste sich erst daran gewöhnen, dass man mit statistischen Daten auf merkwürdige Regelmäßigkeiten stieß, obwohl die Menschen doch alles, was sie tun, aus freiem Willen tun. Es war Big Data, die erst jenes «Volk» erzeugte, das man da führen sollte. Vorher wusste man nichts über das Volk. Es war da. Jetzt wurde es erzeugt.

Auch aus dem Volk oder der Bevölkerung wird nun das, was ich oben ein *digitales* Phänomen genannt habe. Als analoges Phänomen haben es die vordergründigen politischen Ideologen behandelt – man hat dem Volk Sinn und Erhabenheit, Anerkennung und Gemeinschaft versprochen. Der abstrakte Mensch der Menschenrechte wurde zum Bürger einer konkreten analogen Gemeinschaft, genannt Nation, während die Verwaltung und die von Foucault so genannte Bio-Politik daraus ein digitales Phänomen gemacht haben, das man steuern, lenken und gestalten kann.

Ich kehre damit zum Grundgedanken des ersten Kapitels zurück. Dort hatte ich gezeigt, dass bereits im 19. Jahrhundert die Gesellschaft vermessen wurde, und zwar im Hinblick auf Muster, die sich dem bloßen Blick entziehen. Dieser Blick war ein berechnender Elitenblick, der in der Lage war, normative Standards und disziplinierende Regeln aufzustellen, die das vermessene Leben standardisieren konnten, was auch eine Reaktion darauf war, dass sich mit der Modernisierung der Gesellschaft die Abweichungswahrscheinlichkeit konkreter Lebensformen erhöhte. Die disziplinierende Berechnung ist auch eine Reaktion auf die beginnende Unberechenbarkeit nun freier Bürger – und die Form der disziplinierenden Bürgerlichkeit ist die Form der Ethik, die darauf reagiert, dass sich Außenleitung in Innenleitung verwandelt.

Die «Entdeckung der Gesellschaft» durch solche digitalen Praktiken ist die Entbergung von Regelmäßigkeiten in Alltagspraktiken,
die ganz ähnlich der radikalen Beschreibung des *Überwachungskapitalismus* von Shoshana Zuboff ein «Verhaltensmodifikationsmitttel»[19]
ist. Daten werden nicht erhoben, um etwas zu wissen, nicht einmal
nur, um etwas zu tun, sondern um andere zu einem bestimmten Tun
zu bewegen. Genau genommen ist die bürgerliche Privatheit 1.0, also
die Privatheit der Rückzugsräume und der Schutzrechte, die Privatheit der Innerlichkeit und der subjektiven Unverwechselbarkeit, seit
dem Beginn der Moderne schon von der Privatheit 2.0 der *collected
collectivities* flankiert gewesen, so dass das Erstaunen über die Macht
und die Techniken des Big Data heute einerseits selbst erstaunt, andererseits eine Art Aufklärungsprojekt ist.

Unser Unbehagen gegenüber Big Data ist sehr produktiv. Es konfrontiert uns mit unserer Naivität, mit der wir uns in dieser Welt
einrichten. Die Kritik an Big Data ist eine oberflächliche Kritik,
wenn sie wirklich daran glauben sollte, dass man staatliche Schutzrechte gegenüber dem Staat einfordern kann, wenn man weiß, dass
die Staatlichkeit des modernen Staates seit dem 18. Jahrhundert gerade darin gründet, dass er sich mit digitalisierten Daten versorgt –
und das letztlich seit es so etwas wie eine zentrale Planung von Bevölkerungen gibt. Die merkwürdige Regelmäßigkeit des Verhaltens
individuell freier Subjekte bringt einerseits das Konzept der Subjektivität als Individualprinzip zu Fall, andererseits ist es genau ihr
Ausgangspunkt. Subjekte dürfen nur frei sein, wenn sie auch vernünftig sind – und die wichtigsten Vernunftgeneratoren in der Geschichte der westlichen Moderne waren Professionelle wie Ärzte und
Juristen, Lehrer, Professoren und Sozialplaner, die Polizei und das
Strafsystem. Nicht zufällig sind das die Instanzen, die ihre eigene
Vernünftigkeit, ihre eigenen Kriterien, ihre Handlungsanweisungen
und ihr Expertenwissen dem Big Data statistischer Ämter, wissenschaftlicher Erhebungen und nicht zuletzt dem machtvollen «Zuhö-
ren» verdanken. Sie wussten um Privatheit 2.0, sie hatten *digitale
Daten* über *collected collectivities*, und ihre Professionalität bestand darin, dieses Wissen zu übersetzen in *analoge Handlungsanweisungen*, die

Klienten zu vernünftigen Menschen gemacht haben – sich um ihre Gesundheit sorgende Patienten, sich an normative Regeln haltende Rechtssubjekte, sich der resozialisierenden Strafe aussetzende Bestrafte, Schüler mit Motivation zu guten Leistungen usw. Was zum Normallebenslauf der klassischen Moderne gehört – beschützte Kindheit, lange Ausbildungsphasen, Arbeitsmotivation um ihrer selbst willen, Wille zur Karriere und zur Familiengründung, Loyalität demokratischen Entscheidungen gegenüber, ein Gemeinschaftsgefühl einer Solidarität unter Fremden – all das ist nicht einfach da, sondern muss von jenen moralisch und mit professioneller Güte und Vernunft, aber auch Härte und Strenge gefordert werden, die wissen, wie der Hase läuft – von jenen nämlich, die Zugang zu Big Data haben.

Big Data und die Privatheit 2.0

Die Privatheit, die wir heute kennen und gegen die Strategien des Big Data verteidigen – ich habe sie Privatheit 1.0 genannt –, ist selbst das Ergebnis einer Datenverarbeitungsstrategie. Der Verzicht auf unmittelbare Kontrolle des privaten Lebens war für den Staat und für die Öffentlichkeit nur möglich, weil man es mit einem Personal zu tun hatte, das durch entsprechende Asymmetrien zwischen paternalistischen Normalisierungsagenten – Ärzten, Lehrern, Militärs, Sozial-, Stadt- und Hygieneplanern, Polizei und Gerichten – und ihren Klienten so etwas wie einen selbstkontrollierten Menschen hervorgebracht hat, der in der Privatheit einerseits die erlernte Selbstkontrolle fortführte, andererseits eine gewisse Fluchtmöglichkeit fand – die Gleichzeitigkeit von Prüderie und sexuellen Perversionen mag dafür ein Indiz sein. Wenn sich etwa der schon im ersten Kapitel erwähnte Sozialphysiker Adolphe Quetelet, einer der Ersten, die statistische Verfahren auf die Gesellschaft angewandt haben, im 19. Jahrhundert darüber wundert, wie regelmäßig sich die Menschen verhalten, etwa wenn es ums Heiratsverhalten geht, dann ist das bereits das Ergebnis einer Normalisierungsstrategie, die zugleich auch Ausdruck einer starken Normativität ist. Quetelet hat Abweichungen von der Normalverteilung als Störung aufgefasst und war letztlich fasziniert von einem *homme moyen*, einem Mittelwertmenschen, den man entsprechend berechnen kann und der zugleich die Grundlage für all jene Praktiken bildet, in denen die Menschen als selbstverantwortliche Individuen geformt werden.[20]

Erst vor diesem Hintergrund wird das Besondere heutiger Big Data-Strategien sichtbar. Deutlich sollte geworden sein, dass die Idee bürgerlicher Privatheit seit ihren Anfängen das Ergebnis gesellschaftlicher/staatlicher Kontrollstrategien war. Es sind dies zum einen Kontrollstrategien, die das Individuum dazu bringen, auskunftsfähig über sich selbst zu werden. Erst wenn in die Subjektivität des Individuums eine Idee von Selbstrechtfertigung gepflanzt wird, kann es einer aus der Perspektive gesellschaftlicher Kontrolle unordentlich wirkenden Privatheit freigegeben werden. Und erst dort, wo ein Gewissen und auf Innerlichkeiten bezogene Kommunikationsformen entstehen, kann man sich darauf verlassen, dass die normative Idee, ein Leben nach dem Bilde des *homme moyen* zu führen, tatsächlich vorausgesetzt werden kann. Die Instanzen, die den Menschen jene Normalisierung nahebringen, sind autoritative Sprecher in Form von Professionellen und Experten, die mit so etwas wie Benchmarks und Grenzwerten versorgt sind, aus denen sich Kriterien für das richtige Verhalten erschließen lassen. Man darf gerade die Bedeutung dieser autoritativen professionellen Sprecher für die Formung von privaten Lebensformen nicht unterschätzen. Sie erzeugen erst jene Klienten, denen vernünftige Privatheit zumutbar ist.[21]

Freilich unterscheiden sich die heutigen Big-Data-Strategien von den klassischen seit der Sozialphysik und der Sozialstatistik des 19. Jahrhunderts. Hatten diese Strategien den *homme moyen* und damit eine gewissermaßen überindividuelle normative Struktur im Blick, sind neue Big-Data-Strategien an Einzelfällen bzw. Sondergruppen interessiert. Denkt man etwa an Dienstleister, die mit Hilfe von Big Data die Kreditwürdigkeit von potentiellen Bankkunden untersuchen,[22] dann geht es nicht um Mittelwerte oder Benchmarks, sondern um die Individualisierung von Informationen. Aus Daten über bisheriges Konsumverhalten, Zahlungsmoral, aber auch über die Netzwerke und

Kontakte von Personen, über Verbindungsdaten, über Informationen über den Lebenswandel, inklusive womöglich das Gesundheitsverhalten, wird ein Profil einer Person erstellt, das dazu dient, ihre Kreditwürdigkeit einzuschätzen. Der große Unterschied zu früheren Daten besteht darin, dass hier nun Daten ausgewertet werden, die nicht für den genannten Zweck erhoben wurden. Die Datenspuren stammen aus ganz anderen Zusammenhängen und werden erst im Nachhinein zu Informationen für einen bestimmten Zweck. Aktuelle Big Data sind in der Lage, ganz unterschiedliche Datenquellen miteinander kompatibel zu machen.

Letztlich kommt hier die besondere Fähigkeit der computergestützten Form des Rechnens erst zu voller Geltung. Computergestütztes Rechnen zeichnet sich dadurch aus, dass die Digitalisierung von Daten erst die Grundlage für ihre Rekombinierbarkeit bietet. Big Data rekombiniert Daten, die letztlich nicht füreinander bestimmt waren, und erzeugt durch die Rekombination erst einen Mehrwert. Im Falle der Kreditwürdigkeit können etwa gesundheitsbezogene Daten herangezogen werden, um den Gesundheitszustand der Person oder auch den Stand seiner methodischen Lebensführung abzulesen. Dabei geht es weniger um prinzipiell geheime Daten von Krankenkassen oder gar Ärzten – diese zu verwenden wäre illegal. Der Clou ist der, dass immer mehr Anwender solche Daten selbst in Clouds oder in sozialen Netzwerken hinterlassen, etwa mit Hilfe von gesundheitsbezogenen Apps im eigenen iPhone, die zum Selbstmonitoring dienen. Überhaupt stammen immer mehr Daten von Netz-Usern von ihnen selbst, denn alle netzgestützten Monitoring-Programme hinterlassen Datenspuren.

In dieser Datenmatrix[23] hinterlässt eine typische Alltagspraxis in unserer Gesellschaft fast unvermeidlich Daten. Diskutiert wird die Frage der Vorratsdatenspeicherung, dabei ist diese erst der zweite Schritt – wir haben zunächst eine *Vorratsdatenerhebung*, die die Ressource für neue Fragestellungen in sich trägt. Diese Fragen werden erst später vom Anwender entwickelt und durch Rekombination von voneinander unabhängigen Daten erzeugt – etwa von einem Dienstleister, der die Kreditwürdigkeit potentieller Kreditnehmer unter die Lupe nimmt, oder eben von staatlichen Instanzen der Terror-abwehr, was fast jede Überwachungspraktik zu legitimieren scheint. Gerade weil nicht mit konkreten Intentionen und Fragestellungen erhoben, gescannt und gespeichert wird, sind die gesammelten Daten eine lukrative Ware, weil sie an diejenigen weitergegeben werden können, die ganz andere Fragen haben.

Die eigentliche Ironie freilich besteht darin, dass inzwischen ein Großteil dieser Daten nicht einfach unintendierte Spuren sind, die tatsächlich nachgerade unvermeidbar sind, wenn man nicht auf die üblichen Kulturtechniken verzichten will. Foucault hatte beschrieben, die Macht liege nun bei denen, die schweigen und beobachten, nicht bei denen, die sprechen und über sich Auskunft geben. Über sich selbst Auskunft zu geben, ist aber eine der Praktiken, die inzwischen unvermeidlich geworden sind.

Vielleicht ist der entscheidende Unterschied zur früheren Privatheit, dass es nicht mehr darum geht, ob jemand zu schweigen in der Lage ist und damit im Sinne von Foucault Macht ausübt. Das Schweigen ist keine Option mehr, weil die Alltagspraktiken auch ohne sinnhafte Verweisungen, ohne Intentionen, ohne konkrete Sprechakte, ohne eigene Performance unvermeidlich Auskunft geben. Foucault hat sich jemanden vorgestellt, der sprechen könnte, sich aber verweigert. Heute haben wir es mit denjenigen zu tun, auf deren sprachliche und intendierte Handlungen es gar nicht mehr ankommt, weil der soziale Sinn ihrer Praxis in den anfallenden Daten über sie weit über das hinaus geht, was die Handlung von sich selbst wissen kann. Der Clou könnte dann darin liegen, dass das Soziale eben nicht mehr als etwas vorgestellt werden kann, was in erster Linie von den Intentionen und dem Wollen von Akteuren abhängt, sondern tatsächlich von einer Art «Assemblage». Gemeint ist, dass Entitäten mit immer mehr anderen Entitäten verknüpft sind, wie es bei Bruno Latour heißt. Ihn «interessieren Mittler, die andere Mittler *dazu bringen* Dinge *zu tun*. ‹Dazu bringen› ist nicht dasselbe wie ‹verursachen› oder ‹tun›: Im Zentrum dieser Tätigkeit gibt es eine Verlagerung, eine Verdoppelung, eine Übersetzung, die sofort das ganze Argument modifiziert. Vorher war es unmöglich, einen Akteur mit dem zu verknüpfen, was ihn zum Handeln brachte, ohne dafür angeklagt zu werden, ihn zu ‹beherrschen›, ‹einzuschränken› oder zu ‹versklaven›. Dies ist nicht länger der Fall. Je mehr *Verknüpfungen* er hat, desto mehr existiert er.»[24]

Was Latour hier beschreibt, trifft die merkwürdige Verknüpfung zwischen dem Tun von Alltagshandelnden und der Registrierung ihrer Daten, die Verknüpfungen erzeugen, die im Tun selbst gar nicht vorkommen. Die Phantasie einer Privatheit, die vorgängig immer schon da ist und geschützt werden muss, erscheint vor diesem Hintergrund wie eine anachronistische Vorstellung, denn die private Form ist auch eine Konstellation, die mit einer vor allem durch niedrigschwellige Technik ermöglichten, fast grenzenlosen Rekombinationsfähigkeit obsolet geworden ist. Die Digitaltechnik mit ihren detektivischen Funktionen ist ein Mittler, der mich dazu bringt, etwas zu tun, was ich selbst nicht kontrollieren kann. Vielleicht wird hier mein Ausgangsgedanke plausibler, warum schon der Terminus der *informationellen Selbstbestimmung* in sich widersprüchlich ist. Der Sinnüberschuss wird stets an anderer Stelle manifest, nicht beim Sinnproduzenten selbst.

Privatheit retten?

Welche Privatheit wollen wir nun retten? Es dürfte vergeblich sein, so etwas wie eine unbeobachtbare, authentische, autonome Privatheit retten zu wollen – diese hat es nie gegeben. Private Lebensformen waren stets auch das Resultat von Überwachungs- und Geständnistechniken, von Zurechnungstechniken und nicht zuletzt starken sozialen Regulierungen, und es waren diese Techniken, die das Bild der autonomen privaten Person erst ermöglicht haben. Vielleicht kann man von *embedded privacy* sprechen, zumal der Zwang von außen keineswegs als unmittelbarer Zwang erlebt wurde. Die heutigen Gefährdungen privater Lebensführung durch Big Data sind ganz ähnlich wie frühere Praktiken zugleich ihre Ermöglichung, denn gerade in der Generation der sogenannten *Digital Natives* sollte man die Praktiken des Hinterlassens von Spuren im Netz nicht einfach als Anomalie, Betriebsunfall oder Abweichung ansehen. Vielleicht müssen wir uns daran gewöhnen, dass die Matrix des Netzes eine ähnliche Erweiterung der eigenen Person geworden ist, wie es zuvor autoritative Sprecher und Expertenkulturen waren, die auch eine Art Netz über die Gesellschaft gelegt und Fremdbestimmung für Selbstbestimmung ausgegeben haben.

Big Data und die Folgen können derzeit womöglich als Gelegenheit für eine große Selbstaufklärung gelesen werden, eine Selbstaufklärung darüber, dass private Lebensformen stets «gesellschaftlicher» waren, als es den gewohnten Anschein hat. Big Data ist letztlich nur eine Vervollkommnung der quantitativen Erfassung und Vermessung der Gesellschaft, wie sie Ende des 18. Jahrhunderts begonnen hatte. Neu ist dabei freilich, dass die Grenzen zwischen politischen/staatlichen und ökonomischen Akteuren zu verschwimmen beginnen, was auch daran liegt, dass moderne Marketingstrategien in diversifizierten Konsummärkten darauf angewiesen sind, ähnlich auf Bevölkerungen zuzugreifen wie weiland die Sozialplanung.

Wenn heute eine Repolitisierung des Problems gefordert wird – ich habe Evgeny Morozovs Appell erwähnt –, dann ist das in der Tat konsequent und richtig, denn was soll eine Gesellschaft sonst tun, als irgendwie kollektiv bindende Entscheidungen über ihren Problembestand zu fällen? Und in der Tat besteht ein erheblicher Regelungsbedarf für unterschiedliche Fragen. Nur los wird man die Netzwerk- und Matrixstruktur des Internets und seiner Big-Data-Möglichkeiten nicht mehr, wenn all die Sensoren und Messpunkte, mit denen die Gesellschaft sich ausstattet und mit denen sich auch Akteure selbst ausstatten und sie willig bedienen, Daten über Daten sammeln. Vielleicht sind dann auch Rechtsfiguren wie die informationelle Selbstbestimmung oder die Wahrung der Privatsphäre geradezu anachronistische Figuren, weil sie kaum Abwehrrechte gegen den Staat oder gegen Dritte formulieren können, sobald ganze Lebensformen sich darin eingerichtet, sich in Clouds mit sich selbst synchronisiert, den Nahraum von Gelegenheitskommunikation durch das Netz erweitert und das Download-Internet längst schon zum Upload-Internet gemacht haben. Das sollte man weder fatalistisch noch irgendwie affirmativ lesen, sondern als ein Neujustieren dessen, was heute Privatheit heißen kann – und sicher kann dabei helfen, dass das, was ich Privatheit 1.0 genannt habe, auch ganz anders strukturiert war als unser nachgerade romantisches Bild privater Lebensformen.

Gar nicht wundern übrigens sollte man sich darüber, dass Geheimdienste alles an Daten nutzen, was sie kriegen können – was sollten sie auch sonst tun? Es wäre absurd, zu erwarten, dass nicht abgeschöpft wird, was technisch möglich ist – und genauso absurd wäre es, wenn es keine heftige Kritik daran gäbe. Die Ironie der derzeitigen Kritik etwa an der NSA besteht aber darin, dass offensichtlich auch sie Spuren hinterlassen hat, die man überwachen und abschöpfen kann. Edward Snowden – sicher nicht zufällig selbst der Generation der *Digital Natives* entstammend – hat Daten an die Washington Post und den Guardian weitergegeben, die der NSA-Selbstdokumentation entstammen, also selbst auf Servern lagen, die er abschöpfen konnte. Angeblich sollen alle brisanten Dateien Platz auf einem Stick gehabt haben. Ein Effekt von Big Data ist eben auch, dass Informationen klein und handhabbar werden.

9

Debug: Die Wiedergeburt der Soziologie
aus dem Geist der Digitalisierung

Ein Debug oder das Debugging ist ein Vorgang zum Auffinden von Software-Fehlern. Eine der Techniken des Debugging ist es, Breakpoints oder Haltepunkte in ein Programm einzubauen, um dessen Ausführung überprüfen und untersuchen zu können. Als solch einen Haltepunkt versteht sich dieses Buch, das sich weder um die sozialen, politischen und kulturellen Folgen der Digitalisierung gekümmert, noch eine Analyse konkreter Praktiken mit dem Ziel der sozialwissenschaftlichen Verfremdung vorgenommen hat. Das Ziel des Buches war es eher, eine soziologische Theorie der digitalen Gesellschaft zu formulieren, die es erlaubt, den gesellschaftlichen Ort des Digitalen systematisch auf den Begriff zu bringen.

Die Leitfrage des Buches lautete: *Welches Problem löst die Digitalisierung?* Und die daraus abgeleitete Frage hieß: *Inwiefern war die moderne Gesellschaft schon vor und ohne digitale Technologien im engeren Sinne eine digitale Gesellschaft?* Um diese beiden Fragen herum habe ich mein Argument aufgebaut. Die Antwort ist zwar kontraintuitiv, aber im Grunde einfach: Das Bezugsproblem der Digitalisierung ist in der Gesellschaftsstruktur selbst lokalisiert. Während vormoderne Gesellschaften zwar ungeheuer komplexe kulturelle Formen gebildet haben, ist ihre Grundstruktur doch sehr einfach: Alles, buchstäblich alles fügt sich einem Oben-Unten-Schema – soziale Hierarchien, gesellschaftliche Ordnungen, Weltbilder, Taxonomien und auch das Deduktionsprinzip in der Logik. Exakt das gilt in der Moderne nicht mehr: Die Verhältnisse werden unübersichtlicher, es etablieren sich unterschiedliche Ordnungsformen nebeneinander, das Differenzierungsprinzip ermöglicht Parallelstrukturen, und damit entzieht sich die Struktur der Gesellschaft einer deutlichen, klaren Sichtbarkeit. Ich habe den Beginn einer expliziten Digitalisierung deshalb bereits an den Zeitpunkt verlegt, an dem mit der Entstehung staatlicher Sozialplanung, der Verbetrieblichung des Kapitalismus, der medizinischen Vermessung des Menschen und der Etablierung von Planungshorizonten überhaupt Sichtbarkeiten mit statistischen, mathematischen und damit digitalen Mitteln wiederhergestellt werden mussten.

Das Hauptergebnis meiner Analyse besteht also darin, dass man die Digitalisierung verfehlt, wenn man sie gewissermaßen wie eine Kolonialmacht begreift, die auf eine Gesellschaft trifft, die sich dagegen mit einiger Energie wehrt – gegen die Arbeitsplatzverluste bei repetitiven Tätigkeiten, gegen Kontrolltechniken, gegen das Menetekel einer sich verselbständigenden Technik, gegen die Resonanzverluste in der persönlichen Erfahrung und gegen die vorgestellten Autonomieverluste eines quantifizierten Selbst. Diesem Buch geht es eher um die Erkenntnis, dass man mit Big Data, mit den Mustererkennungstechniken und dem Umgang mit der prinzipiellen Unsichtbarkeit der Welt auf eine ganz neue Art die Gesellschaft wiederentdeckt – ich habe von einer *dritten Entdeckung der Gesellschaft* gesprochen.

Diese dritte Entdeckung der Gesellschaft ist vor allem eine Entdeckung ihrer Widerständigkeit, ihrer erstaunlichen Stabilität, ihrem Grundzug der wiederholenden Bestätigung von Strukturen. Das wirkt auf den ersten Blick kontraintuitiv, verbindet man doch gerade mit dem digitalen Zeitalter eher die Fluidisierung und Auflösung von gewohnten Strukturen, disruptive Veränderungen, zumindest einen erheblichen Transformationsdruck. Allerdings sind die Muster der Gesellschaft (und anderer Gegenstände, an denen sich Digitaltechnik abarbeitet) gerade das Material der digitalen Bearbeitung. Alle Innovationen, die auf Produkt- und Dienstleistungsmärkten, durch Kontroll- und Steuerungsmöglichkeiten und nicht zuletzt in soziotechnischen und anthropotechnischen Schnittstellen zum

Zuge kommen, nutzen die unfassbar steigende Rechen- und Verarbeitungskapazität, auch die lernenden, also *handelnden*, nicht nur *erlebenden* Digitaltechniken, um zu tun, was sie können.

Ich habe mein Argument freilich noch radikalisiert: Es ist nicht nur so, dass das Bezugsproblem der Digitalisierung in der Gesellschaftsstruktur zu suchen ist. Ich habe vielmehr in einer Rekonstruktion der Differenzierung der modernen Gesellschaft in codierte Funktionssysteme eine ästhetische und operative Verwandtschaft, ja Gleichartigkeit der digitalen Formierung von Technik und der gesellschaftlichen Formierung von Funktionslogiken herausgearbeitet. Wie in der Digitaltechnik die geradezu provokative Einfachheit, ich nannte es die *Einfalt* des Mediums selbst, eine kaum zu begrenzende Formenvielfalt von Verknüpfungsmöglichkeiten ermöglicht, basiert die historisch nie dagewesene Formenvielfalt der modernen Weltgesellschaft auf der ebenso provokativ simplen Grundcodierung der Funktionssysteme. Dass sich Ökonomisches auf Zahlen/Nicht-Zahlen, Politisches auf Macht/keine Macht, Wissenschaftliches auf Wahrheitsfragen, Mediales auf Information/Nicht-Information, Rechtliches auf Recht/Unrecht und Religiöses auf Immanenz-/Transzendenzfragen konzentriert, ermöglicht erst die unglaubliche Formenvielfalt der Moderne. Ich habe diese Provokationen *brutal* genannt, weil sie auf der Ebene der Codes nicht hintergehbar sind, auf der Ebene der Programme sehr wohl.

Was aussehen mag wie eine bloße Äquivokation, ist in Wahrheit eine operative Parallele, die auf den Ordnungsaufbau von selbstreferentiellen Systemen abstellt. Martin Heideggers frühe Voraussage, dass sich in der kybernetischen Moderne am Ende alles auf Informationen reduziert, die sich ihrerseits auf Informationen beziehen und damit eine Sphäre operativer Immanenz erzeugen, war auf die Datentechnik und die kybernetische Denkungsart gemünzt, die für ihn das Ende der Philosophie einläutete. Es ist aber auch eine Charakterisierung der internen Logiken von Funktionssystemen, die zwar alle möglichen Formen transzendieren können und so gut wie keinen Halt in sich selbst finden, aber doch auf die Immanenz ihrer Codierung begrenzt bleiben.

Digitale Dynamik und gesellschaftliche Komplexität

Es ist bis dato kaum bemerkt worden, dass die disruptive Technologie digitaler Natur vor allem auf Widerständigkeit und Stabilität verweist. Es liegen Arbeiten vor, die sehr wohl die Bedeutung des Digitalen ausloten, aber kaum einen systematischen Zusammenhang zwischen der gesellschaftlichen Struktur, die man selbst nur digital verstehen kann, und der Technologie selbst. Es geht dann vor allem um die Frage nach dem Erleben von Überwachung, von Fremd-/Selbstkontrolle, von digitalen Formen der Selbstvermessung und den Topos der Selbstoptimierung. Digitalisierung taucht dann als ein Verhaltensaspekt auf, der sich letztlich auch am Kontrollüberschuss abarbeitet. Die gesellschaftliche Radikalität des Digitalen gerät dabei überhaupt nicht in den Blick – die Radikalität, die darin besteht, dass die Digitalität der Gesellschaft in ihrer eigenen Struktur und in ihrer Komplexität begründet liegt.

Ich habe das Komplexitätsproblem in diesem Buch nicht eigens entfaltet, sondern eher vorausgesetzt – aber es sollte doch deutlich geworden sein, dass die digitale Moderne eben aufgrund der Mehrfachcodierung von allem mit der Komplexität der Gleichzeitigkeit unterschiedlicher Hinsichten zurande kommen muss. Die Digitalisierung ist letztlich auch eine Zumutung, weil sie aus den Komplexitäten der gesellschaftlichen Prozesse Kapital schlägt. Und die Gefahren digitaler Strategien für die Idee der deliberativen Öffentlichkeit, für die Kontrolle über Kommunikationsprozesse, für die Konzentration von Kapital und Macht sind real. Es sind Teile jener Optionssteigerungen, die der Moderne seit ihrem Anbeginn inhärent sind und die ich strukturell mit der relativ simplen Codierung sowohl gesellschaftlicher als auch digitaler Funktionen erklärt habe. Hier wird sich zeigen, welche Instanzen der Gesellschaft in der Lage sind, damit entsprechend umzugehen. Aber die Gefahrenabwehr und kluge Strategien werden die Komplexität eher steigern als verringern.

Umgekehrt gilt ohnehin: Nur wenn die digitale Verdoppelung von Praktiken intern komplex genug ist, wird man ihr verwertbare Informationen entnehmen können. Das gilt für die Probleme selbst, aber auch für die Lösungshorizonte. Wahrscheinlich muss man die Digitalisierung auch als Teil der Lösung inszenieren. Das kann auch eine Chance sein.

Um es an zwei Beispielen durchzuspielen:

1. Denkt man etwa an ein Problem wie den Klimawandel, also die angemessene Reaktion der Gesellschaft auf den CO_2-Ausstoß ihres Stoffwechsels, so ist das ein klassisches Komplexitätsproblem: Jegliche Reaktion und jegliche Strategie muss mit der gleichzeitigen Mehrfachcodierung, der Multiplikation von Hinsichten und der Differenz gegenwärtig wirksamer stabiler Praxisstrukturen umgehen. Die Umsetzung von Pollution-Zielen und die Umstellung auf alternative Energie- und Verkehrskonzepte folgen eben den brutalen Regeln einer komplexen, funktional differenzierten Gesellschaft – sie müssen gleichzeitig (sic!) politisch, ökonomisch, rechtlich, wissenschaftlich, technisch, medial und alltagskompatibel praktikabel sein. Folglich können es auch nur komplexe Reaktionsformen sein, mit denen man regulieren und Prozesse aufeinander abstimmen kann. Hierbei wird die Digitalisierung eine entscheidende Rolle spielen – beim Energiemanagement, bei der Steuerung intelligenter Energiesysteme, bei neuen Formen der Mobilität, aber auch schon bei der flächendeckenden Überwachung und Aufzeichnung von energetisch relevanten Praktiken. Wenn man sieht, welche logistischen Möglichkeiten der Aufwandsvermeidung heute schon in komplexen Logistik-Prozessen angewandt werden, dann wird man Maschinenlernen und selbstlernende Systeme auch dort einsetzen können, wo es um intelligente Energie- und Mobilitätssteuerung geht. Dass dafür manche rechtlichen, politischen und ökonomischen Routinen neu gedacht werden müssen, ist unvermeidlich. Die Veränderung des Stoffwechsels der Gesellschaft hat auch in früheren Zeiten zu Neuanpassungen geführt – man denke an die Folgen der Umstellung auf betriebsförmigen Kapitalismus und komplexe Verwaltungen, auf staatliche Monitoring-Funktionen und demokratische Öffentlichkeiten. Gerade der Klimawandel ist ein Problem, das viel mit der Vernet-

zung unterschiedlicher Prozesse zu tun hat und selbst eine komplexitätsfähige Betriebstemperatur braucht, um Muster zu etablieren, die zu Praktiken führen, die die CO_2-Folgen moderner Lebensformen abmildern können.[1] Zur Smart-City gehört nicht nur die Versöhnung von Arbeit und Leben, sondern auch von menschlichem und energetischem Stoffwechsel. Die Frage ist, welche Resonanz solche Probleme in der gesellschaftlichen Kommunikation erzeugen. Wenn meine These stimmt, dass die Digitalisierung an der Komplexität der Gesellschaft ansetzt und Muster erkennt, die sich dem unmittelbaren Zugriff entziehen, und zwar in Form von *handelnden* und *erlebenden* Techniken, dann muss das als Chance begriffen werden.

2. Der Plattform-Kapitalismus ist eine ambivalente Form. Er ordnet die Elemente komplexer Wertschöpfungsketten neu – nicht nur organisatorisch, sondern auch ökonomisch. Man muss sich von der Idee verabschieden, dass das, was wir als betriebsförmigen Kapitalismus seit dem 19. Jahrhundert kennen, eine alternativlose Form des Ökonomischen darstellt. Dass sich am Ende die Dinge rechnen müssen, ist in die Codierung des ökonomischen Systems eingeschrieben. Das Problem ist also nicht der Kapitalismus – das Problem ist die Beteiligung der unterschiedlichen Wertschöpfungselemente an den Gesamterträgen und ihrer Distribution. Wahrscheinlich werden immer mehr Unternehmen, auch wenn sie nicht in erster Linie auf technische Produkte oder Dienstleistungen kapriziert sind, Technologie-Unternehmen werden, weil die Distribution von Produkten, der Handel und auch die Entwicklung ohne digitale Beteiligung gar nicht möglich sein werden. Dass in den meisten Branchen der Plattform-Ökonomie die Kapitalkonzentration parallel zur Datenkonzentration läuft, entwertet die stofflichen, materiellen und tätigkeitsintensiven Teile des Ökonomischen mehr, als man es sich zuvor vorstellen konnte. Schon um der unternehmerischen Machbarkeit willen wird es hier zu neuen Arrangements kommen müssen, die Produktionsanteile neu vermessen. Hier werden intelligente digitale Lösungen nicht nur im Geschäftsmodell selbst benötigt, sondern auch im

Hinblick auf die Finanzierung, die Distribution der Erträge und das Arrangement von selbständigen Organisationsformen. Ich vermag hier keine Lösungen anzubieten, sondern plädiere nur dafür, die Möglichkeiten einer Prozesssteuerung mit digitalen Mitteln mit dem Ziel langfristigerer und stabilerer Muster der Anordnung unterschiedlicher Stakeholder nicht zu unterschätzen.

Wenn man es genau nimmt, hat sich alles geändert, und es bleibt doch alles beim Alten. Was bleibt, ist das Komplexitätsproblem, das sich noch dadurch steigert, dass nun mit technischen Möglichkeiten die Rekombination unterschiedlicher Formen und die Kommensurabilität von Inkommensurablem exponentiell leistungsfähiger werden. Vielleicht kommen die Radikalität der funktionalen Differenzierung der Gesellschaft mit ihren Grundcodierungen und die Radikalität der vielfältigen Muster, die dadurch hervorgebracht werden, erst jetzt recht zum Tragen.

Dieses Buch präsentiert deshalb nichts weniger als eine Rekonstruktion einer Theorie der modernen Gesellschaft, die gar nicht anders kann, als auf die Digitalität des Gegenstandes zu stoßen, die sowohl etwas mit der Widerständigkeit gesellschaftlicher Strukturen und ihrer brutalen Stabilität zu tun hat wie mit der Operativität ihrer Praktiken. Ich habe dazu in den letzten Jahren zahlreiche gesellschaftstheoretische Arbeiten vorgelegt, systemtheoretisch motiviert, aber darüber hinausgehend.[2] Dieses Buch ist einerseits ein Anschluss daran, andererseits auch eine partielle Selbstkorrektur, weil bis dato gerade die digitale Grundstruktur gar nicht gesehen wurde. Insofern war die Fragestellung, nach dem Bezugsproblem der Digitalisierung zu suchen, eine methodische Entscheidung, die sich ausgezahlt hat. Denn diese Frage stößt auf jene digitale Gesellschaft, deren Digitalisierung nicht nur, aber eben auch ein technisches Phänomen ist.

Ein theoretisch und empirisch verwandter Partner hätte die *Akteur-Netzwerk-Theorie* und Bruno Latours Theorie der *Kollektive* und der *Assoziationen* sein können. Letzterer hat es sich zum Programm gemacht, den Selbstbeschreibungsgeschichten der klassischen Gesellschaft mit ihren *sozialen* Beschreibungskategorien zu misstrauen und eher *Assoziationen* zu untersuchen. So lautet denn auch sein Forschungsprogramm: «Von der Erforschung der Gesellschaft zur Erforschung der Assoziationen.»[3] Gemeint ist damit, dass man sich von der konsensorientierten Idee des klassischen Gesellschaftsideals verabschieden und eher empirisch im Blick haben sollte, welche Assoziationen zwischen menschlichen, nicht-menschlichen, virtuellen, stofflichen, begrifflichen und sonstigen Akteuren zu Assoziationen führen, die immer neue Formen hervorbringt. Das ist eine insofern produktive soziologische Perspektive, als sie sensibel dafür ist, etwa die digitale Infrastruktur nicht einfach als Infrastruktur anzusehen, sondern als assoziierte Zurechnungspunkte, deren Assemblage mit anderen Akteuren zu überraschenden Einsichten führt.

Am Ende bleibt aber eine solche Perspektive merkwürdig zahnlos, weil sie auch nur auf die verfremdende Kraft ungewohnter Perspektiven setzt und damit der klassischen Soziologie und ihrem Milieu ähnlicher ist, als es die rhetorische Abgrenzung nahelegt. In einem Aufsatz über «computerisierte Arbeitsumgebungen» schreibt Latour, man solle sich davor hüten, nach der Entdeckung neuer Assoziationen gleich wieder nach Verbindungstypen, Strukturen und Regelmäßigkeiten zu suchen. Am Ende bleibt nur das Interesse an der Freiheit der Verknüpfbarkeit. Latour schreibt: «Die Kraft von Netzwerken wäre verloren, wenn man den unrealisierbaren Traum verfolgen müsste, eine Liste der erlaubten und der verbotenen oder unmöglichen Verbindungen aufzustellen. Eine verrückte Sozio-Logik würde dem vorausgegangenen verrückten Traum der Logiker folgen.»[4]

Das ist Ausdruck einer empirischen Offenheit – aber zugleich die Kapitulation gerade vor der Digitalität der modernen Gesellschaft, deren stupende Regelmäßigkeit *trotz* stets neuer Assemblagen und *trotz* radikaler Neuverbindungen zwischen menschlichen und nichtmenschlichen Akteuren in ihrer Grundstruktur von digital codierter, brutaler Stabilität ist. *Dass ausgerechnet die so fluide aussehende Digitalisierung auf solche Stabilitäten verweist, ist die kontraintuitive Diagnose, die ich hier soziologisch anbiete.*

Eine Chance für die Soziologie

Mit der Digitalisierung, so lautete meine These zu Beginn des Buches, erfolgt eine *dritte Entdeckung der Gesellschaft* nach der Erfindung des Institutionenarrangements moderner Gesellschaften nach der Französischen Revolution und nach der Politisierung von Gesellschaftsgestaltung während der Liberalisierungsschübe der zweiten Hälfte des 20. Jahrhunderts. Die dritte Entdeckung der Gesellschaft setzt noch viel unmittelbarer an der Gesellschaftsstruktur an: *erstens* an der bereits im 19. Jahrhundert einsetzenden Erfahrung, dass sich die Struktur der Gesellschaft und dass sich wichtige operative Fragen nur mit digitalen Mitteln der Mustererkennung sichtbar machen lassen; *zweitens* an der Analogie zwischen Codierung und Programmierung in den Funktionssystemen der Gesellschaft wie in der Datentechnik selbst. Für beide ist dies die strukturelle Grundlage für kaum steuerbare Optionssteigerungen, die in der Struktur der Sache selbst begründet liegen.

Erst an dieser Stelle wird überhaupt relevant, warum Quantifizierungen und metrische Formen der Selbstkontrolle letztlich vor keiner Möglichkeit Halt machen können und warum es so schwer ist, die als negativ empfundenen Folgen des Kontrollüberschusses digitaltechnischer Praktiken wieder los zu werden. Die Neoliberalismuskritik in diesem Zusammenhang, die (durchaus begründete) Furcht vor Überwachung und Kontrolle, die Ermahnungen bezüglich der Folgen von Datenpraktiken – all das kommt im Gestus der Kritik und der politischen und rechtlichen Kontrolle und Regulierung daher. Von entscheidender Bedeutung könnte die hier angebotene Diagnose sein, dass der Digitaltechnik deshalb so schwer beizukommen ist, weil sie wirklich funktioniert.

Technik setzt sich auch wider besseres Wissen und wider bessere Argumente durch, wenn sie funktioniert. Es gibt offensichtlich eine große Aversion gegen gesellschaftliche Bereiche, die konsens-/dissensunsensibel sind. Die Digitaltechnik ist derzeit Gegenstand heftigster Erörterungen ethischer, rechtlicher, moralischer und politischer Natur – und bewährt sich tagtäglich *als Technik* und korrumpiert damit das gute Argument. Und deshalb ist die Digitalisierung selbst ein Detektor, der der Gesellschaft einen Spiegel vorhält: Dass man sie selbst eben nicht in der klassischen Weise eines konsentierbaren Raums vorstellen muss, in dem man kollektiv bindende Entscheidungen über alles Wichtige treffen kann. Das ist der milieuspezifische Traum jener Mittelschichtsintelligenz, die zwar viel über Praxis und Technik redet, aber am Ende an einem geradezu sozialtechnologischen Konsens-Ideal hängt. Dieses Milieu glaubt nicht so recht an die Widerständigkeit unseres Gegenstandes – vielleicht weil es dasjenige Milieu ist, in dem die Widerstände ziemlich abgefedert aufblitzen.

Trotzdem besteht begründeter Anlass, dass sich mit der *dritten Entdeckung der Gesellschaft durch die Digitalisierung* eine große Chance für die Soziologie eröffnet. Die Digitalität der Gesellschaft nicht als Erkenntnischance für die Soziologie wahrzunehmen, wäre jedenfalls von grandioser Fahrlässigkeit. Wenn schon in großen Sätzen, dann in diesem: Erinnern wir uns an die ersten beiden Entdeckungen der Gesellschaft – sie waren geradezu konstitutiv für eine neue Denkungsart zwischen euphorischem Aufbruch und der Erkenntnis der Widerständigkeit unseres Gegenstands. Andere machen mit dieser Widerständigkeit derzeit Geschäfte, feiern Steuerungserfolge und überwachen Prozesse. Aufklären darüber können nur wir – wenn wir es denn tun und uns nicht nur in betroffener Kritik an digitaler Alltagsgängelung ergehen oder uns ästhetisch an neuen Assoziationen und Versammlungen erfreuen. Denn es ist der Umgang mit der Trägheit, der Musterhaftigkeit und der Widerständigkeit der Gesellschaft selbst, für den die Digitalisierung eine Lösung darstellt.

Und erst wenn diese Chance für die Soziologie aufgegriffen wird, kann es überhaupt einen angemessenen Diskurs darüber geben, wie die Chancen, die Risiken und das Disruptionspotential digitaler Technologien einzuschätzen sind. Um solche Diskurse nicht nur als Kolonialisierungsdiskurse oder Diskurse über äußere Störungen zu führen, lege ich diese *Theorie der digitalen Gesellschaft* vor.

Anmerkungen

Alle angegebenen Links wurden zuletzt aufgerufen am 1. Juni 2019.

Einleitung

1 Von der *Hegel Lecture* liegt eine Video-Aufzeichung vor, abrufbar unter https://www.fu-berlin.de/sites/dhc/zVideothek/1000_Hegel_Lecture_mit_Armin_Nassehi/index.html

2 So etwa Timo Daum: Das Kapital sind Wir. Zur Kritik der Digitalen Ökonomie, Hamburg: Edition Nautilus 2017; Philipp Staab, Falsche Versprechen. Wachstum im digitalen Kapitalismus, Hamburg: Hamburger Edition 2016; Yvonne Hofstetter: Das Ende der Demokratie. Wie die künstliche Intelligenz die Politik übernimmt und uns entmündigt, München: Penguin 2018; Richard David Precht: Jäger, Hirten, Kritiker. Eine Utopie für die digitale Gesellschaft, München: Goldmann 2018; Michael Betancourt: Kritik des digitalen Kapitalismus, Darmstadt: Wissenschaftliche Buchgesellschaft 2018.

3 Sherry Turkle: Leben im Netz. Identitäten in Zeiten des Internet, Reinbek bei Hamburg: Rowohlt 1999.

4 Deborah Lupton: Digital Sociology, New York/Milton Park: Routledge 2015 (E-Book).

5 Rob Kitchin: The Data Revolution. Big Data, Open Data, Data Infrastructures and their Consequences, London: Sage 2014.

6 Shoshana Zuboff: Das Zeitalter des Überwachungskapitalismus, Frankfurt/M./New York: Campus 2018 (Kindle-Ausgabe).

7 Jessie Daniels, Karen Gregory und Tressie McMillan Cottom (Hg.): Digital Sociologies, Bristol/Chicago: Policy Press 2017.

8 Steffen Mau: Das metrische Wir. Über die Quantifizierung des Sozialen, Berlin: Suhrkamp 2017; vgl. auch Stefanie Duttweiler et al. (Hg.): Leben nach Zahlen. Self-Tracking als Optimierungsprojekt?, Bielefeld: Transcript 2016; Zygmunt Bauman und David Lyon: Daten, Drohnen, Disziplin. Ein Gespräch über flüchtige Überwachung, Berlin: Suhrkamp 2013.

9 Dirk Helbing: Towards Digital Enlightenment. Essays on the Dark and Light Sides of the Digital Revolution, Cham/CH: Springer 2019.

10 Friedrich Kittler: Es gibt keine Software, in: ders.: Draculas Vermächtnis. Technische Schriften, Leipzig: Reclam 1993, S. 225–242.

11 Sybille Krämer: Symbolische Maschinen. Die Idee der Formalisierung im geschichtlichen Abriß, Darmstadt: Wissenschaftliche Buchgesellschaft 1988.

12 Vgl. Sybille Krämer und Horst Bredekamp (Hg.): Bild – Schrift – Zahl, 2. Aufl., München: Fink 2009.

13 Felix Stalder: Kultur der Digitalität, Berlin: Suhrkamp 2016.

14 Vgl. etwa Edelgard Kutzner und Victoria Schnier: Geschlechterverhältnisse in Digitalisierungsprozessen von Arbeit. Konzeptionelle Überlegungen und empirische Fragestellungen, in: Arbeit 26 (2017), S. 137–157.

15 Vgl. etwa Klaus Dörre, Digitalisierung – neue Prosperität oder Vertiefung gesell-schaftlicher Spaltungen? in: Hartmut Hirsch-Kreinsen, Peter Ittermann, Jona-than Niehaus (Hg.): Digitalisierung industrieller Arbeit, Baden Baden: Nomos 2015, S. 270–285; Paul DiMaggio et al.: Social Implications of the Internet, in: Annual Review of Sociology 27 (2001), S. 307–336.

16 Vgl. dazu Dominique Cardon: Den Algorithmus dekonstruieren. Vier Typen digi-taler Informationsberechnung, in: Robert Seyfert und Jonathan Roberge (Hg.): Algorithmuskulturen. Über die rechnerische Konstruktion der Wirklichkeit, Bie-lefeld: transcript 2017, S. 131–150; Dominique Cardon: A quoi rêvent les algorith-mes. Nos vies à l'heure du big data, Paris: Seuil 2015.

17 Vgl. dazu Armin Nassehi: Rethinking functionalism. Zur Empiriefähigkeit sys-temtheoretischer Soziologie, in: Herbert Kalthoff (Hg.): Theoretische Empirie. Die Relevanz qualitativer Forschung, Frankfurt/M.: Suhrkamp 2008, S. 79–106.

18 Vgl. dazu schon Armin Nassehi: Die erste digitale Generation. Eine kontraintui-tive Diagnose, in: Kursbuch 178: 1964, Hamburg: Kursbuch Kulturstiftung 2014, S. 31–52.

19 Walter Benjamin: Das Kunstwerk im Zeitalter seiner technischen Reproduzier-barkeit, Berlin: Suhrkamp 2007.

20 Chris Anderson: The End of Theory. The Data Deluge Makes the Scientific Method Obsolete, in: Wired, 23 June 2008; Klaus Mainzer: Zur Veränderung des Theoriebe-griffs im Zeitalter von Big Data und effizienten Algorithmen, in: Berliner Debatte Initial 27 (2016), 4, S. 22–34.

21 Martina Franzen: Die digitale Transformation der Wissenschaft, in: Beiträge zur Hochschulforschung 4, 40 (2018), S. 8–28. URL: http://www.bzh.bayern.de/uploads/media/4_2018_Franzen.pdf

22 Vgl. Nick Srnicek: Plattform-Kapitalismus, Hamburg: Hamburger Edition 2018.

23 Besonders spektakulär vgl. Nick Bostrom: Superintelligenz. Szenarien einer kom-menden Revolution, Berlin: Suhrkamp 2016.

24 Dirk Helbing: Towards Digital Enlightenment. Essays on the Dark and Light Sides of the Digital Revolution, Cham/CH: Springer 2019.

1

Das Bezugsproblem der Digitalisierung

1 Ernst Cassirer: Substanzbegriff und Funktionsbegriff. Untersuchungen über die Grundfragen der Erkenntniskritik, Hamburg: Meiner 2000, S. 328.

2 Ebd., S. 329.

3 Ebd., S. 345. Übrigens wird diese epistemologische Perspektive nicht nur von heutigen systemtheoretischen Epistemologien bestätigt (vgl. Armin Nassehi: Wie wirklich sind Systeme? Zum ontologischen und epistemologischen Status von Luhmanns Theorie sozialer Systeme, in: Werner Krawietz und Michael Welker (Hg.): Kritik der Theorie sozialer Systeme, Frankfurt/M.: Suhrkamp 1992, S. 43–70), sondern ist auch an Ergebnisse der Hirnforschung anschließbar. Wolf Singer etwa formuliert, das Gehirn nehme keine Außenwelt wahr, sondern gleiche nur *eigene* Zustände, generiert durch die Wahrnehmung (nicht durch das Wahrgenom-mene!), mit *eigenen* Hypothesen ab und sei letztlich auf Bestätigung aus (vgl. Wolf Singer: Der Beobachter im Gehirn. Essays zur Hirnforschung, Frankfurt/M.: Suhrkamp 2002, S. 72). Man muss nicht die kultur- und geisteswissenschaft-

lichen, allzu konventionellen Folgerungen Singers teilen, um nicht wenigstens sehen zu können, dass sich heute eine konstruktivistische Epistemologie nicht mehr gegen naturalistische Beschreibungen ausspielen lässt.

4 Vgl. Dirk Helbing: The Automation of Society is Next. How to Survive the Digital Revolution, Leipzig: Amazon Distribution 2015, S. 22 f. et passim.

5 Vgl. dazu Daniela Döring: Zeugende Zahlen. Mittelmaß und Durchschnittstypen in Proportion, Statistik und Konfektion des 19. Jahrhunderts, Berlin: Kadmos 2011.

6 Vgl. Armin Nassehi: Rethinking functionalism. Zur Empiriefähigkeit systemtheoretischer Soziologie, in: Herbert Kalthoff (Hg.): Theoretische Empirie. Die Relevanz qualitativer Forschung, Frankfurt/M.: Suhrkamp 2008, S. 79–106.

7 Es kommt zu einem Steigerungsverhältnis von Bestimmtheit und Unbestimmtheit. Vgl. Gerhard Gamm: Flucht aus der Kategorie. Die Positivierung des Unbestimmten als Ausgang der Moderne, Frankfurt/M.: Suhrkamp 1994, S. 236.

8 Vgl. Niklas Luhmann: Gesellschaftliche Struktur und semantische Tradition, in: ders.: Gesellschaftsstruktur und Semantik. Studien zur Wissenssoziologie der modernen Gesellschaft, Band 1, Frankfurt/M.: Suhrkamp 1980, S. 9–71.

9 Vgl. dazu Stefan Hirschauer: Humandifferenzierung. Modi und Grade der Zugehörigkeit, in: ders. (Hg.): Un/doing Differences. Praktiken der Humandifferenzierung, Weilerswist: Velbrück 2017, S. 29–54; Armin Nassehi: Humandifferenzierung und gesellschaftliche Differenzierung. Eine Verhältnisbestimmung, in: Ebd., S. 55–78.

10 Michel Foucault: Der Wille zum Wissen. Sexualität und Wahrheit 1, Frankfurt/M.: Suhrkamp 1983, S. 166.

11 Dirk Baecker: Studien zur nächsten Gesellschaft, Berlin: Suhrkamp 2007.

12 Dirk Baecker: 4.0 oder Die Lücke, die der Computer lässt, Leipzig: Merve 2018, S. 9.

13 Jürgen Habermas: Der normative Gehalt der Moderne, in: ders.: Der philosophische Diskurs der Moderne, Frankfurt/M.: Suhrkamp 1986, S. 390–425.

14 Dirk Baecker: Studien zur nächsten Gesellschaft, Berlin: Suhrkamp 2007, S. 169.

15 Pars pro toto seien genannt: Stefanie Duttweiler et al. (Hg.): Leben nach Zahlen. Self-Tracking als Optimierungsprojekt?, Bielefeld: Transcript 2016; Zygmunt Bauman und David Lyon: Daten, Drohnen, Disziplin. Ein Gespräch über flüchtige Überwachung, Berlin: Suhrkamp 2013; Steffen Mau: Das metrische Wir. Über die Quantifizierung des Sozialen, Berlin: Suhrkamp 2017.

16 Vgl. Auguste Comte: Die Soziologie. Die positive Philosophie im Auszug, Stuttgart: Kröner 1974.

17 Vgl. Joseph de Maistre: Von der Souveränität. Ein Anti-Gesellschaftsvertrag, Berlin: Kadmos 2000.

18 Vgl. dazu Armin Nassehi: Gab es 1968? Eine Spurensuche, Hamburg: Kursbuch-Edition 2018, S. 56 ff.

19 Vgl. Pierre Bourdieu und Jean-Claude Passeron: Die Illusion der Chancengleichheit. Untersuchungen zur Soziologie des Bildungswesens am Beispiel Frankreichs, Stuttgart: Kohlhammer 1971; auch: Pierre Bourdieu: Wie die Kultur zum Bauern kommt, Hamburg: VSA 2001.

20 Zur Begriffsgeschichte vgl. Markus Schroer: Klassengesellschaft, in: Georg Kneer, Armin Nassehi und Markus Schroer (Hg.): Soziologische Gesellschaftsbegriffe 2: Klassische Zeitdiagnosen, Paderborn: Fink 2001, S. 139–178.

21 Vgl. Christoph Tripp: Distributions- und Handelslogistik. Netzwerke und Strategien der Omnichannel-Distribution im Handel, Wiesbaden: Springer 2019.

22 Peter Felixberger und Armin Nassehi: Deutschland. Ein Drehbuch, Hamburg: Kursbuch-Edition 2017.

23 Vgl. Jacques Derrida: Die Schrift und die Differenz, 4. Aufl., Frankfurt/M.: Suhrkamp 1989.

24 Vgl. Gilles Deleuze: Differenz und Wiederholung, München: Fink 1992.

25 Vgl. Jean-François Lyotard: Der Widerstreit, München: Fink 1989.

26 Vgl. dazu Armin Nassehi: Différend, Différance und Distinction. Zur Differenz der Differenzen bei Lyotard, Derrida und in der Formenlogik, in: Henk de Berg und Matthias Prangel (Hg.): Differenzen. Systemtheorie zwischen Dekonstruktion und Konstruktivismus, Tübingen/Basel: Francke 1995.

27 Andreas Diekmann: Empirische Sozialforschung. Grundlagen, Methoden, Anwendungen, 12. Aufl., Reinbek bei Hamburg: Rowohlt 2018, S. 92.

28 Vgl. Stephen M. Stigler: The History of Statistics. The Measurement of Uncertainty before 1900, Harvard: Harvard University Press 1986 (Ausgabe 2000), S. 159 ff.

29 Andreas Diekmann: Empirische Sozialforschung. Grundlagen, Methoden, Anwendungen, 12. Aufl., Reinbek bei Hamburg: Rowohlt 2018, S. 95.

30 Für die Grounded-Theory-Methode vgl. beispielhaft Aglaja Przyborski und Monika Wohlrab-Sahr: Qualitative Sozialforschung: Ein Arbeitsbuch, 4. Aufl., München: Oldenbourg 2014, S. 218.

31 Vgl. Armin Nassehi und Irmhild Saake: Kontingenz: Methodisch verhindert oder beobachtet? Ein Beitrag zur Methodologie der qualitativen Sozialforschung, in: Zeitschrift für Soziologie 31 (2002), S. 66–86.

32 Vgl. dazu Armin Nassehi: Über Beziehungen, Elefanten und Dritte, in: Soziologie 47 (2018), S. 292–301, hier S. 293.

33 Rebecca Jean Emigh, Dylan Riley und Patricia Ahmed: Antecedents of Censuses from Medieval to Nation States. How Societies and States Count, New York: Palgrave Macmillan 2016, S. 30.

34 Vgl. Jürgen Osterhammel: Die Verwandlung der Welt. Eine Geschichte des 19. Jahrhunderts, München: C. H. Beck 2010, S. 58 ff.

35 Vgl. dazu Armin Nassehi: Gab es 1968? Eine Spurensuche, Hamburg: Kursbuch-Edition 2018, S. 56 ff.

36 Rudi Schmidt: Der Einfluss der Soziologie auf die Studentenbewegung der 60er Jahre und vice versa, in: Hans Georg Soeffner (Hg.): Unsichere Zeiten. Herausforderungen gesellschaftlicher Transformationen. Verhandlungen des 34. Kongresses der DGS in Jena 2008, Band 1, Wiesbaden: VS-Verlag 2010, S. 661–682.

37 Felix Stalder: Kultur der Digitalität, Berlin: Suhrkamp 2016, S. 68 ff.

38 Zuerst erschienen in: Socialist Review 80 (1985), S. 65–108, in deutscher Sprache: Ein Manifest für Cyborgs. Feminismus im Streit mit den Technikwissenschaften, in: Donna Haraway: Die Neuerfindung der Natur. Primaten, Cyborgs und Frauen, Frankfurt/M./New York: Campus 1995, S. 33–72.

39 Ebd., S. 33.

40 Ebd., S. 35.

41 Vgl. dazu Stefan Hirschauer: Das Vergessen des Geschlechts. Zur Praxeologie einer Kategorie sozialer Ordnung, in: Kölner Zeitschrift für Soziologie und Sozialpsychologie. Sonderheft 41, 2001, S. 208–235; der Ansatz reagiert auf den Begriffsvorschlag von Candace West und Don H. Zimmerman: Doing Gender, in: Gender and Society 1 (1987), S. 125–151. Vgl. auch Ursula Pasero: Gender, Individualität, Diversity, in: dies. und Christine Weinbach (Hg.): Frauen, Männer, Gender Trouble.

Systemtheoretische Essays, Frankfurt/M.: Suhrkamp 2003, S. 105–124; Armin Nassehi: Geschlecht im System. Die Ontologisierung des Körpers und die Asymmetrie der Geschlechter, in: ebd., S. 80–104.

42 Donna Haraway: Ein Manifest für Cyborgs. Feminismus im Streit mit den Technikwissenschaften, in: dies.: Die Neuerfindung der Natur. Primaten, Cyborgs und Frauen, Frankfurt/M./New York: Campus 1995, S. 33–72, hier S. 35.

43 Ebd., S. 49 f.

44 Richard Rorty: Kontingenz, Ironie, Solidarität, Frankfurt/M.: Suhrkamp 1989, S. 127 ff.

45 Vgl. dazu Armin Nassehi: Der gegenwärtige Kulturkampf. Was heißt es, eine Frau zu sein?, in: Frankfurter Allgemeine Zeitung vom 09. 04. 2019.

46 Donna Haraway: Ein Manifest für Cyborgs. Feminismus im Streit mit den Technikwissenschaften, in: dies.: Die Neuerfindung der Natur. Primaten, Cyborgs und Frauen, Frankfurt/M./New York: Campus 1995, S. 33–72, hier S. 37.

2
Der Eigensinn des Digitalen

1 Niklas Luhmann: Die Wissenschaft der Gesellschaft, Frankfurt/M.: Suhrkamp 1990, S. 370.

2 Ebd.

3 Vgl. Dominique Cardon: Den Algorithmus dekonstruieren. Vier Typen digitaler Informationsberechnung, in: Robert Seyfert und Jonathan Roberge (Hg.): Algorithmuskulturen. Über die rechnerische Konstruktion der Wirklichkeit. Bielefeld: transcript 2017, S. 131–150. Folgendes Schaubild aus Cardons Aufsatz beschreibt «Vier Typen digitaler Informationsberechnung» (Ebd., S. 133).

	Neben	Oberhalb	Innerhalb	Unterhalb
Beispiele	Publikums-Berechnung, Google Analytics, Werbung	PageRank (Google), Digg, Wikipedia	Facebook Freunde, Twitter Retweets, öffentliche Meinung	Amazon Empfehlungen, personalisierte Werbung
Data	Views	Links	Likes	Verhaltensprofil
Population	Repräsentative Stichproben	Gewichtete (zensuale) Abstimmung	Soziale Netzwerke, erklärte Vorlieben	Vermutetes individuelles Verhalten
Form der Berechnung	Abstimmung	Klassifizierung und Ranking	Benchmarks	Maschinen-Lernen
Prinzip	*Popularität*	*Autorität*	*Reputation*	*Prognose*

4 Edmund Husserl: Die Krisis der europäischen Wissenschaften und die transzendentale Phänomenologie, 2. Aufl., Hamburg: Meiner 1982, S. 35.

5 Ebd., S. 47.

6 Ebd.

7 Ebd., S. 75.

8 David Cope: Experiments in Musical Intelligence, Madison, WI: A-R Editions 1996.

9 *Bach by Design*. Centaur Records, CRC 2184, 1993; *Virtual Bach*. Centaur Records, CRC 2619, 2003.

10 Bruce L. Jacob: Algorithmic composition as a model of creativity, in: Organised Sound, 1(3) 1996, S. 157–165. DOI:10.1017/S1355771896000222

11 Pars pro toto: Für das Beispiel von Vokalen beim deutschen Spracherwerb vgl. etwa Anja Hofmann: Vergleich muttersprachlicher und nicht-muttersprachlicher Vokale mit Deutsch als Zielsprache: Ein statistischer Vergleich in Corpora, Diss. Universität Tübingen 2011. URL: http://hdl.handle.net/10900/46850. Bemerkenswert ist hier die methodische Konzentration auf die statistisch erfassbare Musterhaftigkeit unterschiedlicher sprachlicher Herkünfte der Probanden.

12 Edmund Husserl: Zur Phänomenologie des inneren Zeitbewusstseins (1893–1917), Husserliana, Band X, Den Haag: Martinus Nijhoff 1966, S. 23.

13 Auf die Wissenschaftsähnlichkeit der Praktiken weist auch Steffen Mau hin: Steffen Mau: Das metrische Wir. Über die Quantifizierung des Sozialen, Berlin: Suhrkamp 2017, S. 27 f.

14 Dirk Baecker: 4.0 oder Die Lücke, die der Computer lässt, Leipzig: Merve 2018, S. 16.

15 Klaus Mainzer: Zur Veränderung des Theoriebegriffs im Zeitalter von Big Data und effizienten Algorithmen, in: Berliner Debatte Initial 27 (2016), 4, S. 22–34, hier S. 31.

16 Ebd., S. 33.

17 Vgl. Christian Wadephul: Führt Big Data zur abduktiven Wende in den Wissenschaften?, in: Berliner Debatte Initial 27 (2016), 4, S. 35–49, hier: S. 37.

18 danah boyd und Kate Crawford: Big Data als kulturelles, technologisches und wissenschaftliches Phänomen, in: Heinrich Geiselberger und Tobias Moorstedt (Hg.): Big Data. Das neue Versprechen der Allwissenheit, Frankfurt/M.: Suhrkamp 2013, S. 187–218, hier S. 188.

19 Vgl. Tom Breur: Statistical Power Analysis and the contemporary «crisis» in social sciences, in: Journal of Marketing Analysis 4 (2016), S. 61–65.

20 Martin Heidegger: Die Herkunft der Kunst und die Bestimmung des Denkens, in: Petra Jaeger und Rudolf Lüthe (Hg.): Distanz und Nähe. Reflexionen und Analysen zur Kunst der Gegenwart, Würzburg: Königshausen und Neumann 1983, S, 11–22, hier S. 16.

21 Ebd., S. 13.

22 Ebd., S. 16.

23 Ebd., S. 17.

24 Julian Müller: Bestimmbare Unbestimmtheiten. Skizze einer indeterministischen Soziologie, München: Fink 2015, S. 17 ff.

25 Martin Heidegger: Das Ge-Stell, in: Gesamtausgabe. III. Abteilung: Unveröffentlichte Abhandlungen. Band 79, 2. Aufl., Frankfurt/M.: Vittorio Klostermann 2005, S. 24–45, hier S. 37 f.

26 Bruno Latour: Wir sind nie modern gewesen. Versuch einer symmetrischen Anthropologie, Frankfurt/M.: Suhrkamp 2008.

27 »Nur noch ein Gott kann uns retten.« SPIEGEL-Gespräch mit Martin Heidegger, in: DER SPIEGEL 29/1976, S. 193–219, hier: S. 209 f.

28 Jerry Z. Muller: The Tyranny of Metrics, Princeton: Princeton UP 2018.

29 Cathy O'Neill: Der Angriff der Algorithmen, München: Hanser 2017.

30 Ernst Cassirer: Substanzbegriff und Funktionsbegriff. Untersuchungen über die Grundfragen der Erkenntniskritik, Hamburg: Meiner 2000, S. 328.

31 Selbst wenn man im Heideggerschen Sinne die Kunst gegen die Technik setzen wollte, würde man sie doch entgegensetzen müssen. Sie wäre das Andere – übrigens ein Motiv, das sich als Kritik an der Rationalität und Sachlichkeit der Moderne von Schiller über Schelling bis Adorno zieht. Auf diese Parallele sei hier nur nebenbei hingewiesen, weil sie naheliegt, ich verfolge sie aber nicht weiter, weil sie für das Argument keine Rolle spielt.

32 Walter Schulz: Philosophie in der veränderten Welt, Pfullingen: Neske 1972, S. 13.

33 Vgl. ebd., S. 247 ff.

34 Claude Shannon und Warren Weaver: The Mathematical Theory of Communication, Urbana 1949; vgl. dazu schon Armin Nassehi: Die letzte Stunde der Wahrheit. Kritik der komplexitätsvergessenen Vernunft, 2. Aufl., Hamburg: Kursbuch-Edition 2018, S. 115 ff.

35 Eine gute Einführung in die allgemeine und die soziologische Systemtheorie findet sich in einem Transkript einer Einführungsvorlesung von Niklas Luhmann aus dem Wintersememster 1991/92: Niklas Luhmann: Einführung in die Systemtheorie, hg. von Dirk Baecker, Heidelberg: Carl-Auer-Systeme 2002.

36 Martin Heidegger: Das Ge-Stell, in: Gesamtausgabe. III. Abteilung: Unveröffentlichte Abhandlungen. Band 79, 2. Aufl., Frankfurt/M.: Vittorio Klostermann 2005, S. 24–45, hier S. 30.

37 Michel Foucault: Die Ordnung der Dinge, Frankfurt/M.: Suhrkamp 1974, S. 462.

38 Vgl. Niklas Luhmann: Die gesellschaftliche Differenzierung und das Individuum, in: ders.: Soziologische Aufklärung 6, Opladen: Westdeutscher Verlag 1995, S. 125–141.

39 Niklas Luhmann: Die Tücke des Subjekts und die Frage nach dem Menschen, in: Werner Fuchs und Andreas Göbel (Hg.): Der Mensch – das Medium der Gesellschaft, Frankfurt/M.: Suhrkamp 1994, S. 40–56, hier S. 55.

40 Vgl. dazu Armin Nassehi: Wenn wir wüssten! Kommunikation als Nichtwissensmaschine, in: Kursbuch 180: Nicht wissen, Hamburg: Murmann 2014, S. 9–25.

41 Martin Heidegger: Zur Frage nach der Bestimmung des Denkens (30. September 1965), in: ders.: Reden und andere Zeugnisse eines Lebensweges 1910–1976. Gesamtausgabe Band 16. Frankfurt a. M.: Vittorio Klostermann 2000, S. 620–633, hier: S. 622.

42 Ebd., S. 623.

43 Vgl. dazu schon Armin Nassehi: Geschlossenheit und Offenheit. Studien zur Theorie der modernen Gesellschaft, Frankfurt/M.: Suhrkamp 2003, S. 27–88; Armin Nassehi: Der soziologische Diskurs der Moderne, Frankfurt/M.: Suhrkamp 2009, S. 359 ff.

44 Ferdinand de Saussure: Grundfragen der allgemeinen Sprachwissenschaft, 3. Aufl., Berlin/New York: de Gruyter 1976, S. 141.

45 Damit wird die differe(a)nce zugleich sichtbar und unsichtbar gemacht. Paradox formuliert: Die Unsichtbarkeit der Differenz wird sichtbar gemacht. In der deutschen Übersetzung wird das Wort *différance* kongenial als *Differänz* wiedergegeben, was im Deutschen ebenfalls eine Unsichtbarkeit sichtbar machen kann. Im Unterschied zum Französischen aber bleibt die zusätzliche Pointe versagt, dass die unhörbare Lautverschiebung hier nicht mit dem ersten Buchstaben des Alphabets erfolgen kann. Vgl. dazu Jacques Derrida: Die différance, in: ders.: Randgänge der Philosophie, Graz/Wien: Passagen 1988, S. 29.

46 Ebd., S. 36.
47 Jacques Derrida: Die Schrift und die Differenz, 4. Aufl., Frankfurt/M.: Suhrkamp 1989, S. 425.
48 Fritz Heider: Ding und Medium (1926), Berlin: Kadmos 2005.; vgl. dazu auch Dirk Baeckers Einleitung in diesem Band.
49 Gregory Bateson: Ökologie des Geistes. Anthropologische, psychologische, biologische und epistemologische Perspektiven, 3. Aufl., Frankfurt/M.: Suhrkamp 1990, S. 582.
50 Jacques Derrida: Die Schrift und die Differenz, 4. Aufl., Frankfurt/M.: Suhrkamp 1989, S. 425.
51 Vgl. Armin Nassehi: Geschlossenheit und Offenheit. Studien zur Theorie der modernen Gesellschaft, Frankfurt/M.: Suhrkamp 2003, S. 34 ff.

3
Multiple Verdoppelungen der Welt

1   Armin Nassehi: Die letzte Stunde der Wahrheit. Kritik der komplexitätsvergessenen Vernunft, 2. Aufl., Hamburg: Kursbuch-Edition 2018.
2   Armin Nassehi: Versuch einer soziologischen Antwort auf die bescheidene Frage, warum es Kunst gibt und nicht vielmehr nicht, in: Uta Klein, Katja Mellmann und Steffanie Metzger (Hg.): Heuristiken der Literaturwissenschaft. Disziplinexterne Perspektiven auf Literatur, Paderborn: Mentis 2006; ausführlicher dazu Armin Nassehi: Gesellschaft der Gegenwarten. Studien zur Theorie der modernen Gesellschaft II, Berlin: Suhrkamp 2011, S. 310–336.
3   Niklas Luhmann: Die Paradoxie der Form, in: Dirk Baecker (Hg.): Kalkül der Form, Frankfurt/M.: Suhrkamp 1993, S. 197–215, hier S. 199.
4   Ebd.
5   Vgl. dazu Markus Nebel: Formale Grundlagen der Programmierung, Wiesbaden: Springer 2012, S. 117 ff.
6   Vgl. zum Folgenden schon Armin Nassehi: Geschlossenheit und Offenheit. Studien zur Theorie der modernen Gesellschaft, Frankfurt/M.: Suhrkamp 2003, S. 36 ff.
7   Niklas Luhmann: Soziale Systeme. Grundriß einer allgemeinen Theorie, Frankfurt/M.: Suhrkamp 1984, S. 191 ff.
8   In soziologisch genauer begründeter Form: Niklas Luhmann: Die Gesellschaft der Gesellschaft, Frankfurt/M.: Suhrkamp 1997, S. 707 ff.
9   Vgl. ebd., S. 542 ff.
10 Vgl. dazu Tobias Moorstedt: Obamas Datenakrobaten, in: Heinrich Geiselberger und Tobias Moorstedt (Hg.): Big Data. Das neue Versprechen der Allwissenheit, Berlin: Suhrkamp 2013, S. 35–54.
11 Renee DiResta et al.: The Tactics & Tropes of the Internet Research Agency, New Knowledge, 2018 (https://disinformationreport.blob.core.windows.net/disinformation-report/NewKnowledge-Disinformation-Report-Whitepaper-121718.pdf), S. 99; vgl. auch Philip N. Howard et al.: The IRA, Social Media and Political Polarization in the United States, 2012–2018, Computional Propaganda Project, University of Oxford, UK, 2018 (https://comprop.oii.ox.ac.uk/wp-content/uploads/sites/93/2018/12/IRA-Report-2018.pdf).
12 Michael Betancourt: Kritik des digitalen Kapitalismus, Darmstadt: Wissenschaftliche Buchgesellschaft 2018, S. 52.

13 Richard David Precht: Jäger, Hirten, Kritiker: Eine Utopie für die digitale Gesellschaft, München: Goldmann 2018.

14 In diese Richtung argumentiert etwa Eric Schaeffer: Industry X.o. Realizing Digital Value in Industrial Sectors, London: Edition Kogan 2017.

15 Erik Brynjolfsson und Andrew McAfee: The Second Machine Age. Work, Progress, and Prosperity in a Time of Brilliant Technologies, New York: Norton 2014.

16 Michael Betancourt: Kritik des digitalen Kapitalismus, Darmstadt: Wissenschaftliche Buchgesellschaft 2018, S. 57.

17 Alvin Toffler: The Future Shock, New York: Random House 1970.

18 Vgl. dazu Dirk Baecker: Metadaten. Eine Annäherung an Big Data, in: Heinrich Geiselberger und Tobias Moorstedt (Hg.): Big Data. Das neue Versprechen der Allwissenheit, Berlin.: Suhrkamp 2013, S. 156–186, hier S. 160 ff.

19 Chris Anderson: The End of Theory. The Data Deluge Makes the Scientific Method Obsolete, in: Wired, 23 June 2008.

20 Dazu Ryan Shaw: Big Data and reality, in: Big Data & Society, July-December 2015. DOI: 10 1177/2053951715608877

21 Chris Anderson: The End of Theory. The Data Deluge Makes the Scientific Method Obsolete, in: Wired, 23 June 2008.

22 Jean Francois Bonnefon, Azim Shariff und Iyad Rahwan: Autonomous Vehicles Need Experimental Ethics. Are we Ready for Utilitarian Cars?, in: arXiv:150. 03346v1, 12. Oct. 2015.

23 Michael Betancourt: Kritik des digitalen Kapitalismus, Darmstadt: Wissenschaftliche Buchgesellschaft 2018, S. 76.

24 Dirk Helbing: Towards Digital Enlightenment. Essays on the Dark and Light Sides of the Digital Revolution, Cham/CH: Springer 2019, S. 99 ff.

25 Florian Süssenguth: Die Organisation des digitalen Wandels. Zur Funktion von Digitalisierungssemantiken in Wirtschaft, Medien und Politik, in: ders. (Hg.): Die Gesellschaft der Daten. Über die digitale Transformation der sozialen Ordnung, Bielefeld: Transcript 2015, S. 93–121, hier S. 115 f.

26 Niklas Luhmann: Die Gesellschaft der Gesellschaft, Frankfurt/M.: Suhrkamp 1997, S. 729.

27 Jacques Derrida: Die différance, in: ders.: Randgänge der Philosophie, Graz/Wien: Passagen 1988, S. 49.

28 Vgl. Bernhard Ganter: Diskrete Mathematik: Geordnete Mengen, Berlin/Heidelberg: Springer Spektrum 2013.

29 Aristoteles: Physik, IV. Buch, 220a (Bd. 11 der Werke in deutscher Übersetzung, Berlin: Akademie Verlag 1967).

30 Fritz Heider: Ding und Medium (1926), Berlin: Kadmos 2005; vgl. dazu auch Julian Müller: Systemtheorie als Medientheorie, in: Oliver Jahraus, Armin Nassehi et al. (Hg.): Luhmann-Handbuch. Leben – Werk – Wirkung, Stuttgart: Metzler 2012, S. 57–61, hier S. 61.

31 Vgl. dazu Elena Esposito: Was man von den unsichtbaren Medien sehen kann, in: Soziale Systeme 12 (2006), S. 54–78.

32 Ähnlich, und ähnlich unter Rekurs auf die Medium/Ding- bzw. die Medium/ Form-Unterscheidung, argumentiert Dirk Baecker: 4.0 oder Die Lücke, die der Rechner lässt, Leipzig: Merve 2018, S. 21 ff.

33 Vgl. nur Stefanie Duttweiler et al. (Hg.): Leben nach Zahlen. Self-Tracking als Optimierungsprojekt?, Bielefeld: Transcript 2016; Deborah Lupton: The Quantified Self, Cambridge, UK: Politiy Press 2016.

34 Steffen Mau: Das metrische Wir. Über die Quantifizierung des Sozialen, Berlin: Suhrkamp 2017, S. 40 ff.

35 Bruno Latour: Achtung: Ihre Phantasie hinterlässt digitale Spuren!, in: Heinrich Geiselberger und Tobias Moorstedt (Hg.): Big Data. Das neue Versprechen der Allwissenheit, Berlin: Suhrkamp 2013, S. 119–123.

36 Brynolfsson und McAfee sprechen von der «Digitization of about everything». Erik Brynjolfsson und Andrew McAfee: The Second Machine Age. Work, Progress, and Prosperity in a Time of Brilliant Technologies, New York: Norton 2014, Kindle-Ausgabe, Pos. 829 ff.

37 Peter Struijs, Barteld Braaksma und Piet J. H. Daas: Official Statistics and Big Data, in: Big Data and Society 2014. DOI: 10 1177/2053951714538417

38 Vgl. William E. Scheuermann: Digital Disobedience and the Law, in: New Political Science 38 (2916), S. 299–314; Karl-Heinz Ladeur: Die Gesellschaft der Netzwerke und ihre Wissensordnung. Big Data, Datenschutz und die ‹relationale Persönlichkeit›, in: Florian Süssenguth (Hg.): Die Gesellschaft der Daten. Über die digitale Transformation der sozialen Ordnung, Bielefeld: Transcript 2015, S. 225–252.

4
Einfalt und Vielfalt

1 Die Einheit FLOPS (*Floating Point Operations Per Second*) ist eine Maßeinheit für die Geschwindigkeit von Computern, die nicht einfach die Taktgeschwindigkeit misst wie die Einheit Mega-Hertz, sondern die Frequenz von möglichen Gleitkommaoperationen, die pro Sekunde bearbeitet werden können. Gleitkommaoperationen sind Additionen und Multiplikationen. PFLOPS sind PetaFlops, also 10^{15} FLOPS. Die Taktung ist hier nicht die entscheidende Größe, da in Supercomputern wie dem Summit eine große Anzahl von Servern miteinander verbunden werden.

2 Vgl. dazu «US-Supercomputer «Summit» ist schnellster Rechner der Welt», in: Heise-online vom 09. 06. 2018. URL: https://www.heise.de/newsticker/meldung/US-Supercomputer-Summit-ist-schnellster-Rechner-der-Welt-4075312.html

3 Vgl. Rob Kitchin: The Data Revolution. Big Data, Open Data, Data Infrastructures and their Consequences, London: Sage 2014, S. 4 f.

4 Vgl. dazu Stanislas Dehaene: Lesen, München: btb 2012.

5 Schon Norbert Wiener beschreibt dies als besonderes Charakteristikum in Bezug auf die Programmierung von Maschinen: «… a small error or even a small chance of error may have disproportionly large and serious consequences.» Norbert Wiener: God and Golem, Inc. A Comment on Certain Points where Cybernetics Imbinges on Religion, Cambridge, MA: MIT Press 1964, S. 79.

6 Friedrich Kittler: Es gibt keine Software, in: ders.: Draculas Vermächtnis. Technische Schriften, Leipzig: Reclam 1993, S. 225–242, hier S. 229.

7 Werner Rammert: Technik in Aktion. Verteiltes Handeln in soziotechnischen Konstellationen, in: ders. und C. Schubert (Hg.): Technografie. Zur Mikrosoziologie der Technik, Frankfurt/M.: Campus 2006, S. 163–195.

8 Erich von Holst und Horst Mittelstaedt: Das Reafferenzprinzip (Wechselwirkungen zwischen Zentralnervensystem und Peripherie), in: Naturwissenschaften 37 (1950), S. 464–476.

9 Ernst Pöppel: Der Rahmen. Ein Blick des Gehirns auf unser Ich, München/Wien: Hanser 2006, S. 463.

10 Igor Douven: Abduction, in: The Stanford Encyclopedia of Philosophy (Summer 2017 Edition), hg. von Edward N. Zalta, URL: https://plato.stanford.edu/archives/sum2017/entries/abduction

11 Jürgen Adamy: Fuzzy-Logik, neuronale Netze und evolutionäre Algorithmen, 4. Aufl., Herzogenrath/Maastricht: Shaker 2015.

12 So etwa Kerstin Sahlin und Linda Wedlin: Circulating Ideas. Imitation, Translation, and Editing, in: Royston Greenwood et al. (Hg.): The Sage Handbook of Organizational Institutionalism, Thousand Oaks: Sage 2008, S. 218–242; Wendy Hui Kyong Chun: On ‹Sourcery› or Code as Fetish, in: Configurations 16, 3 (2008), S. 299–324; Ted Striphas: Algorithmic Culture, in: European Journal of Cultural Studies 18 (2015), S. 395–412; Malte Ziewitz: Governing Algorithms: Myth, Mess, and Methods, in: Science, Technology & Human Values 4 (2016), S. 3–16; Evelyn Ruppert, John Law und Mike Savage: Reassembling Social Science Methods: The Challenge of Digital Devices, in: Theory, Culture & Society 30 (2013), S. 22–46. Ein guter Überblick findet sich bei Jonathan Berge und Robert Seyfert: Was sind Algorithmuskulturen?, in: dies. (Hg.): Algorithmuskulturen. Über die rechnerische Konstruktion der Wirklichkeit, Bielefeld: transcript 2017, S. 7–40.

13 Rob Kitchin: Thinking Critically about and Researching Algorithms, in: The Programmable City Working Paper, Maynooth, Republic of Ireland: Maynooth University 2014. URL: http://papers.ssrn.com/sol3/papers. cfm?abstract_id=2515786

14 Yuval Noah Harari: Homo Deus. Eine Geschichte von Morgen, München: C.H.Beck 2017.

15 Martin Heidegger: Die Herkunft der Kunst und die Bestimmung des Denkens, in: Petra Jaeger und Rudolf Lüthe (Hg.): Distanz und Nähe Reflexionen und Analysen zur Kunst der Gegenwart, Würzburg: Königshausen und Neumann 1983, S. 11–22, hier S. 16.

16 Zum gesamten soziologischen Kontext der zum Teil sehr kontroversen Debatte vgl. Armin Nassehi: Die Theorie funktionaler Differenzierung im Horizont ihrer Kritik, in: Zeitschrift für Soziologie 33 (2004), S. 98–118; Armin Nassehi: Moderne Gesellschaft, in: Georg Kneer, Armin Nassehi und Markus Schroer (Hg.): Soziologische Gesellschaftsbegriffe. Band 2: Klassische Zeitdiagnosen, München: Fink (UTB) 2001, S. 208–245; Armin Nassehi: Funktionale Differenzierung revisited. Vom Setzkasten zur Echtzeitmaschine, in: Eva Barlösius, Hans-Peter Müller und Steffen Sigmund (Hg.): Gesellschaftsbilder im Umbruch, Opladen: Leske und Budrich 2001, S. 155–178.

17 Vgl. Ranulph Glanville: Objekte, Berlin: Merve 1988; Gregory Bateson: Ökologie des Geistes, Frankfurt/M.: Suhrkamp 1985; W. Ross Ashby: Einführung in die Kybernetik, Frankfurt/M.: Suhrkamp 1974; Heinz von Foerster: Sicht und Einsicht. Versuche zu einer operativen Erkenntnistheorie, Wiesbaden: Springer 1985.

18 Vgl. Joachim Knape: Was ist Rhetorik?, Stuttgart: Reclam 2000.

19 Vgl. Matthias Remenyi: Gottes Gegenwart denken. Eine fundamentaltheologische Programmskizze, Antrittsvorlesung an der Universität Würzburg am 16. Mai 2018. URL: http://www.theologie-und-kirche.de/Remenyi-Antrittsvorlesung.pdf

20 Vgl. Walter Schulz: Philosophie in der veränderten Welt, Pfullingen: Klostermann 1972.

21 Zu diesem Gedanken der Vernichtung von Kontingenz als Ordnungsleistung vgl. Armin Nassehi und Irmhild Saake: Kontingenz: Methodisch verhindert oder

beobachtet? Ein Beitrag zur Methodologie der qualitativen Sozialforschung, in: Zeitschrift für Soziologie 31 (2002), S. 66–86.

22 Niklas Luhmann: Die Gesellschaft der Gesellschaft, Frankfurt/M.: Suhrkamp 1997, S. 359 f.

23 Vgl. Armin Nassehi: Die letzte Stunde der Wahrheit. Kritik der komplexitätsvergessenen Vernunft, 2. Aufl., Hamburg: Kursbuch-Edition 2018, S. 92 und S. 107.

24 Vgl. Niklas Luhmann: Haltlose Komplexität, in: ders.: Soziologische Aufklärung 5, Opladen: Westdeutscher Verlag 1990, S. 58–74.

25 Yuval Noah Harari: Homo Deus. Eine Geschichte von Morgen, München: C.H.Beck 2017.

26 Dirk Helbing (Hg.): Towards Digital Enlightenment. Essays on the Dark and Light Sides of the Digital Revolution, Cham (CH): Springer 2019.

27 Rob Kitchin: The Data Revolution. Big Data, Open Data, Data Infrastructures and their Consequences, London: Sage 2014.

28 Deborah Lupton: The Quantified Self, Cambridge, UK: Politiy Press 2016; Deborah Lupton: Digital Sociology, Milton Park/New York: Routledge 2015.

29 Zygmunt Bauman und David Lyon: Daten, Drohnen, Disziplin. Ein Gespräch über flüchtige Überwachung, Berlin: Suhrkamp 2013.

30 Manuela Lenzen: Künstliche Intelligenz. Was sie kann und was uns erwartet, München: C. H. Beck 2018.

31 Steffen Mau: Das metrische Wir. Über die Quantifizierung des Sozialen, Berlin: Suhrkamp 2017, S. 25.

32 Dirk Baecker: Studien zur nächsten Gesellschaft, Berlin: Suhrkamp 2007, S. 169.

33 Armin Nassehi: Das Problem der Optionssteigerung. Überlegungen zur Risikokultur der Moderne, in: Berliner Journal für Soziologie 7 (1997), S. 21–36; Armin Nassehi: Optionssteigerung und Risikokultur, in: Gerhard von Graevenitz, Alois Hahn, Axel Honneth und David Wellbery (Hg.): Konzepte der Moderne, München: Fink 1999, S. 82–101; aktueller Armin Nassehi: Die letzte Stunde der Wahrheit. Kritik der komplexitätsvergessenen Vernunft, 2. Aufl., Hamburg: Kursbuch-Edition 2018, S. 89 ff.

34 Niklas Luhmann: Soziologie des Risikos, Berlin/New York: de Gruyter 1991, S. 88 f.

35 Armin Nassehi: Der Ausnahmezustand als Normalfall. Modernität als Krise, in: Kursbuch 170: Krisen lieben, Hamburg: Murmann Verlag 2012, S. 34–49.

Exkurs
Digitaler Stoffwechsel

1 Als Überblick vgl. Lutz Zündorf: Das Weltsystem des Erdöls. Entstehungszusammenhang, Funktionsweise, Wandlungstendenzen, Wiesbaden: VS-Verlag 2008.

2 Michael Betancourt: Kritik des digitalen Kapitalismus, Darmstadt: Wissenschaftliche Buchgesellschaft 2018, S. 221 f.

3 Jeremy Rifkin: Die Null-Grenzkosten-Gesellschaft. Das Internet der Dinge, kollaboratives Gemeingut und der Rückzug des Kapitalismus, Frankfurt/M./New York: Campus 2015.

4 Nick Srnicek: Plattform-Kapitalismus, Hamburg: Hamburger Edition 2018.

5 Vgl. dazu Gemeinsame Stellungnahme der Nationalen Akademie der Wissenschaften Leopoldina, der acatech – Deutsche Akademie der Technikwissenschaften und der Union der deutschen Akademien der Wissenschaften: Rohstoffe für die

Energiewende. Wege zu einer sicheren und nachhaltigen Versorgung, 2017. URL: https://www.leopoldina.org/uploads/tx_leopublication/2017_Stellungnahme_ Rohstoffe_fuer_die _Energiewende_05.pdf

6 R. Hintemann und K. Fichter: Energy demand of workplace computer solutions – A comprehensive assessment including both end-user devices and the power consumption they induce in data centers, in: EnviroInfo & ICT4S, Conference Proceedings (Part 1), Copenhagen, 2015, S. 165–171.

7 Friedemann Mattern: Wieviel Strom braucht das Internet?, in: Zukunftsblog Energie, ETH Zürich, 03. 03. 2015.

8 Vgl. dazu zusammenfassend Ralph Hintemann: Rechenzentren – Energiefresser oder Effizienzwunder?, in: Informatik-aktuell v. 26. 01. 2016.

9 Friedemann Mattern: Wieviel Strom braucht das Internet?, in: Zukunftsblog Energie, ETH Zürich, 03. 03. 2015.

10 Ralf Hintemann und Simon Hinterholzer: Smarte Rahmenbedingungen für Energie- und Ressourceneinsparungen bei vernetzten Haushaltsprodukten, Berlin: Borderstep-Institut 2018. URL: https://www.bund.net/fileadmin/user_upload_bund/ publikationen/energiewende/energiewende_studie_vernetzte_produkte.pdf Kurzstudie im Auftrag des Bund für Umwelt und Naturschutz Deutschland e. V. (BUND).

11 In einer Antwort auf eine Kleine Anfrage der Bundestagsfraktion Bündnis 90/ Grüne geht die Bundesregierung im Jahre 2017 davon aus, dass der datenbezogene Gesamtstromverbrauch im Jahre 2025 in Deutschland auf bis zu 46 TWh steigen wird. Das wäre im Hinblick auf die Borderstep-Studie keine dramatisch niedrigere Prognose.

12 Forschungslabor Energiewende: Die Digitalisierung der Energiewende, August 2018. URL: http://www.forschungsradar.de/fileadmin/content/bilder/Vergleichsgrafiken/meta_digitalisierung_aug18/AEE_Metanalyse_Digitalisierung_ aug18.pdf

13 Hanns Günther Hilpert und Antje Elisabeth Kröger: Chinesisches Monopol bei Seltenen Erden: Risiko für die Hochtechnologie, DIW Wochenbericht 19/2011. URL: https://www.diw.de/documents/publikationen/73/diw_01.c.372387.de/11– 19–1.pdf

14 Vgl. Luitgard Marschall und Heike Holdinghausen: Seltene Erden. Umkämpfte Rohstoffe des Hightech-Zeitalters, München: Oekom 2017.

15 Hanns Günther Hilpert und Antje Elisabeth Kröger: Chinesisches Monopol bei Seltenen Erden: Risiko für die Hochtechnologie, DIW Wochenbericht 19/2011. URL: https://www.diw.de/documents/publikationen/73/diw_01.c.372387.de/11– 19–1.pdf

16 So etwa im Fraunhofer-Leitprojekt «Kritikalität Seltener Erden», Projektleiter: Ralf B. Wehrspohn, Fraunhofer-Institut für Mikrostruktur von Werkstoffen und Systemen IMWS, Halle/Saale. URL: https://www.fraunhofer.de/de/forschung/ fraunhofer-initiativen/fraunhofer-leitprojekte/fraunhofer-seltene-erden.html

5
Funktionierende Technik

1 Ernst Cassirer: Form und Technik, in: ders.: Symbol, Technik, Sprache, Hamburg: Meiner 1995.

2 Werner Rammert: Technik, Handeln und Sozialstruktur: Eine Einführung in die Soziologie der Technik, Technical University Technology Studies Working Papers TUTS-WP-3–2006, Berlin 2006, S. 8. URL: https://www.ts.tu-berlin.de/fileadmin/fg226/TUTS/TUTS_WP_3_2006.pdf

3 Ähnlich Karen Barad: Agentieller Realismus: Über die Bedeutung materiell-diskursiver Praktiken, Berlin: Suhrkamp 2012.

4 Vgl. auch Annemarie Mol und John Law: Complexities. Social studies of knowledge practices, Durham: Duke University Press 2002.

5 Bruno Latour: Eine neue Soziologie für eine neue Gesellschaft. Einführung in die Akteur-Netzwerk-Theorie, Frankfurt/M.: Suhrkamp 2007, S. 81.

6 Armin Nassehi: The Person as an Effect of Communication, in: Sabine Maasen (Hg.): On Willing Selves. Neoliberal Politics and the Challenge of Neuroscience, Hampshire: Pelgrave 2007, S. 100–120.

7 Werner Rammert: Technik, Handeln und Sozialstruktur: Eine Einführung in die Soziologie der Technik, Technical University Technology Studies Working Papers TUTS-WP-3–2006, Berlin 2006, S. 8. URL: https://www.ts.tu-berlin.de/fileadmin/fg226/TUTS/TUTS_WP_3_2006.pdf

8 Vgl. Betsy Anne Williams, Catherine F. Brooks und Yotam Shmargad: How Algorithms Discriminate Based on Data They Lack: Challenges, Solutions, and Policy Implications, in: Journal of Information Policy 8 (2018), S. 78–115. DOI: 10 5325/jinfopoli.8.2018.0078

9 Vgl. Zeynep Tufekci: The Year we get Creeped Out by Algorithms, in: NiemanLab. Predictions for Journalism 2015. URL: https://www.niemanlab.org/2014/12/the-year-we-get-creeped-out-by-algorithms/

10 Vgl. Niklas Luhmann: Soziale Systeme. Grundriß einer allgemeinen Theorie, Frankfurt/M.: Suhrkamp 1984, S. 191 ff.

11 Vgl. Niklas Luhmann: Die Gesellschaft der Gesellschaft, Frankfurt/M.: Suhrkamp 1997, S. 530.

12 Ebd., S. 518.

13 Ebd., S. 524.

14 Vgl. ebd., S. 526.

15 Ebd., S. 525.

16 Sherry Turkle: Leben im Netz. Identitäten in Zeiten des Internet, Reinbek bei Hamburg: Rowohlt 1999, S. 66.

17 Vgl. Thomas Rohkrämer: Eine andere Moderne? Zivilisationskritik, Natur und Technik in Deutschland 1880–1933, Paderborn: Schöningh 1999.

18 Manfred Spitzer: Cyberkrank! Wie das digitalisierte Leben unsere Gesundheit ruiniert, München: Droemer 2015; Manfred Spitzer: Die Smartphone-Epidemie. Gefahren für Gesundheit, Bildung und Gesellschaft, Stuttgart: Klett-Cotta 2018.

19 Markus Albers: Digitale Erschöpfung: Wie wir die Kontrolle über unser Leben wiedergewinnen, München: Hanser 2017.

20 Nick Bostrom zit. n. Adam Rogers: Die Welt endet nicht mit einem Knall, sondern mit Büroklammern, in: Wired v. 23.10.2017. URL: https://www.wired.de/

collection/life/die-welt-endet-nicht-mit-einem-grossen-knall-sondern-mit-buerokllammern; vgl. auch Nick Bostrom: Superintelligenz. Szenarien einer kommenden Revolution, Berlin: Suhrkamp 2016, S. 175 ff.

21 Friedrich Georg Jünger: Die Perfektion der Technik, 8. Aufl., Frankfurt/M.: Vittorio Klostermann 2010.

22 Niklas Luhmann: Die Gesellschaft der Gesellschaft, Frankfurt/M.: Suhrkamp 1997, S. 1147.

23 Ebd., S. 528.

24 Norbert Wiener: God and Golem, Inc. A Comment on Certain Points where Cybernetics Imbinges on Religion, Cambridge, MA: MIT Press 1964, S. 32.

25 Alan M. Turing: Computing Machinery an Intelligence, in: Mind 59, Nr. 236 (1950), S. 433–460. DOI:10.1093/mind/LIX.236.433

26 Lauren Goode: How Google's EERIE Robot Phone Calls Hint at AI's Future, in: Wired vom 05.08.2018. URL: https://www.wired.com/story/google-duplex-phone-calls-ai-future/

27 John Searle: Minds, Brains, and Programs, in: The Behavioral and Brain Sciences 3 (1980), S. 417–457.

28 Vgl. Andreas K. Engel: Bewusstsein. Vom Käfer in der Schachtel, den noch keiner gesehen hat, in: Michael Madeja und Joachim Müller-Jung (Hg.): Hirnforschung. Was kann sie wirklich?, München: C.H.Beck 2016, S. 79–87.

29 Lorina Naci, Rodri Cusack, Mimma Anello und Adrian M. Owen: A common neural code for similar conscious experiences in different individuals, in: PNAS. Proceedings of the American Academy of Science, September 30, 2014 111 (39) 14277–14282.

30 Auch für Laien verständliche Überblicke über das Verhältnis von Gehirn und Bewusstsein finden sich hier: Ernst Pöppel: Der Rahmen. Ein Blick des Gehirns auf unser Ich, München/Wien: Hanser 2006; Michael S. Gazzaniga: Who's in Charge? Free Will and the Science of the Brain. The Gifford Lectures 2009, New York: HarperCollins 2011.

31 Ausführlich dazu Armin Nassehi: Mentalizing Theories oder Theories of Mentalizing? Ein soziologischer Beitrag zur Theory of Mind, in: Hans Förstl (Hg.): Theory of Mind, 2. Aufl., Berlin: Springer 2012, S. 39–52.

32 Vgl. dazu Armin Nassehi: Soziologie. Zehn einführende Vorlesungen, 2. Aufl., Wiesbaden: VS Verlag 2011, S. 35.

33 Vgl. Christer Clerwall: Enter the Robot Journalist, in: Journalism Practice 8 (2014), S. 519–531.

34 Für ein Beispiel in der dermatologischen Onkologie vgl. Holger Haenßle et al.: Man against machine: diagnostic performance of a deep learning convolutional neural network for dermoscopic melanoma recognition in comparison to 58 dermatologists, in: Annals of Oncology, 2018 (epub ahead of print) (Open access manuscript: https://doi.org/10.1093/annonc/mdy166).

35 Vgl. Jörg Carlsson, Norbert W. Paul, Matthias Dann, Jörg Neuzner und Dietrich Pfeiffer: The Deactivation of Implantable Cardioverter-Defibrillators Medical, Ethical, Practical, and Legal Considerations, in: Deutsches Ärzteblatt International 109 (33–34) (2012), S. 535–541.

36 Vgl. dazu die (deutschsprachige) Website Moral Machine – Human Perspectives on Machine Ethics des MIT (URL: http://moralmachine.mit.edu/hl/de); zur ethischen Diskussion vgl. Julian Nida-Rümelin und Alexander Hevelke: Responsibility of crashes of autonomous vehicles: an ethical analysis, in: Science and Engineering 21 (2015), S. 619–630.

37 Sehr instruktiv dazu Corinna Budras: Wenn der Computer wie ein Mensch klingt. KI am Telefon, in: FAZ-online vom 15. 04. 2019. URL: https://www.faz.net/aktuell/wirtschaft/kuenstliche-intelligenz/kuenstliche-intelligenz-wenn-der-roboter-wie-ein-mensch-klingt-16140063.html

38 «Do we have to be afraid of Google, Mr. Pichai?» Interview mit Sundar Pichai von Patrick Bernau und Corinna Budras, in: FAZ.net Diginomics vom 27. 01. 2019. URL: https://www.faz.net/aktuell/wirtschaft/diginomics/interview-with-google-ceo-sundar-pichai-do-we-have-to-be-afraid-of-google-16010193.html?printPagedArticle=true#pageIndex_0

39 Vgl. dazu Charles Perrow: Normale Katastrophen. Die unvermeidlichen Risiken der Großtechnik, Frankfurt/M./New York: Campus 1989.

6

Lernende Technik

1 Ein Beispiel wäre das Fraunhofer-Industrie 4.0-Projekt EVOLOPRO, in dem evolutionsbiologische Mechanismen für Produktions- und Entwicklungsprozesse modelliert werden. URL: https://www.fraunhofer.de/de/forschung/fraunhofer-initiativen/fraunhofer-leitprojekte/evolopro.html

2 Vgl. dazu Luciana Parisi: Das Lernen lernen oder die algorithmische Entdeckung von Informationen, in: Christoph Engemann und Andreas Sudmann (Hg.): Machine Learning. Medien, Infrastrukturen und Technologien der Künstlichen Intelligenz, Bielefeld: Transcript 2018, S. 93–113, hier S. 95.

3 Yann LeCun, Yoshua Bengio und Geoffrey Hinton: Deep learning, in: Nature 521, 28. Mai 2015, S. 436–444, hier S. 436. DOI:10.1038/nature14539

4 Eine leicht verständliche und hervorragend aufbereitete Zusammenfassung solcher Verfahren ohne mathematische und epistemologische Details findet sich bei Thomas Ramge: Mensch und Maschine. Wie künstliche Intelligenz und Roboter unser Leben verändern, Stuttgart: Reclam 2018.

5 Yann LeCun, Yoshua Bengio und Geoffrey Hinton: Deep learning, in: Nature 521, 28. Mai 2015, S. 436–444, hier S. 436. DOI:10.1038/nature14539

6 Ebd., S. 437; vgl. auch Wolfgang Ziegler: Neuronale Netze, entwickler.press 2015, Pos. 180 ff. ASIN: B0105UIJPC.

7 George Berkeley: Eine Abhandlung über die Prinzipien der menschlichen Erkenntnis, Hamburg: Meiner 2004, S. 26.

8 Ebd.

9 Yann LeCun, Yoshua Bengio und Geoffrey Hinton: Deep learning, in: Nature 521, 28. Mai 2015, S. 436–444, hier S. 438. DOI:10.1038/nature14539

10 Ebd., S. 441.

11 Bernhard J. Dotzler: ‹Down-to earth-resolutions›. Erinnerungen an die KI als eine ‹häretische Theorie›, in: Christoph Engemann und Andreas Sudmann (Hg.): Machine Learning. Medien, Infrastrukturen und Technologien der Künstlichen Intelligenz, Bielefeld: Transcript 2018, S. 39–54, hier: S. 47.

12 Ebd.

13 Yann LeCun, Yoshua Bengio und Geoffrey Hinton: Deep learning, in: Nature 521, 28. Mai 2015, S. 436–444, hier S. 442. DOI:10.1038/nature14539

14 Luciana Parisi: Das Lernen lernen oder die algorithmische Entdeckung von Informationen, in: Christoph Engemann und Andreas Sudmann (Hg.): Machine Lear-

ning. Medien, Infrastrukturen und Technologien der Künstlichen Intelligenz, Bielefeld: Transcript 2018, S. 93–113, hier S. 99.

15 Charles Sanders Peirce: Collected Papers. Vol. 1–6, hg. von Charles Hartshorne und Paul Weiss; Cambridge, MA: Harvard University Press 1931–1935, hier: 5.171.

16 Ebd., 2.636.

17 Ebd., 5.171.

18 So zitiert bei Bernhard J. Dotzler: ‹Down-to earth-resolutions›. Erinnerungen an die KI als eine ‹häretische Theorie›, in: Christoph Engemann und Andreas Sudmann (Hg.): Machine Learning. Medien, Infrastrukturen und Technologien der Künstlichen Intelligenz, Bielefeld: Transcript 2018, S. 39–54, hier: S. 41.

19 Luciana Parisi: Das Lernen lernen oder die algorithmische Entdeckung von Informationen, in: Christoph Engemann und Andreas Sudmann (Hg.): Machine Learning. Medien, Infrastrukturen und Technologien der Künstlichen Intelligenz, Bielefeld: Transcript 2018, S. 93–113, hier S. 109.

20 Vgl. Detlef H. Rost: Handbuch Intelligenz, Beltz: Weinheim 2013.

21 Vgl. Michael S. Gazzaniga: Who's in Charge? Free Will and the Science of the Brain. The Gifford Lectures 2009, New York: HarperCollins 2011; Wolf Singer: Der Beobachter im Gehirn. Essays zur Hirnforschung, Frankfurt/M.: Suhrkamp 2002; Wolf Singer: Ein neues Menschenbild? Gespräche über Hirnforschung, Frankfurt/M.: Suhrkamp 2003.

22 Nick Bostrom: Superintelligenz. Szenarien einer kommenden Revolution, Berlin: Suhrkamp 2016, S. 82 f.

23 Armin Nassehi: Die letzte Stunde der Wahrheit. Kritik der komplexitätsvergessenen Vernunft, 2. Aufl., Hamburg: Kursbuch-Edition 2018, S. 65 ff.

24 David Grace und Honggang Zhang: Cognitive Communications. Distributed Artificial Intelligence (DAI), Regulatory Policy and Economics, Implementation, Hoboken, NJ: Wiley 2012. Das Wortfeld umfasst auch «kollektive Intelligenz» oder «Schwarmintelligenz», wobei der Begriffsgebrauch changiert. Distributed Intelligence betont den Aspekt der Differenzierung, während kollektive oder Schwarmintelligenz eher die Einheit der Differenzierung anspricht. Einen guten Überblick über Begriffsverständnisse bietet Angelika Karger: Wissensmanagement und «Swarm intelligence» – Wissenschaftstheoretische, semiotische und kognitionsphilosophische Analysen und Perspektiven. In: Jürgen Mittelstraß (Hg.): Die Zukunft des Wissens, Konstanz: Universitäts-Verlag Konstanz 1999, S. 1288–1296.

25 Vgl. Christian Wadephul: Führt Big Data zur abduktiven Wende in den Wissenschaften?, in: Berliner Debatte Initial 27 (2016), 4, S. 35–49.

26 Vgl. Sebastian Harrach: Neugierige Strukturvorschläge im maschinellen Lernen, Bielefeld: Transcript 2014, S. 304 f.

27 So die ausführliche mündliche Auskunft des Hirnforschers und medizinischen Psychologen Ernst Pöppel von der LMU München, die ein wenig daran erinnert, dass bereits die aristotelische Kategorientafel, erst recht ihre Anwendung in der Kantschen Transzendentalphilosophie immer schon von kategorialen Vorverständnissen ausgeht, die zur Ordnung der Mannigfaltigkeit der Wahrnehmungsdaten dienen bzw. denknotwendig vorausgesetzt werden müssen, etwa Kausalität oder Wechselwirkungen, die Identität eines Objekts oder die Grenze zwischen Einzeldingen. Dass dies nie eine abgeschlossene Struktur im Sinne einer Deduktion aus bereits Bekanntem sein kann, ist einsichtig. Es ist eher ein Adaptationsprozess, der nicht einfach wahrnimmt, sondern aktiv eine Gestalt erschließt.

28 Ranulph Glanville: Objekte, Berlin: Merve 1988, S. 213.

29 Martin Heidegger: Die Herkunft der Kunst und die Bestimmung des Denkens, in: Petra Jaeger und Rudolf Lüthe (Hg.): Distanz und Nähe. Reflexionen und Analysen zur Kunst der Gegenwart, Würzburg: Königshausen und Neumann 1983, S. 11–22, hier S. 16.

30 Ebd., S. 17.

31 Nick Bostrom: Superintelligenz. Szenarien einer kommenden Revolution, Berlin: Suhrkamp 2016, S. 133.

32 Ebd.

33 Vgl. Bruno Latour: Eine neue Soziologie für eine neue Gesellschaft, Frankfurt/M.: Suhrkamp 2007, S. 109 ff.

34 Zum Gesamtkomplex vgl. Irmhild Saake: Erleben/Handeln, in: Oliver Jahraus, Armin Nassehi et al. (Hg.): Luhmann Handbuch. Leben, Werk, Wirkung, Stuttgart: Metzler 2012, S. 77–79.

35 Niklas Luhmann: Die Gesellschaft der Gesellschaft, Frankfurt/M.: Suhrkamp 1997, S. 336.

36 Vgl. Rob Kitchin: Big Data, new epistemologies an paradigm shifts, in: Big Data & Society, April–June 2014: 1–12. DOI: 10 1177/2053951714528481; Klaus Mainzer: Zur Veränderung des Theoriebegriffs im Zeitalter von Big Data und effizienten Algorithmen, in: Berliner Debatte Initial 27 (2016) 4, S. 22–34.

37 Vgl. Albert Menne: Einführung in die formale Logik. Eine Orientierung über die Lehre von der Folgerichtigkeit, ihre Geschichte, Strukturen und Anwendungen, Darmstadt: Wissenschaftliche Buchgesellschaft 1985.

38 Kurt Gödel: Über formal unentscheidbare Sätze der Principia Mathematica und verwandter Systeme I, in: Monatshefte für Mathematik und Physik 38 (1931), S. 173–198, hier S. 193.

39 Julian Nida-Rümelin und Nathalie Weidenfeld: Digitaler Humanismus. Eine Ethik für das Zeitalter der Künstlichen Intelligenz, München: Piper 2018 (Kindle Ausgabe), Pos. 1168.

40 Vgl. dazu Armin Nassehi: Paradoxie, in: Oliver Jahraus, Armin Nassehi et al. (Hg.): Luhmann Handbuch. Leben, Werk, Wirkung, Stuttgart: Metzler 2012, S. 110 f.

41 Niklas Luhmann: Stenographie, in: ders. u. a. (Hg.): Beobachter. Konvergenz der Erkenntnistheorien?, München: Fink 1990, S. 119–137, hier S. 122.

42 Ebd., S. 130.

43 Armin Nassehi: Die Zeit der Gesellschaft. Auf dem Weg zu einer soziologischen Theorie der Zeit, 2. Aufl., Wiesbaden: Springer 2008, S. 182–210, insb. S. 187.

44 Luciana Parisi: Das Lernen lernen oder die algorithmische Entdeckung von Informationen, in: Christoph Engemann und Andreas Sudmann (Hg.): Machine Learning. Medien, Infrastrukturen und Technologien der Künstlichen Intelligenz, Bielefeld: Transcript 2018, S. 93–113, hier S. 106 (meine Hervorhebung).

45 Ebd., S. 99.

46 Bernhard J. Dotzler: ‹Down-to earth-resolutions›. Erinnerungen an die KI als eine ‹häretische Theorie›, in: Christoph Engemann und Andreas Sudmann (Hg.): Machine Learning. Medien, Infrastrukturen und Technologien der Künstlichen Intelligenz, Bielefeld: Transcript 2018, S. 39–54, hier: S. 52.

47 So beschreibt Talcott Parsons die Latenzfunktion der Kultur. Vgl. Talcott Parsons: Societies. Evolutionary and Comparative Perspectives, Englewood Cliffs: Prentice Hall 1966, S. 26; Talcott Parsons: Das System moderner Gesellschaften, München: Juventa 1972, S. 12 ff.

48 Vgl. Bruno Latour: Eine neue Soziologie für eine neue Gesellschaft, Berlin: Suhrkamp 2007; vgl. dazu auch Armin Nassehi: De rebus rerum. Bruno Latours Neu-
   ordnung des Sozialen, in: Soziologische Revue 31 (2008), S. 350–356.

49 Norbert Wiener: God and Golem, Inc. A Comment on Certain Points where Cybernetics Imbinges on Religion, Cambridge, MA: MIT Press 1964, S. 72.

50 Lauren Goode: How Google's EERIE Robot Phone Calls Hint at AI's Future, in:
   Wired vom 05.08.2018. URL: https://www.wired.com/story/google-duplex-
   phone-calls-ai-future/

51 Zur Differenz von Leib und Körper vgl. Helmut Plessner: Philosophische Anthropologie, Frankfurt/M.: S. Fischer 1970, S. 43.

52 Michael S. Gazzaniga: Who's in Charge? Free Will and the Science of the Brain.
   The Gifford Lectures 2009, New York: HarperCollins 2011, S. 68.

53 Sehr instruktiv in diesem Zusammenhang Erik Brynjolfsson and Andrew McAfee:
   The Second Machine Age. Work, Progress, and Prosperity in a Time of Brilliant
   Technologies, New York: Norton 2014, Kindle-Ausgabe Pos. 2734 ff.

7
Das Internet als Massenmedium

1 Teile dieses Kapitels basieren auf Gedanken, die ich bereits in einem Kursbuch-
  Artikel entwickelt habe: Armin Nassehi: Wir werden es gewusst haben. Das Internet als Massenmedium, in: Kursbuch 195: #realitycheck_medien, Hamburg: Kurs-
  buch-Kulturstiftung 2018, S. 53–69.

2 Vgl. Volker Briegleb: Soziale Netzwerke: Google stellt Google+ ein, in: heise online
  10/2018. URL: https://www.heise.de/newsticker/meldung/Soziale-Netzwerke-
  Google-stellt-Google-ein-4183950.html

3 Nick Srnicek: Plattform-Kapitalismus, Hamburg: Hamburger Edition 2018, S. 107 f.

4 Ebd, S. 119.

5 Shoshana Zuboff: Das Zeitalter des Überwachungskapitalismus, Frankfurt/M./
  New York: Campus 2018 (Kindle-Ausgabe), Pos. 4716.

6 Ebd., Pos. 4744.

7 Vgl. dazu Armin Nassehi: Die Zeit der Gesellschaft. Auf dem Weg zu einer soziologischen Theorie der Zeit, 2. Aufl., Wiesbaden 2008, S. 299 ff.

8 Bruno Latour: Wir sind nie modern gewesen. Versuch einer symmetrischen Anthropologie, Berlin: Suhrkamp 2011.

9 Niklas Luhmann: Die Realität der Massenmedien, 2., erw. Aufl., Opladen 1996,
  S. 9.

10 Peter Berger und Thomas Luckmann: Die gesellschaftliche Konstruktion der
   Wirklichkeit. Eine Theorie der Wissenssoziologie, Frankfurt/M.: S. Fischer 1969,
   S. 139 ff.

11 Paul DiMaggio et al.: Social Implications of the Internet, in: Annual Review of
   Sociology 27 (2001), S. 307–336.

12 Howard Rheingold: The Virtual Community. Homesteading on the Electronic
   Frontier. Cambridge, MA: MIT Press 2000 (zuerst 1993).

13 Albert O. Hirschman: Exit, Voice and Loyalty. Responses to Decline in Firms, Orga-
   nizations and States. Cambridge, MA: Harvard University Press 1970.

14 So hat der für das Feuilleton zuständige Herausgeber der Frankfurter Allgemeinen
   Zeitung die Funktion des Feuilletons charakterisiert, vgl. Jürgen Kaube im Ge-

spräch mit Peter Felixberger und Armin Nassehi, in: Kursbuch 195: #reality-check_medien, Hamburg: Kursbuch Kulturstiftung 2018, S. 78–97.

15 Vgl. dazu ausführlich Armin Nassehi: Die letzte Stunde der Wahrheit. Kritik der komplexitätsvergessenen Vernunft, 2. Aufl., Hamburg: Kursbuch-Edition 2018.

16 Claude Levi-Strauss: Das wilde Denken, Frankfurt/M.: Suhrkamp 1968 (frz. Orig. 1962).

17 Dieser Begriffsvorschlag findet sich bereits hier: Armin Nassehi: Unsere Gesellschaft läuft sich an ihren Debatten heiß, in: Welt am Sonntag vom 03. 02. 2019.

18 Vgl. Soroush Vosoughi, Deb Roy und Sinan Aral: The spread of true and false news online, in: Science 359, 09. 03. 2018, S. 1146–1151. DOI: 10 1126/science.aap9559

19 Charles Perrow: Normale Katastrophen. Die unvermeidbaren Risiken der Großtechnik, Frankfurt/M./New York: Campus 1989.

8

Gefährdete Privatheit

1 Vgl. Ronald Petrlic und Christoph Sorge: Datenschutz: Einführung in technischen Datenschutz, Datenschutzrecht und angewandte Kryptographie, Wiesbaden: Springer Vieweg 2017, S. 139 ff.

2 Andreas Landwehr: China schafft digitales Punktesystem für den «besseren» Menschen, in: heise online 93/2018. URL: https://www.heise.de/newsticker/meldung/China-schafft-digitales-Punktesystem-fuer-den-besseren-Menschen 3983746.html

3 Vgl. Dirk Baecker: Studien zur nächsten Gesellschaft, Frankfurt/M.: Suhrkamp 2007, S. 140.

4 Vgl. Dazu Armin Nassehi: Der soziologische Diskurs der Moderne, Frankfurt/M.: 2009, S. 133 ff. Der *locus classicus* für die praxistheoretische Grundlegung der Handlungstheorie ist Theodore Schatzki: The Site of the Social. A Philosophical Account of the Constitution of Social Life and Change, University Park: The Pennsylvania State UP 2002.

5 Vgl. George Herbert Mead: Geist, Identität und Gesellschaft. Aus der Sicht des Sozialbehaviorismus, 7. Aufl., Frankfurt/M.: Suhrkamp 1988, S. 56.

6 Es lohnt sich ein Blick auf die Herkunft des Begriffs «Anrufung». Der Begriff stammt von dem französischen Marxisten Louis Althusser und seiner Ideologietheorie, nach der jedes Subjekt als Produkt ideologischer Staatsapparate konstituiert und somit unterworfen wird. Der Ausdruck stellt zwar auf die soziale Genese von Individualität ab, muss diese aber immer schon für illegitim halten und negiert damit auch die Geschäftsgrundlage jeglicher sozialwissenschaftlichen Perspektive. Der verbreitete Gebrauch des Begriffs ist pure unakademische Pose, kommt aber in allen möglichen Varianten einer «Neoliberalismus»-Kritik vor. Der Rekurs auf den Ausdruck der «Anrufung» suggeriert die vorgängige Illegitimität jeglicher Form der staatlichen Präskription individueller Entscheidungen, vgl. Louis Althusser: Idéologie et appareils idéologiques d'Etat. Notes pour une recherche. In: La Pensée, Nr. 151 (1970).

7 Jörg Becker spricht sogar von einer Form der Anrufung, deren Befolgung aber «freiwillig» sei – was natürlich ein begriffliches Kuriosum ist; vgl. Jörg Becker: Die Digitalisierung von Medien und Kultur, Wiesbaden: Springer 2012, S. 79.

8 So etwa Evgeny Morozov: Wir brauchen einen neuen Glauben an die Politik!, in:

Frankfurter Allgemeine Zeitung vom 14. Januar 2014 als Antwort auf Sascha Lobos Klage, das Internet sei inzwischen kaputt.

9 Teile der folgenden Überlegungen basieren auf Armin Nassehi: Die Zurichtung des Privaten. Gibt es analoge Privatheit in einer digitalen Welt?, in: Kursbuch 177: Privat 2.0, Hamburg: Murmann 2014, S. 27–46.

10 Howard Rheingold: The Virtual Community. Homesteading at the Electronic Frontier, Cambridge, MA: MIT Press 2000 (zuerst 1993).

11 Howard Rheingold: Smart Mobs. The Next Social Revolution, Jackson: Basic Books 2003.

12 Vgl. Rahel Jaeggi: Kritik von Lebensformen, Frankfurt am Main: Suhrkamp 2013.

13 Michel Foucault: Der Wille zum Wissen. Sexualität und Wahrheit 1, Frankfurt am Main: Suhrkamp 1989, S. 63.

14 Ebd., S. 73.

15 Ebd., S. 81.

16 Ebd., S. 167.

17 Ebd., S. 176.

18 Paula-Irene Villa: Sexy Bodies: Eine soziologische Reise durch den Geschlechtskörper, 4. Aufl., Wiesbaden: VS Verlag 2011.

19 Shoshana Zuboff: Das Zeitalter des Überwachungskapitalismus, Frankfurt/M./ New York: Campus 2018 (Kindle-Ausgabe), Pos. 4716.

20 Vgl. dazu Daniela Döring: Zeugende Zahlen. Mittelmaß und Durchschnittstypen in Proportion, Statistik und Konfektion des 19. Jahrhunderts, Berlin: Kadmos 2011.

21 Vgl. dazu Armin Nassehi: Asymmetrien als Problem und als Lösung, in: Bijan Fateh-Moghadam, Stephan Sellmaier und Wilhelm Vossenkuhl (Hg.): Grenzen des Paternalismus, Stuttgart: Kohlhammer 2009.

22 Sehr aufschlussreich die Website der Firma Kreditech, Hamburg: www.kreditech. com.

23 Gesa Lindemann nennt sie die «Matrix der digitalen Raumzeit», vgl. Gesa Lindemann: In der Matrix der digitalen Raumzeit, in: Kursbuch 177: Privat 2.0, Hamburg: Murmann 2014, S. 27–46.

24 Bruno Latour: Eine neue Soziologie für eine neue Gesellschaft, Frankfurt/M.: Suhrkamp 2007, S. 374.

9

Debug: Die Wiedergeburt der Soziologie
aus dem Geist der Digitalisierung

1 Forschungslabor Energiewende: Die Digitalisierung der Energiewende, 2018. URL: http://www.forschungsradar.de/fileadmin/content/bilder/Vergleichsgrafiken/ meta_digitalisierung_aug18/AEE_Metanalyse_Digitalisierung_aug18.pdf

2 Armin Nassehi: Geschlossenheit und Offenheit. Studien zur Theorie der modernen Gesellschaft, Frankfurt/M.: Suhrkamp 2003; Armin Nassehi: Die Zeit der Gesellschaft. Auf dem Weg zu einer soziologischen Theorie der Zeit, 2. Aufl., Wiesbaden: VS Verlag 2008; Armin Nassehi: Der soziologische Diskurs der Moderne, 2. Aufl., Frankfurt/M.: Suhrkamp 2009; Armin Nassehi: Gesellschaft der Gegenwarten. Studien zur Theorie der modernen Gesellschaft II, Berlin: Suhrkamp

2011; Armin Nassehi: Die letzte Stunde der Wahrheit. Kritik der komplexitätsvergessenen Vernunft, 2. Aufl., Hamburg: Kursbuch-Edition 2018.

3 Bruno Latour: Die Macht der Assoziationen, in: Andréa Belliger und David J. Krieger (Hg.): ANThology. Ein einführendes Handbuch zur Akteur-Netzwerk-Theorie,
Bielefeld: transcript 2006, S. 195–212, hier S. 209; vgl. auch Bruno Latour: Eine
neue Soziologie für eine neue Gesellschaft, Frankfurt/M.: Suhrkamp 2007, S. 273 ff.

4 Bruno Latour: Sozialtheorie und die Erforschung computerisierter Arbeitsumgebungen, in: Andréa Belliger und David J. Krieger (Hg.): ANThology. Ein einführendes Handbuch zur Akteur-Netzwerk-Theorie, Bielefeld: transcript 2006, S. 528–
544, hier S. 542 f.

Sachregister